Inhalt

V. Gelehrtenrepublik in der ständischen Gesellschaft des Absolutismus

Vorwort

Eine moderne Problemgeschichte zur deutschen Aufklärung liegt bisher aus mehreren Gründen nicht vor: Hierzu zählt außer den generellen Schwierigkeiten des Themas vor allem die methodische Unsicherheit, wie eine solche Darstellung anzulegen sei. Diese Tatsache steht nur scheinbar im Widerspruch zu dem seit ungefähr zwanzig Jahren neu erwachten Interesse an einem zentralen Thema der deutschen Geschichte, dessen Schicksal über Generationen hinweg die Verkürzung der Perspektive gewesen ist, die das einseitige Verdikt der deutschen Klassiker und Romantiker über die Aufklärer bewirkt hat. Die Interpretationsgeschichte der Aufklärung in Deutschland bildet ein eigenes, für Kontinuität und Diskontinuität gleichermaßen aussagekräftiges Kapitel der Geschichte der politischen Kultur in Deutschland und der Wissenschaftsgeschichte. Aus dieser Verengung sollte die Zuwendung zur Aufklärung seit den sechziger Jahren unseres Jahrhunderts herausführen. Die – zuweilen eindimensionale – Erklärung der Aufklärung als Emanzipation des Bürgertums und die prononcierte Akzentuierung ausschließlich sozialgeschichtlicher Fragestellungen führten zwar zu einer Fülle neuer und fruchtbarer Einsichten, doch gerieten dafür andere wesentliche Aspekte des Themas aus dem Blick.

Eine historische Vergegenwärtigung der deutschen Aufklärung sollte das Wagnis nicht scheuen, die Multiperspektivität des Themas ernst zu nehmen und seine verschiedenen Ebenen mit unterschiedlichen Methoden anzugehen: Ihre Angemessenheit muß sich im Ertrag erweisen und nicht in dogmatischer Hypostasierung einer methodischen Richtung. Das Wahre ist das Ganze: Dieser Satz Hegels bestätigt sich bei keinem Thema mehr als bei der Aufklärung. Das hier gewählte Verfahren beansprucht indes nicht, das einzig mögliche zu sein. Seine Ziele sind folgende:

Die Ideengeschichte der Aufklärung, die seit langem vernachlässigt worden ist, sollte wieder voll als Geschichte des aufgeklärten Diskurses in die Interpretation einbezogen werden, ohne die spezifische Sozialgeschichte der Aufklärung auszuschließen.

Die diskursive Einheit der Aufklärung umfaßt das 17., in Grenzen noch das späte 16. und das 18. Jahrhundert. Die begriffsgeschichtliche Periodisierung einer »Sattelzeit« von der Mitte des 18. bis zur Mitte des 19. Jahrhunderts kappt die konstitutive Phase des aufgeklärten Diskurses und ist deswegen für diese Fragestellung inakzeptabel.

Die deutsche Aufklärung muß im Zusammenhang der westeuropäischen Aufklärung gesehen werden, weil sie ohne diesen Rekurs nicht angemessen erfaßt werden kann. Die Aufklärung kannte nationale Ausprägungen, war aber im Prinzip eine transnationale Bewegung. Dabei ist es im Rahmen einer Darstellung der deutschen Aufklärung ausgeschlossen, jeweils die Geschichte der Aufklärung in anderen Staaten mitzuliefern, doch muß diese als Perspektive und als unverzichtbarer Teil des grenzüberschreitenden Diskurses gegenwärtig bleiben. Dieses Verfahren ist gerechtfertigt, weil in den Texten der Aufklärer ständig über Epochen und nationale Grenzen hinweg aufeinander Bezug genommen wird, die Quellen also diese Art der Diskursinterpretation in gewisser Weise erzwingen.

Nationale Eigenheiten der deutschen Aufklärung treten schnell hervor, wo diese als Rezeptionsgeschichte der niederländischen, englischen und französischen Aufklärung erkennbar wird, ohne bloß deren Reprise zu sein. Doch ist diese Rezeptionsgeschichte umfassender, indem für sie ein epochal modifiziertes Fortleben klassischer Denkmuster konstitutiv bleibt – wie Manfred Riedel am Beispiel der Aristoteles-Rezeption im 18. Jahrhundert gezeigt hat.

Die Rekonstruktion des argumentativen Diskurses der Intellektuellen, die hier unter Einbeziehung der wegweisenden europäischen Autoren in Grundzügen beabsichtigt ist, kann nicht als Sozialgeschichte erfolgen, weil dies eine Fülle epochal und regional unterschiedlicher Sozialgeschichten bündeln müßte, in denen die behandelten Texte jeweils stehen. Die sozialgeschichtliche Fragestellung setzt vielmehr dann ein, wenn die gesellschaftliche Organisation und Rezeption des aufgeklärten Diskurses in stärkerer nationaler Beschränkung auf Deutschland untersucht wird. Das bezieht sich vornehmlich auf die Phase seit der Mitte des 18. Jahrhunderts, als die Aufklärung gesellschaftliche Breitenwirkung in Deutschland gewann. Die Darstellung dieser in den letzten Jahren zunehmend intensiv erforschten Aspekte muß stärker die Kausalität und die Inhalte berücksichtigen, als das oft geschieht: Die zureichende Untersuchung der Verbreitungs- und Wirkungsgeschichte der Aufklärung setzt logisch die Kenntnis des Inhalts und der Denkmuster voraus, die verbreitet werden und sich dadurch modifizieren.

So unterschiedlich die europäischen Aufklärungsbewegungen trotz aller Gemeinsamkeit waren, so unterschiedlich sind auch die Wege der Rezeption und der Forschung in den einzelnen Staaten gewesen. Dabei spielte es eine Rolle, daß sich die Aufklärung in England stärker als politisches und in Frankreich stärker als gesellschaftliches Bedürfnis entwickelte, während sie in Deutschland mehr und länger ein »Bedürfnis des menschlichen Verstandes« war. Dies kam ideengeschichtlich im größeren Gewicht des Religionsproblems und sozialgeschichtlich in der Tatsache zum Ausdruck, daß die deutsche Aufklärung länger und in stärkerem Ausmaß Gelehrtenaufklärung blieb.

Zu den Entstehungsursachen der Aufklärung, die allen europäischen Ländern gemeinsam sind – z. B. naturwissenschaftliche und geographische Entdeckungen, die den Horizont gleichsam entgrenzten –, trat als konstitutives Element für die deutsche Aufklärung, wie vor allem Eduard Winter gezeigt hat, der Antikonfessionalismus hinzu. Wenngleich diese Interpretation nicht in jeder Hinsicht zwingend ist, verweist sie doch auf einen die deutsche Aufklärung unverwechselbar prägenden Faktor: Sie entstand im Kontext einer sich seit der Reformation entwickelnden bikonfessionellen Kultur.

Die Aufklärung besaß also in Teilen Deutschlands eine unverkennbar protestantische Färbung. Daneben und etwas später entwickelte sich jedoch eine katholische Aufklärung, die in vielen Darstellungen bis heute nicht einmal erwähnt wird, obwohl auch ihr inzwischen nach einer über Generationen hinweg anhaltenden Skepsis eine Reihe grundlegender und weiterführender Untersuchungen zu Teilbereichen gewidmet wurden.

Aus dem hier skizzierten Ziel ergibt sich die Problemorientierung des vorliegenden Bandes, mit dem keine enzyklopädische Darstellung der Autoren und Sachen in bloß chronologischer Abfolge intendiert ist. Vielmehr sollen die fundamentalen Dimensionen der deutschen Aufklärung multiperspektivisch in bezug auf Ursache, Phänomen und Wirkung analysiert werden.

Mein Dank gilt Hans-Ulrich Wehler, der mich ermuntert hat, mich wieder einem früheren Forschungsgebiet zuzuwenden, und der das Manuskript mit großer Geduld betreut hat. Angela

Guthmann und Maria Galas danke ich für die Umsicht und das Engagement, mit der sie das oft schwierig zu entziffernde Manuskript geschrieben haben, sowie Andreas Wirsching für das Mitlesen der Korrekturen. Insbesondere danke ich herzlich Günther Lottes für die kritische und außerordentlich sachverständige Lektüre des Textes und viele anregende Gespräche.

Erlangen, Frühjahr 1986   *Horst Möller*

I. Das 18. Jahrhundert
Ein aufgeklärtes Zeitalter oder ein Zeitalter der Aufklärung?

1. Was ist Aufklärung?

»Was ist Aufklärung?« Diese Frage beschäftigte die Aufklärer noch, als der Begriff längst zum Schlagwort geworden war, vor dem sich alles, was die aufgeklärten Zeitkritiker zur Finsternis zählten, zu rechtfertigen hatte. Den Anlaß zu erneuter Beschäftigung mit diesem Problem lieferte der Theologe Johann Friedrich Zöllner, als er 1783 in der *Berlinischen Monatsschrift,* einem führenden Diskussionsforum der deutschen Aufklärung, schrieb: »*Was ist Aufklärung? Diese Frage, die beinahe so wichtig ist, als: was ist Wahrheit,* sollte doch wohl beantwortet werden, ehe man aufzuklären anfinge! Und noch habe ich sie nirgends beantwortet gefunden!«[1] Die beiden berühmtesten Antworten gaben im Jahre 1784 der Königsberger Philosoph Immanuel Kant und der Berliner Kaufmann Moses Mendelssohn, Protagonist der jüdischen Aufklärung. Oft sind beide Beiträge zitiert worden, doch verdienen sie es, ein weiteres Mal zum Ausgangspunkt einer Reflexion des Begriffs Aufklärung genommen zu werden. Mendelssohn bemerkte:

»Die Worte *Aufklärung, Kultur, Bildung* sind in unsrer Sprache noch neue Ankömmlinge. Sie gehören vor der Hand bloß zur Büchersprache. Der gemeine Haufe verstehet sie kaum. Sollte dieses ein Beweis sein, daß auch die Sache bei uns noch neu sei? Ich glaube nicht.«

Mendelssohn sah in den drei erwähnten Worten »Modifikationen des geselligen Lebens«. Bildung zerfalle in Kultur und Aufklärung; während Kultur mehr auf das *Praktische* gehe, scheine sich Aufklärung »mehr auf das *Theoretische* zu beziehen. Auf vernünftige Erkenntniß (objekt.) und Fertigkeit (subj.) zum vernünftigen Nachdenken, über Dinge des menschlichen Lebens, nach Maaßgebung ihrer Wichtigkeit und ihres Einflusses in die Bestimmung des Menschen.« Und an diesen schon für sich genommen die Aufklärung charakterisierenden Satz schließt sich bestätigend nicht nur, sondern bestärkend der Schlüsselsatz aller Aufklärung an: »Ich setze allezeit die Bestimmung des Menschen als Maaß und Ziel aller unserer Bestrebungen und Bemühungen.«[2] Das Denken der Aufklärung ging in der Tat vom Menschen aus, war anthropozentrisch in einem emphatischen Sinn. Die von Mendelssohn formulierte Maxime war weder neu noch auf die deutsche Aufklärung beschränkt. Schon Alexander Pope hatte in seinem zwischen 1732 und 1734 publizierten *Essay on Man* ähnliche Überlegungen formuliert: »Erkenne dich selbst. Maße dir nicht an, Gott zu erforschen, das eigentliche Studium der Menschheit ist der Mensch.«[3] Und in der französischen Aufklärung findet sich ein verwandtes Prinzip: »Unser Heil ist unser eigenes Werk, mit Hilfe der Gnade.«[4] Beide Sätze zeigen, in welcher Richtung die Anthropozentrik offensiv wurde: Die Diesseitigkeit des Menschen wird gegen seine religiös verstandene Jenseitigkeit ausgespielt. Und auch Kants Definition der Aufklärung von 1783 implizierte diesen Zusammenhang, wenn er seine Reflexionen mit den berühmten Sätzen einleitete:

»*Aufklärung* ist der Ausgang des Menschen aus seiner selbst verschuldeten Unmündigkeit. Unmündigkeit ist das Unvermögen, sich seines Verstandes ohne Leitung eines anderen zu bedienen. Selbstverschuldet ist diese Unmündigkeit, wenn die Ursache derselben nicht am Mangel des Verstandes, sondern der Entschließung und des Muthes liegt, sich seiner ohne Leitung eines andern zu bedienen. Sapere aude! Habe Muth dich deines eigenen Verstandes zu bedienen! ist also der Wahlspruch der Aufklärung.«[5]

Sapere aude! Dieser Imperativ der Aufklärung gilt für alle Lebensbereiche, gilt für Religion und Kirche, Staat und Gesellschaft, Philosophie und Wissenschaft, Geschichte und Gegenwart. Selbstdenken, ein anderes Schlüsselwort der Aufklärung, zielte auf die ebenso verstandene Mündigkeit des Menschen, und es war im Sinne dieses Grundsatzes nur konsequent, daß für Kant Freiheit die Voraussetzung der Aufklärung bildete – die Freiheit nämlich, »von seiner Vernunft in allen Stükken öffentlichen Gebrauch zu machen«.[6] Wenngleich Kant hier auch Einschränkungen formulierte, auf die später einzugehen ist, sah er doch zweifelsfrei den Ausgang des Menschen aus seiner selbst verschuldeten Unmündigkeit »vorzüglich in Religionssachen«.[7] Aber dieser zentrale Bezug aufgeklärten Denkens weitete sich bald aus, wie Kant selber in der Vorrede zur *Kritik der reinen Vernunft* 1781 klar erkennen ließ:

»Unser Zeitalter ist das eigentliche Zeitalter der Kritik, der sich alles unterwerfen muß. *Religion*, durch ihre *Heiligkeit*, und *Gesetzgebung* durch ihre *Majestät*, wollen sich gemeiniglich derselben entziehen. Aber alsdann erregen sie gerechten Verdacht wider sich und können auf unverstellte Achtung nicht Anspruch machen, die die Vernunft nur demjenigen bewilligt, was ihre freie und öffentliche Prüfung hat aushalten können.«[8]

Für das Verhältnis der Aufklärung zum Staat gilt also im Prinzip das gleiche wie gegenüber den Kirchen: Freie und öffentliche Prüfung durch die selbstdenkende, nicht außengeleitete oder fremdbestimmte menschliche Vernunft bildeten die Richtschnur, ihrem Richtspruch sollten sich weder Traditionen noch Institutionen noch Individuen entziehen dürfen, Vernunft galt als letzte Instanz für alles Menschliche, ihr Mittel war die Kritik.

Wie Vernunft zählte Kritik zu den Schlüsselwörtern der Aufklärung. Eine Legion von Schriften trägt im Titel das Wort Kritik, von Pierre Bayles *Dictionnaire historique et critique* (1695–1697) über Johann Christoph Gottscheds *Versuch einer Critischen Dichtkunst* (1730) bis zu Immanuel Kants berühmten Kritiken, die Erkenntnistheorie (1781), Ethik (1788) und Ästhetik (1790) reflektierten. Und so überrascht es kaum, daß ein Autor der der Aufklärung ablehnend gegenüberstehenden Romantik im Jahre 1800 Kants Diktum ironisch abwandelte. Das Zeitalter verdiene »den bescheidnen aber vielsagenden Namen des kritischen Zeitalters ... so daß nun bald alles kritisiert seyn wird, außer das Zeitalter selbst, und daß alles immer kritischer und kritischer wird«.[9] Tatsächlich hatte sich das Wort Kritik, das zunächst die Kunst sachgemäßen Urteils in Kunst und Wissenschaft meinte, nachdem es im 17. Jahrhundert aus dem Französischen ins Deutsche gelangt war, schnell verbreitet, und bereits bei Goethe findet sich neben dem positiven Gebrauch – nämlich durch Kritik das Wahre vom Falschen zu scheiden – der Hinweis auf eine destruktive Form der Kritik.[10] Aus Kritik wurde nur allzu leicht Krittelei, die Lessing schon 1780 beklagte: »weg mit allen Wortkritteleien!«[11]

Der ursprüngliche, für die Aufklärung wesentliche Sinn der Kritik basierte auf der philologischen Textkritik, die sich aus der historischen Bibelkritik des katholischen Theologen Richard Simon im 17. Jahrhundert entwickelte: Seine Werke über die Heilige Schrift, allen voran seine *Histoire critique du Vieux Testament* (1678), die er mit Untersuchungen zum Neuen Testament und der Geschichte seiner Kommentierung fortsetzte, begründeten die historisch-kritische Bibelforschung: Sie schufen die Grundlage moderner Textkritik überhaupt und sind deshalb in ihrer theologischen, wissenschafts- und kulturgeschichtlichen Wirkung kaum zu überschätzen. Schon der große Bahnbrecher der französischen Aufklärung im späten 17. Jahrhundert, Pierre Bayle, wollte in seinem monumentalen historisch-kritischen Wörterbuch, das Gottsched 1740 ins Deutsche übertrug, »un recueil des fautes«, ein »Register von Fehlern« geben:

»Nirgends zuvor war mit solcher Strenge und Unerbittlichkeit, mit solcher minutiösen Genauigkeit die Kritik der Überlieferung durchgeführt worden... Und hier erst kommt seine wirkliche Genialität als Historiker zutage. Sie besteht, so paradox dies klingen mag, nicht in der Entdeckung des Wahren, sondern in der Entdeckung des Falschen.«[12]

Und noch Lessing kündigte 1767 seine *Hamburgische Dramaturgie* ganz in diesem Sinne an: »Diese Dramaturgie soll ein kritisches Register von allen aufzuführenden Stücken halten, und jeden Schritt begleiten, den die Kunst, sowohl des Dichters, als des Schauspielers, hier thun wird.«[13]

Der kritische Grundzug blieb also auch nach Bayle über weite Strecken ein Charakteristikum der Aufklärung, deren Verfechter oft mit einer Vehemenz kritisierten, als gelte es, das Falsche überhaupt aus der Welt zu schaffen. Kritik allein mag für eine Methode stehen, für ein Prinzip des Denkens, ist an sich aber formal, sagt über Inhalte nichts aus. Und auch das ist kennzeichnend: Selten ließen die Aufklärer einen Inhalt unkritisiert stehen. Darin äußerte sich ihr vorbehaltloser Wille zur Reflexion, zur Prüfung auch des scheinbar Selbstverständlichen und Feststehenden. An dem heute modischen Begriff des »Hinterfragens« hätten sie ihre Freude gehabt. Aber eine solche Verselbständigung der Kritik birgt auch die Tendenz zur Auflösung des Inhalts in die Methode und zur Überzeugung, der Weg sei allemal wichtiger als das Ziel. Daher verwundert es kaum, wenn der den Höhepunkt deutscher Aufklärung verkörpernde Lessing 1778 zu dem Schluß gelangte:

»Nicht die Wahrheit, in deren Besitz irgend ein Mensch ist, oder zu seyn vermeynet, sondern die aufrichtige Mühe, die er angewandt hat, hinter die Wahrheit zu kommen, macht den Werth des Menschen. Denn nicht durch den Besitz, sondern durch die Nachforschung der Wahrheit erweitern sich seine Kräfte, worinn allein seine immer wachsende Vollkommenheit bestehet.«[14]

Die den Menschen erkennbare Wahrheit ist allemal relativ, niemals absolut – so lautete die Botschaft der Ringparabel aus Lessings und der deutschen Aufklärung reifstem Werk *Nathan der Weise*. Und nur konsequent war es, von dieser Position aus, daß die Toleranz – und das bedeutete zunächst die Toleranz unter den verschiedenen Religionen, den christlichen und außerchristlichen – zu einem Hauptziel der Aufklärung wurde. Die Aufklärer begründeten die Forderung nach Toleranz aber keineswegs nur negativ mit der Begrenztheit menschlichen Erkenntnisvermögens, sondern ebenso als positives menschenrechtliches Postulat: »Der wahre Grund der Toleranz ist: daß ein jeder Mensch ein angebohrenes Recht hat, in Glaubenssachen seiner Überzeugung zu folgen.«[15] Aufklärung bezeichnete also zunächst keine feststehenden Inhalte, sondern ein prozessual verstandenes Denkprinzip. Die dem Wort inhärente Lichtmetaphorik wird auf die Erkenntnis der Sachen und Begriffe übertragen. Was Aufklärung sei, meinte Christoph Martin Wieland 1789, wisse jeder, der den »Unterschied zwischen Hell und Dunkel, Licht und Finsternis« kenne. Im Dunkeln sehe man entweder gar nichts oder doch nicht so klar, »daß man die Gegenstände recht erkennen und voneinander unterscheiden kann: sobald Licht gebracht wird, klären sich die Sachen auf, werden sichtbar und können voneinander unterschieden werden«. Die natürliche Fähigkeit des Menschen zu sehen, zu unterscheiden, zu erkennen, setzte Wieland voraus. Die Frage, auf welche Gegenstände sich die Aufklärung beziehe, fand Wieland »drollig«: auf »alle sichtbaren Gegenstände«[16] natürlich!

Und trotzdem: Indem Wieland, Bayle weiterführend, das »Licht des Geistes« auf die »Erkenntnis des Wahren und Falschen, des Guten und Bösen« bezog, machte er deutlich, daß Aufklärung in seinem Verständnis über bloß Erfahrbares hinausging und schließlich Inhalte meinte: Wieland schloß offensichtlich ethische Setzungen in seine Definition ein, denn an welcher menschlichen Erfahrung konnte das Gute identifiziert werden, wenn die Maßstäbe zur Bewertung fehlten, die ihrerseits nicht erfahrbar, sondern nur postulierbar waren – sei es aufgrund des Glaubens oder naturrechtlich-menschenrechtlicher Prämissen? Auch auf dieses Problem werden wir zurückkommen, um zu klären, ob hier eine Aporie der Aufklärung vorliegt.

Vernunft ist, wie die anderen der hier erwähnten Schlüsselbegriffe der Aufklärung auch, zunächst eine formale Kategorie, sie bezeichnet ein menschliches Vermögen, das sich von göttlicher Offenbarung unterscheidet. Der Begriff bekam in der Aufklärung zeitweilig einen polemischen Inhalt, wie sich schon in der Begriffsverbindung »Vernunftreligion« kundtut, bezeichnete aber zugleich die Begrenztheit der Vernunft als bloß menschlicher Vernunft. Der »Gedanke der ›Aufklärung‹ setzt, historisch wie sachlich gesehen, die Idee einer ›allgemeinen Menschenvernunft‹ voraus, die auf die verschiedenen Subjekte verteilt ist«.[17] In der Sicht der Aufklärer unterlag die Vernunft der Individuen mannigfachen Einflüssen, die von Konfession, Erziehung, jeweiliger gesellschaftlicher und wirtschaftlicher Lage, Interessen und Vorurteilen ausgingen. Den vernünftigen Kern der individuellen Überzeugungen durch eine Diskussion aller denkbaren und erfahrbaren Positionen herauszuschälen zählte also zu den Maximen der Aufklärung: »Der Prozeß der Aufklärung ist der Prozeß der Freisetzung der Vernunft, die endliche Vereinigung der partikulären Wahrheiten zur einen und ungeteilten Wahrheit.«[18]

Vernunft ist also nur als Vermögen gegeben, nicht aber als vollendete Befindlichkeit. Dieses Vermögen jedoch ist die Bedingung der Möglichkeit ihrer Verwirklichung, und hieraus folgt logisch der Prozeßcharakter der Aufklärung. Das galt auch für die Epoche ihrer Blüte. Auf die Frage »Leben wir jetzt in einem *aufgeklärten* Zeitalter?« antwortete Kant denn auch folgerichtig: »Nein, aber wohl in einem Zeitalter der *Aufklärung*.«[19] Aufklärung ist nicht, sondern wird. Indem die Aufklärer sowohl von der Bildungsfähigkeit des Menschen überzeugt waren als auch ihr eigenes Zeitalter als aufgeklärter beurteilten denn die Zeit ihrer Väter und Vorväter, gingen sie von der Möglichkeit des Fortschritts in der Geschichte aus. Bei nicht wenigen verdichtete sich diese Prämisse zur Deutung der Geschichte als Fortschritt.

Allerdings waren sich die zeitgenössischen Autoren keineswegs in der Beurteilung ihrer eigenen Zeit einig. Selbst Kant hatte noch ein Jahr zuvor anders gesprochen und in seinen *Prolegomena zu einer jeden künftigen Metaphysik* das eigene Zeitalter als »aufgeklärt« bzw. »denkend« charakterisiert.[20] Friedrich Schiller hielt auch noch 1794 an dieser Überzeugung fest. Er fragte: Woher diese »noch so allgemeine Herrschaft der Vorurteile und diese Verfinsterung der Köpfe bei allem Licht, das Philosophie und Erfahrung aufsteckten?« Und er antwortete: »Das Zeitalter ist aufgeklärt, das heißt, die Kenntnisse sind gefunden und öffentlich preisgegeben, welche hinreichen würden, wenigstens unsre praktischen Grundsätze zu berichtigen.«[21] Offensichtlich erfolgte die Beurteilung der eigenen Zeit mit unterschiedlichen Begriffen von Aufklärung: Der eine orientierte sich an der Existenz aufgeklärter Kenntnisse und Prinzipien, war also material; der andere bezog sich auf die Durchsetzung dieser aufgeklärten Denkansätze und Methoden, fragte nach dem Grad ihrer Wirkung in Religion, Kultur, Gesellschaft und Staat, fragte vielleicht auch nach den Folgen der Aufklärung: Zur Intention von Aufklärung trat hier ihre Funktion. Und dieser funktionale Begriff von Aufklärung lag offensichtlich Kants späterer Bewertung seiner Epoche als eines Zeitalters der Aufklärung zugrunde. Eine solch instrumentelle Verwendung des Begriffs Aufklärung implizierte stets eine mehr oder weniger radikale Kritik an der eigenen Zeit und betonte ihren schon erwähnten Prozeßcharakter auf Kosten des eindeutig feststellbaren Gehalts. Damit führte der instrumentelle Aufklärungsbegriff nicht nur in die zeitliche Dimension der Gegenwart, sondern auch über diese hinaus in die Zukunft, die den Fortschritt der Aufklärung bringen sollte. Dieser Aufklärungsbegriff enthielt zweifelsfrei eine emanzipatorische Pointe. Zugleich aber stellte sich mit größerer Dringlichkeit die Frage nach dem Epochencharakter der Aufklärung. Und ebenso notwendig ging diese Interpretation des Begriffs Aufklärung über die Frage nach der Elite der Aufklärer hinaus, indem ihr Publikum, ja Öffentlichkeit und Gesellschaft überhaupt, mit einbezogen werden mußten. Ein Zeitalter der Aufklärung konstituierte sich nicht allein durch die Existenz einer an Maximen der Aufklärung orientierten Gelehrtenrepublik. Folglich bedarf es der Analyse ihrer gesellschaftlichen Herkunft und Wirkung, um Breiten- und Tiefendimension der Aufklärung ausloten zu können.

Erst die von Kant geforderte »Reform der Denkungsart«, die das Selbstdenken ermöglichen sollte, erlaubte es, Aufklärung zu realisieren und durch die Aufklärung Aufgeklärtheit, also einen Zustand, herbeizuführen. Ein solcher Zustand der Aufklärung aber bedurfte der Definition durch Inhalte. Solange das nicht geschah, blieb bei Kant und anderen Autoren der Begriff Aufklärung tatsächlich auf eine oft irritierende Weise mehrdeutig. Die vom spezifischen historischen Bezug abgekoppelte Verwendung des Begriffs im Sinn eines Denkansatzes, im Sinn einer Methode freien und öffentlichen Gebrauchs der Vernunft ohne Leitung eines anderen, ohne Rücksicht auf den Zwang von Denktraditionen, bei freiem Experiment und empirisch begründetem Urteil an Stelle gesellschaftlich, historisch oder ideell begründeter Vorurteile, ermöglichte es immer wieder, den Begriff Aufklärung auch auf andere Epochen als das 18. Jahrhundert bis zur Gegenwart anzuwenden und damit seine historische Spezifik zu verwischen. Der formale Charakter des Begriffs Aufklärung und der ihn charakterisierenden Schlüsselwörter sowie die zeitgenössische Unsicherheit in der Verwendung des Begriffs Aufklärung, die im letzten Drittel des 18. Jahrhunderts zum noch zu behandelnden Streit über »wahre« und »falsche« Aufklärung führte, begünstigten seine epochal nicht gebundene Benutzung.

In diesem Sinne forderten Max Horkheimer und Theodor W. Adorno in ihrer *Dialektik der Aufklärung* 1947 eine Selbstbesinnung der Aufklärung, ohne die ihre Selbstzerstörung unvermeidlich sei: »Nicht um die Konservierung der Vergangenheit, sondern um die Einlösung der vergangenen Hoffnung ist es zu tun.«[22] So sicher sich diese Interpretation auf eine Richtung aufgeklärten Selbstverständnisses stützen konnte, die ihrerseits Freiheit der Gesellschaft vor jeglicher Bevormundung als Voraussetzung aller Aufklärung ansah und den Fortschritt in der Geschichte mit den Kategorien bürgerlicher Emanzipation identifizierte, so sicher verkürzten Adorno und Horkheimer ihre historische Realität auf einen für das 20. Jahrhundert instrumentalisierbaren Aspekt der Aufklärung – die Deutung einer Generation, die an den Folgen der durch die Aufklärung mitgeschaffenen Moderne verzweifelte.

Diese Verwendung des Begriffs Aufklärung ließ es zu, ihn aus seinem epochalen Kontext des 17. und 18. Jahrhunderts zu lösen und auf die Dialektik von Mythos und Aufklärung, von der homerischen Odyssee bis zur Dialektik von Rationalismus und Irrationalismus im 20. Jahrhundert zu beziehen. Von solchem überhistorischen Zugang bis zum freilich ungleich niveauloseren Gebrauch des Begriffs Aufklärung als inhaltslosem Schlagwort ist es nicht mehr allzuweit.

Demgegenüber geht es hier um eine Vergegenwärtigung der Aufklärung als historischer Bewegung, die Akteure und Adressaten, Methoden und Ziele, Ursprünge und Wirkungen, Formen und Stile, Größe und Grenze aus ihrem epochal angesiedelten Diskurs interpretiert. Das bedeutet auch: Die genannten Problemfelder aufgeklärten Denkens und Handelns müssen nicht nur definitorisch, sondern in ihrer historischen Entwicklung abgesteckt werden. Die um 1780 sich ausweitende Selbstreflexion der Aufklärung zeigte auch, in welchem Maße sich seit dem Ende des 17. Jahrhunderts Theorie und Praxis der Aufklärung verändert hatten.

2. Periodisierung der Aufklärung im europäischen Kontext

Die einleitend gestellte Frage nach dem Wesen der Aufklärung ist mithin ohne eine weitere Frage nicht zureichend zu behandeln: Wann war Aufklärung? Die Beantwortung ist kaum leichter, vertraten doch bereits die Aufklärer selbst unterschiedliche Meinungen über die Charakterisierung ihres eigenen Zeitalters und änderten sie oft genug sogar innerhalb weniger Jahre.

Die Periodisierung der Aufklärung ist aus einer Reihe weiterer Gründe schwierig. Als eine theologische, philosophische, literarische, politische, juristische und gesellschaftliche Bewegung von europäischem Ausmaß ist sie nicht nur in ihren einzelnen Gegenstandsbereichen zu verschiedenen Zeiten unterschiedlich ausgeprägt, sondern auch in den einzelnen Staaten. Diese Differenz bezieht sich auf Ausbreitung und Intensität, auf Ziele und Stile.

In Deutschland treten zwei in ihrer Wirkung kaum zu überschätzende Faktoren hinzu, die hier die Aufklärung prägten: zum einen die konfessionelle Spaltung, zum anderen die regionale Vielgestaltigkeit der Staatenwelt des Heiligen Römischen Reiches deutscher Nation. Ein weiteres Spezifikum der Anfangsphase liegt in der Sprache: Weder Gelehrte noch Fürsten bedienten sich am Ende des 17. Jahrhunderts in der Regel der deutschen Sprache, sondern des Lateinischen und des Französischen. Friedrich der Große, König und Philosoph zugleich, beherrschte zeitlebens das Französische besser als das Deutsche. Er schrieb Französisch und setzte sich in seiner kritischen Darstellung des deutschen Geisteslebens *De la littérature allemande* 1780 mit der Dominanz des Lateinischen in den Wissenschaften auseinander, die 25,9 von 26 Millionen Deutsche von der Kenntnisnahme der Wissenschaften ausschließe.[23] Auch Friedrich wünschte eine Verbesserung der deutschen Literatursprache, ohne zu wissen, wie weit sie zu seiner Zeit schon gediehen war. Im Stile der Aufklärung formulierte er die Maxime für Schriftsteller und Gelehrte:

»Deutlichkeit ist die erste Regel, welche alle, die reden und schreiben, beobachten müssen, weil ihre Absicht ist, die Gedanken und Begriffe zu mahlen, und durch Worte auszudrücken. Wozu dient es, die richtigsten, stärksten und glänzendsten Ideen zu denken, wenn man sie nicht verständlich ausdrücken kann?«[24]

Als sich der Osnabrückische Staatsmann, Gelehrte und Schriftsteller Justus Möser 1781 mit der Darstellung Friedrichs II. auseinandersetzte, suchte auch er nach den Gründen, warum Deutschland »so lange in der Kultur seiner Sprache und der schönen Wissenschaften überhaupt zurückgeblieben ist«. Die Ursache sah er hauptsächlich darin, »daß wir immer von lateinisch gelehrten Männern erzogen sind, die unsre einheimischen Früchte verachteten und lieber Italiänische oder Französische von mittelmäßiger Güte ziehen, als deutsche Art und Kunst zur Vollkommenheit bringen wollten«.[25] Es war die Zeit der Shakespeare-Rezeption, die mit Lessings *Hamburgischer Dramaturgie* (1767–1769) und Goethes *Götz von Berlichingen* (1773) Theorie und Praxis der deutschen Dramatik einen neuen eigenständigen Weg eröffnete und mit Wielands Shakespeare-Übersetzungen (1762–1766) den englischen Dichter auch in Deutschland heimisch machte.[26] »Shakespeare und der deutsche Geist«: Das hieß Befreiung der deutschen Literatur aus den normativen Fesseln der französischen Klassizität der Corneille, Racine, Molière und Boileau-Despréaux. Der Weg zu »deutscher Art und Kunst« war ein Umweg über Shakespeare – doch ein Umweg, den nicht erst Stürmer und Dränger in den siebziger Jahren des 18. Jahrhunderts beschritten und die Romantiker in den Jahren nach 1800 vollendeten. Das Tor zu Shakespeare öffneten die Aufklärer[27] – nicht nur in Deutschland, sondern auch in Frankreich. Dort war es Voltaire, »der einzige große und konsequente Klassizist ... der sich mit der Shakespeareschen Welt gründlich auseinandergesetzt hat durch Theorie und durch Produktion«.[28]

Der Dialog mit den Literaten und Gelehrten in anderen europäischen Ländern war für die Aufklärer eine Selbstverständlichkeit, in keinem dieser Länder entwickelte sich die Aufklärung völlig autonom. Das wäre denn auch ein innerer Widerspruch gewesen, kannte Aufklärung doch keine Grenzen. Aber kaum je handelte es sich um unkritische Übernahme, immer um produktive Auseinandersetzung. So bemerkte Kant im Hinblick auf seine eigene kritische Aneignung des englischen Philosophen, Historikers und Staatsmanns Hume 1783: »Wenn man von einem gegründeten, obzwar nicht ausgeführten Gedanken anfängt, den uns ein anderer hinterlassen, so kann man wohl hoffen, es bei fortgesetztem Nachdenken weiter zu bringen, als der scharfsinnige Mann kann, dem man den ersten Funken dieses Lichts zu verdanken hatte.«[29] Damit ist das gängige Mißverständnis auszuräumen, Aufklärung sei generell traditionsfeindlich. Tatsächlich stand die Kritik der Tradition ihrer Aneignung nicht im Wege, im Gegenteil: Man gelangte zu eigenen Positionen, indem man sich an denjenigen früherer Generationen abarbeitete. So verfuhr schon Bayle – Voltaire, Lessing und Kant folgten ihm darin. Ihre Originalität war keineswegs das Ergebnis von Ignoranz.

Aber die 1780/81 geführte Diskussion über die deutsche Literatur hatte in mancher Beziehung einen anachronistischen Zug, besaß doch Deutschland inzwischen eine Reihe von Autoren, zu deren Schriften nicht allein solche von singulärer Substanz zählten, sondern zweifelsfrei auch Meisterwerke der Sprache: Kant und Herder, Lessing und Wieland, Goethe und Schiller – um nur diese wenigen zu nennen.

Die gelehrten Bemühungen um die deutsche Sprache trieb im 17. Jahrhundert an führender Stelle der herzoglich-braunschweigische Hof- und Consistorialrat Justus Georg Schottelius (1612–1676) voran, der seit 1638 in Braunschweig und seit 1644 in Wolfenbüttel wirkte. Aus seinem umfangreichen Œuvre ragt vor allem sein 1663 erschienenes Riesenwerk *Ausführliche Arbeit von der teutschen Haubt Sprache* . . . heraus. Daneben standen seine Vorarbeiten für ein deutsches Wörterbuch, die über Adelung und Campe bis zu den Gebrüdern Grimm im 19. Jahrhundert Bedeutung behielten. Schottelius war Mitglied zweier Sprachgesellschaften, u. a. der berühmten, 1617 auf Schloß Hornstein bei Weimar durch mehrere mitteldeutsche Fürsten gegründeten, bis 1680 bestehenden »Fruchtbringenden Gesellschaft«, deren Ziele einer Normierung von Rechtschreibung und Grammatik des Deutschen auch seine Ziele waren.[30] Zweifellos stand sein Bemühen um die Reinheit der deutschen Sprache in der Tradition des Barock, dem er noch ganz zugehörte. Und doch belegt seine Wirkungsgeschichte, in welchem Maße auch Schottelius, der führende deutsche Sprachforscher des 17. Jahrhunderts, u. a. in der Tradition von Martin

Opitz' *Buch von der teutschen Poeterey* (1624) auf die Aufklärung vorauswies, zumal sein Anliegen schon von Leibniz wiederaufgenommen wurde, dessen vermutlich 1682/83 entstandene *Ermahnung an die Deutschen, ihren Verstand und ihre Sprache besser zu üben, samt beigefügtem Vorschlag einer deutschgesinnten Gesellschaft* wie auch seine *Unvorgreiflichen Gedanken, betreffend die Ausübung und Verbesserung der deutschen Sprache* (1692/93) u. a. an Schottelius anknüpften.[31]

Leibniz erwähnte als Ursache für die mangelhafte und im Vergleich zu anderen Nationen verzögerte Bemühung um eine glanzvolle muttersprachliche Literatur eine Reihe von Ursachen, z. B. die Kriege, »die alle guten Gedanken« zerstörten, oder die Tatsache, »daß bei uns keine rechte allgemeine Hauptstadt ist, die für einen Brunnquell der Mode und Richtschnur der Nation zu halten«. Zu den Gründen dieser sprachgeschichtlichen Entwicklung Deutschlands zählte er auch die »Religionstrennung«, die zu einem großen »Unterschied in der Erziehungsart« innerhalb Deutschlands geführt habe.[32] Und auch Leibniz' Gesamturteil behielt in Diagnose und Zielsetzung noch nach einem Jahrhundert in der Spätaufklärung Geltung:

»In Deutschland ... hat man ... dem Latein und der Kunst zuviel, der Muttersprache aber und der Natur zu wenig zugeschrieben«, deshalb sei »bei uns ein gewisser Geist und scharfsinnige Gedanken, ein reifes Urteil, eine zarte Empfindlichkeit dessen, so wohl oder übel gefaßt, noch nicht unter den Leuten so gemein worden, als wohl bei Ausländern zu spüren, deren wohl ausgeübte Muttersprache wie ein rein poliertes Glas gleichsam die Scharfsichtigkeit des Gemüts befördert und dem Verstand eine durchleuchtende Klarheit gibt«.[33]

Dem Verstand mit Hilfe der verbesserten und gereinigten Muttersprache eine »durchleuchtende Klarheit« geben – das war die Voraussetzung einer eigenständigen Entwicklung der Aufklärung in Deutschland. Nation und Sprache blühten aller historischer Erfahrung nach zugleich: Zur Begründung nannte Leibniz Griechen und Römer, aber auch das Frankreich seiner eigenen Zeit.[34]

Insofern machte es Epoche, daß der Leipziger Jurist Christian Thomasius am 24. Oktober 1687 erstmals in deutscher Sprache zu einer deutschsprachigen Vorlesung einlud. Zwar waren ihm einige wenige Dozenten im Gebrauch der Muttersprache für den akademischen Unterricht vorangegangen – im 16. Jahrhundert etwa

Paracelsus –, doch war das wirkungslos geblieben. Thomasius war sich der Bedeutung seines Vorgehens bewußt und hat noch dreißig Jahre später das »entsetzliche Lamentieren« über diesen Schritt beklagt: »Denkt doch! ein teutsch Programma an das lateinische schwartze Bret der löbl. Universität.«[35]

Thomasius ließ es nicht bei einem einmaligen Versuch bewenden, sondern las immer wieder auch in deutscher Sprache und bot sogar deutsche Stilübungen an. Trotz des Verbots deutschsprachiger Vorlesungen an der preußischen Universität Halle 1704 und 1705 hatte Thomasius einen Weg eröffnet, auf dem er Bundesgenossen und Nachfolger fand.[36] Seit Januar 1688 veröffentlichte er eine Rezensionszeitschrift in deutscher Sprache: *Freymüthige, Lustige und Ernsthaffte, jedoch Vernunft- und Gesetz-Mässige, Gedancken. Oder Monats-Gespräche über allerhand, fürnehmlich aber Neue Bücher durch alle zwölf Monate des 1688. und 1689. Jahrs durchgeführet von Christian Thomas.* Der Titel war von barocker Umständlichkeit und wies trotzdem in die Zukunft, indem er durch öffentlich geübte vernünftige Kritik in einem regelmäßig in deutscher Sprache erscheinenden Journal Gelehrsamkeit und Information verbreiten und auf diese Weise zum Nachdenken und zur Diskussion anregen wollte.

Bald schon ging auch der berühmteste und einflußreichste Philosoph der deutschen Frühaufklärung, Christian Wolff, einen ähnlichen Weg und veröffentlichte als erster akademischer Lehrer seines Fachs in rascher Folge philosophische Werke in deutscher Sprache – neben einer Vielzahl in der traditionellen Gelehrtensprache Latein verfaßter Schriften. Von der 1713 publizierten Logik *Vernünftige Gedanken von den Kräften des menschlichen Verstandes und ihrem richtigen Gebrauche in Erkenntnis der Wahrheit* behandelte er bis 1725 in geplant systematischer Reihung auch Metaphysik, Ethik, Politik, Natur, Kunst, Teleologie, Anthropologie, Zoologie und Botanik in deutscher Sprache, meist mit dem Topos »Vernünftige Gedanken von…« im Titel – insgesamt ein riesenhaftes systematisches Lehrgebäude. Wolff zählte zu den einflußreichsten Philosophen des 18. Jahrhunderts und war zu seinen Lebzeiten ihr größter Systematiker. Weit über die Grenzen seines Fachs hinaus wirkte er auf die Rechtsentwicklung, vor allem Brandenburg-Preußens, sowie die juristische Ausbildung der Staatsbediensteten im Sinne des von ihm zwar nicht begründeten, aber systematisierten und ausgebauten Naturrechts. Seine Philosophie erlangte auf diese Weise sowohl rechtsgeschichtliche als auch politische und durch den sich im 18. Jahrhundert entwickelnden Beamtenstand überdies sozialgeschichtliche Bedeutung: Die deutsche Sprache war ihr Medium.

Eine Reihe anderer Indizien für ein neues Verhältnis zur Nationalsprache wurde seit dem 17. Jahrhundert unübersehbar, z. B. die Gesellschaften zur Pflege der deutschen Sprache und später, seit der zweiten Hälfte des 18. Jahrhunderts, die deutschen Wörterbücher und historisch-kritischen Grammatiken. Das Vordringen der deutschen Sprache im gelehrten und publizistischen Gebrauch läßt sich auch quantifizieren: So sank der Anteil der in lateinischer Sprache veröffentlichten Werke zwischen 1740 und 1800 von 27,7 auf knapp 4 %.[37] Die Durchsetzung der Muttersprache gehörte zu den von den Aufklärern gewollten Konsequenzen.

Was besagen diese Hinweise für die Ausgangsfrage nach der Periodisierung der deutschen Aufklärung? Schon der zuletzt angesprochene Tatbestand läßt den Zusammenhang erkennen: Aufklärung zielte zunächst auf das Lesepublikum und schließlich auf die gesamte Öffentlichkeit: Weder mit Hilfe des Lateinischen noch des Französischen war eine nennenswerte Breitenwirkung erreichbar. Der Zeitpunkt, zu dem eine Belebung der Muttersprache und ihr Eindringen in den gelehrten Diskurs erkennbar werden, indiziert selbst schon aufgeklärte Zielsetzung. Andererseits: Konnte die Epoche als aufgeklärt gelten, wenn sich nur wenige Angehörige einer Bildungsschicht zu den Maximen der Aufklärung bekannten?

Ergänzt wird diese Überlegung durch sprachgeschichtliche Befunde: Noch das erste umfassende Lexikon deutscher Sprache, das von dem Verleger Johann Heinrich Zedler in den Jahren 1732 bis 1754 herausgegebene, insgesamt 68 Bände umfassende *Große vollständige Universal-Lexicon aller Wissenschaften und Künste* – das größte Nachschlagewerk des 18. Jahrhunderts überhaupt und selber ein Dokument für die frühe deutsche Aufklärung – enthält kein Stichwort »Aufklärung«. Erst seit der Mitte des 18. Jahrhunderts bürgerte sich das Wort im allgemeineren Sprachgebrauch zögernd ein, wurde aber dann innerhalb kurzer Zeit, vor allem seit den achtziger Jahren, zum Modebegriff.

Der Terminus Aufklärung ist also, anders als der des Absolutismus, der dieser Epoche später durch die Historiographie beigelegt wurde, ein zeitgenössischer Begriff. Er findet sich während des

18. Jahrhunderts in den meisten europäischen Sprachen. Erwähnt seien nur das französische »les lumières«, das englische »enlightenment«, das italienische »illuminismo«, das spanische »ilustración«.[38] Aber das Phänomen ist doch älter, als es die vergleichsweise späte Verwendung als Charakterisierung des eigenen Zeitalters bzw. einer geistesgeschichtlichen Bewegung nahelegt. Schon Leibniz benutzte den französischen Begriff »éclairer« und den deutschen »aufgeklärt«[39], schon John Milton verwendete in seinem *Paradise Lost* (1667) den Begriff »to enlighten«, und in Barthold Hinrich Brockes' Hauptwerk *Irdisches Vergnügen in Gott* (1721–1748) findet sich 1727 ebenfalls das Adjektiv »aufgeklärt«.[40] Bereits seit seinem ersten Auftreten bei Kaspar Stieler im Jahre 1691 wird das Substantiv Aufklärung synonym mit anderen Begriffen gesetzt, z. B. mit »Ausklärung«[41] oder später auch mit »Erleuchtung«, wie etwa bei Wieland seit 1752, oder auch in der bei Leibniz Ende des 17. Jahrhunderts anzutreffenden zitierten Kombination »durchleuchtende Klarheit«. Tatsächlich sind verschiedene, aber zusammenhänge Problemfelder zu unterscheiden: Die Frage, wieweit die Wortgeschichte Aufschluß liefert über die Entstehung des Phänomens, die Frage, ob und welcher Bedeutungswandel aus Wortfelduntersuchungen abzuleiten ist, und schließlich die Frage, wieweit der Begriff Aufklärung als historisches Phänomen berechtigt, von einem Zeitalter der Aufklärung zu sprechen.

Leibniz, Thomasius, Wolff, Gottsched und andere Schriftsteller vertraten tatsächlich aufgeklärte Maximen – Jahrzehnte, bevor der Begriff Aufklärung in Deutschland wirklich heimisch wurde oder auch nur eine nennenswerte Reflexion des Terminus einsetzte. Die Wortgeschichte indiziert die Verbreitung des Wortes im Sprachgebrauch, seine Bedeutungsvielfalt und den Bedeutungswandel: Der Beginn der Aufklärung in Deutschland ist aus ihr nicht abzulesen. Eine *allgemeine* Verbreitung aufgeklärter Positionen jedoch, und damit ihre gesellschaftliche Geltung, ist durch begriffsgeschichtliche Befunde sowie gehäuftes Auftreten des Wortfelds identifizierbar. Die erwähnte mangelnde Eindeutigkeit noch in den achtziger Jahren des 18. Jahrhunderts und die zugleich im letzten Drittel des Jahrhunderts in Deutschland unverkennbare Entwicklung zum Modewort lassen insgesamt einen Schluß zu, der sich später erhärten wird: Um 1780 stand die Aufklärung in Deutschland auf einem Höhepunkt ihrer gesellschaftlichen Geltung, war aber trotzdem durch ein uneinheitliches Selbstverständnis sowie unterschiedliche philosophische, literarische und politische Auffassungen gekennzeichnet. Über den intellektuellen Rang ist damit noch nichts gesagt, obwohl die sich später einbürgernde Bezeichnung »Popularphilosophie« für die um 1780 schreibenden Mendelssohn, Engel, Eberhard, Nicolai u. a. oft einen pejorativen Beigeschmack enthält. Auf der anderen Seite ist Kant verglichen mit Wolff zweifellos der reflektiertere Philosoph von unvergleichlicher analytischer Kraft und Wucht, Lessing verglichen mit Gottsched der ranghöhere und originalere Literaturkritiker und Dichter.

Aber philosophische, literarische, gelehrte Einzelleistungen bezeichnen weder Verbreitungsgrad noch die gesamte intellektuelle Bedeutung eines historischen Phänomens wie der Aufklärung. Das ist nicht nur in Deutschland so. Der gesellschaftliche Durchbruch gelang der Aufklärung in allen Staaten, in denen sie zeitweise dominierende Bedeutung gewann, erst im Laufe des 18. Jahrhunderts; unangefochten war sie in kaum einem der europäischen Länder, obwohl ihr Ansehen unterschiedliche Ausprägungen und Intensität besaß und sie in England stärker aus der eigenen Gesellschaft hervorging und weniger rezeptiv war als in Deutschland. Doch lassen sich in einer Reihe von Staaten, allen voran in England und den Niederlanden, aber nur wenig später auch in Frankreich und Deutschland, Wegbereiter von Rang schon in den letzten Jahrzehnten des 17. Jahrhunderts nennen.

Die Aufklärung setzte in Deutschland nur unwesentlich später ein als in den meisten westeuropäischen Staaten. Und überall lag ihr Ansatzpunkt zunächst in der Kritik an Kirche und Religion bzw. einigen ihrer Erscheinungsformen. Die deutsche Spezifik aber resultierte bis zum Ende der Aufklärungsbewegung aus der religiösen Spaltung und der sich aus ihr ergebenden intellektuellen Möglichkeit, den theologischen Ansatzpunkt zu modifizieren. Schon von Beginn ist in Deutschland die theologische Prägung der Aufklärung stärker. Sie fällt bereits beim Vergleich der an kritischer Intensität einander nicht nachstehenden Frühaufklärer Pierre Bayle und Gottfried Arnold ins Auge: Arnold blieb trotz schärfster Kritik an der Kirche Theologe. Seit 1697 lehrte er als Professor der Geschichte in Gießen, legte sein Amt aber bereits 1698 nieder. 1702 wurde er zum Historiographen des brandenburgischen Kurfürsten und preußischen Königs Friedrich I. berufen.

Aber schon vorher hatte der spätere Perleberger Superintendent sein kritisches Hauptwerk verfaßt. Die *Unpartheyische Kirchen- und Ketzerhistorie* erschien in zwei Bänden 1699 und 1700. Arnolds Werk nimmt in der Kirchengeschichtsschreibung eine Sonderstellung ein. Er argumentierte quellenkritisch wie Richard Simon, er wollte eine über den konfessionellen Auseinandersetzungen stehende Historiographie betreiben. Tatsächlich schrieb Arnold die Geschichte der Kirche vom Standpunkt ihrer religiösen Kritiker her, von den Ketzern. Unparteilichkeit ist seine Maxime, aber sein Standort ist die von der Mystik Böhmes und dem Pietismus der eigenen Zeit geprägte radikale, auf das eigene Gewissen sich stützende Kritik an der Amtskirche. Die Geschichte der Kirche galt ihm als Geschichte des Glaubensverfalls:

»Die abgefallenen Christen und sonderlich die Clerisey hat nach Einstimmung aller wahrhafften Historien Schreiber dieses durchgehends im Gebrauch gehabt, daß sie die theuersten Zeugen und Bothen JEsu CHristi alsbald vor Kätzer angeklaget, und zu dem Ende ihnen schreckliche Irrthümer angedichtet ... und verfolget.«[42]

Eine ähnliche Kirchenkritik findet sich später in der popularisierten Aufklärung. Die sowohl quellen- und kirchenkritische als auch um Unparteilichkeit bemühte Problemstellung Arnolds, der folgende Appell an den Leser, Darstellung und Argumentation nachzuprüfen – das alles sind Maximen auch der reiferen Aufklärung. Arnold erklärte, er habe »erst die historien aus ihren wahren fontibus mit reinem unpartheyischen gemüth selbst gefasset, und hernach hier dem leser zu weiterm nachdencken lauterlich und aufrichtig vor augen geleget«.[43] Und auch Arnolds Bemerkung über »die wolthat der Christlichen Tolerantz und freyheit in gewissens-sachen«[44] wies auf die späteren, säkularisierten Forderungen der Aufklärung nach religiöser Toleranz und nach Selbstdenken voraus. Zugleich bezeichneten die protestantische Tradition, die Arnold durch die zeitweilige Berufung auf den sonst durchaus nicht unkritisch gesehenen Luther heraufbeschwor, sowie der Konnex, der für eine gewisse Zeitspanne partiell zwischen Aufklärung und Pietismus bestand, ebenfalls die Protagonistenfunktion Arnolds für die deutsche Aufklärung und ihre theologisch geprägte Spezifik. Arnolds Buch erwies sich »als wirksamstes Instrument zur Bekämpfung des Konfessionalismus« und wurde damit »zu einem Grundbuch der Aufklärung«, der »geistige Höhepunkt der Frühaufklärung«.[45]

Auch auf einem anderen, für die Entwicklung der Aufklärung entscheidenden Gebiet, dem modernen Naturrecht, besaß die deutsche Aufklärung einen frühen Wegbereiter: Samuel Pufendorf. Er erhielt 1661 an der Universität Heidelberg den ersten deutschen Lehrstuhl für Naturrecht und wurde nach einem Zwischenspiel in schwedischen Diensten 1688 als brandenburgischer Historiograph und Geheimer Rat nach Berlin berufen. Der Einfluß seines Hauptwerks *De jure naturae et gentium* reichte bis ins letzte Drittel des 18. Jahrhunderts hinein. Noch Kant sowie große Rechtskodifikationen des Aufgeklärten Absolutismus, wie das *Allgemeine Landrecht für die Preußischen Staaten* (1794) und das *Allgemeine Bürgerliche Gesetzbuch für die deutschen Erblande* (1811) in Österreich, sind Pufendorf verpflichtet. Pufendorf knüpfte unmittelbar an Hugo Grotius an und ging auch darin Thomasius und Wolff voraus, daß er staatliche Gewalt auf einen Herrschaftsvertrag gründete, der seinerseits auf einem Gesellschaftsvertrag beruhte. Pufendorf stellte erstmals die rechtlichen Beziehungen zwischen den Menschen in ihren sozialen Zugehörigkeiten in einem geschlossenen naturrechtlichen System dar.[46] In seiner Schrift über die deutsche Reichsverfassung von 1667 schuf Pufendorf durch eine historisch-systematische Analyse die Grundlage für eine ebenso reflektierte wie unbestechlich klare Sicht der Verfassungsstruktur des Heiligen Römischen Reiches.

Auch das von Pufendorf so genannte »Grundgesetz des Naturrechts« besaß noch Generationen später bei den Aufklärern Gültigkeit, es lautete: »jedermann soll, so gut er kann, die Gemeinschaft pflegen und bewahren«. Selbstverwirklichung des Individuums erfolgte in der »socialitas«, der Gemeinschaft, aufgrund des natürlichen Geselligkeitsbedürfnisses des Menschen, das schon Aristoteles formuliert hatte.[47]

»Die allmähliche Loslösung von der nicht mehr akzeptierten religiös-transzendentalen Bindung der rechtlichen und politischen Welt erlaubte es Pufendorf, Herrschaft, Staaten, Gesetze weitgehend innerweltlich-säkularisiert zu begreifen … Gerechtigkeit und Humanität wurden als vom Menschen zu verwirklichende und auch realisierbare Postulate verstanden, der Mensch als Vernunftwesen mit eigener Verantwortlichkeit erkannt, dem es aufgegeben, eine menschenwürdige-gottwohlgefällige Ordnung dieser Welt zu schaffen.«[48]

Auch im Falle Pufendorfs ist der geistige Dialog mit den Vorgängern unübersehbar, bei ihm insbesondere mit Bodin, Grotius und

Hobbes, deren Gedanken er aufnahm, aber auch modifizierte.

Eine Reihe anderer Theologen, Naturwissenschaftler, Philosophen, die die Aufklärung in Deutschland vorbereiteten, sind ohne weiteres zu nennen, seien es nun der Verfasser der berühmten, 1603 erschienenen *Politica*, Johannes Althusius, oder der in Hamburg wirkende Logiker und Mathematiker Joachim Jungius, der in eigenständiger Rezeption Bacons und Descartes' eine Wissenschaftslehre – die 1638 publizierte *Logica Hamburgensis* – verfaßte, mit deren Hilfe er eine Reihe von Naturwissenschaften systematisierte. Darin verwandt war Jungius der Naturwissenschaftler und Mediziner Ehrenfried Walter v. Tschirnhaus, der in Holland unter den Einfluß des Cartesianismus und schließlich des Spinozismus geriet, den er seitdem in Deutschland propagierte. Seine weitere Aktivität, die im Ganzen auf eine Verbreiterung der naturwissenschaftlichen Bildung zielte, trug ebenfalls auf dem Gebiet der Wissenschaftslehre und naturwissenschaftlicher Forschung reiche Früchte. Sie verhalfen ihm schließlich zu internationaler Anerkennung: Als erster Deutscher wurde Tschirnhaus 1682 in die Pariser Akademie der Wissenschaften aufgenommen.[49]

Zu den Wegbereitern der deutschen Frühaufklärung zählen zweifelsfrei die Pietisten Philipp Jakob Spener und später August Hermann Francke – so spannungsvoll das Verhältnis von Pietismus und protestantischer Aufklärung auch gewesen ist, so unterschiedlich sich beide auch entwickelten, gerade in der Frühphase hatten sie mancherlei Zielsetzungen gemeinsam, worauf später einzugehen ist. Schließlich darf derjenige universale Gelehrte nicht fehlen, dem das europäische Geistesleben des 17. und 18. Jahrhunderts so viel verdankt wie die deutsche Aufklärung im besonderen: Gottfried Wilhelm Leibniz. Auch er gehörte einem Zeitalter an, »das den Namen ›Aufklärung‹ verdiente, dreiviertel Jahrhunderte, bevor seine Erben und Nutznießer ihn sich gaben«.[50] Und immer wieder werden sie uns in der Geschichte der Aufklärung begegnen, mal explizit, mal implizit: Bacon und Hobbes, Descartes und Spinoza, Locke und Newton, Leibniz und Fontenelle, dessen Leben von 1657 bis 1757 ein Jahrhundert umspannte und damit diejenigen Generationen symbolisch miteinander verband, die der Aufklärung zum Durchbruch verhalfen.

Leibniz war in vielem charakteristisch für die anhebende Aufklärung, er war ein Universalist – ein »lebendes Lexikon«, wie Fontenelle in seiner berühmten *Éloge de Leibniz* bemerkte. Er verband Theorie und Praxis, schrieb nicht nur ständig neue Abhandlungen, sondern machte immer neue Pläne. Leibniz war einer der großen Integratoren der europäischen Gelehrtenrepublik und verband diese mit der politischen und kirchenpolitischen Welt: »Leibniz pflegte einen ungeheuer dichten Briefwechsel. Auf die Arbeiten der Projekte aller Gelehrten Europas liebte er es einzugehen; er half mit seinen Urteilen; er ermutigte und gab selber das Beispiel.«[51] Die köstliche Gedenkrede Fontenelles, des Sekretärs der Académie française, auf Leibniz belegte noch einmal heitere Souveränität und Zusammengehörigkeit der Gelehrtenrepublik Europas um 1700.

- Trotz der späteren Ironisierung von Leibniz' *Theodizee* (1710) in Voltaires *Candide, ou l'Optimisme* (1759/1777), gehört auch Leibniz in die Geschichte der deutschen Frühaufklärung. Gerade für die religionsphilosophische Besonderheit der deutschen im Vergleich zur religionskritisch radikaleren französischen Aufklärung ist Leibniz' Versuch zur Rechtfertigung der besten aller möglichen Welten von größter Bedeutung. Der Optimismus von Leibniz war ein Optimismus der Vernunft, wie Ernst Cassirer bemerkt hat. Und trotz mancher Kritik und nur unzureichender bzw. indirekter, durch Wolff vermittelter Kenntnis von Leibniz' erkenntnistheoretischem Hauptwerk *Nouveaux Essais sur l'entendement humain,* das erst 1765 postum veröffentlicht wurde, galt er auch den Aufklärern als einer der ihren. Diderot bekräftigte in der *Encyclopédie* in seinem Artikel über Leibniz Fontenelles Meinung, durch Leibniz habe Deutschland so viel Ehre gewonnen wie Griechenland durch Plato, Aristoteles und Archimedes zusammengenommen.[52]

Schon in seiner Gelegenheitsschrift *Theodizee* bediente sich Leibniz wiederholt der aufgeklärten Lichtmetaphorik und stellte gleich in seiner Vorrede fest, Christus sei der »göttliche(n) Begründer der reinsten und aufgeklärtesten Religion«.[53] Auch kritisierte Leibniz die Verdunkelung des göttlichen Lichts durch allerlei Äußerlichkeiten, »bloße Zeremonien« und menschliche Meinungen im Laufe der Kirchengeschichte, sprach von »natürlicher Religion« und lobte die »höchst würdige Weise«, in der die Juden im Altertum von der »erhabenen Substanz Gottes« geredet und sich damit als »aufgeklärter« erwiesen hätten als andere Völker.

Echte Frömmigkeit und wahrhaftes Glück bestanden für Leibniz in der Liebe zu Gott,

»freilich aber in einer aufgeklärten Liebe, deren Feuer vom Lichte der Erkenntnis durchglüht ist ... Denn indem man seine Pflicht tut, indem man der Vernunft gehorcht, folgt man den Anordnungen der höchsten, erhabenen Vernunft. Man richtet alle seine Bestrebungen auf das Gemeinwohl, das mit dem Ruhme Gottes identisch ist.«[54]

Vernunftgemäße Tugend sei, argumentierte Leibniz, »auf Gott, auf den Vernunftgrund aller Dinge« bezogen und dann »auf Erkenntnis begründet«.[55] Hier zeigte sich von Beginn an, daß die deutsche Frühaufklärung keineswegs nur radikale Religionskritiker oder gar Materialisten aufwies: Auch sie gab es – z. B. die vom Spinozismus beeinflußten Mathias Knutzen, Gabriel Wagner und Friedrich Wilhelm Stosch –, aber entscheidenden oder auch nur einen der gemäßigten kirchenkritischen Richtung vergleichbaren Einfluß besaßen sie kaum.

Denker wie Pufendorf oder Leibniz gehören zweifellos in die Frühgeschichte der deutschen Aufklärung. Aber das besagt noch nicht, daß die genannten Autoren des 17. Jahrhunderts völlig nahtlos in eine Geschichte der Aufklärung integriert werden können. Wieweit eine solche Identifizierung möglich ist, hängt von der Definition der Aufklärung ab. Die Selbsteinschätzung ihres Zeitalters durch zeitgenössische Gelehrte und Literaten, die am Beispiel Kants, Mendelssohns, Schillers und anderer Autoren begegnete, bleibt für die Gesamtbeurteilung der Epoche ein wesentliches Kriterium: Die Eule der Minerva begann auch damals ihren Flug in der Dämmerung. Um die Mitte des 18. Jahrhunderts begann sich in der französischen Aufklärung das Bewußtsein einer Einheit der Epoche durchzusetzen, und auch hierzu existierten, jedenfalls in bezug auf einen ideell verstandenen Epochenwechsel, Parallelen im deutschen Bereich. Hierauf ist noch einzugehen.

Zweifellos verlief die Aufklärung in den europäischen Ländern in unterschiedlichen Formen, aber in zeitlicher Beziehung vollzog sich, vom früheren Erfolg vor allem in England sowie den Wegbereitern in mehreren Staaten abgesehen, die Entwicklung der Aufklärung im wesentlichen parallel: Sie setzte in den letzten Jahrzehnten des 17. Jahrhunderts in Form eher individueller Bestrebungen ein, fand um 1700 in der Fixierung zentraler Problemfelder bereits erhebliche Resonanz. Die danach gestellten Fragen blieben für Generationen dominant und gewannen aufgrund der Durchsetzung nationalsprachlicher Elemente bei Fortdauer des prinzipiellen Kosmopolitismus und europäischer Gemeinsamkeit zunehmend nationale Eigentümlichkeit. Seit der Mitte des 18. Jahrhunderts nahm das Bewußtsein epochaler Wandlungen, aber auch die differente Ausprägung der Aufklärung innerhalb der einzelnen Länder zu. In den beiden Jahrzehnten vor der Französischen Revolution politisierte sich auch die deutsche Aufklärung, blieb aber in der Politik wie in der Religion trotz signifikanter Zunahme radikaler Strömungen im allgemeinen gemäßigter.

Weniger klar begrenzbar als der Beginn ist vor allem in Deutschland das Ende der Aufklärung als einer historischen Bewegung. Auf die Gründe wird noch einzugehen sein: Sie lagen zum einen im politischen Bereich, da die Aufklärung in Deutschland nicht wie in Frankreich zeitweilig zur herrschenden politischen Ideologie wurde; zum anderen blieb in Deutschland das konfessionspolitische Moment von erheblicher Bedeutung. Zu nennen sind die verstärkte Ausdehnung und Intensität der katholischen Aufklärung um und seit 1800, aber auch die anti-aufklärerischen Gegenströmungen gerade in protestantischen Territorien. Von zum Teil bis heute anhaltender Wirkung, die eine Bestimmung des Endes der Aufklärung erschwert, ist ihr Fortleben in zahlreichen gesellschaftlichen und rechtlichen Reformen, eine Erneuerung der Kirchen – auch der katholischen im Gefolge der Säkularisation 1803 – sowie die Rezeption aufgeklärter Prinzipien im Liberalismus. Andererseits verstärkten sich bereits seit den siebziger Jahren des 18. Jahrhunderts auch die Gegenströmungen. Sie bestritten in idealer, aber auch gesellschaftlicher Hinsicht den Geltungsanspruch der Aufklärung mehr und mehr und bedienten sich sowohl substantieller Argumente als auch aktueller Polemik. Diese gegenaufklärerischen, philosophischen, literarischen und gesellschaftlichen Bewegungen waren höchst unterschiedlicher Art und häufig genug der Aufklärung verpflichtet, obwohl sich ihre Verfechter dieser Erbschaft keineswegs immer bewußt waren. Sturm und Drang, Klassik, Romantik und Idealismus entwickelten sich auf dem von der Aufklärung bereiteten Boden – auch in ihrer Gegensätzlichkeit. Dieser Zusammenhang wird uns immer wieder begegnen.

Dennoch ist es nicht sinnvoll, sie im Sinne der marxistischen Periodisierung allesamt nur als unterschiedliche Manifestationen bürgerlicher Emanzipation anzusehen und wie Friedrich Engels die gesamte geistesgeschichtliche Bewegung von Bacon bis zu Hegel und seinen Schülern der Aufklärung zuzurechnen.[56] Diese in der heutigen marxistischen Aufklärungsforschung zwar diffe-

renzierte, aber nicht prinzipiell überwundene Sicht bewertet die
Aufklärung als den »vorletzte(n) Schritt zur Selbsterkenntnis und
Selbstbefreiung der Menschheit, der aber als der vorletzte darum
auch noch einseitig im Widerspruch steckenblieb«.[57] Tatsächlich
liegt dieser Interpretation eine verkürzte Perspektive zugrunde,
für die die phänomenale Unterschiedlichkeit der historischen
Phänomene des 18. Jahrhunderts als sekundär erscheinen gegenüber ihrer Einordnung in einen zwangsläufigen historischen Prozeß, dem man Ursprung und Ziel vorgibt.

Gemäß dieser marxistischen Deutung erreichte »die deutsche
Aufklärung mit *Goethe* ... und *Schiller* ... auf dem Gebiet der
Literatur ... ihren Höhepunkt«[58], obwohl die Werke Goethes und
Schillers, die hier stellvertretend stehen, nach Intention, Form und
Gehalt in vielerlei Hinsicht im Gegensatz zu den Aufklärern
standen. Ähnlich verhält es sich mit Hegel, Schelling und den
Gebrüdern Schlegel. Deutlich wird die Differenz zur Aufklärung
gerade bei Denkern, die den Weg des europäischen Geistes vom
17. Jahrhundert bis an die Schwelle des 19. Jahrhunderts historisch
reflektierten. So setzte sich Hegel 1802/03 mit den »wissenschaftlichen Behandlungsarten des Naturrechts« und später in der *Phänomenologie des Geistes* (1807) sowie den *Vorlesungen über die
Geschichte der Philosophie* (1820) auch mit der Aufklärung im
engeren Sinn auseinander. Obwohl er den »Kampf der Aufklärung
mit dem Aberglauben« billigte und auch eine »Wahrheit der
Aufklärung« anerkannte[59], galt diese Wahrheit ihm doch als bloß
begrenzt – sie war für Hegel historisch und logisch gesehen eine
Stufe im dialektischen Erkenntnisprozeß. Schon 1802 kritisierte
Hegel den »Dogmatismus der Aufklärerei«[60], und 1820 attestierte
er den aufgeklärten Popularphilosophen, sie hätten sich mit »ge-
haltlosem, mattem Gewäsche« herumgetrieben: »Die deutsche
Aufklärung ... brachte auch die Metaphysik zur letzten Leerheit
herunter.«[61] Im besten Fall beurteilte Hegel die Aufklärung als
diejenige philosophische Richtung, deren Vernunft auf das »Reich
der endlichen Wahrheit« ziele und sich mit ihr zufriedengebe.[62]
Hegel ein Höhepunkt der Aufklärung? Eine solche Deutung tut
beiden Gewalt an.

Auch in einer sich selbst als dialektisch verstehenden marxistischen Interpretation prägt die sozialökonomische Basis letztlich
den geistigen »Überbau«, der deswegen einen abgeleiteten Charakter behält. Den Begriff Aufklärung verwenden konsequente

Marxisten folglich nicht zur Epochenkennzeichnung, weil es sich um einen Begriff der »Ideologiegeschichte« handelt, die zur Kennzeichnung geschichtlicher Zeiträume aufgrund der Dominanz der ökonomischen Entwicklung als ungeeignet betrachtet wird.[63] Entscheidend bleibt für die marxistische Interpretation die Lehre von der Abfolge »ökonomischer Gesellschaftsformationen«. Als »Begriff der Ideologiegeschichte« billigen einige Autoren der Aufklärung zwar eine »relative Eigenständigkeit« zu, aber auch sie betonen die Rückbindung aller Überbauphänomene an die Klassenstruktur.[64]

Allerdings kann auch die häufig in der nichtmarxistischen Geschichtsforschung anzutreffende plakative Kennzeichnung großer historischer Zeiträume als »aufgeklärt« oder die Charakterisierung des 18. Jahrhunderts als »philosophisches Jahrhundert« kaum befriedigen, obwohl deutsche und französische Aufklärer ihr eigenes Zeitalter gelegentlich so benannt haben. Eine derartige Verabsolutierung einzelner, die Epochen prägender Bewegungen verkürzt in jedem Falle die komplexe historische Wirklichkeit. Die Epochen der europäischen Geschichte, in denen die Aufklärung mächtigen Einfluß besaß, wurden zugleich von anderen, z. T. gegenläufigen Tendenzen beeinflußt, von einem aufgeklärten Zeitalter kann deshalb kaum die Rede sein. Das Ende der deutschen Aufklärung ist auch deshalb weniger klar bestimmbar als der Anfang. Noch Jahrzehnte existierten in Philosophie, Literatur und Publizistik konkurrierende Strömungen nebeneinander, noch Jahre nachdem die Aufklärung in Deutschland von diesen geistigen Tendenzen in die Defensive gedrängt worden war und auch die Stunde des aufgeklärten Absolutismus in vielen deutschen Territorien gekommen schien, steigerte in der Reformbewegung zu Beginn des 19. Jahrhunderts die Aufklärung ihren politischen Einfluß: Ihr Mittel war nun weniger die an den Maximen der Aufklärung orientierte öffentliche Diskussion oder die Organisation, sondern die durch die Aufklärung geprägte Beamtenschaft. Sie machte nun als »allgemeiner Stand« das die ständische Gesellschaftsstruktur transzendierende Gemeinwohl zur »raison d'état«. Noch in diesen Jahren fand die katholische Aufklärung in dem 1802 vom Konstanzer Koadjutor und späteren Kurerzkanzler des Reiches Karl Theodor Freiherr v. Dalberg zum Generalvikar berufenen Heinrich Ignaz v. Wessenberg einen eindrucksvollen Kirchenreformer, der, 1812 zum Priester geweiht, seine Aufgabe

darin sah, »das Bistum im Geiste der Aufklärung umzuge-
stalten«.[65]

Offensichtlich ist, daß die deutsche Aufklärung anders als die
französische, deren gesellschaftliche und politische Nagelprobe
mit der Revolution seit 1789 vehement kam, in andere Tendenzen
des 19. Jahrhunderts mündete – aufgenommen, umgeformt, ver-
femt oder später als »Aufkläricht« (Heinrich Leo) verspottet,
unkenntlich manchmal bis heute. Die Interpretation der Aufklärung in Deutschland seit dem frühen 19. Jahrhundert ist ein
eigenes, kaum je lichtvolles Kapitel.

Erreichte die Aufklärung in England mit Locke, Newton und
Deisten wie Tindal bereits seit der Mitte des 17. Jahrhunderts
philosophische und naturwissenschaftliche Dominanz, lassen sich
für die französische Aufklärung mit der »querelle des anciens et
des modernes« 1687/88 und dem Beginn der Revolution 1789
Anfang und Ende der Aufklärung vergleichsweise präzise symbo-
lisieren, fehlt es für die deutsche Aufklärung an derartigen Eckda-
ten. Aber auch sie wurde von beiden Ereignissen geprägt: dem
gelehrten Streit darüber, ob die antiken Schriftsteller den modernen uneinholbar überlegen seien, sowie der Französischen Revolution als wirkungsmächtigstem Ereignis der neueren europäischen Geschichte seit der Reformation. Denn so fern, wie es
scheinen könnte, sind die Intentionen von 1687/88 und 1789
einander nicht gewesen. Bereits Fontenelle schlug in seiner epochemachenden Schrift *Digression des anciens et des modernes*
1688[66] ein Grundthema des 18. Jahrhunderts an, das noch die
Revolutionäre von 1789 ideell legitimierte: Indem er die Überle-
genheit der Alten leugnete, bestritt er prinzipiell die normierende
Kraft der Tradition für Gegenwart und Zukunft, öffnete dem das
Weltbild revolutionierenden Prinzip des Fortschritts Tür und Tor.
Auf merkwürdige Weise zogen daraus die Revolutionäre den
Schluß, die Vergangenheit gelte nichts gegenüber Gegenwart und
Zukunft, sie führten einen neuen Kalender ein und ließen ihn mit
der Revolution beginnen: Das Jahr 1792/1793 wurde zum Jahr 1.

Aber so charakteristisch die Veränderung des epochalen Selbstverständnisses und des Zeitgefühls der Aufklärer gewesen ist, der
hier geschilderte Zusammenhang von Traditionskritik und Fortschrittsdenken bildete nur die eine Seite. Die andere bestand – und
das wird uns sowohl in der englischen als auch der französischen
und deutschen Aufklärung noch beschäftigen – in der Entwick-

lung eines positiven Verhältnisses zur Vergangenheit und eines neuen historischen Verständnisses: Gerade die deutsche Aufklärung wurde zunehmend durch historisches Denken geprägt. Das führte hier zu einem spezifischen Bezug zur eigenen Gegenwart und ihrer Politik. Die Politisierung der Aufklärung verlief in den einzelnen Staaten analog, war aber nicht identisch. Der Vergleich der deutschen und französischen Aufklärung erhärtet sich durch den Blick auf andere Länder, z. B. in der Ähnlichkeit der deutschen mit bestimmten Formen der italienischen Aufklärung im letzten Drittel des 18. Jahrhunderts.[67]

Der Konnex zwischen Aufklärung und der ersten Phase der Französischen Revolution bedeutete mithin weder Identität aufgeklärten und revolutionären Denkens schlechthin, noch ist in der Revolution der entscheidende Prüfstein der europäischen Aufklärung insgesamt zu sehen. Einen »Normalweg« der Aufklärung, der in die Revolution mündete, gibt es nicht, sowenig die ungleichartige Entwicklung der sozialen Strukturen in den europäischen Staaten des 18. Jahrhunderts der einzige Bedingungsfaktor der nationalen Differenzierung der Aufklärung gewesen ist.[68]

3. Phasen und Formen der deutschen Aufklärung

Die deutsche Aufklärung legte einen Weg zurück, der durch ähnliche Schwerpunkte gekennzeichnet war wie in anderen Staaten auch. Bei Fortdauer des theologischen Interesses über mehrere Generationen wurde ihre Entwicklung jedoch durch eine zunehmende Säkularisierung des Interesses zumindest in der protestantischen Welt charakterisiert. Damit wurde die Aufklärung ihrerseits geprägt von einem für die Entstehung der modernen Welt entscheidenden Vorgang, den sie selber stärker als jede andere ideengeschichtliche Bewegung gefördert hat: der prinzipiellen Verweltlichung des Denkens und Handelns. Formen und Grade dieser Verweltlichung unterschieden sich aber sowohl nach dem Zeitpunkt als auch nach den verschiedenen theologischen Richtungen, die von der Aufklärung beeinflußt wurden, auch innerhalb der Konfessionen: Trotz gemeinsamer aufgeklärter Überzeugungen vertraten radikale Kirchenkritiker wie Carl Friedrich Bahrdt oder Theologen wie Johann Salomo Semler denkbar verschiedene Positionen. Schon die Gruppe der Neologen, zu denen etwa Johann

Friedrich Wilhelm Jerusalem, Johann August Ernesti und Johann Joachim Spalding gehörten, war keineswegs homogen. Neben theistischen Strömungen bestanden innerhalb der protestantischen Theologie bzw. der Aufklärung überhaupt starke Tendenzen zum Deismus. Und natürlich wurde die katholische Theologie der Aufklärung, zu der neben Weltgeistlichen auch Ordensgeistliche beitrugen, von zum Teil sehr anderen Interessen und Prämissen geleitet. Neben radikaleren, stark rationalistisch beeinflußten Theologen wie Danzer standen vermittelnde Richtungen, wie sie der Freiburger Augustiner Engelbert Klüpfel, Professor der Dogmatik, repräsentierte. Auch in der katholischen Theologie der Aufklärung existierte ein weites Spektrum.

Und nicht anders verhielt es sich mit der Literatur und der literarischen Kritik: Von den Schweizer Literaturkritikern Johann Jakob Bodmer und Johann Jakob Breitinger, die sich durch ihre 1740 erschienenen Werke *Critische Abhandlung vom Wunderbaren in der Poesie* bzw. die *Critische Dichtkunst* vom literarischen Rationalismus Gottscheds abgewandt und die Bedeutung der Phantasie für die Poesie betont hatten, war es ein weiter Weg bis zu Lessing, Wieland und Herder. Den Nachlebenden schien dieser Weg der deutschen Literatur im 18. Jahrhundert von innerer Folgerichtigkeit zu sein, die Zeitgenossen dagegen übersahen im Kampfgetümmel oft genug die Gemeinsamkeiten. Wer konnte auch die theologische Schwere von Klopstocks *Messias* mit dem grazilen Rokoko eines Wieland identifizieren, wer die hölzerne Pedanterie eines Gottsched mit der poetischen Kraft und Prägnanz Lessings, wer schließlich die selbstzergliedernde Psychologie von Karl Philipp Moritz' *Anton Reiser* mit der sich selbst gewissen pädagogischen Aufklärungsabsicht der Romane Friedrich Nicolais? Und auch die *Patriotischen Phantasien* eines Möser hatten für den flüchtigen Leser wohl wenig gemein mit der epigrammatischen Boshaftigkeit eines Lichtenberg und seinen *Sudelbüchern* oder der präzisen und zugleich geschmeidigen Nüchternheit der Fabeln Gellerts, die bürgerliche Bildung und Tugend wie nur wenige andere Schriften dieser Zeit prägten.

Es handelte sich nicht nur um die Unterschiede der Individualität, der literarischen Gattung oder der Zeit, sondern in kaum geringerem Maße um differente Möglichkeiten, welche die Aufklärung ihren Verfechtern eröffnete. Bei aller jeweils charakteristischen Spezifik waren die Genannten doch Autoren der Aufklärung. Nur deshalb konnte in den achtziger Jahren des 18. Jahrhunderts der Streit über »wahre« und »falsche« Aufklärung entbrennen: Der formale Charakter der Grundkategorien wie »Vernunft« und »Kritik«, die prinzipielle Offenheit des Denkens, die das Woher kritischer Prüfung im Detail unterzog, das Wohin aber nur in allgemeinem Sinn postulierte, verstand den Fortschritt als eine dynamische Kategorie, der das Wissen um die Vorläufigkeit auch der eigenen Gegenwart zugrunde lag. Aufklärung lebte von Entwicklung. Sie versuchte, auf die Zeitläufe einzuwirken und wandelte sich mit und in der Zeit.

Was in dieser Hinsicht für Theologie und Literatur gilt, ist ebenso für Philosophie und Wissenschaft, für Politik und Gesellschaft gültig: Gerade die <u>Französische Revolution wirkte als Katalysator der verschiedenen politischen Strömungen</u>, die innerhalb der Aufklärung seit den siebziger Jahren auf dem Boden des Naturrechts entstanden waren. Radikale Anhänger der Revolution wie Johann Benjamin Erhard, Adolph Freiherr v. Knigge, Georg Friedrich Rebmann, Georg Forster, die Gruppe der sog. deutschen »Jakobiner« argumentierten ebenso aus der Perspektive der Aufklärung wie die gemäßigten, auf Reform anstelle von Revolution setzenden Skeptiker wie Nicolai und Möser, August Ludwig Schlözer und Ludwig Thimotheus Spittler oder Ernst Ferdinand Klein. Und nicht einmal innerhalb dieser Gruppen stimmte man in jeder Hinsicht überein. Selbstverständlich waren solche Unterschiede auch durch die gesellschaftliche Lage, durch mannigfache regionale Besonderheiten mitbedingt. Sogar innerhalb eines Territoriums zeigte die Aufklärung unterschiedlichste Formen: Die Königsberger Aufklärung eines Kant differierte signifikant von der Berliner eines Nicolai oder Mendelssohn. Und der Breslauer Philosoph Christian Garve, der – wie die anderen hier genannten – Autor der *Berlinischen Monatsschrift* war, interessierte sich kaum für die von Kant entwickelte Transzendentalphilosophie: Er gehörte einer anderen, nicht weniger aufgeklärt zu nennenden Richtung an, der es um eine unspekulative lebenspraktische Moral- und Sozialphilosophie ging. Allein in Brandenburg-Preußen gab es mehrere Zentren der Aufklärung, die jeweils einen unverwechselbaren Charakter besaßen, so in Berlin, Königsberg, Breslau, Halle an der Saale und Frankfurt an der Oder. Daß in anderen Territorien ebenfalls aufgeklärte Gruppierungen eigener Prägung bestanden – sei es nun in Mainz oder Hamburg, Leipzig oder München –, ist offenkundig.

Abgesehen von den jeweils durch eine starke zünftige Tradition geprägten Reichsstädten wie Nürnberg, in denen sich die Aufklärung erst seit Ende des 18. Jahrhunderts entwickelte, zeigte sich in den Städten häufig ein Konnex zwischen der Aufklärung und der durch aufstrebende bürgerliche Modernität geprägten Entwicklung. Oft genug fand er in Institutionen Ausdruck: So wurde in der wittelsbachischen Residenzstadt München 1759 die Bayerische Akademie der Wissenschaften gegründet, in Halle und Göttingen entstanden im Geiste der Reform die beiden großen neuen Universitäten des 18. Jahrhunderts: Die 1694 eröffnete Universität Halle wurde zunächst durch den Pietismus, dann zunehmend durch die Aufklärung geprägt, bei der 1737 in Göttingen gegründeten hannoverschen Landesuniversität dagegen war der Einfluß der englischen Aufklärung unverkennbar. Organisatorische Form gewann die Aufklärung auch auf anderen Wegen, sei es mit Hilfe der Initiierung aufgeklärter Sozietäten oder Zeitschriften. So wurde die in Klöstern gepflegte Gelehrsamkeit öfter vom Geist der Aufklärung ergriffen, als es die gegen diese katholische Lebensform gerichtete Polemik protestantischer Aufklärer vermuten läßt – selbst ein eingefleischter Kritiker wie Nicolai erkannte das gelegentlich an.

Gestalt und Gehalt der Aufklärung in Deutschland waren daher auf dem Boden der einleitend geschilderten Gemeinsamkeiten – zu denen die Forderung nach Selbstdenken, vernünftiger kritischer Prüfung aller Sektoren individuellen und gesellschaftlichen Lebens zählten – heterogen und sind kaum auf einen einfachen Nenner zu bringen. Historische Vergegenwärtigung der deutschen Aufklärung vom Ende des 17. bis zum Beginn des 19. Jahrhunderts heißt also auch, sich dieser Vielgestaltigkeit ohne verfrühte Vereinfachung zu stellen: Erst die Reflexion über ihre intellektuellen Ursprünge und Ziele, über organisatorische Formen und gesellschaftliche Basis ermöglicht eine umfassendere Antwort auf die Frage: »Was ist Aufklärung?« Und auch die anschließende Frage: »War das 18. Jahrhundert ein aufgeklärtes Zeitalter oder nur ein Zeitalter der Aufklärung?« bedarf der hier im Umriß gezeigten Differenzierungen, mochten doch Berliner, Leipziger, Frankfurter, Wiener oder Münchener Aufklärer im Jahre 1750 oder auch 1780 voneinander beträchtlich abweichende Antworten geben. Denn die Aufklärung begnügte sich niemals nur mit Theorie, sondern wollte immer auch die Praxis. Und nur zu oft mußten die Aufklärer erkennen, daß die Herrschaft der Vernunft leichter zu postulieren als zu praktizieren war: Sei erst das Reich der Vorstellung revolutioniert, halte die Wirklichkeit nicht stand, schrieb Hegel am 28. Oktober 1808 an Niethammer. Schon im 18. Jahrhundert war eben das die Maxime der Aufklärer. Doch oft mußten sie wie Friedrich Nicolai 1775 bekennen:

»Die Regierung begünstigt die Freiheit, zu denken, besonders in Religionssachen; wir haben auch einige sehr würdige Geistliche(n), die die Untersuchungen wichtiger Wahrheiten nicht für Ketzerei halten, aber das Publikum ist nicht völlig so tolerant. Die Einwohner von Berlin sind sowenig als die Einwohner irgendeiner anderen Stadt geneigt, Neuerungen in der Lehre machen zu lassen.« Der »berlinische Pöbel« war eher bereit, »aufgeklärten« Geistern die Fenster einzuschlagen.[69]

Zweifellos: Volksaufklärung tat not, aber war sie wirklich nützlich? Noch 1790 stellte Johann Ludwig Ewald diese Frage:

»Ist es möglich, ratsam, nötig, dem Volk über *alles* richtige Begriffe beizubringen? Auch über Dinge, an die es sonst nie denken würde, nie zu denken braucht? Wer kennt das Volk, und sagt nicht ohne Bedenken: nein? ... Falsch und schädlich ist jede *allzu ausgedehnte* Aufklärung; alles, was das Volk zu Viel*wisserei* bringt.«[70]

Selbst gegen Ende des 18. Jahrhunderts räsonierten also manche aufgeklärten Publizisten noch darüber, welcher Grad an Aufklärung in der Gesellschaft sinnvoll sei. Der Maßstab war und blieb bei Ewald wie bei anderen Autoren die Zweckmäßigkeit der jeweiligen Vermittlung von Kenntnissen. Und sie bemaß sich bei allem Willen, der Aufklärung allgemeine gesellschaftliche Geltung zu verschaffen, oft genug standesspezifisch. Auch in bezug auf diese Frage treffen wir auf z. T. sogar gegensätzliche Formen der deutschen Aufklärung. Einige ihrer Verfechter betrachteten sie als Denk- und Lebensweise einer Elite, andere wieder wollten den pädagogischen Impetus der Aufklärung auf alle Stände ausdehnen, Bildung sollte nicht Standesprivileg sein, sondern prinzipiell allen Menschen zugänglich, sollte dazu dienen, den Platz in der Gesellschaft zu bestimmen. Solche Ziele stellten das geburtsständische Prinzip der gesellschaftlichen Ordnung stärker in Frage, als den Aufklärern vielleicht bewußt war. Auch diese unterschiedliche Auffassung von Bildung beeinflußt die Antwort auf die Frage, wie aufgeklärt das Zeitalter tatsächlich schon war. Die volkspädagogische Bewegung jedenfalls zielte auf die Zukunft.

II. Dialoge mit der Zeit:
Ursprünge der Aufklärung

1. Von der Kritik der Erkenntnis zur Reflexion der Kritik

»Sapere aude!« Dieser Grundsatz, der in der Aufklärung immer
wieder begegnet, galt nicht nur im Hinblick auf die Religion, galt
nicht nur gegenüber jeder Tradition, sondern galt in eminentem
Maße für das Erkennen selbst. Wie ist menschliche Erkenntnis
möglich, was sind ihre Voraussetzungen, wo liegen ihre Grenzen?
Die Denker des 18. Jahrhunderts sahen ihre Zeit als philosophisches Jahrhundert, der Begriff Philosoph selber deckte damals ein
weites Feld ab und beschränkte sich nicht auf die Vertreter des
Faches im engeren Sinn. Zu den Philosophen zählten oft genug die
Schriftsteller oder auch die Gelehrten, die Tatsachen feststellten,
sie vernünftig interpretierten und damit Urteilskraft bewiesen.
Der wahre Philosoph müsse, formulierte Kant, als Selbstdenker
einen freien und selbsteigenen, auf keinen Fall aber nachahmenden
Gebrauch von seiner Vernunft machen.[1] In diesem Sinne verstanden sich im vorkantischen Sinn wie in Frankreich alle Aufklärer als
Philosophen, und es war nicht zufällig, daß Friedrich der Große
eine erste Auswahl seiner Schriften 1750 bis 1752 unter dem Titel
Œuvres du Philosophe de Sanssouci publizierte. Philosophen
schrieben im 18. Jahrhundert ihre Werke auch keineswegs nur oder
auch in erster Linie für Philosophen, sondern für ein breites
interessiertes Publikum, bis Kant klarmachte, daß es in diffizilen
erkenntnistheoretischen Problemen keine Konzession an die allgemeine Verständlichkeit geben könne. Aber das war bereits die
letzte Phase aufgeklärter Erkenntnistheorie, ihr Gipfel und ihre
Überwindung zugleich.

Unterhalb dieser Ebene, die durch bloßes Interesse nicht zugänglich war, sondern Kenntnis des Fachs voraussetzte, wurde weiterhin eifrig auch über philosophische Themen geschrieben, z. B. von
den Popularphilosophen, die diesen Begriff kaum als abschätzig
empfunden haben dürften, trug doch eine seit 1775 veröffentlichte
Sammlung des Berliner Popularphilosophen Johann Jakob Engel
den für diese Gruppierung bezeichnenden Titel *Philosoph für die
Welt*.[2] Der Breslauer Aufklärer Garve fragte in einem Aufsatz *Von*

der Popularität des Vortrages, ob »es ein Verdienst, oder ein Tadel sey, populär zu philosophieren«. Und Garve diskutierte auch die Tatsache, daß »seit einiger Zeit, verschiedene Schriftsteller aus der Kantischen Schule, an den Nahmen eines Populärphilosophen, eine verächtliche Nebenidee geknüpft« hätten. Wie unter anderem das Beispiel Humes gelehrt habe, sei es möglich, »über die ersten Elemente unsrer Erkenntniß, auf eine faßliche und selbst auf eine anmuthige Art, zu schreiben«.[3] Klarheit und Deutlichkeit gehörten von Beginn an zu den Postulaten der Aufklärung, auch im Gebiet der Philosophie. Es war kein Zufall, daß zahlreiche philosophische Schriften in literarischer Form veröffentlicht wurden, z. B. als fiktiver Briefwechsel, als Unterhaltungen über ..., als Dialoge. Eine der nach Fontenelle erfolgreichsten Darstellungen über Newton z. B., die der später zur Tafelrunde Friedrichs in Sanssouci zählende italienische Aufklärer Francesco Algarotti 1736 verfaßt hatte und die bald in mehrere Sprachen übersetzt wurde, trug den Titel *Il Newtonianismo per le dame.* Klarheit und Wahrheit gehörten für die Aufklärer zusammen, Voltaire galten »vérité« und »clarté« geradezu als synonym.[4] In den *Lehren eines Vaters für seinen Sohn* bemerkte Christian Fürchtegott Gellert: »Als ein Mann für die Welt mußt Du die *Sprache des Hofs* in Deiner Gewalt haben; und als ein Gelehrter für Dein Vaterland mußt Du Dich in Deiner *Muttersprache* leicht, angenehm, regelmäßig und glücklich ausdrücken können.«[5] Dieser Ratschlag Gellerts hatte auch eine antihöfische Pointe, die sich bei den bürgerlichen Aufklärern relativ oft fand und sowohl auf den nationalen als auch den sozialen Charakter aufgeklärter Bildung zielte, auf den noch einzugehen ist.

Über die Frage, wie populär und verständlich subtile philosophische Probleme behandelt werden sollten, kam es zum Streit, als die Kantianer sich unmißverständlich von dieser Maxime der Popularphilosophen abzukehren begannen. Mag die Komplizierung ihrer Sprache bei manchem der Autoren eine Marotte gewesen sein, wie Nicolai, Garve, Engel und Eberhard argwöhnten, lag hier doch ein Problem, das Kant in der Vorrede zur *Kritik der reinen Vernunft* beim Namen nannte: »Was endlich die *Deutlichkeit* betrifft, so hat der Leser ein Recht, zuerst die *diskursive* (logische) *Deutlichkeit, durch Begriffe,* dann aber auch eine *intuitive* (ästhetische) *Deutlichkeit,* durch *Anschauungen* ... zu fordern.« Der zweiten Forderung habe er nicht Genüge leisten können, da sie seinem

Zweck eher hinderlich gewesen wäre, »zumal diese Arbeit keineswegs dem populären Gebrauche angemessen werden könnte«.[6] Bezeichnend war, daß Kant es für nötig hielt, in seinem Grundwerk aller neueren Erkenntnistheorie gleichsam defensiv zu begründen, warum es mit der Elle der Popularphilosophen nicht gemessen werden könne. Allerdings hatte auch Garve zugestanden, daß es Grenzen der Popularität philosophischer Werke gebe: »die Erfinder neuer Ideen« könnten »selten im Vortrag derselben populär seyn«.[7]

Diese Einsicht charakterisierte tatsächlich die Situation. Die aufgeklärten Popularphilosophen seit Mitte des 18. Jahrhunderts waren keine originalen Denker, wie Kant einer war. Die Entwicklung eines neuen philosophischen Systems ist kaum von der Entwicklung neuer Begrifflichkeit zu trennen. Und ein Weiteres: Auch in der Philosophie zeigte sich im 18. Jahrhundert bis zu Kant eine enge Abhängigkeit vom Denken des 17., ja in manchem sogar des 16. Jahrhunderts. Wolff stand in der Tradition von Leibniz wie Hume in der von Locke. Sicher gab es Modifikationen, zuweilen auch andere Ergebnisse, aber die Problemstellungen und Fragen verraten Kontinuität.[8] Das gilt auch für die grundlegenden Tendenzen, die in der Aufklärung gleichermaßen anzutreffen sind und miteinander konkurrierten. Von Beginn an bestimmten entweder der *Rationalismus* oder der *Empirismus* das herrschende erkenntnistheoretische Denken, von Beginn an sind *Deduktion* und *Induktion* als methodisches Prinzip angewandt worden, die Aufklärung ist tatsächlich nicht auf den Rationalismus allein festzulegen, wie es einem gängigen Verständnis scheinen mag.

Die Linie des Rationalismus geht bis auf René Descartes zurück, dessen »methodischer Zweifel« auch in anderem geistesgeschichtlichen Kontext des 17. und 18. Jahrhunderts ein Grundprinzip blieb, ohne das weder Bayle noch Kant denkbar sind. Cogito ergo sum: Diese trotz allen Zweifels übrigbleibende Gewißheit, die aller Erkenntnis zugrundeliegende Wahrheit, korrespondierte im übrigen dem erwähnten anthropozentrischen Grundzug der Aufklärung, der für die Analyse des Problems menschlicher Erkenntnis Geltung behielt. Und auch die ins Prinzipielle vorstoßende Reflexion des Erkenntnisphänomens als Voraussetzung empirisch zu gewinnender Erkenntnis und die Orientierung der Erkenntnis an der Mathematik wirkten weit voraus.

Schon in seiner ersten, 1637 veröffentlichten Schrift *Discours de la Méthode* explizierte Descartes wesentliche der eineinhalb Jahrhunderte fortwirkenden Erkenntnisprinzipien und darüber hinaus einen Ansatzpunkt, der so auch noch im 18. Jahrhundert hätte formuliert werden können: »daß die Kraft, gesund zu urteilen und Wahres von Falschem zu unterscheiden – was man recht eigentlich ›gesunden Verstand‹ oder ›Vernunft‹ nennt – von Natur gleich ist bei allen Menschen«.[9] Schon in diesem frühen Traktat zeigte sich die enge Verbindung von Erkenntnistheorie, Wissenschaftslehre und mathematisch-naturwissenschaftlichen Disziplinen, die Descartes eine größere Sicherheit der Erkenntnis zu bieten schienen: »Ganz besonders gefielen mir die mathematischen Disziplinen wegen der Sicherheit und Evidenz ihrer Beweisgründe.« Als Hauptregeln seiner Methode nannte Descartes, niemals eine Sache als wahr anzuerkennen, bevor nicht evident zu erkennen sei, daß sie auch wahr sei, sodann sollte jedes zu untersuchende Problem soweit wie möglich geteilt werden, um diese Teilfragen leichter lösen zu können, und schließlich sollte einer derartigen Analyse die Synthese folgen, in der die Dinge nach und nach, mit den einfachsten beginnend, in die angemessene Ordnung gebracht werden sollten, und zwar selbst solche Dinge, die natürlicherweise nicht in einem Zusammenhang standen. Descartes betrieb eine Analogieschlüsse einbeziehende Deduktion, er stellte sich vor, »daß alle Dinge, die menschlicher Erkenntnis zugänglich sind, einander auf dieselbe Weise folgen und daß ... nichts so fern liegen, daß man es nicht schließlich erreichte, und nichts so verborgen sein kann, daß man es nicht entdeckte«.

Wie in der Theologie der katholischen Aufklärung eine Abwendung vom erstarrten Scholastizismus erfolgte, entwickelte sich auch die frühneuzeitliche Philosophie aus einer Kritik der Scholastik, die wesentlich durch die Herausforderung geprägt war, die die Naturwissenschaft seit Kopernikus, Kepler, Galilei und schließlich Newton für Philosophie und Theologie bedeutete. Wie Galilei suchte Descartes analytisch auf die einzelnen, einfachen Elemente des Erkenntnisgrades zurückzugreifen, um sie ihrerseits zum Ausgangspunkt für die Erkenntnis alles Weiteren zu nehmen: »während aber der Physiker die anschauliche Grundform der Bewegung entdeckt, die alles körperliche Geschehen begreiflich machen soll, fahndet der Metaphysiker auf die *elementaren Wahrheiten des Bewußtseins*. Darin besteht der *Rationalismus* Descartes’.«[10]

Demgegenüber verkörperte Bacon die andere methodische Tendenz aufgeklärten Denkens, die sich der induktiven Methode der Erkenntnis bediente und grundlegend für die moderne Erfahrungswissenschaft wurde. In bezug auf die Induktion ist die Verbindung von Erkenntnisproblem und Naturerkenntnis noch handgreiflicher. Hier wie dort erwuchs die zentrale Reflexion über die Methode aus der Begegnung mit den Naturwissenschaften. Und so leitete Bacon das erste Buch seines *Novum Organum sive indica vera de interpretatione naturae* von 1620 mit den Worten ein: »Der Mensch, der Diener und Ausleger der Natur, wirkt und weiß so viel, als er von der Ordnung der Natur durch Versuche oder durch Beobachtung bemerkt hat; weiter weiß und vermag er nichts.«[11]

Diese Sätze sind noch um vieles zurückhaltender als die Worte Descartes', der sich auch in seinem *Discours* aus- und nachdrücklich zu den Glaubenswahrheiten bekannte. Und: Der Mensch legt die Natur aus, Beobachtung und Experimente bilden die Verfahren der Erkenntnis; die Anschauung galt Bacon wie später Pestalozzi als Fundament der Erkenntnis. Bacon wandte sich folgerichtig gegen die Vorurteile und nahm auch damit einen beliebten Topos der Aufklärung vorweg. Zu den von ihm so genannten vier »Vorurteilsgötzen« zählte er u. a. Vorurteile der menschlichen Gattung, die auf der falschen Annahme ruhten, »unsre Sinne seien der Maßstab der Dinge«, die Vorurteile des eigenen Standpunkts und schließlich die der Gesellschaft. Die bestehenden philosophischen Systeme, zu denen er vor allem die Scholastik und die in ihr wirksame aristotelische Syllogistik zählte, rubrizierte Bacon indes in der vierten Gruppe – der »Vorurteile der Bühne« –, galten die philosophischen Systeme ihm doch allesamt als Spiele einer »erdichteten Theaterwelt«.

Bacon betonte zwar den göttlichen Ursprung der Natur, wies aber die »Einmischung der Theologie« und den Aberglauben in die Philosophie als schädlich zurück. Sein grundlegendes – in seiner wissenschaftsgeschichtlichen Wirkung kaum überschätzbares – Postulat für die Erkenntnis lautete, Empirie an Stelle der Spekulation zu setzen. Bacon sah die Aufgabe seiner neuen wissenschaftlichen Methode vor allem darin, »die Grade der Gewißheit zu bestimmen, die sinnliche Wahrnehmung durch eine gewisse Einschränkung sicherzustellen; das speculative Fortbauen darauf verwerfe ich dann fast gänzlich; dagegen eröffne ich dem Geiste einen

neuen und sichern Weg durch eben jene Sinneswahrnehmungen.«
Aber Bacon setzte sich dabei auch vom schlichten Empirismus ab,
indem er an seiner und des Rationalismus Stelle eine innige
»*Verbindung der Erfahrung mit der Vernunft, welche bisher noch
nicht stattgefunden hat*«, forderte: Von dieser Verbindung sei
»Alles zu erwarten«. Bis zur beobachtenden Vernunft in der
Aufklärung war das im Prinzip nur noch ein kleiner Schritt.

Bacon war es auch, der sich schon der Lichtmetaphorik der
späteren Aufklärung unter Bezug auf Moses I,3 und II,7 in
theologischer Deutung bediente: »Gottes erste Schöpfung im
Siebentagewerk war das Licht der Sinne, die letzte das Licht der
Vernunft, und sein Sabbatwerk ist nun immerdar die Erleuchtung
mit seinem Geiste.«[12] Bacons Absetzung von den bestehenden
erkenntnistheoretischen Systemen diente aber keineswegs reinem
Selbstzweck, sondern resultierte aus dem Willen, über bloße
Bestätigung des bekannten Wissens hinauszugelangen und eine
Methode zu entwickeln, die neue Erkenntnisse ermöglichte: Die
Ursachen der Dinge zu erkennen – darum ging es ihm bei seiner auf
Naturerkenntnis gerichteten Methodenlehre. Die empirische Er-
kenntnis der Welt besaß für Bacon einen konkreten Zweck: dem
Menschen die Herrschaft über die Natur zu verschaffen. Wissen ist
Macht, lautete denn auch sein Wahlspruch, und nicht zufällig
überschrieb Bacon seine Ausführungen mit dem Titel *Aphorismen
von der Auslegung der Natur und der Herrschaft des Menschen*.
Wiederum wird der anthropozentrische Bezug expliziert, der sich
im übrigen auch darin äußert, daß Bacon die Methode empirischer
Erkenntnis gleichermaßen auf den Menschen und seine Natur
selbst anwandte. Auch mit diesem Verfahren erwies sich Bacon als
Vorläufer der Aufklärung: genauer gesagt als ihr Programmatiker,
da sein großangelegtes System der Methode und der Wissenschaftslehre fragmentarisch blieb, doch wies es den Weg.

Der ungemein zweckbezogene Charakter dieser Erkenntnislehre
demonstriert die ungebrochene Modernität Bacons. Die Überzeugung von der Machbarkeit menschlicher Herrschaft über die
Natur ist unverkennbar: Damit bildete Bacons Wissenschaftslehre
nicht nur ein Programm, sondern brachte ihrerseits die Veränderung des Weltbildes durch die überseeischen Entdeckungen ebenso
zum Ausdruck wie die Erschütterung des theologischen Weltbildes durch die später in bezeichnender Weise von Kant auf die
Erkenntnistheorie bezogene Kopernikanische Wende.

Kopernikus' Hauptwerk über die Umläufe der Himmelskörper erschien 1543, wurde von der Katholischen Kirche aber erst 1616 auf den Index gesetzt. Die von ihm schon in früheren Schriften zu Beginn des 16. Jahrhunderts betriebene Ersetzung des ptolemäischen durch das heliozentrische Weltbild brachte eine der entscheidenden Verunsicherungen des kirchlichen Weltbildes und stimulierte gleichermaßen Erkenntnistheorie und Wissenschaftsauffassung. Insofern gehörte die Kopernikanische Wende ebenso wie die Entdeckung fremder Kontinente und außerchristlicher Kulturen zu den zentralen Einfallstoren aufgeklärten Denkens: sowohl das Christentum als auch das eurozentrische Weltbild wurden relativiert. Dieser Relativierungseffekt hallte noch im 18. Jahrhundert in vielfältiger Weise nach. Montesquieus 1721 anonym veröffentlichte *Lettres persanes* sind dafür ebenso exemplarisch wie manche Werke Voltaires, die Entdeckung des »edlen Wilden« ebenso wie die Fiktion einer »natürlichen« Religion, über die noch zu sprechen ist. Und auch die Gegenwelten, die sich in den utopischen Entwürfen von Morus, Campanella und Bacon finden, legen Zeugnis ab von der revolutionierenden Wirkung dieser Vorgänge auf das frühneuzeitliche Bewußtsein, mit der das wissenschaftlich geprägte Weltbild die Möglichkeiten des Menschen in der Welt beurteilte. So betonte Bacon in seinem 1638 publizierten *Nova Atlantis*, sein Musterbild sei zu großartig und erhaben, als daß es in jeder Beziehung nachgeahmt werden könne: »Dennoch sollte man bezüglich der meisten Dinge in die Leistungsfähigkeit der Menschen keinen Zweifel setzen.«[13] Bacons utopisches Fragment ergänzte sein *Novum Organum*, sollte doch sein Neu-Atlantis nach den Grundsätzen einer Wissenschaft gestaltet werden, die mit Hilfe der induktiven Methode eine unbezweifelbare Beherrschung der Natur ermöglichte.

Es ist bemerkenswert, daß die überseeischen Entdeckungen und die ständige Erweiterung des Gegenstandsbereichs der Erkenntnis keineswegs ein Gefühl der Ohnmacht des Menschen gegenüber dieser neuen Weite erzeugten, sondern im Gegenteil das Bewußtsein menschlicher Macht über Welt und Natur. Begrenztheit und Vertrautheit des Kosmos hatten sich als Irrtum erwiesen, der aus der Begrenztheit damaligen Wissens resultierte und nicht etwa aus der prinzipiellen Unzugänglichkeit weiter Teile der Welt und der Natur. Doch war es nicht diese Entgrenzung allein, die die Wissenschaften von der Natur veränderte, deren Entwicklung zugleich zu den Voraussetzungen dieser Revolutionierung des Weltbilds zählte. Von kaum geringerer Wirkkraft war die durch sie stimulierte Reflexion über menschliche Erkenntnis überhaupt, die nun nicht mehr als begrenzt angesehen wurde, sofern sie ihr Augenmerk auf prinzipiell Wahrnehmbares und Erfahrbares richtete.

Auch in der pantheistischen Weltdeutung des 1600 auf dem Scheiterhaufen in Rom verbrannten Giordano Bruno findet sich bezeichnenderweise eine aus dem Neuplatonismus stammende, aber theologisch umgeformte Lichtmetaphorik. Auf charakteristische Art verband auch er Natur und Erkenntnis. »Zuerst also merkt euch, daß es eine und dieselbe Stufenleiter ist, auf welcher die Natur zur Hervorbringung der Dinge herabsteigt, und auf welcher die Vernunft zur Erkenntniß derselben emporsteigt.«[14] Auf diesem Fundament gewann das Ich im Verhältnis zum Universum eine neue Position, die Naturerkenntnis und Selbsterkenntnis gleichermaßen entgrenzte, aber noch nicht gegen Gott gerichtet war, dessen Unerkennbarkeit Bruno betonte.

In seiner Wirkung auf das 18. Jahrhundert – nicht nur die Aufklärung, sondern auch den »Naturidealismus« der deutschen Klassik[15] – verband schließlich auf kaum überschätzbare Weise, unter Rezeption der geometrischen Methode des Descartes, Spinoza Selbsterkenntnis, Naturerkenntnis und Gotterkenntnis. In seinem *Tractatus Theologico-Politicus* schrieb er 1670:

»Da ... alle unsere Erkenntnis und die Gewißheit, die in Wahrheit allen Zweifel behebt, von der Erkenntnis Gottes allein abhängig ist, ... so hängt folglich unser höchstes Gut und unsere Vollkommenheit allein von der Erkenntnis Gottes ab ... Da ferner ohne Gott nichts sein noch begriffen werden kann, so schließt sicherlich jedes Ding in der Natur den Begriff Gottes in sich und drückt ihn je nach seinem Wesen und seiner Vollkommenheit aus. Je mehr wir daher die natürlichen Dinge erkennen, desto größer und vollkommener wird auch unsre Erkenntnis Gottes.«

Im Wesen Gottes sah Spinoza die Ursache aller Dinge, seine Erkenntnis galt ihm als höchstes Gut des Menschen, der selber »Teil der Natur ist ›und deshalb‹ auch einen Teil der Macht der Natur bildet«.[16] Unter dieser Voraussetzung wurde Naturerkenntnis durch den Menschen möglich und gleichsam Gottesdienst. Aus Gott als einem einheitlichen Wesen gingen Spinoza zufolge alle Dinge hervor, die Methode menschlicher Erkenntnis mußte konsequenterweise dem Gegenstand der Erkenntnis adäquat sein, aus dem Wesen Gottes notwendig das Wesen der Dinge abgeleitet werden.

So gegensätzlich die deduktive und die induktive Methode bei den Denkern des 16./17. Jahrhunderts war, sie alle kreisten um dasselbe Problem und rückten die Frage nach der rechten Methode der Erkenntnis von Gott, Natur und Mensch ins Zentrum der Reflexion. Was im 17. Jahrhundert noch als Einheit begriffen wurde, trennte die aufgeklärte Philosophie des 18. Jahrhunderts zunehmend, bis hin zu Kants Zergliederung von Möglichkeit und Grenze menschlicher Erkenntnis.

Das Denken der Aufklärung war dialogisches Denken, dieser Dialog bezog Vorgänger ebenso mit ein wie Zeitgenossen und war sich der geschichtlichen Voraussetzungen der eigenen Position auch dort bewußt, wo sie im Gegensatz zu ihnen entwickelt worden war. In Leibniz' Leben und Werk manifestierte sich dieser Zusammenhang wie bei kaum einem anderen Philosophen: Bis heute ist der Briefwechsel, den er mit ungefähr 1000 Gelehrten, Publizisten, Staatsmännern seiner Zeit geführt hat, eine den zahlreichen Abhandlungen gleichrangige Quelle seines Denkens: Mit beiden wirkte er in stärkerem Maße auf das Denken seiner Zeit als mit den wenigen größeren Werken, die z: T. erst Generationen nach seinem Tode bekannt wurden. Leibniz hatte sich seit Beginn seines Studiums mit der klassischen Antike sowie der frühneuzeitlichen Philosophie und Naturwissenschaft von Descartes und Spinoza bis Pascal und Newton auseinandergesetzt, diskutierte die Werke Bayles, Malebranches und Lockes, traf bei längeren Aufenthalten in Paris und London eine Reihe der führenden Naturwissenschaftler seiner Zeit. Auch für Leibniz blieb die Methode der Erkenntnis ein zentrales Problem, auch er verband Erkenntnislehre, Mathematik und Theologie, auch er setzte sich mit der Unterscheidung von wahr und falsch, von klar und dunkel auseinander und erklärte: »Mit dem vielgerühmten Prinzip: ›*Alles, was ich klar und deutlich von einer Sache erfasse, das ist wahr oder kann vor ihr ausgesagt werden*‹, wird heutzutage viel Mißbrauch getrieben.« Dieses Axiom bewirkte nach Meinung von Leibniz für sich genommen nichts, wenn nicht bestimmte – von ihm genannte – Kriterien beachtet und die Regeln der Logik für das Gewinnen von Urteilen berücksichtigt würden. Zu diesen Regeln zählte er u. a. »die Vorschrift, nur das als gewiß zuzulassen, was durch sichere Erfahrung oder strengen Beweis bewährt ist.

Streng ist der Beweis..., wenn er den Vorschriften der logischen Form entspricht.«[17]

So vielfältig sich Leibniz' philosophische, mathematische und naturwissenschaftliche Erkenntnisse auch auffächerten, immer wieder erwies sich der Gottesbegriff als Ursprung und Ziel. Gott galt Leibniz als Ursubstanz, als höchste Monade, als die Quelle des Seins und also des menschlichen Erkennens. Der Zusammenhang mit dem Problem der Erkenntnis resultierte bereits aus Leibniz' Reflexionen über den Satz, daß nichts ohne zureichenden Grund existiere und es im Prinzip möglich sein müsse, den Grund anzugeben, warum Dinge so und nicht anders seien. »Der zureichende Grund, der keines andren Grundes bedarf, muß ... sich in einer Substanz vorfinden, die die Ursache der Reihe der zufälligen Dinge und ein notwendiges Wesen ist ... Diesen letzten Grund der Dinge aber nennen wir *Gott*«: Diese Substanz ist die ursprüngliche Substanz, von der alle anderen abgeleitet sind. Von dieser Überlegung führte ein direkter Weg zur *Theodizee*. Mit dieser Gelegenheitsschrift wirkte Leibniz in eminentem Maße auf das deutsche Denken des 18. Jahrhunderts; sie rief die Bewunderung vieler deutscher Aufklärer hervor und provozierte die Ablehnung Voltaires. Leibniz gelangte zu dem Schluß:

»Aus der höchsten Vollkommenheit Gottes folgt, daß er bei der Hervorbringung des Universums den bestmöglichen Plan gewählt hat, gemäß dem sich die größte Mannigfaltigkeit mit der größten Ordnung vereinigt: bei dem der Platz, der Ort und die Zeit in der besten Weise verwendet sind, und die größte Wirkung auf die einfachste Weise hervorgebracht wird: kurz, bei dem den Geschöpfen die größte Macht, die größte Erkenntnis, das größte Glück und die größte Güte gegeben ist, die das Universum in sich aufnehmen konnte.«[18]

Glaube und Vernunft bildeten für Leibniz keinen Gegensatz, stimmten vielmehr sogar überein. Zwar erkannte er an, daß es keine widervernünftigen Wahrheiten geben könne, doch hielt er an der Möglichkeit übervernünftiger Wahrheiten fest. In seiner *Einleitenden Abhandlung über die Übereinstimmung des Glaubens mit der Vernunft* setzte sich Leibniz in seiner *Theodizee* eingehend mit Bayle auseinander und ging dabei von der Annahme aus,

»daß zwei Wahrheiten sich nicht widersprechen können, daß der Gegenstand des Glaubens die Wahrheit ist, welche Gott auf außergewöhnliche Weise offenbart hat und daß die Vernunft die Verkettung der Wahrheiten ist, besonders jedoch (verglichen mit dem Glauben) derjenigen, zu denen der menschliche Geist auf natürlich Weise gelangen kann, ohne vom Licht des Glaubens erleuchtet zu werden«.

Im übrigen unterschied Leibniz »vérités de faits« (Tatsachenwahrheiten), die auf Erfahrungen zurückgehen und durch Induktion bzw. die die Gesetze der Natur beobachtende Vernunft gewonnen werden, von »vérités de raison« (Vernunftwahrheiten), die im Unterschied zu den Tatsachenwahrheiten ewig und notwendig sind: Man könne, so Leibniz, diese ewigen Wahrheiten nicht leugnen, ohne in Absurditäten zu geraten, ihre Notwendigkeit sei logischer, metaphysischer oder geometrischer Art.[19]

Für die spätere Reflexion der Vernunft war die Auseinandersetzung von Belang, in die Leibniz mit Locke geriet. Locke hatte sich in seinem früher verfaßten, aber erst 1690 publizierten philosophischen Opus Magnum *An essay concerning human understanding* u. a. gegen Descartes' Annahme angeborener Ideen des Menschen gewandt und war zu dem Schluß gelangt, alle menschliche Erkenntnis beruhe auf Erfahrung, die ihrerseits auf »sensation« (Sinneswahrnehmung) und »reflection« (Selbstwahrnahme) zurückgehe. Sein erkenntnistheoretisches Fazit lautete: »Nihil est in intellectu, quod non prius fuerit in sensu.«

John Locke war auf einer Reihe von Gebieten einer der entscheidenden und wirkungsmächtigsten Wegbereiter der Aufklärung; anders als Bayle beschränkte er sich nicht auf die Destruktion des Falschen, sondern legte über die Reflexion der Methode hinausgehend Fundamente, auf denen aufgeklärte Religionsphilosophie, Staats- und Verfassungstheorie ebenso wie die Pädagogik und vor allem die Erkenntnistheorie aufbauen konnten; Locke war es, der die Autonomie der Erkenntnistheorie als philosophischer Disziplin eigentlich begründete. Sein in zwanzigjähriger Arbeit entstandener *Essay* enthielt unter Aufnahme entsprechender Überlegungen von Bacon und Hobbes den definitiven Durchbruch des modernen Empirismus und bereitete Hume den Weg. Das Werk Lockes wich insofern entscheidend von demjenigen Descartes', Spinozas oder Leibniz' ab, als der *Essay* die Einheit von Mathematik, Philosophie und Naturwissenschaften – und auch der Theologie – aufgab – eine Einheit, die gerade während der Entstehungszeit von Lockes Werk Newton mit seinen *Philosophiae naturalis principia mathematica* von 1687 noch ausdrücklich vertreten hatte.

Lockes Erkenntnistheorie bereitete mit der Ablehnung »eingebo-

rener Ideen« und der Bescheidung menschlicher Erkenntnis auf
das Erfahrbare auch die Trennung von Glauben und Wissen vor,
die die Reflexion der Aufklärer über die Religion ebenso prägte
wie Lockes Postulat religiöser Toleranz. Lockes überragende
Wirkung beschränkte sich nicht auf England und Deutschland,
sondern erreichte auch andere europäische Staaten, in Frankreich
z. B. über Voltaire und Montesquieu.

Er zählte zu den von ihm zusammengestellten Arten des Wissens
auch die »demonstrative Erkenntnis« der Existenz Gottes[20], die
spätere Empiristen aus der auf Erfahrung gegründeten Erkenntnistheorie herausnahmen. Insofern war Locke innerhalb der Geschichte der Erkenntnistheorie zweifellos ein Philosoph des Über-
gangs, wie auch Leibniz einer war, der in seinen *Nouveaux essais
sur l'entendement humain* noch einmal gegen Locke die »ein-
geborenen Ideen« zu retten suchte. Leibniz meinte, »daß alle
Gedanken und Tätigkeiten unserer Seele aus ihrem eigenen Grunde stammen, und ihr ... nicht durch die Sinne gegeben werden
können«.[21] Und Lockes kategorische Feststellung, es sei nichts
im Intellekt, was nicht vorher in den Sinnen gewesen sei, ergänzte
er konsequent: »nisi ipse intellectus«, nichts außer dem Intellekt
selbst.

Als Hume 1739/40 sein erkenntnistheoretisches Hauptwerk *A
treatise on human nature* veröffentlichte, wurde diese in der
Tradition Lockes und Berkeleys stehende sensualistisch begründete Analyse innerer und äußerer Erfahrung ein Mißerfolg. Fand das
Werk überhaupt die Beachtung der Philosophen, lehnten sie es ab.
Mit seiner essayistischen Kurzfassung, die zuerst 1748 unter einem
anderen, dann 1758 unter dem endgültigen, berühmt gewordenen
Titel *An enquiry concerning human understanding* erschien, wurde Hume jedoch mit einem Schlage zu einem der erfolgreichsten
philosophischen Autoren Europas. Dieser Essay entsprach auch in
der Darstellung dem Geschmack der Aufklärung, er hatte nichts
von der umständlich-gründlichen Gelehrsamkeit eines Wolff, er
war der Inbegriff für die von Garve so genannte »anmutige«
Behandlung diffiziler philosophischer Probleme. Hume fand nach
seinen früheren Enttäuschungen, »daß die leichte Philosophie den
nachhaltigsten und verdientesten Ruhm erlangt ... und daß sich
abstrakte Denker bisher nur eines vorübergehenden Ansehens
erfreut zu haben scheinen«. Als gebranntes Kind ging er davon
aus, daß die menschliche Natur »unzugängliche Gedanken und

tiefgründige Untersuchungen« verbiete: »Sei ein Philosoph, doch bleibe, bei all deiner Philosophie, stets Mensch.«[22] Kein Zweifel, Hume gelang es, sich an seine neu gewonnenen Maximen zu halten.

Welch immense Bedeutung Hume für die aufgeklärte Erkenntnistheorie erlangte, zeigte bereits Kants Bemerkung, Hume habe seinen »dogmatischen Schlummer« unterbrochen.

»Seit *Lockes* und *Leibnizens* Versuchen, oder vielmehr seit dem Entstehen der Methaphysik, so weit die Geschichte derselben reicht, hat sich keine Begebenheit zugetragen, die in Ansehung des Schicksals dieser Wissenschaft hätte entscheidender werden können, als der Angriff, den *David Hume* auf dieselbe machte. Er brachte kein Licht in diese Art von Erkenntnis, aber er schlug doch einen Funken, bei welchem man wohl ein Licht hätte anzünden können, wenn er einen empfänglichen Zunder getroffen hätte.«[23]

Dieser empfängliche Zunder fand sich im strengen Sinne erst bei Kant, der insbesondere Humes Reflexion über die Verknüpfung von Ursache und Wirkung, den Charakter von Erfahrungsurteilen und den Grad ihrer Gewißheit hervorhob, obwohl er die von Hume gezogene Konsequenz der Unmöglichkeit jeglicher Metaphysik als voreilig betrachtete.

Während Kant aber diesem radikalen Kritiker der herrschenden Substanzbegriffe und Theorien über die Kausalbeziehungen kundige und aufgeschlossene Leser wünschte, galt das nicht für die damals dominierende Schulmetaphysik, die Humes Beschränkung der menschlichen Erkenntnismöglichkeiten auf die Eindrücke oder Wahrnehmungen (»impressions«), die aus der inneren und der äußeren Erfahrung resultierten, sowie ihre auf der Vorstellungskraft (»ideas«)[24] ruhende assoziative Verknüpfung zu Recht als Angriff auf die eigene Position empfand.

Wie Locke bestritt Hume die Existenz eingeborener Ideen des Menschen, die er vielmehr auf den vorhergehenden Sinneseindruck zurückführte. Die notwendige Verknüpfung der Ideen beziehungsweise der Gedanken erfolgte nach Hume durch die Gesetze der Assoziation. Sie treten in dreifacher Form auf: als *Ähnlichkeit* (»resemblance«), als raum-zeitliche *Berührung* (»continguity«) sowie als *Ursache* oder *Wirkung* (»cause or effect«). Im übrigen gliederte Hume die »Gegenstände menschlichen Denkens und Forschens« in zwei Arten, nämlich in *Vorstellungsbeziehungen* (»relations of ideas«) und in *Tatsachen* (»matters of fact«). Um

zur »Evidenz der Gewißheit von Tatsachen« zu gelangen, sei es
notwendig,

»zu untersuchen, wie wir zur Erkenntnis von Ursache und Wirkung
kommen. Ich wage es, den Satz als allgemeingültig und keine Ausnahme
duldend aufzustellen, daß die Kenntnis dieser Beziehung in keinem Falle
durch Denkakte *a priori* gewonnen wird, sondern ausschließlich aus der
Erfahrung stammt, indem wir feststellen, daß gewisse Gegenstände immerdar miteinander verbunden sind.«[25]

Für Hume stand zweifelsfrei fest, daß die Verknüpfung von Ursache und Wirkung nicht durch die Vernunft, sondern allein durch
die Erfahrung möglich sei. Aufgrund dieser Konzeption der Erkenntnistheorie war es nur konsequent, daß Hume über die Analyse der Erkenntnisvorgänge hinausging und in ungleich stärkerem
Maße als Locke zu einer prinzipiellen Kritik der Erkenntnis
gelangte. Die Möglichkeit menschlicher Erkenntnis formulierte er
noch kritischer als seine Vorgänger von Bacon bis Locke.

»Die Unbestimmtheit und Zufälligkeit menschlichen Handelns mit der
göttlichen Vorsehung in Einklang zu bringen oder absolute Ratschlüsse zu
verteidigen und dennoch die Gottheit davon freizuhalten, Urheber der
Sünde zu sein, hat sich bisher noch alle Macht der Philosophie übersteigend
herausgestellt. Sie kann sich glücklich schätzen, wenn sie so ihrer Verwe-
genheit gewahr wird, diese erhabenen Geheimnisse erforschen zu wollen,
und wenn sie ein Gebiet verläßt, das so voll Dunkelheit und Verwirrung ist,
um mit angemessener Bescheidenheit in ihren wahren und eigentlichen
Bereich zurückzukehren: zur Erforschung des alltäglichen Lebens.«[26]

Gerade durch diese Kritik wirkte er insbesondere auf Kant,
obwohl heute die Meinung vertreten wird, dieser Einfluß dürfe
nicht überschätzt werden.

Bevor es jedoch zu Kants Kritik der Erkenntnis kam, blieb auch
innerhalb der deutschen Schulphilosophie der Aufklärung noch
ein weiter Weg zurückzulegen. Neben dem umfassenden Systematiker Wolff, der als erster deutscher Philosoph schulbildend wirkte
und eine beträchtliche Zahl seiner Schüler auf Lehrstühle bringen
konnte, standen die Wolff-Gegner, denen die Pedanterie und
Strenge des Wolffschen Systems, die für eigenständige philosophische Köpfe kaum Raum ließ, zu weit ging. Einer von ihnen war der
von Thomasius beeinflußte Andreas Rüdiger, der philosophiegeschichtlich gesehen ein Vorläufer Wolffs gewesen ist.[27] Rüdiger
versuchte mit seiner zuerst 1707 veröffentlichten, dann immer
wieder veränderten *Philosophia synthetica* von Locke ausgehend,

diesen mit dem Denkansatz des Descartes zu verbinden, indem er die Prämisse, alle Erkenntnis gehe aus der Wahrnehmung hervor, ergänzte durch die Einbeziehung des Selbstbewußtseins: Die Wahrnehmung dehnte Rüdiger auf die unmittelbare Erfassung des Denkens im Selbstbewußtsein aus. Der bedeutendste philosophische Gegner Wolffs in der folgenden Generation war der Leipziger Ordinarius und Rüdiger-Schüler Christian August Crusius.

Anders als Thomasius, dessen Hauptarbeitsgebiete im Bereich von Naturrecht und frühaufklärerischer Publizistik lagen, galt das Interesse von Wolff und seinen Schülern in etwas stärkerem, wenn auch begrenztem Maße erkenntnistheoretischen Problemen. Das bedeutete in gewisser Weise einen Paradigmawechsel, da sich die Bemühung von Thomasius auf naturrechtlich-politische sowie Themen politisch-gesellschaftlicher Moral und ihrer Nutzanwendung ausdehnte, während sich andere deutsche Frühaufklärer in den letzten beiden Jahrzehnten des 17. und den beiden ersten Jahrzehnten des 18. Jahrhunderts auf theologische Fragen konzentrierten bzw. sich lebenspraktischen und reformerischen Aktivitäten im Geiste des Pietismus verschrieben. Eine Ausnahmeerscheinung blieb in jeder Hinsicht Leibniz, der in ein solches Phasenschema der Aufklärung nicht einzugliedern ist. Die Herrschaft der Philosophie Wolffs, nicht minder aber die intensivsten Gegenreaktionen, errreichten im zweiten Viertel des 18. Jahrhunderts ihren Höhepunkt. Seit den fünfziger Jahren setzten sich dann zunehmend die Popularphilosophen durch, bis sie durch Kants *Kritik der reinen Vernunft* 1781 und die kantianische Schule zunehmend in eine Rückzugsposition gedrängt wurden. In stärkerem Maße als in den erkenntnistheoretischen Analysen französischer und englischer Philosophen, die hier erwähnt wurden, blieb das Erkenntnisproblem in Deutschland mit der theologischen Dimension verbunden, wobei die naturwissenschaftlich-mathematische Verwurzelung dahinter zurücktrat: Das gilt selbst für einen so bedeutenden Mathematiker wie Leibniz.

Die Vernunftlehre des Thomasius stellte Regeln zur Gewinnung weltkluger Verhaltensweisen auf und behandelte Fragen der praktischen Vernunft, eine prinzipielle Analyse der Möglichkeiten und Grenzen menschlicher Erkenntnis enthielt sie nicht. Insofern war Thomasius der erste der Popularphilosophen – lange bevor sich diese Bezeichnung einbürgerte. Thomasius zählte im übrigen zu den frühen Protagonisten des Selbstdenkens:

»Verlaß dich in Erforschung der Warheit niemahlen auff die autorität einiges Menschen, er sey auch, wer er wolle, wenn du nicht eine innerliche Versicherung bey dir befindest, daß die bißher geglaubte Beredung mit denen allbereit erkandten Grundwarheiten nothwendig verknüpfft sey.«[28]

Den praktischen Nutzen der Erkenntnis schätzte Thomasius allemal höher als noch so subtiles Räsonnement über das Wesen der Erkenntnis. Aus diesem Grunde formulierte er schon früh diejenige Position, die in der zweiten Hälfte des 18. Jahrhunderts die durchschnittliche deutsche Aufklärung charakterisierte: »So muß auch die Vernunfft-Lehre nicht allein einen Menschen *für sich* unterrichten, wie er Wahrheiten erlangen, sondern sie muß auch zeigen, wie er dem menschlichen Geschlecht *daraus dienen* solle.«[29] Gelehrter Selbstzweck war des Thomasius Sache ebensowenig wie erkenntnistheoretische Reflexion.

Wie Thomasius der praktischen Philosophie und der aufgeklärten Popularphilosophie vorarbeitete, hielt Wolff die abendländische philosophiehistorische Tradition in Deutschland, vor allem ihre rationalistische Komponente, aufrecht und wirkte so auf die Schulphilosophie. Kam Thomasius von der Jurisprudenz her und blieb von der praktisch-reformerischen Richtung des Pietismus geprägt, war Wolff ursprünglich Mathematiker. Die Klarheit und systematische Einheit seines riesenhaften Werkes prägte die deutsche Philosophie des 18. Jahrhunderts ebenso wie die erstmalige systematische Explikation philosophischer Terminologie in deutscher Sprache. Insofern scheint die historische Rolle, die Wolff innerhalb der Aufklärung spielte, paradox, zählten doch zu den Voraussetzungen dieser Philosophie »seine Gegnerschaft gegen das erste Zeitalter der Aufklärung und sein Anknüpfen an die Scholastik«.[30] Dieser scholastische Grundzug zeigte sich nicht nur in der umfassenden Systematik seines Werkes, sondern kaum minder in der Rolle, die die philosophische Tradition in ihm spielte und die diesem von vornherein einen objektivierenden Charakter gab, der dem pietistisch-subjektiven Zug des Thomasius entgegengesetzt war. Wolff verband in einer Zeit, als sich Naturwissenschaften, Philosophie und Theologie im wesentlichen *gegen* die scholastische Methode, Tradition und Systematik entwickelten, in einzigartiger Weise katholisch-neuscholastische mit lutherischen Denkansätzen und verschmolz diese mit cartesianischem Rationalismus. Die Voraussetzungen einer solchen Synthese lagen in der konfessionellen und kulturellen Situa-

tion Schlesiens, die den von ihm selber beschriebenen Bildungs-
gang prägten.[31]

So verständlich vor diesem Hintergrund die pietistische Gegnerschaft und die Hochschätzung für den Lutheraner Wolff innerhalb
der katholischen Aufklärung wird, so paradox bleibt Wolffs
Stellung zwischen dem 17. und 18. Jahrhundert, zwischen Tradition und Modernität. Deshalb verwundert es nicht, daß in der
deutschen Philosophiegeschichte die Epochen der Aufklärung auf
eigentümliche Weise verschränkt sind. Dem popularphilosophi-
schen Einfluß des Thomasius folgte derjenige Wolffs, der seinerseits durch eine Thomasius verwandte Richtung abgelöst wurde.
Aber auch dann noch laufen z. T. explizit, z. T. implizit beide
philosophische Tendenzen deutscher Aufklärung nebeneinander-
her, sich bekämpfend und verbindend zugleich. Phasenversetzt
erwies sich in mancherlei Hinsicht übrigens auch der Einfluß von
Leibniz, der einerseits über Wolffs selektive und popularisierende
Vermittlung rezipiert wurde, zum anderen aber seit der Mitte des
18. Jahrhunderts eine regelrechte Renaissance erlebte. Ausdruck
fand diese in sich komplexe Wiederbelebung von Leibniz[32] in der
Bekanntwerdung vorher nicht publizierter bzw. im Original kaum
bekannter Schriften. Das schon erwähnte, zuerst 1765 in französischer Sprache veröffentlichte erkenntnistheoretische Hauptwerk
von Leibniz erschien kaum zufällig 1778/80, unmittelbar vor der
Publikation von Kants *Kritik der reinen Vernunft*, unter dem Titel
Neue Versuche über den menschlichen Verstand mehr als sechzig
Jahre nach dem Tode seines Verfassers auch in deutscher Übersetzung. Die problemgeschichtliche Einheit in der Entwicklung
erkenntnistheoretischer Fragen, nicht unbedingt in der Art ihrer
Beantwortung, manifestiert sich auch hierin: In der letzten Phase
aufgeklärten Nachdenkens über das Problem menschlicher Er-
kenntnis waren den Disputanten alle großen Vorläufer präsent:
Descartes, Bacon und Spinoza, Malebranche und Bayle, Leibniz
und Tschirnhaus, Thomasius und Wolff, Berkeley, Locke und
Hume.

Soviel sie ihren Vorläufern verdankten, sowenig stimmten die
prägenden Gestalten der deutschen Frühaufklärung, Thomasius
und Wolff, überein; Leibniz hatte Wolff geraten, die Freundschaft
von Thomasius zu suchen: Ohne Erfolg, denn Wolff berichtete in
seiner Lebensbeschreibung über seinen Wechsel von Leipzig an die
Universität Halle Ende des Jahres 1706: »in der Philosophie

dominirte H. Thomasius, dessen sentiment aber und Vortrag nicht nach meinem Geschmack waren. Daher ließ ich mich die ersten Jahre mit der Philosophie gar nicht ein.«[33] Allerdings blieb Wolff, der durch seine mathematischen Lehrbücher den universitären Mathematikunterricht in der ersten Hälfte des 18. Jahrhunderts in Deutschland prägte, keineswegs lange bei der weniger durch seinen Lehrstuhl als eigenen Willen verordneten philosophischen Abstinenz: Lebensgeschichtlich und systematisch gesehen, bildete die Mathematik für Wolff ein Propädeutikum. Vier Jahre nach der auf Empfehlung von Leibniz erfolgten Berufung an die Universität Halle begann Wolff seit 1710 auch philosophische Vorlesungen zu halten, zum Mißfallen der konkurrierenden philosophischen Schule innerhalb der Aufklärung, zum Mißfallen vor allem aber der in Halle dominierenden Pietisten, denen es 1723 unter Führung Franckes gelang, Wolff auf rüde Weise aus der Landesuniversität und Preußen zu vertreiben, indem sie ihn als »Religionsfeind« denunzierten. Auf ihr Anraten dekretierte König Friedrich Wilhelm I., Wolff müsse »binnen 48 Stunden ... die Stadt Halle und alle Königlichen Lande bei Strafe des Stranges ... räumen«.[34] Das Schauspiel, eineinhalb Jahrzehnte die beiden damals einflußreichsten deutschen Philosophen der Aufklärung trotz ihrer Gegnerschaft an derselben Universität lehren zu sehen, fand aufgrund religiöser Intoleranz ein unrühmliches Ende. Die Behauptung der Pietisten war um so infamer, als Wolff sich religionsphilosophisch in der Tradition von Leibniz' *Theodizee* sowohl von den englischen Freidenkern als auch vom »einreißenden Deismus, Materialismus und Skeptizismus der Franzosen« distanzierte.[35] Die Universität Marburg nahm Wolff auf und erwies damit nicht nur ihm, sondern auch sich selbst eine Ehre. Zu den ersten Regierungshandlungen Friedrichs II. gehörte es, kurz nach der Thronbesteigung 1740 Wolff als Professor des Natur- und des Völkerrechts nach Halle zurückzuholen.

Als Wolff 1711 seine *Vernünfftige(n) Gedancken Von den Kräften des menschlichen Verstandes* veröffentlichte, leitete er sie mit folgenden Sätzen ein: »Der Mensch hat nichts vortreflicheres von GOTT empfangen als seinen Verstand.« Und im Hinblick auf die Erkenntnis dieses Verstandes bemerkte Wolff: »Man kan ... die Kräfte des menschl. Verstandes nicht anders als durch die Erfahrung erkennen, in dem wir sie gebrauchen.«[36]

Wolff unterschied mathematische von philosophischen Wahrheiten, sofern sich die Philosophie nicht einer mathematischen Methode bediene. Dem großen »Mathematicus« Descartes bescheinigte Wolff indes, seine Schwäche sei nirgendwo deutlicher geworden, als in dem Versuch, einen Gottesbeweis nach geometrischer Art zu führen. Wolff selbst dagegen hielt sich an die mittelalterlichen Gottesbeweise. Sie waren Teil eines von der Scholastik beeinflußten und für die Aufklärung untypischen Versuchs, Offenbarung und Vernunft in Einklang zu bringen, ging es doch in den Gottesbeweisen darum, Gottes Existenz ontologisch, ohne Berufung auf die Offenbarung zu beweisen. Doch handelte es sich hierbei durchaus um Metaphysik: Im Kern bestanden diese Gottesbeweise in der Rückführung des Seienden auf seine Voraussetzungen bzw. seine Ursachen bis hin zur letzten Ursache, zum letzten zureichenden Grund des Seins, wenn sie nicht in der Nachfolge Anselms von Canterbury die Existenz Gottes bereits aus der bloßen Existenz der Idee Gottes zwingend hervorgehen ließen.[37] Vernunft und Offenbarung konnten für Wolff keinen Gegensatz bilden, allerdings konnte die Offenbarung *über*vernünftig sein: darin folgte er Leibniz.

Wolffs System implizierte ein so unbegrenztes Vertrauen in die menschliche Vernunft, daß Kant ihn in der Vorrede zur *Kritik der reinen Vernunft* als »größten unter allen dogmatischen Philosophen« bezeichnete. Dogmatismus hieß für Kant »das dogmatische Verfahren der reinen Vernunft, *ohne vorangehende Kritik ihres eigenen Vermögens*«.[38]

In Anlehnung an Descartes ging Wolff, der sich ausdrücklich auf die erkenntnistheoretischen Untersuchungen von Locke und Leibniz bezog, von der Selbstgewißheit des Menschen im Denken aus:

»Wir sind uns unser und anderer Dinge bewust, daran kan niemand zweiffeln ... Das ist aber etwas grosses, wenn ich von wichtigen Wahrheiten ohne Furcht sagen kan: Sie sind so gewiß, als ich bin, oder auch, ich erkenne so gewiß, daß sie sind, als ich weiß, daß ich bin.«[39]

In der Vernunft sah Wolff das Vermögen, die Ordnung der Welt, den Zusammenhang der Dinge und damit allgemeine Wahrheiten zu erkennen. In Anlehnung an Leibniz entwickelte Wolff eine Harmonielehre, in der er die prästabilierte Harmonie von Leib und Seele postulierte und im übrigen die Seligkeit des Menschen, »das höchste Gut« in der »Erfüllung der natürlichen Gesetze« sah:

»so ist auch die Beobachtung dieses Gesetzes das Mittel, wodurch man seine Glückseeligkeit erhält«.[40]

Anders als Leibniz begriff Wolff die prästabilierte Harmonie nicht als universales Prinzip, wie er überhaupt in vielerlei Hinsicht von Leibniz abwich und z. B. keine Monadologie entwickelte. Vor allem aber entfiel »der erkenntnistheoretische Drang Leibnizens... bei Wolff kraft der Struktur seines Synkretismus«.[41] Der entscheidende Unterschied in der Behandlung des Erkenntnisproblems im Vergleich zu Descartes oder Kant lag darin, daß Wolff nicht Möglichkeit, Grenzen und Gewißheit der Erkenntnis analysierte, sondern die Erkenntnis viel ausschließlicher instrumental beschrieb: Wie gelange ich zu Erkenntnissen? lautete seine Frage, die er dann aufgrund des Satzes vom Grunde lehrhaft beantwortete. Wolff vermaß das Terrain enzyklopädisch: Am systematischen Denken der Scholastik geschult, schrieb er im Vertrauen auf das menschliche Erkennen und die durch dieses gegebene Ausdehnung des Wissens wie seine hochmittelalterlichen Vorgänger eine Summa, wenngleich eine Summa der Philosophie, nicht der Theologie. Selbstgewißheit des Denkens, nicht Zweifel oder Kritik der Erkenntnis charakterisierten Wolff, dessen Optimismus der Vernunft zu den treibenden Tendenzen der populären deutschen Aufklärung in der zweiten Hälfte des 18. Jahrhunderts gehörte:

»Die gründliche Erkenntnis der Dinge ist ein gewisses Zeichen unserer Vollkommenheit. Daher entstehet aus ihr ein süßes Vergnügen, und dieses erregt ein inniges Verlangen, daß jedermann wie unser einer werden möchte«, formulierte Wolff im Jahre 1710 seine Position. »An Stelle der externen Erlösung durch einen Willensakt Gottes tritt bei ihm die interne Selbsterlösung durch die ratio ex lumine naturali.«

Diese konstitutiven Elemente des Wolffschen Systems, sein Vernunftoptimismus, der enzyklopädische Anspruch, die Systematik in der Erfassung philosophischer, ja wissenschaftlicher Thematik überhaupt, blieben in idealer Hinsicht und in der praktischen Herrschaft der Wolffschen Schule für die Universitätsphilosophie der folgenden Generationen normierend. Vor allem die protestantische deutsche Aufklärung ist ohne Wolff nicht denkbar. Sein philosophischer Einfluß ist ebensowenig zu überschätzen wie die naturrechtliche und gesellschaftsphilosophische Wirkung seiner Lehre, die später zu besprechen ist. Zu Wolffs außerordentlicher Bedeutung trugen in entscheidendem Maße die erwähnte Schaf-

fung einer deutschsprachigen philosophischen Terminologie sowie die Tatsache der Lehre und Publikation auch in deutscher Sprache bei. Hierdurch erreichte die Philosophie ein weites Publikum, das die lateinisch geschriebenen Werke nicht lesen konnte. Philosophie wurde durch Wolff in Deutschland ein Thema der Gebildeten und erhob ihrerseits den Anspruch der Volksaufklärung. »Nur so konnte es kommen, daß Wolffsche Denkgrundsätze bis in die letzte Dorfpredigt und bis in das letzte Kinderbuch (Campes Robinson-Bearbeitung) vordringen konnten.« Sicher ging eine solche Breitenwirkung nicht ohne Niveaueinbuße ab, doch verstärkte die Popularisierung das gesellschaftliche Interesse an der Philosophie.

Wolffs Verdienst um die deutschsprachige Kultur stand in deutlicher Analogie zur Wirkung Luthers, insofern überrascht auch in dieser Beziehung seine prägende Rolle für die protestantische Aufklärung kaum. Zugleich aber bedeutete Wolffs Rezeption der Scholastik eine der Voraussetzungen für die Entschärfung des konfessionellen Gegensatzes, um die es schon Leibniz, aber intentional auch der deutschen Aufklärung überhaupt zu tun war. Die Wolffs Werke charakterisierende singuläre Verschmelzung lutherischer und katholischer Denktraditionen erleichterte seine Aufnahme im katholischen Deutschland und begünstigte damit die Ausbildung einer katholischen Aufklärung. Der das System Wolffs konstituierende enzyklopädische Reichtum, sein systematischer Rationalisierungswille in bezug auf Glauben und Wissen, seine Verbindung von Offenbarung und Vernunft, verbanden zwei an sich so gegensätzliche geistig-geistliche Richtungen wie Scholastik und Aufklärung.

Wolff war sich der philosophischen und theologischen Tradition, die von Aristoteles über Thomas von Aquin zur Neuscholastik des Spaniers Francisco Suárez im späten 16. und frühen 17. Jahrhundert führte, ebenso bewußt wie derjenigen der geometrisch-demonstrativen Methode des Descartes und weiterer Voraussetzungen seines Systems. Die Verarbeitung so vielfältiger Einflüsse besaß aber eine Kehrseite: Wolffs Werk versandete häufig genug im Eklektisch-Unspezifischen, wurde im Alter immer weitläufiger und weitmaschiger. Auch das blieb ein Charakteristikum vieler deutscher Spätaufklärer: Wolffs System beruhte auf der Integration sehr heterogener Elemente; der philosophische und theologische, aber auch der gesellschaftliche und politische Kompromiß bildeten eine in Deutschland fortwirkende Bedingung seines Systems, das auch dadurch zu einer Manifestation des Antikonfessionalismus wurde, ohne den die Aufklärung nicht denkbar ist. Das Verhältnis Wolffs zur philosophie- und theologiegeschichtlichen Tradition war aber andererseits auch deshalb bemerkenswert, weil es neben der für Bayle und Arnold charakteristischen Kritik der Tradition einen zweiten, die Aufklärung in Deutschland prägenden Grundzug demonstrierte: ihre produktive Aneignung.

So unterschiedlich die Versuche zur Lösung des Erkenntnisproblems auch waren, neben der charakteristischen Verbindung einer Reflexion der Erkenntnis mit der Naturerkenntnis sowie dem Versuch, ihre Autonomie zu begründen, stand durchgängig die psychologische Dimension. Bis zu Kant dominierte bei einer Reihe von Philosophen die Erkenntnispsychologie über die Erkenntnistheorie. Die seit Descartes immer wiederkehrende Selbstgewißheit des erkennenden Subjekts als Ausgangspunkt jeglicher Erkenntnis im rationalistischen Denken demonstrierte das ebenso wie die Analyse innerer und äußerer Erfahrung seit Locke und Hume im Empirismus. Die schon vor Kant durch Leibniz' Auseinandersetzung mit Locke einsetzende Besinnung auf die logischen Voraussetzungen anstelle der Akzentuierung psychischer Bedingungen des Erkennens blieb damals unbekannt und erlangte erst seit 1765 bzw. seit Ende der siebziger Jahre philosophiegeschichtliche Wirkung. Allerdings prägte sich in der historischen Realität solch systematische Differenzierung nicht klar aus:

»Die strenge Scheidung zwischen der ›transzendentalen‹ und der ›psychologischen‹ Methode, zwischen der Frage nach dem ›Anheben‹ der Erfahrung und ihrem ›Entspringen‹, wie sie Kant durchführt … läßt sich daher für eine Betrachtung der Grundprobleme des achtzehnten Jahrhunderts nicht innehalten. Hier fließen vielmehr die Grenzen ständig ineinander über … Die objektive Gültigkeit der Grundbegriffe der Erkenntnis soll durch ihre Herkunft bestimmt und an ihr gemessen werden. So verwandelt sich der psychologische Ursprung in ein logisches Kriterium.«[42]

Tatsächlich wurde erst aufgrund Kants Unterscheidung die systematische Sonderung der logischen von den psychischen Voraussetzungen des Erkennens möglich. Und das bis zur Popularphilosophie charakteristische Beharren auf der Erkenntnispsychologie zählte einerseits zu den Bedingungen für die Entwicklung einer empirischen Psychologie im 18. Jahrhundert, verstellte aber andererseits den aufgeklärten Popularphilosophen den Zugang zum kritischen Idealismus Kants seit 1781.

Entscheidend blieb für die aufgeklärte Erkenntnislehre, in welcher Gestalt sie auch auftreten mochte, das Insistieren auf der Autonomie der Erkenntnis:

»Der große Säkularisierungsprozeß des Denkens, in dem die Philosophie der Aufklärung ihre wesentliche Aufgabe sieht, setzt auch an diesem Punkte ... ein. Das logische und erkenntnistheoretische Problem der ›Beziehung der Erkenntnis auf ihren Gegenstand‹ kann durch die Hereinziehung religiöser und metaphysischer Motive nicht gelöst; es kann durch sie nur verdunkelt werden.«

Und in diesem Sinne schrieb der auf dem Wege zur kritischen Philosophie befindliche Kant 1772 seinem Berliner Freund Marcus Herz:

»Allein der *Deus ex Machina* ist in der Bestimmung des Ursprungs und der Gültigkeit unsrer Erkenntnisse das ungereimteste was man nur wählen kan und hat außer dem betrüglichen Zirkel in der Schlußreihe unsrer Erkenntnisse noch das nachteilige daß er jeder Grille oder andächtigem oder grüblerischem Hirngespinst Vorschub giebt.«[43]

Welche Bedeutung die psychische Dimension in der aufgeklärten Erkenntnislehre besaß, erhellt aus der zeitweilig geradezu kanonischen Geltung der psychologischen Methode, mit der Locke das Problem lösen wollte. In seinem *Discours préliminaire de l'Encyclopédie* charakterisierte d'Alembert 1751 Lockes Verfahren folgendermaßen: »Kurz, er führte die Metaphysik auf ihre wirkliche Seinsbestimmung zurück, auf eine Experimentalphysik der Seele, die sich von der Physik der Körper nicht nur durch ihren Gegenstand, sondern auch durch ihre Betrachtungsweise grundlegend unterscheidet.«[44] In einer solchen »Experimentalphysik der Seele« konnte nach d'Alembert gleichsam eine sorgfältige Sammlung und Bestandsaufnahme aller seelischen Erscheinungen, auch der bis dahin unbekannten, erfolgen.

Dieses Programm lag auch dem von Karl Philipp Moritz 1783–1793 in zehn Bänden herausgegebenen *Magazin für Erfahrungsseelenkunde* zugrunde. Moritz kündigte sein Magazin u. a. mit dem prototypischen Hinweis an, es stelle vorzüglich »Beobachtungen aus der wirklichen Welt« zusammen,

»deren eine einzige oft mehr praktischen Werth hat, als tausend aus Büchern geschöpfte. Alle diese Beobachtungen erstlich unter gewissen Rubriken in einem dazu bestimten Magazine gesamlet, nicht eher Reflexionen angestellt, bis eine hinlängliche Anzahl Fakta da sind, und dann am Ende dies alles einmal zu einem zweckmäßigen Ganzen geordnet, welch ein wichtiges Werk für die Menschheit könte dies werden! das wäre noch der einzige Weg, wie das menschliche Geschlecht durch sich selber mit sich selber bekanter werden, und sich zu einem höhern Grade der Volkommenheit empor schwingen könte, so wie ein einzelner Mensch durch Erkenntniß seiner selbst volkomner wird.«[45]

Moritz war zwar ein Einzelgänger unter den aufgeklärten Autoren in den letzten Jahrzehnten des 18. Jahrhunderts, aber indem er seine Erkenntnis auf Beobachtung und Sammlung, auf Erfahrung stützte und auf die Reflexion ihrer logischen Voraussetzungen verzichtete, hielt er sich an die damals übliche Methode. Nachdenken über die Wege menschlichen Erkennens gehörte zwar zum Allgemeingut der Aufklärer, war jedoch auf ein bloß anwendungsbezogenes Räsonnement reduziert worden. Eine radikale theoretische Reflexion des Erkenntnisproblems erschien den meisten aufgeklärten Schriftstellern nicht nur überflüssig, sondern für praktische Fortschritte in der Wissenschaft sogar hinderlich. In diesem Sinne bestand Moritz darauf, erst eine »hinlängliche Anzahl Fakta« zu sammeln, ehe über sie Reflexionen angestellt werden könnten. Die Fragestellungen, unter denen die Sammlung des Materials erfolgte, blieben entsprechend unspezifisch, man pochte auf die Interessantheit aller menschlichen Erscheinungen. Moritz konzentrierte sich auf die psychischen bzw. verhaltensauffälligen Pathologien, andere Aufklärer bemühten immer wieder den ›gesunden Menschenverstand‹. Und in die Rubrik psychologischer Studien gehörten auch Johann Kaspar Lavaters *Physiognomische Fragmente zur Beförderung der Menschenkenntnis und Menschenliebe* (4 Bände, 1775–1778).

Die Aufklärer erkannten die Standortgebundenheit menschlicher Erkenntnis durch Herkunft und Erziehung, soziale und wirtschaftliche Lage, Religion und Geschichte. Sie sahen auch die Gefahr vielfältig bedingter Irrtümer, die durch bloße Erfahrung nicht vermeidbar war: Bevor eine Erfahrung stichhaltig sei, müsse sie »unter sehr verschiedenen Umständen wiederholt, und dabei auf alle Umstände sehr genau acht gegeben werden«: Auf diese empirisch-experimentelle Weise wollte Nicolai 1783 Irrtümer sukzessiv eliminieren[46] und fügte hinzu, die Wahrheit entfalte sich durch Nachdenken, Vergleich, Widerspruch, Berücksichtigung einer Vielzahl von Gesichtspunkten. Einen Königsweg zur Wahrheit gebe es nicht. Die Einseitigkeit aller bisherigen philosophischen Systeme sei die Ursache ihres historischen Wandels, theologische und philosophische Dogmen würden am sichersten durch die Geschichte relativiert.[47] Auf diesem Weg einer umsichtigen Erfahrungswissenschaft konnte man weit kommen. Nicolai, Moritz und viele andere aufgeklärte Gelehrte bewiesen den Erfolg ihrer Methode immer wieder durch die Fülle der gewonnenen Ergebnisse. Eins aber blieb ihnen verschlossen: die Reflexion des Phänomens der Erfahrung selbst. Und auch nach der Veröffentlichung von Kants *Kritik der reinen Vernunft* fanden die aufgeklärten Empiristen keinen Zugang zum Kern des Problems: »Wenn aber gleich alle unsere Erkenntnis *mit* der Erfahrung anhebt, so entspringt sie darum doch nicht eben alle *aus* der Erfahrung.« Kant zog aus dieser fundamentalen Feststellung den seine Reflexion bestimmenden Schluß: »Wir sind im Besitze gewisser Erkenntnisse a priori, und selbst der gemeine Verstand ist niemals ohne solche.«[48]

Diese Überlegungen Kants, von denen die kopernikanische Wende der neueren Erkenntnistheorie ausging, mißverstanden die Aufklärer als Verzicht auf Erfahrung. Nicolai polemisierte, die Kantianer vergäßen, »daß Schuhe nach den Füßen gemacht werden müssen«, statt dessen machten sie »*formale* Schuhe *a priori*«.[49] Diese Richtung der deutschen Aufklärung, die um 1780 die herrschende war, verstand Kant, den sie doch bis dahin als einen der ihren angesehen hatten, nicht mehr: Fiel der Königsberger Philosoph nicht hinter Locke zurück und setzte Spekulation und Metaphysik an Stelle der Erfahrung – eine Spekulation, die doch die Aufklärer glücklich aus der menschlichen Erkenntnis verdrängt zu haben glaubten? Das erkenntnistheoretische a priori Kants wurde als temporale und erkenntnispsychologische Apriorität mißverstanden. Hierin erwies sich erneut die Dominanz der Erkenntnispsychologie, der erst Kant ein Ende bereitete, als er sich daranmachte, das Phänomen zu erklären, warum die Menschen Erkenntnisse haben, die über jede Erfahrung hinausgehen, obwohl alle Erkenntnis mit Erfahrung beginnt. Denn tatsächlich legten sich die Empiristen keine Rechenschaft darüber ab, daß ihre Begründung aller Erkenntnis auf Erfahrung ebenfalls von einem Axiom ausging – dem erwähnten Axiom Lockes, nichts sei im Verstand, was nicht vorher in den Sinnen sei. Schon Leibniz hatte die bereits zitierte Einschränkung hinzugefügt: ausgenommen der

Verstand selbst. Damit hatte er auf das Problem hingewiesen, das Kant nun seinerseits zu lösen versuchte. In seinem berühmten Brief an Marcus Herz vom 21. Februar 1772, in dem er den Plan zu einem Werk über »Die Grenzen der Sinnlichkeit und der Vernunft« – der späteren *Kritik der reinen Vernunft* – entwickelte, fragte Kant: »auf welchem Grunde beruhet die Beziehung desjenigen, was man in uns Vorstellung nennt, auf den Gegenstand?«[50] Er bekannte, in seiner Dissertation *De mundi sensibilis atque intelligibilis forma et principiis* (1770) habe er sich mit der bloß negativen Abgrenzung begnügt, daß die Vorstellungen des Intellekts »nicht Modifikationen der Seele durch den Gegenstand« seien. Kant trennte in der *Kritik der reinen Vernunft* Erkenntnisse *a priori*, die »schlechterdings von aller Erfahrung unabhängig stattfinden«, von empirischen Erkenntnissen, die »nur *a posteriori*, d. i. durch Erfahrung, möglich sind«. »Von den Erkenntnissen a priori heißen aber diejenigen rein, denen gar nichts Empirisches beigemischt ist.« Die eigentliche Aufgabe der reinen Vernunft – der unter allen Philosophen Hume am nächsten gekommen sei – sah Kant in der Frage: »Wie sind synthetische Urteile a priori möglich?«[51]

Von der bisherigen Metaphysik, die letztlich Ontologie war, weil sie von allgemeinen Überzeugungen vom Sein ausging[52], setzte sich Kant radikal ab:

»Bisher nahm man an, alle unsere Erkenntnis müsse sich nach den Gegenständen richten; aber alle Versuche über sie a priori etwas durch Begriffe auszumachen, wodurch unsere Erkenntnis erweitert würde, gingen unter dieser Voraussetzung zunichte. Man versuche es daher einmal, ob wir nicht in den Aufgaben der Metaphysik damit besser fortkommen, daß wir annehmen, die Gegenstände müssen sich nach unserer Erkenntnis richten, welches so schon besser mit der verlangten Möglichkeit einer Erkenntnis derselben a priori zusammenstimmt, die über Gegenstände, ehe sie uns gegeben werden, etwas festsetzen soll.«

Von diesem Ausgangspunkt her verwarf Kant sowohl den Empirismus als auch den Rationalismus, die sich zwar im Instrumentarium der Erkenntnisgewinnung unterschieden, nicht aber darin, daß sie jeweils von einer Behauptung über die Wirklichkeit ausgingen, auf deren Grundlage sie dann alle weiteren Folgerungen zogen.[53] Am Rationalismus lehnte Kant im übrigen die Entwicklung zu einem metaphysischen Dogmatismus ab, der mit Hilfe einer auf Begriffe beschränkten Analyse zu Erkenntnissen gelangen wollte. Der Empirismus dagegen hatte zum erkenntnistheoretischen Skeptizismus geführt, der lediglich Aussagen von Wahrscheinlichkeitswert übrigließ.

Kants Transzendentalphilosophie wollte also Ursprung und Grenzen der Erkenntnis analysieren, um innerhalb dieser Grenzen gerade die Gültigkeit menschlicher Erkenntnisse bestimmen zu können: »Transzendental« nannte Kant alle Erkenntnis, »die sich nicht sowohl mit Gegenständen, *sondern mit unserer Erkenntnisart von Gegenständen, insofern diese a priori möglich sein soll, überhaupt* beschäftigt. Ein System solcher Begriffe würde Transzendental-Philosophie heißen«.[54]

Es war nur konsequent, daß Kant in der Vorrede zur zweiten Auflage der *Kritik der reinen Vernunft* (1787) ausdrücklich betonte, das Geschäft dieser Kritik der reinen spekulativen Vernunft bestehe aus dem Versuch, »das bisherige Verfahren der Metaphysik umzuändern, ... dadurch, daß wir nach dem Beispiele der Geometer und Naturforscher eine gänzliche Revolution mit derselben vornehmen«. Seine *Kritik der reinen Vernunft* sei ein »Traktat von der Methode, nicht ein System der Wissenschaft selbst; aber sie verzeichnet gleichwohl den ganzen Umriß derselben, sowohl in Ansehung ihrer Grenzen, als auch den ganzen inneren Gliederbau derselben«.[55] Dieser Passus stellte die dreifache Revolutionierung des Weltbildes durch die überseeischen Entdeckungen, die naturwissenschaftlichen Erkenntnisse seit dem 16. Jahrhundert und die von Kant herbeigeführte Wende in der Erkenntnistheorie in einen Zusammenhang und betonte die Bedeutung des Methodenproblems für alle drei Dimensionen dieser Revolution. Es ist also keineswegs zufällig, daß Kant immer wieder Beispiele aus den Naturwissenschaften anführte und z. B. auf Kopernikus, Galilei und Newton verwies, um seinen erkenntnistheoretischen Gedankengang zu erläutern. Kant klärte die konstitutive Rolle, die diese Faktoren für die Entwicklung der Aufklärung spielten: Auf diese Weise wird noch einmal die problemgeschichtliche Einheit des 18. mit dem 16. und vor allem dem 17. Jahrhundert demonstriert. Kants Definition der Begriffe »transzendental« und »transzendent« läßt den Konnex mit einer der fundamentalen, in den vorstehenden Ausführungen immer wieder begegnenden Frage erkennen – dem sowohl philosophischen als auch theologischen Kernproblem der Abgrenzung von Glauben und Wissen, von Offenbarung und Vernunft. Das Transzendente überschreitet die Grenzen möglicher Erfahrung und liegt damit jenseits menschlichen Erkenntnisvermögens: »Ich kann also *Gott, Freiheit* und *Unsterblichkeit* zum Behuf des notwendigen praktischen Gebrauchs der Vernunft nicht einmal *annehmen,* wenn ich nicht der spekulativen Vernunft zugleich ihre Anmaßung überschwenglicher Einsichten *benehme.*« Der Grund liegt darin, daß sich die reine Vernunft nur auf Grundsätze beziehen könne, die »bloß auf Gegenstände möglicher Erfahrung reichen... Ich mußte also das *Wissen* aufheben, um zum *Glauben* Platz zu bekommen.« Den positiven Nutzen der *Kritik der reinen Vernunft* sah Kant in der auf ihrer Grundlage gewonnenen Überzeugung, »daß es einen schlechterdings notwendigen praktischen Gebrauch der reinen Vernunft (den moralischen) gebe, in welchem sie sich unvermeidlich über die Grenzen der Sinnlichkeit erweitert«.

Kant reduzierte die Reichweite reiner menschlicher Erkenntnis auf die Welt der Erscheinungen. Die Erscheinungen sind dem Menschen, das ist nach dem oben Gesagten klar, nur über die Formen erkennbar, die der menschliche Verstand mitbringt, also nicht von den Gegenständen durch Sinneswahrnehmung empfängt. Diese apriorisch gegebenen Erkenntnisformen sind Raum und Zeit als notwendige Voraussetzungen sinnlicher Anschauung, »also nur Bedingungen der Existenz der Dinge als Erscheinungen«, sowie die Kategorien, die das Erkennen der Gegenstände ermöglichen. Die Kategorien, zu denen solche der Quantität, der Qualität, der Relation und der Modalität gehören, sind nur auf Erscheinungen anwendbar und formen die einzelnen sinnlichen Wahrnehmungen der Erfahrung durch Begriffe zu einer Einheit. Der Mensch kann folglich von keinem Ding an sich selbst Erkenntnis haben, »sondern nur sofern es Objekt sinnlicher Anschauung ist, d. i. als Erscheinung«. Eben daraus folge die »Einschränkung aller nur möglichen spekulativen Erkenntnis der Vernunft auf bloße Gegenstände der *Erfahrung*«.

Eine Anwendung der Kategorien auf Dinge an sich würde den Verstand unweigerlich in Antinomien führen, z. B. wenn die Vernunft die Welt als Ganze verstehen will. In seiner Abgrenzung von Glauben und Wissen widerlegte Kant der Reihe nach die ontologischen, kosmologischen und physikotheologischen Gottesbeweise und gelangte zu einer »Kritik aller Theologie aus spekulativen Prinzipien der Vernunft«: »alle synthetischen Grundsätze des Verstandes sind von immanentem Gebrauch; zu der Erkenntnis eines höchsten Wesens aber wird ein transzendenter

Gebrauch derselben erfordert, wozu unser Verstand gar nicht ausgerüstet ist«. Nach Kant kann es aus diesen und anderen Gründen, die hier im einzelnen nicht aufgeführt werden können, keine »Theologie der Vernunft« geben. Das höchste Wesen bleibe für den »bloß spekulativen Gebrauch der Vernunft ein bloßes, aber doch *fehlerfreies Ideal*, ein Begriff, welcher die ganze menschliche Erkenntnis schließt und krönt«. Die objektive Realität des höchsten Wesens indes könne auf diesem Wege weder bewiesen noch widerlegt werden.[56]

Kants *Kritik der reinen Vernunft* wurde von den aufgeklärten Zeitgenossen, aber auch von solchen Denkern, die der Aufklärung nur noch bedingt zuzurechnen sind, wie Johann Gottfried Herder, mit Unverständnis oder zumindest Gleichgültigkeit aufgenommen. Als Grundwerk der modernen Erkenntnistheorie, als ihre kopernikanische Wende sahen sie es kaum an, ein Musterbeispiel dafür bildete die Rezension Garves.[57] Erst mit der zweiten Auflage gelang 1787 der Durchbruch. So oder so hatte Kant auch die aufgeklärte Diskussion über die Religion, ein Zentralproblem aufgeklärten Denkens von Beginn an, auf eine neue Basis gestellt: Auch in dieser Beziehung handelte es sich um die letzte der kopernikanischen Wendungen, die das religiöse Weltbild erschütterten und eine Säkularisierung von Denken und Handeln bewirkten. Die Reflexion über das Wesen der Religion und christliche Dogmatik innerhalb der Aufklärung stand unter diesen Voraussetzungen:

Die Entdeckung überseeischer Teile der Welt und damit außerchristlicher Kulturen entzog in Verbindung mit der Entwicklung der Naturwissenschaften seit dem 15. und 16. Jahrhundert der christlichen Deutung des Kosmos den Boden. Die Renaissance veränderte die Auffassung vom Menschen in der Welt, bewirkte eine Akzentuierung menschlicher Individualität und des Diesseits, brachte schließlich die Wiederentdeckung der vorchristlichen Antike, deren Leistungen uneingeschränkte Bewunderung hervorriefen. Die Humanisten spotteten über das »finstere« Mittelalter und das Mönchslatein, zum Beispiel in den *Epistolae obscurorum virorum* von 1515, und stellten ihm die klassische Sprache in ihrer ursprünglichen Reinheit gegenüber. Der Humanismus entwickelte auf dieser Grundlage eine historisch-kritische Philologie, die Richard Simon später auch auf die Bibel anwandte, so daß die Exegese auf eine neue Grundlage gestellt wurde. Die moderne

Erkenntnistheorie, die auf je spezifische Weise Bacon und Descartes begründeten, formulierte die Grundprobleme, die bis zu Hume und Kant die sich radikalisierende Reflexion prägten. Damit stand auch die Diskussion über das Verhältnis von Offenbarung und Vernunft wieder auf der Tagesordnung. Obwohl Wolff eine Lösung in den Bahnen der Scholastik versuchte, blieb für Gottesbeweise immer weniger Raum. Das bedeutete nicht unbedingt Atheismus und Materialismus, aber wie Kant – ohne Gott in Frage zu stellen – demonstrierte, doch im Hinblick auf menschliches Erkenntnisvermögen den Zwang zur Trennung von Glauben und Wissen. Auf dieser Basis blieben unterschiedliche religiöse Überzeugungen und differierende religionsphilosophische Positionen möglich. Die Aufklärung bildete auch in diesem Problemfeld keine Einheit der Antworten, sondern lediglich der konstitutiven Fragen.

Die Reformation hatte schließlich sogar innerhalb des Christentums zu Differenzen in Exegese und Dogmatik geführt und damit nicht nur im staatsrechtlichen Rahmen des Heiligen Römischen Reichs Deutscher Nation und anderer Staaten die Aufgabe der Koexistenz christlicher Konfessionen gestellt, sondern das Problem der religiösen Toleranz überhaupt zentral werden lassen. Die religiösen Bürgerkriege in Deutschland, Frankreich und England führten jedermann den Schrecken religiösen Absolutheitsanspruchs vor Augen, insbesondere wenn er sich mit politischen und gesellschaftlichen Interessen verquickte oder diesen als Alibi diente. Der Antikonfessionalismus im negativen, die Forderung nach religiöser Toleranz im positiven Sinn resultierten aus dieser Konstellation und machen deutlich, daß diese beiden zentralen Ziele der Aufklärung nicht erst ein Thema des 18. Jahrhunderts sein konnten, obwohl sich auch während dieser Zeit eigene Antworten entwickelten. Die Existenz miteinander konkurrierender, nicht selten auch kriegführender christlicher Konfessionen, die nicht mehr mit den klassischen Kategorien der Häresie gefaßt werden konnten, provozierte naturgemäß die Frage: Was ist denn den Religionen, den christlichen zunächst, zunehmend aber auch den außerchristlichen, gemeinsam, und was ist historisch bedingtes »Beiwerk«? Und schließlich die Frage nach Wesen und Wahrheit der Offenbarung selbst. Die Antwort wurde immer häufiger von der Überzeugung geleitet, die Existenz verschiedener Offenbarungen erschüttere zwangsläufig deren Gültigkeitsansprüche.

Was konnte einer über Jahrhunderte hinweg aus so unterschiedlichen Quellen sich speisenden, zunehmend kritischer werdenden Reflexion über Gott, Welt und Menschen noch standhalten?

2. Kritik der Offenbarung und Postulat einer »natürlichen Religion«

Gott, Freiheit, Unsterblichkeit seien Postulate der reinen praktischen Vernunft, schrieb Kant 1787 in seiner *Kritik der praktischen Vernunft*. Diese Postulate gingen nach Kant »alle vom Grundsatze der Moralität aus, der kein Postulat, sondern ein Gesetz ist, durch welches Vernunft unmittelbar den Willen bestimmt«.[58] Damit zog Kant die Konsequenz aus der von ihm konstatierten Begrenztheit menschlichen Erkenntnisvermögens, dem Gott nicht zugänglich ist.

Die von Kant formulierte Position teilten die meisten deutschen Aufklärer. Die deutsche Aufklärung war im ganzen keine areligiöse Bewegung, radikalere religionskritische Tendenzen wie in Frankreich waren ihr zwar nicht fremd, blieben aber am Rande. Materialismus und Atheismus waren in der deutschen Aufklärung selten; radikalere Positionen, wie sie z. B. Diderot, d'Holbach oder de Lamettrie vertraten, blieben allerdings auch in Frankreich nicht unwidersprochen. Selbst Voltaire, dessen Bannfluch »Ecrasez l'infâme!« für alle Kirchen- und Religionskritiker zur Parole wurde, hat oft genug differenzierter geurteilt. In seinen 1771 veröffentlichten *Questions sur l'Encyclopédie* begründete er die Notwendigkeit, an ein höchstes Wesen zu glauben. Voltaire argumentierte mit dem gesellschaftlichen Nutzen und stand mit dieser Begründung gegen Diderot.[59] Voltaires Skepsis richtete sich gegen die Verwechslung von Glauben und Wissen:

»Das Wissen um einen Gott hat uns nicht die Natur mitgegeben, sonst hätten alle Menschen dieselbe Gottesidee, und außerdem wird keine Idee mit uns geboren … Schon meine Vernunft beweist mir, daß es ein Wesen gibt, welches den Stoff dieser Welt geordnet hat; aber meine Vernunft kann mir nicht beweisen, daß es diesen Stoff geschaffen, aus dem Nichts hervorgezogen hat.«[60]

Wie Voltaire argumentierte auch der radikalere Paul Thiry d'Holbach mit der Geschichte der Gottesideen, die er Stück für Stück als falsch zu entlarven suchte, und gelangte zu dem Schluß:

»Wenn, wie wir bewiesen haben, die falschen Ideen, die man sich seit jeher von der Gottheit gemacht hat, der Moral, der Politik, dem Glück der Gesellschaften und ihrer einzelnen Glieder, schließlich den Fortschritten der menschlichen Erkenntnis nicht nur nicht nützlich, sondern vielmehr schädlich sind, so sollten uns die Vernunft und unsere Interessen begreiflich machen, daß man aus unserem Geist solche unfruchtbaren Anschauungen verbannen müßte.«[61]

Aber nicht nur d'Holbach, sondern bereits Voltaires im ganzen moderatere Religionskritik traf auf heftigen Widerspruch. Voltaires in Berlin konzipiertes, 1764 anonym veröffentlichtes *Dictionnaire philosophique portatif* – später immer wieder ergänzt – wurde nicht nur wenige Monate nach Erscheinen in Genf durch den Henker verbrannt, sondern auch in anderen Ländern, u. a. in Frankreich, verboten. Der Heilige Stuhl setzte das Buch auf den Index.[62] Die auch in Deutschland an Voltaire geübte Kritik bildete keine Ausnahme, aufschlußreich ist sie vor allem deshalb, weil sich hier auch viele Aufklärer an ihr beteiligen. Mendelssohn schrieb 1765 an Thomas Abbt: »Voltaire und Helvetius und die Herren Enzyklopädisten haben durch ihre Zügellosigkeit gar manches gute Gemüth zum Aberglauben zurückgejagt und also ihrer eigenen Sache geschadet«, während Shaftesbury und Rousseau mit ihrer reinen natürlichen Religion für die geoffenbarte Religion weit gefährlicher seien.[63] Auch für Deutschland galt: »Die tiefste Wirkung, die die Angriffe Voltaires auf das Christentum erzielt hatten, war eine Verschiebung der gesamten Optik gewesen: das Christentum hatte aufgehört eine Selbstverständlichkeit zu sein. Es war Problem geworden.«[64]

Aber auch bei dieser kritischen Reflexion blieb die Mehrheit der deutschen Aufklärer noch im letzten Drittel des 18. Jahrhunderts im Prinzip auf dem schon von Leibniz bereiteten Boden und verfolgte das Ziel, die Religion vernünftig zu interpretieren. Einige Autoren beurteilten sogar diese Forderung als unangemessen. So bemerkte Möser, er glaube, »daß keine Religion auf bloßen *Vernunftschlüssen* beruhen dürfe. Denn dieses kann nicht geschehen, ohne eines jeden Menschen Vernunft zum Richter zu machen.«[65] Ein solches Urteil blieb bei den zur Aufklärung zählenden Autoren jedoch eher die Ausnahme, die doppelte Forderung, die Religion müsse sowohl »vernünftig« sein wie auf ihren »natürlichen« Kern reduziert werden, findet sich in mannigfachen Spielarten bei den meisten von ihnen, und in der Regel trat ein gesellschaftlicher Zweck der Religion ins Blickfeld, nämlich die Sicherung der Moralität. Das konnte dahin führen, Religion mehr und mehr zu einer relativ schlichten Moralphilosophie zu verwässern. Humes *The natural history of religion* (1755) bereitete schließlich einer soziologischen Deutung der Religion den Weg und erschien 1758 in deutscher Übersetzung.

Wie immer man im einzelnen die Religionskritik der Aufklärung und die unterschiedlichen Grade ihrer Intensität beurteilt, ist zu berücksichtigen,

»daß auch hier noch alle geistige *Problematik* in die religiöse Problematik eingeschmolzen ist, und daß sie von dieser letzteren ihre ständigen und stärksten Antriebe empfängt. Je mehr man die bisherigen *Anworten* der Religion auf die Grundfragen der Erkenntnis und der Sittlichkeit als ungenügend empfindet, um so intensiver und leidenschaftlicher drängen sich eben diese Fragen selbst hervor.«[66]

Und so gehören zur aufgeklärten Auseinandersetzung mit den Kirchen, neben der Kritik historisch erklärbarer Entwicklungen, die bereits erwähnte historische Bibelkritik sowie eine Reflexion über die Glaubensgewißheit, d. h. die transzendentale Begründung der Religion. Die eigentlich theologischen Probleme, die immer wiederkehren, sei es in der französischen, sei es in der deutschen Aufklärung, sind die Frage nach der Erbsünde sowie nach der Theodizee, die schon Leibniz bewegt hatte. Die originalen Denker sind in bezug auf alle genannten religiösen Problemkomplexe nicht die Autoren des 18., sondern die des 17. Jahrhunderts: Simon und Arnold, Pascal und Leibniz, Spinoza, Herbert von Cherbury und Locke; Tindal und Toland begannen schon vor der Wende zum 18. Jahrhundert zu publizieren. Und es war nur konsequent, daß Voltaire sich immer wieder mit Leibniz, vor allem aber mit Pascal auseinandersetzte, deren theologische Deutung der Welt er angesichts des Erdbebens von Lissabon vom Allerheiligentag 1755 erneut als theologische Herausforderung begriff: Diese die Menschen des 18. Jahrhunderts erschütternde Katastrophe stellte jegliche Theodizee auf eine harte Probe.

Hatte Pascal bemerkt, die christliche Religion gründe auf dem Mysterium des Erlösers, der die Menschen der Verderbtheit der Sünde entrissen habe[67], antwortete Voltaire: »Der Geist, aus dem heraus Herr Pascal seine Gedanken schrieb, scheint mir im allgemeinen der zu sein, den Menschen in einem hassenswerten Licht zu zeigen ... Ich wage es, gegen diesen erhabenen Misanthropen die Partei der Menschheit zu ergreifen.« Hatte Pascal geschrieben: »Wir werden als Ungerechte geboren; denn ein jeglicher strebt zu sich selbst«, antwortete ihm Voltaire: »Indes hat Gott die Dinge anders eingerichtet. Beschuldigen wir nicht den Naturtrieb, welchen er uns verleiht, sondern machen wir den Gebrauch davon, welchen er befiehlt.«[68]

Und Rousseau erklärte – darin mit Voltaire einig – 1755 kurz und bündig: »l'homme est naturellement bon«.[69] Wenngleich er an dieser Stelle das Dogma von der Erbsünde nicht ausdrücklich erwähnte, richtete sich seine Feststellung doch nicht zuletzt gegen dieses Dogma. Auch Rousseau vertrat die Meinung: »Les hommes sont méchants«, doch erklärte er diesen Zustand nicht als natur- bzw. gottgegeben, sondern historisch, genauer, gesellschaftlich bedingt: Die Aufgabe, den Menschen zu seiner natürlichen Gutartigkeit zurückzuführen, wurde für Rousseau konsequent zur gesellschaftlich-politischen Aufgabe, für die er 1762 im *Emile* und im *Contrat social* den Weg weisen wollte. Mit diesem Ansatz aber enttheologisierte Rousseau das Problem der Erbsünde.[70]

Galt die gegenwärtige unbestreitbare Sündhaftigkeit des Menschen als historisch-gesellschaftlich bedingt, bedurfte es in dieser Hinsicht auch keiner Rechtfertigung Gottes. Das Problem der Theodizee stellte sich auf dieser Ebene nicht. Doch blieb das Erdbeben von Lissabon, das vermutlich 50 000 Menschen das Leben kostete und die Stadt verwüstete: Wie konnte Gott das zulassen, warum Lissabon und nicht eine andere Stadt, warum so viele unschuldige Opfer? Das Erdbeben von 1755 bewirkte den »Tod des Optimismus«.[71] Voltaire schrieb sein *Poème sur le désastre de Lisbonne*; es erregte ungeheures Aufsehen in Europa und erreichte allein im Jahre 1756 zwanzig Ausgaben: »Zwar ist Gott auf die Welt gekommen, um sie von ihren Übeln zu erlösen, aber er veränderte sie keineswegs.« Und schwache Zuversicht ließ bestenfalls der Satz erkennen: »*Eines Tages wird alles gut werden,* das ist unsere Hoffnung, *alles ist heute gut,* das ist unsere Illusion.«[72]

Der viel schärfere, pessimistischere Angriff auf den Optimismus und die in der Nachfolge von Leibniz popularisierten und aus seinem metaphysischen Kontext gelösten Theodizeen bildete aber erst *Candide, ou L'Optimisme*. Voltaires Werk erregte in Deutschland vor allem deswegen solches Aufsehen, weil der Topos von der besten aller möglichen Welten im Laufe des 18. Jahrhunderts

Eingang in die deutsche Literatur gefunden hatte.[73] Goethe berichtete später in *Dichtung und Wahrheit*, durch das »außerordentliche Weltereignis« sei die »Gemütsruhe des Knaben zum erstenmal im tiefsten erschüttert worden«. »Gott, der Schöpfer und Erhalter des Himmels und der Erden, den ihm die Erklärung des ersten Glaubensartikels so weise und gnädig vorstellte, hatte sich, indem er die Gerechten mit den Ungerechten gleichem Verderben preisgab, keineswegs väterlich bewiesen.«[74] Trotzdem fand Voltaire in Deutschland eher Kritik als Zustimmung. Noch 1784 urteilte Herder: »Es war ein unphilosophisches Geschrei, das Voltaire bei Lissabons Sturz anhub, da er beinah lästernd die Gottheit deswegen anklagte. Sind wir uns selbst nicht und alle das Unsre, selbst unsern Wohnplatz, die Erde, den Elementen schuldig?«[75]

In der gespaltenen Reaktion auf das Erdbeben von Lissabon und vor allem Voltaires theologische Schlußfolgerungen zeigte sich wiederum europäische Verflechtung und zugleich die gemäßigtere und ihrerseits differenzierte Position aufgeklärter Diskussion über Religion und Kirche in Deutschland. Zu den Gründen zählte zweifellos die oben erwähnte Grundvoraussetzung der frühneuzeitlichen deutschen Geistesgeschichte, die religiöse Spaltung infolge der Reformation: Sie führte zu vergleichbar starken, staatsrechtlich anerkannten, auf dem gemeinsamen Boden christlichen Glaubens zueinander in Gegensatz, aber auch in Konkurrenz stehenden Kirchen. Das mußte für die katholische wie auch die protestantische Theologie Konsequenzen haben und ließ insgesamt einen größeren Spielraum für die theologische Diskussion der Laien. Die religiöse Spaltung erlaubte es auch den protestantischen Aufklärern, ihre Hauptkritik gegen die katholische Kirche zu richten. Die Heterogenität der protestantischen Theologie führte ihrerseits dazu, daß theologische Kritik zunächst weniger prinzipiell ansetzte und sich nur ausnahmsweise auf den Glauben oder die Kirche als solche bezog, sondern statt dessen einzelnen Richtungen innerhalb des Protestantismus galt. Und auch Entdeckung und Entwicklung einer national verstandenen Kultur besaßen im Protestantismus seit der Reformation mehr Raum als im universalen Zusammenhang der katholischen Kirche. Luther selbst war durch seine Bibelübersetzung zum Wegbereiter einer muttersprachlichen Kultur in Deutschland geworden. Hinzu kam, daß die Verbindlichkeit der theologischen Exegese im Protestantismus durch den je eigenen Weg zu Gott nicht nur größeren

Individualismus und damit größere Heterogenität bewirkte, sondern die Freiheit des einzelnen zur Prüfung der Glaubensinhalte begünstigte – ein Prinzip, das der kantischen Forderung des Selbstdenkens korrespondierte, theologisch gesehen sogar seine Voraussetzung war.

Die Verteidigung der Ketzer gegenüber dem in der Kirche institutionalisierten Glauben durch Arnold setzte diesen individueller und subjektiver verstandenen Glauben des Protestantismus voraus. Zu ihm zählte im Vergleich zum stärker durch die Institution der Kirche und die Priester als Vermittler objektivierten Glauben im Katholizismus eher das Recht auf individuellen Irrtum im Hinblick auf die Dogmatik. Arnolds Kritik war in dieser Form wohl nur auf dem Boden des Protestantismus möglich.

Vollzog sich eine solche radikale Auseinandersetzung mit der Kirche im katholischen Bereich, führte sie, wie die französische Aufklärung bewies, oft genug zu einer radikalen Infragestellung des Christentums überhaupt; nicht nur die dogmatischen Grundlagen wurden dann bestritten, sondern auch über die Jahrhunderte hinweg die Kirchenpraxis einer scharfen Abrechnung unterzogen. Und darum ging es allen Aufklärern immer wieder: Neben der Forderung nach Vernünftigkeit und Natürlichkeit der Religion stand das Postulat ihrer gesellschaftlich segensreichen Wirkung, ihres Nutzens für die gesellschaftlich verbindliche Moral. Nicht bloß die Intention, sondern das Ergebnis einer über viele Jahrhunderte hinweg im Kern unangefochtenen Geltung des Christentums im allgemeinen und des Katholizismus im besonderen standen auf dem Prüfstand.[76]

Die Intensität kritischen Fragens, die Arnold erreicht hatte, begegnet in anderer, aber für den Weg protestantischer Aufklärung in Deutschland nicht minder wirkungsvoller Form im Pietismus: »Hier wie dort finden wir vor allem die Betonung der Praxis pietatis, den Vorrang des Lebens vor der Lehre, das praktische Verhältnis zur Schrift, die sozialen Impulse.«[77] Im Pietismus machte der christliche Bürger, wie Karl Barth es ausdrückte, die Entdeckung: Das Christentum ist gerade nicht Lehre, sondern Leben.[78] Der Pietismus stellte ein komplexes Phänomen dar; neben einer eher subjektivistischen, weltflüchtig-kontemplativen Komponente enthielt er auch eine weltzugewandte praktisch-reformerische Richtung, die lange Zeit dominierte. So urteilte schon Carl Hinrichs, der Pietismus bilde das »große Eingangstor der deutschen Aufklärung«[79], und begründete das mit der Erkenntnis, daß der Hallische Pietismus eines Francke nicht mehr eine Reform der Kirche, sondern eine Reform der Welt anstrebte. Neben solcher auch die Aufklärung charakterisierenden praktischen Zielsetzung stimmten beide Richtungen in der Ablehnung der Orthodoxie, der Scholastik und jeglichen Dogmatismus überein.[80]

Auch der Pietismus wurzelte im 17. Jahrhundert: Außer niederländischen Theologen, die eine genaue Einhaltung der biblischen Gebote in der Lebensführung forderten, zählte vor allem Philipp Jakob Spener zunächst in Frankfurt, dann in Berlin zu den Programmatikern; seine *Pia desideria* von 1675 enthielt wesentliche Grundsätze des Pietismus. Aufgrund innerer Übereinstimmung wurde der Pietismus zur Zeit des calvinistisch erzogenen Königs Friedrich Wilhelm I. von Preußen zu einer äußerst einflußreichen geistig-geistlichen Richtung, die insbesondere durch soziale und pädagogische Einrichtungen – wie das Waisenhaus, die Realschule und die Universität in Halle – weitergehende Reformen in diesen Bereichen einleitete und Modellwirkung erlangte.

Andere Strömungen des Pietismus, wie sie z.B. auf durchaus unterschiedliche Weise Graf von Zinzendorf in seiner »Brüderunität« oder auch der württembergische Prälat Johann Albrecht Bengel in seinen Bibelkommentaren vertraten, charakterisierten eher den genuin theologischen Weg des Pietismus: Zinzendorf stand für eine Form sehr persönlich gelebter Frömmigkeit, die bei seinen Anhängern bis zu mystischer Ekstase gehen konnte. Es versteht sich, daß die aufgeklärte Kritik am Pietismus sich gerade an dieser Art religiöser Erbauung entzündete.

In den der Aufklärung durch Simon, Bayle und Arnold gewiesenen Bahnen verlief demgegenüber zunächst die Entwicklung der neutestamentlichen Bibelkritik, wie sie Bengel betrieb, indem er durch Handschriftenvergleiche eine kritische Ausgabe des *Neuen Testaments* herstellte und es durch einen aus dem Geist des Pietismus heraus verfaßten Kommentar (1742) auslegte. Allerdings führte Bengels Art des Biblizismus über den der Aufklärung verwandten Ansatz hinaus zu einer eschatologischen Vision, die die Wiederkunft Christi auf das Jahr genau festlegte und ein Tausendjähriges Reich erwartete.

Zur radikalen Form aufgeklärter Kirchenkritik aus dem Geist des Pietismus führte der Weg derjenigen Pietisten, die sich von der

Bindung an die kirchliche Dogmatik lösten. So wandelte sich der Pietismus bei Johann Konrad Dippel, und eine Generation später bei Johann Christian Edelmann, zu einem unter dem Einfluß Spinozas stehenden Pantheismus. Edelmanns theologische Position radikalisierte sich zusehends, er mußte schließlich froh sein, daß ihm Friedrich II. 1749 in Berlin Zuflucht gewährte, allerdings ohne ihm Publikationsfreiheit zuzugestehen. Edelmann kommentierte schließlich Johannes 1,1: »Am Anfang war das Wort, und das Wort war bei Gott« mit der Schlußfolgerung: »Am Anfang war die Vernunft.« Doch findet sich bei ihm auch der Satz: »Gott ist die Vernunft.« In Edelmanns Schriften wird die Wirkung Arnolds und Dippels greifbar, war er doch nach der Lektüre der *Unpartheyischen Kirchen- und Ketzerhistorie* zum Kirchenkritiker und Deisten geworden, der »Urchristentum und Vernunftreligion in eins setzte, seine Kirche in sich trägt und in der Nachahmung Jesu nach der Bergpredigt zu leben sucht«.[81] Seit 1740 geriet Edelmann mehr und mehr unter den Einfluß Spinozas und verfaßte einige kritische Schriften, deren erste 1740 unter dem Titel *Moses mit aufgedecktem Angesicht* erschien und über 160 Gegenschriften provozierte:

»Noch niemals war in deutscher Sprache ein Buch erschienen, das wie Edelmanns Moses den gesamten Bibelglauben und dazu das christliche Dogma von vorne bis hinten verneinte, das sich offen zur spinozistischen Lehre von Gott und Welt bekannte und die üblichen Vorstellungen von Wunder, Vorsehung und Gebet so rücksichtslos zu Boden stieß.«[82]

In die Geschichte des protestantischen Radikalismus gehören als über den engeren Kreis der Theologie hinauswirkende Verfechter in der folgenden Generation vor allem Carl Friedrich Bahrdt und Johann Heinrich Jung-Stilling, die beide wie Edelmann vor allem durch ihre Autobiographien fortlebten, sowie der vom Kantianismus ausgehende Philosoph Karl Leonhard Reinhold. In seinen *Briefen über die Bibel im Volkston* ließ Bahrdt in einem fiktiven Gespräch Jesus unter anderem die »große Wahrheit« sagen, »daß Religion und äußerer Gottesdienst ganz verschiedene Dinge sind – daß Religion nichts als allgemein erkennbare Anweisung zur Glückseligkeit ist – daß sie also die Sprache der Vernunft ist«.[83] Reinhold notierte in seinem 1784 in Wielands *Teutschem Merkur* veröffentlichten Aufsatz *Die Wissenschaften vor und nach ihrer Sekularisation. Ein historisches Gemählde*:

»Die durch ... glückliche Vorschritte kühner gewordene Vernunft gieng immer weiter. Mit der Fackel der Philosophie in der Hand drang sie bis dahin durch, wohin sich bisher kein Layenverstand wagen durfte – bis ins Allerheiligste selbst. Hier sonderte sie Religion von Aberglauben, Christenthum von Mönchswesen, Gottesoffenbarungen von Pfaffenlügen, – Dinge die in der Nacht des heiligen Dunkels, das so viele Jahrhunderte darüber ausgebreitet lag, für einerley Sachen galten.«[84]

Stand in den zitierten Worten Bahrdts die praktische Wirkung der Religion im Mittelpunkt, so bei Reinhold die für die Aufklärung charakteristische Kritik an der Kirche und die daraus abgeleitete Forderung zur wissenschaftlich unvoreingenommenen Prüfung der Glaubensinhalte. Nicht gerade bei Reinhold, aber in der stärker fachgebundenen Diskussion der Theologen entschärfte sich im Laufe des 18. Jahrhunderts in manchem die genuin religiöse bohrende Intensität des Fragens, die für Arnold oder auch Edelmann charakteristisch gewesen ist. An ihre Stelle trat vielerorts eine historisch argumentierende Theologie, etwa bei dem Göttinger Theologen und Orientalisten Johann David Michaelis, zu dessen Hauptwerken eine dreizehnbändige *Übersetzung des Alten Testaments und Neuen Testaments mit Anmerkungen für Ungelehrte* (1769–1783) zählte. Philologisch saubere Textkritik stand hier im Mittelpunkt.

Von größerer Breitenwirkung erwiesen sich die Neologen. Ziel dieser insbesondere zwischen 1740 und 1790 einflußreichen theologischen Schule war eine Versöhnung der kirchlichen Lehre mit aufgeklärten Grundsätzen. Die Theologen dieser Generation betrachteten die Offenbarung als Erweiterung menschlicher Möglichkeiten. Sie bedienten sich sowohl kirchengeschichtlicher und textkritischer als auch dogmengeschichtlicher Methoden, zu ihren ideengeschichtlichen Ursprüngen zählte ein aus der Physikotheologie sich entwickelndes kosmologisches Denken, das hier nicht dargestellt werden kann.[85] In seinen zunächst als »Fürstenspiegel« verfaßten, dann aber bald verbreiteten *Betrachtungen über die vornehmsten Wahrheiten der Religion an Seine Durchlaucht, den Erbprinzen von Braunschweig und Lüneburg*, die, zuerst 1768 publiziert, schon bis 1776 fünf Auflagen erlebten, schrieb einer der führenden Neologen, Johann Friedrich Wilhelm Jerusalem: Der Mensch trage in seiner Vernunft

»das erhabene Bild seines Schöpfers selbst. Er soll ein Gott hier auf der Erde sein; er soll alles zu seiner Glückseligkeit beherrschen, aber er soll auch alles zur allgemeinen Glückseligkeit seiner vernünftigen Mitgeschöpfe anwenden; er hat die Fähigkeit, er hat in jedem Zustand das Vermögen hierzu.«[86]

Jerusalem, der mehrere Jahre in England verbracht und dort Umgang mit den englischen Deisten gehabt hatte, betrachtete die Bibel unter historisch-kritischem Blickwinkel; er zählte nicht zu den radikalen Kirchenkritikern, doch besaß für ihn das Dogma von der Erbsünde keine Verbindlichkeit mehr. Auch in Jerusalems theologischen Traktaten zählen Natürlichkeit und Vernünftigkeit zu den Schlüsselbegriffen, die die aufgeklärte Auffassung der Religion charakterisierten. Allerdings gilt auch für die Gruppe der Neologen mangelnde Eindeutigkeit und Abgrenzung gegenüber verwandten theologischen Schulen. So unterschieden sich die früheren, um die Mitte des 18. Jahrhunderts dominierenden Richtungen von denjenigen, die später in den siebziger und achtziger Jahren bedeutenden kirchenpolitischen Einfluß erlangten: Während der letzten Regierungsjahre Friedrichs des Großen zählten die Neologen zu den Trägern der preußischen Aufklärung, danach leisteten sie hinhaltenden Widerstand gegen die rosenkreuzerischen Tendenzen seines Nachfolgers Friedrich Wilhelm II.[87] Die Unterschiede zwischen den Neologen ergaben sich u. a. daraus, in welchem Grade sie deistischen Einflüssen unterlagen. Jerusalem z. B. sah in der Offenbarung eine Bestätigung der natürlichen Religion, er historisierte die Offenbarung, indem er ihr eine gemäß einem göttlichen Erziehungsplan von Stufe zu Stufe fortschreitende Wahrheitserkenntnis unterlegte – ein Gedanke, den Lessing später aufnahm.[88]

Insgesamt erlangten die Neologen eher pädagogisch-praktischen Einfluß auf die theologischen Positionen der deutschen Aufklärung in der zweiten Hälfte des 18. Jahrhunderts; prägende Wirkung auf die Entwicklung der Theologie im engeren Sinne gewannen sie nur in geringem Maße, da ihre Originalität begrenzt blieb. Die radikaleren Neologen wurden in solchem Ausmaß vom Deismus geprägt, daß eigene theologische Ansätze dahinter mehr oder weniger verschwanden.

Die Deisten verließen den Boden der Offenbarungsreligion und gingen von der Annahme einer »natürlichen«, allen Menschen gemeinsamen Religion aus. Dieser Gedanke ging bereits auf Jean Bodins *Colloquium heptaplomeres* (1597) sowie Lord Herbert von Cherburys Werke *De veritate* (1624) und *De religione gentium errorumque apud eos causis* (1645) zurück. Das Fundament des Deismus besteht in der Annahme, Gott sei zwar der Schöpfer der Welt, nehme auf ihren Lauf jedoch keinen Einfluß – weder durch eine Offenbarung, noch durch Wunder. Kant hatte betont, unter Gott verstehe man nicht bloß eine blind wirkende ewige Natur als Wurzel der Dinge, sondern »ein höchstes Wesen, das durch Verstand und Freiheit der Urheber der Dinge sein soll«. Strenggenommen könne man daher dem Deisten »allen Glauben an Gott absprechen«, doch sei es billiger zu sagen: »Der *Deist* glaube einen *Gott,* der *Theist* aber einen *lebendigen Gott.*«[89]

Schon in England bestanden auf dem Boden des Deismus unterschiedliche Positionen. Locke etwa kann nur partiell als Deist gelten, er bestritt nicht grundsätzlich die Offenbarung, schränkte sie jedoch ein. »Die überlieferte Offenbarung kann uns Sätze lehren, die sich auch durch die Vernunft erkennen lassen, jedoch nicht mit derselben Gewißheit wie die Vernunft.« »Gegen einen klaren Vernunftbeweis kann keine Offenbarung zugelassen werden.« Und Locke fügte ausdrücklich hinzu: »Geschweige denn eine überlieferte Offenbarung«. Zwar bemerkte Locke ausdrücklich, es gebe Dinge, die der menschlichen Vernunft unzugänglich seien und über die die Vernunft auch nicht urteilen könne, aber er blieb dabei, es könne keinen Beweis dafür geben, »daß irgend eine überlieferte Offenbarung in den Worten, worin wir sie erhalten, und in dem Sinne, worin wir sie verstehen, göttlichen Ursprungs sei, der so klar und sicher wäre wie der aus den Prinzipien der Vernunft«.[90]

Diese Worte Lockes bildeten das Programm der meisten deutschen Deisten, zu deren englischen Vorläufern auch der Freund Lockes Anthony Collins und sein Werk *A discours of freethinking, occasioned by the rise and growth of a sect called Freethinkers* (1713) gehörte. Die verschärfte Form z. B. Tolands (1670–1722), der in Radikalisierung Lockes das Christentum lediglich auf die Ethik reduzierte, fand in Deutschland unter den protestantischen Theologen kaum Anhänger – es sei denn unter solchen Theologen, die aus ihrem ursprünglichen Beruf aufgrund von Konflikten mit der Kirche ausgeschieden waren. Immerhin spielten außerhalb der theologischen Disputationen innerhalb der Publizistik derartige Tendenzen durchaus eine Rolle. Ein Beispiel bildete die von Tindal nach zweifacher Konversion in seinem 1730 anonym veröffentlichten Hauptwerk *Christianity as old as the creation, or the gospel a republication of the religion of nature* vertretene Ansicht, die natürliche Religion sei völlig unabhängig von der Offenbarung – sie könne durch diese nur bestätigt, nicht aber erweitert werden. Welche Gefahr auf diesem Wege dem Christentum drohte, beschrieb Jung-Stilling, der die zunehmend gegenaufklärerische Komponente des Pietismus verkörperte, in einem 1803 verfaßten Rückblick. Er ging vom Gegensatz der Aufklärung zur christlichen Glaubens- und Heilslehre aus und brachte ihn auf die Formel, »edle und Wahrheit liebende rechtschaffende Männer« zögen die Aufklärung vor,

»weil sie überzeugt sind, daß die durch die Aufklärung modifizirte, Religionslehre der menschlichen Vernunft angemessener sey, als jenes altchristliche System; sie haben daher eine Exegese ... erfunden, die zu ihrer Philosophie paßt; allein die guten Männer merken, oder merken nicht, daß die Tendenz dieser neuen Aufklärung auf bloße Natur-Religion hinstrebt; deren Dogmen bloße Sittenlehre ist, die am Ende die Sendung Christi ganz unnöthig macht, und der Bibel nicht mehr bedarf«.[91]

Jung-Stilling konnte sich aber auch erheblich polemischer mit den theologischen Positionen der Aufklärer auseinandersetzen. So hatte er bereits 1775 eine Streitschrift gegen Nicolais Roman *Sebaldus Nothanker* gerichtet und ihm eine Voltaire vergleichbare antichristliche Tendenz bescheinigt, die in Deutschland erheblich größere Breitenwirkung besitze als die subtilen Spötteleien des französischen Aufklärers. Der Titel von Jung-Stillings Pamphlet war für Nicolai weniger schmeichelhaft als der Vergleich mit Voltaire und lautete: *Die Schleuder eines Hirtenknaben gegen den hohnsprechenden Philister, den Verfasser des Sebaldus Nothanker.*

Das Aufsehen, das diese Auseinandersetzung zweier Nicht-Theologen über theologische Fragen fand, demonstrierte noch einmal die zentrale Bedeutung, die das Problem der Religion für den aufgeklärten Diskurs in Deutschland besaß, zumal sich auch hier Tindals Meinung als wirkungsvoll erwies, das Christentum könne nur dann allgemeine Geltung beanspruchen, wenn es nicht allein mit der natürlichen Religion übereinstimme, sondern auch mit den übrigen Religionen.

Diese Position ließ das für die Aufklärung charakteristische Prinzip der religiösen Toleranz geradezu zwingend erscheinen: Sind die positiven Religionen, die Offenbarungsreligion selbst, nichts anderes als Manifestationen einer einzigen natürlichen Religion, die den Grundsätzen menschlicher Vernunft entspricht,

dann darf keine der Religionen – auch nicht das Christentum –
absolute Geltung beanspruchen oder gar erzwingen. Die Toleranz
ist dann nicht allein Menschenrecht, nicht allein die Voraussetzung
des Selbstdenkens auch in religiösen Fragen, sondern folgt konsequent aus dem Wesen der Religionen selbst. Die außerordentliche
Wirkung zeigte sich in Frankreich bei Voltaire und Diderot und in
modifizierter Form auch bei Rousseau. In England und Frankreich
entstanden mit Lockes 1685/86 in Amsterdam geschriebenem *A
Letter concerning Toleration* und später mit dem aus konkretem
Anlaß zur Rehabilitierung des unschuldig verurteilten Calas verfaßten *Traité sur la tolérance* (1763) von Voltaire einige der großen
und wirkungsvollen Begründungen des Toleranzprinzips, in Lessings *Nathan* (1779) und seiner Ringparabel fand es die überzeu-
gendste dichterische Gestaltung.

Lessing war es auch, der durch die 1774 bis 1778 erfolgte
Veröffentlichung der sieben *Fragmente des Wolfenbüttelschen
Ungenannten* eine aufsehenerregende Diskussion entfachte. Bei
dieser Schrift handelte es sich um Auszüge aus einem umfassende-
ren Werk des Hamburger Theologen, Philosophen und Orientalisten Hermann Samuel Reimarus (1694–1768), aus der *Apologie
oder Schutzschrift für die vernünftigen Verehrer Gottes*. Reimarus
stand in doppelter Frontstellung – zum einen gegen die radikalere
Religionskritik der französischen Aufklärer, zum anderen gegen
die protestantische Orthodoxie und den Glauben an die Offenbarungsreligion überhaupt. Besonders erfolgreich war seine zuerst
1754 veröffentlichte und dann immer wieder aufgelegte Schrift *Die
vornehmsten Wahrheiten der natürlichen Religion*.

Die *Apologie* des Reimarus wurde durch die Auseinandersetzung
des Hamburger Hauptpastors Goeze mit Lessing berühmt. Doch
verdeckte dieser Streit, daß Reimarus die kritische »Leben Jesu«-
Forschung einleitete. Sie bildete insbesondere im 19. Jahrhundert
einen zentralen Forschungsgegenstand erst der protestantischen –
und einige Zeit nach dem Erfolg des Buches von David Friedrich
Strauß *Das Leben Jesu* (1835) schließlich auch der katholischen –
Kirchengeschichtsschreibung, besaß aber außerdem Wurzeln
bei anderen Autoren des 18. Jahrhunderts, neben Reimarus z.B.
J. J. Hess, Bahrdt und Herder.[92]

Die Ablehnung der Offenbarungsreligion ergänzte Reimarus
durch die Postulierung der Vernunftreligion, die gekennzeichnet
war durch den Glauben an Gott, Freiheit, Unsterblichkeit und

Tugend: Diese vier Glaubensinhalte hatte schon Cherbury genannt, die ersten drei finden sich bei Kant – wie gesagt – als Postulate der praktischen Vernunft. Das entscheidend Neue in diesem Zusammenhang bestand in der historisch-kritischen »Untersuchung über Ursprung und Gehalt der vorgeblichen biblischen und vor allem christlichen Offenbarung« und der historischen Überschau über die verschiedenen biblischen Darstellungen der Auferstehung.[93] Im zweiten von Lessing veröffentlichten *Fragment* gelangte Reimarus zu dem Ergebnis:

»Da nun Gott nach seiner Weisheit und Güte, wenn er alle Menschen selig haben will, dasjenige nicht zum nothwendigen und einzigen Mittel der Seligkeit machen kann, welches denen allermeisten schlechterdings unmöglich fällt, zu bekommen, anzunehmen und zu gebrauchen: so muß gewiß die Offenbarung nicht nöthig, und der Mensch für keine Offenbarung gemacht seyn.«

Die anderen der von Lessing publizierten Auszüge aus der *Apologie* des Reimarus enthalten z. T. außerordentlich eingehende und scharfsinnige Textvergleiche aus dem *Neuen Testament* und ihre Interpretation, im fünften Fragment z. B. über die Auferstehungsgeschichte.[94] Und nachdem Reimarus bis ins einzelne die Widersprüchlichkeit und Unmöglichkeit mancher als wahr angenommener Berichte bewiesen hatte, erklärte er:

»Saget mir vor Gott, Leser, die ihr Gewissen und Ehrlichkeit habt, könnet ihr dieß Zeugniß in einer so wichtigen Sache für einstimmig und aufrichtig halten, das sich in Personen, Zeit, Ort, Weise, Absicht, Reden, Geschichten, so mannigfaltig und offenbar widerspricht?«[95]

Die seit 1777 aufflammende heftige Diskussion, bei der auch aufgeklärte Theologen wie Semler Stellung gegen den »Ungenannten« bezogen, unterlag insofern einer Einschränkung, als die braunschweigische Zensur 1778 dem Wolfenbütteler Bibliothekar Lessing die Publikation weiterer Fragmente untersagte. Insofern rechtfertigten die Behörden postum die Befürchtung, die Reimarus bewogen hatte, auf die Veröffentlichung seines Werkes zu verzichten. Reimarus selber wurde erst 1814 als Verfasser bekannt, eine vollständige Ausgabe der *Apologie* erschien sogar erst 1972.[96]

Lessing war es denn auch, der der aufgeklärt-protestantischen Theologie einen möglichen Weg wies: Er stand, wie nicht nur seine Anmerkungen zu Reimarus und andere theologische Schriften zeigen, den Tendenzen der aufgeklärten Theologie seiner Zeit keineswegs unkritisch gegenüber, insbesondere die Neologie schätzte er gering. So schrieb er 1774 seinem Bruder Karl, dieser mißverstehe sein Verhältnis zur Orthodoxie:

»Ich sollte es nicht von Herzen wünschen, daß ein jeder über die Religion vernünftig denken möge? ... Nicht das unreine Wasser, welches längst nicht mehr zu brauchen, will ich beybehalten wissen: ich will es nur nicht eher weggegossen wissen, als bis man weiß, woher reineres zu nehmen... Und was ist sie anders, unsere neumodische Theologie, gegen die Orthodoxie, als Mistjauche gegen unreines Wasser... Flickwerk von Stümpern und Halbphilosophen ist das Religionssystem, welches man jetzt an die Stelle des alten setzen will; und mit weit mehr Einfluß auf Vernunft und Philosophie, als sich das alte anmaßt.«[97]

Fürwahr kein schmeichelhaftes Urteil, doch markierte es klar die Fronten, die durch die aufgeklärte Diskussion über das Problem der Religion aufgebaut wurden. All diese theologischen Ansätze besaßen einen historischen Ansatzpunkt, der bei den Aufklärern durch kritisches Infragestellen, bei ihren Gegnern durch traditionelle Denkmuster geprägt wurde. In welchem Maße sich gerade in der kritischen Kirchengeschichtsschreibung bzw. der historisch-philologischen Textkritik die konstitutive Bedeutung der Geschichte für das Denken der Aufklärung kundtut, ist noch zu erörtern. Die Beispiele bestätigen jedoch wiederum, wie sehr noch das Denken der aufgeklärten Theologen im letzten Drittel des 18. Jahrhunderts methodisch wie inhaltlich in den Bahnen verlief, die das 17. Jahrhundert vorgezeichnet hatte.

Die Historisierung der Religion bildete in der Tat die Voraussetzung für die Kritik an Fehlentwicklungen und späteren, geschichtlich entstandenen Überlagerungen in Glaube und Kirche. Der Ausweg konnte nur in zweierlei Hinsicht gesucht werden: Entweder in einer weiteren Radikalisierung bis hin zum Materialismus und Atheismus, wofür auch in der deutschen Aufklärung einige, wenn auch nur wenige Beispiele existieren, oder darin, zwar nicht die biblische Überlieferung und die Kirchengeschichte, aber doch den Glauben aus der Reichweite der historisch-kritischen Methode herauszunehmen und sich auf die von Locke bis Kant gültige Maxime zu besinnen, es gebe Wahrheiten, die menschlichem Erkenntnisvermögen und menschlicher Vernunft nicht zugänglich seien. Und so konstatierte Lessing am Ende eines Jahrhunderts aufgeklärt-kritischen Diskurses über das Problem der Religion: »zufällige Geschichtswahrheiten können der Beweis von nothwendigen Vernunftwahrheiten nie werden«.[98] Auch diese Grundsatzerklärung besaß freilich eine doppelte Zielrichtung: Sie bestritt zugleich die Möglichkeit, den Glauben aus bloß historisch herleitbaren Gründen zu rechtfertigen, und relativierte eine Reihe von Glaubensinhalten anhand einer kritischen Überlieferungs- bzw. Kirchengeschichte.

Lessing blieb jedoch niemals nur bei der theoretischen Seite des Problems stehen, sondern fragte immer auch nach den praktischen Konsequenzen, nach der Wirkung der Religion auf menschliches Handeln. Die Schwärmer bezichtigte er: »Begreifst du aber, wieviel andächtig schwärmen leichter als gut handeln ist?« (Nathan I, 2). Für Wunderglauben hatte er so wenig übrig wie alle echten Aufklärer. Damit gelangte Lessing zu dem Punkt, wo er das gesellschaftliche Handeln der Menschen, ihre gesellschaftliche Moral, aus der Wirkung der Religion erklärte und wie die englischen und französischen Aufklärer religiöse Toleranz als eine der Maximen begriff, die einem vernünftigen Zusammenleben der Menschen zugrunde liegen müßten. Auch bei Lessing führte die Forderung nach Natürlichkeit und Vernünftigkeit der Religion zu dieser Konsequenz. Tatsächlich brachte die aufgeklärte Theologie die erste Sozialethik im protestantischen Deutschland hervor.[99]

Lessing blieb schließlich insofern ein Aufklärer, als er kaum definitiv auf eine theologische Richtung festzulegen ist, so entschieden er im einzelnen urteilte, sowenig er intellektuellem Streit in der Theologie aus dem Wege ging: Sein Denken war diskursiv, entfaltete sich nur im Diskurs, bezog die verschiedenen Positionen ein: Seine Vorliebe, sich in Dialogen oder in Dramen mit diesen Problemen auseinanderzusetzen, bezeugt das ebenso wie die oben zitierte Maxime, Wahrheitssuche sei besser als der (vermeintliche) Besitz der Wahrheit.

Der durch die Aufklärung wiederbelebte Streit zwischen Glauben und Wissen erreichte innerhalb des Protestantismus nicht zuletzt deshalb größere Intensität und Radikalität als im Katholizismus, weil die Aufklärung über weite Strecken die Theologen selber ergriff, während die Laien mit aufgeklärten Maximen die Kirche kritisierten und den Kampf um Gewissensfreiheit, Denkfreiheit und religiöse Toleranz führten. Aufklärung war im protestantischen Norden Deutschlands zeitweise mit theologischer Aufklärung identisch, die Kanzel wurde oft genug zum wirkungsmächtigsten Katheder der Aufklärung. Obwohl der historisch-kritische Ansatzpunkt ursprünglich von katholischen Theologen und Kirchenhistorikern entwickelt worden war, entstand doch im Katholizismus keine vergleichbare Symbiose. Der Katholizismus blieb eine stärker an universalen als an nationalen Bezügen orientierte Konfession, die Entwicklung der Muttersprache als Schritt zur nationalen Kultur spielte in ihm zu dieser Zeit keine große Rolle. Trotzdem gewann die Aufklärung auch in katholischen Ländern wie Frankreich, Spanien und Italien rasch an Boden, wenngleich etwas später als im anglikanischen England und im reformierten Teil der Niederlande.

Im katholischen Deutschland entwickelte sich die Aufklärung im allgemeinen ein bis zwei Generationen später als im protestantischen, hielt sich jedoch länger und spielte für die Erneuerung der katholischen Kirche nach der Säkularisation und ihre Verwandlung von einer Adels- in eine Volkskirche zu Beginn des 19. Jahrhunderts eine bedeutsame Rolle.[100]

Die Themen, die die katholische Aufklärung prägten, unterschieden sich z. T. nicht unerheblich von denen der protestantischen, die sich im übrigen immer wieder kritisch mit der katholischen Kirche auseinandersetzte. Gegen Papsttum, kirchliche Hierarchie, Jesuiten, Wunderglauben, Vielzahl der katholischen Feiertage: Derartige Kritik und Polemik gehörte zum Standardrepertoire protestantischer Aufklärer. Die päpstliche Verwerfung des Rationalismus, der Gegensatz institutionell-verbindlicher Auslegung der Glaubensgrundsätze zum Prinzip des Selbstdenkens taten ihr übriges. Auf der anderen Seite fehlte solcher Kritik oft genug jedes genuin religiöse Verständnis. Die Katholische Kirche geriet gegenüber den Angriffen der Aufklärung in viel stärkerem Maße als die evangelischen Kirchen in die Defensive. Das bestärkte die Tendenz zur Abwehr aufgeklärter Gedanken und dürfte damit das spätere Unverständnis der meisten katholischen Historiographen gegenüber der Aufklärung verstärkt haben. Erst 1908 öffnete der berühmte Vortrag des Würzburger Kirchenhistorikers Sebastian Merkle *Die katholische Beurteilung des Aufklärungszeitalters* das Tor zu einer unvoreingenommenen Interpretation. Merkle ging von folgender Beurteilung aus:

»Die katholische Theologie des 18. Jahrhunderts in Deutschland lief Gefahr, nicht nur den gebildeten Teil der Nation sich zu entfremden, sondern auch von den primären Quellen des Glaubens sich mehr und mehr zu entfernen ... Aus lauter Angst, dem Protestantismus zu nahe zu kommen, im eifrigen Bestreben, ganz sicher *katholisch* zu sein, übersah man die Gefahr, von den Glaubensquellen abzurücken und nicht mehr *christlich* zu sein.«[101]

Bedenkt man, welche Bedeutung die historisch-kritische Bibelkritik inzwischen innerhalb der protestantischen Aufklärungstheologie gewonnen hatte, bzw. welche Rolle die Interpretation des Wortes in der Aufklärung spielte, wird klar, in welchem Gegensatz sie zu der von Merkle scharf getadelten »dekadenten Scholastik« des 18. Jahrhunderts stehen mußte.

Zu den in der katholischen Aufklärung dominierenden Themen zählten Seelsorge und Liturgie sowie das Verhältnis zwischen Bischöfen und Papst – unterschwellig existierten sogar antipäpstliche Strömungen. In bezug auf die Liturgie diskutierte man damals bereits, in welchem Maße die Muttersprache benutzt werden könne und solle. Die Liturgie hatte sich zu einer reinen »Klerusliturgie« entwickelt, die Diskrepanz des offiziellen kirchlichen Gottesdienstes zu Formen der Volksfrömmigkeit[102] war unübersehbar. Die Frage muttersprachlicher religiöser Unterweisung betraf naturgemäß die Katechetik stärker als die Liturgik. Die Katechetik geriet unter den nachhaltigen Einfluß der Aufklärung, zu ihren bekannteren Vertretern zählten im 18. Jahrhundert Michael Ignaz Schmidt sowie Johann Ignaz von Felbiger, der 1767 die erste deutschsprachige katholische Schulbibel herausgab. Schließlich forderten die von der Aufklärung beeinflußten katholischen Theologen eine biblisch begründete Predigt sowie eine Klärung des Verhältnisses von Theologie und modernen Wissenschaften – von der Philosophie bis zu den Naturwissenschaften. Gerade hierin und in der neuen Problematisierung der Bibelinterpretation werden die Herausforderungen deutlich, die von der Reformation, der Veränderung des Weltbildes im 16. und 17. Jahrhundert, aber auch von der Aufklärung und dem Protestantismus des 18. Jahrhunderts ausgingen – Herausforderungen, die nicht einfach ignoriert werden konnten. Die angemessene Ausbildung der Priester bildete zwar ein Thema der aufgeklärten Reformpädagogik, war jedoch außerdem von dem Ziel geleitet, die Priester besser gegen die Verunsicherungen der Moderne zu wappnen. Und schließlich gehörte zu den Erscheinungsformen der Aufklärung im katholischen Bereich auch der Josephinismus in Österreich, auf den später einzugehen ist.

Stärker noch als in der protestantischen Theologie der Aufklärung dominierte in der katholischen Theologie, soweit sie in der zweiten Hälfte des 18. Jahrhunderts von der Aufklärung ergriffen wurde, eine vermittelnde Richtung, die entschieden rationalistischen Theologen blieben eine kleine Minderheit. Das Ziel der einflußreichsten Gruppe aufgeklärter katholischer Theologen bestand im wesentlichen darin, auf dem Boden der Kirche die Seelsorge zu reformieren sowie die Lehre von der herrschenden Scholastik zu befreien. Für diese Tendenz charakteristisch ist etwa die erste deutschsprachige Apologie, die der Benediktiner Beda Mayr 1787 bis 1789 veröffentlichte: *Verteidigung der natürlichen, christlichen und katholischen Religion nach den Bedürfnissen unserer Zeit.*

Nach dem Urteil von Franz Schnabel hat die Aufklärung auch in der katholischen Kirche

»viele morsche und überholte Zustände beseitigt. Sie hat den vielfach verknöcherten Studienbetrieb einer entarteten, mit fremdartigen Elementen vermischten Scholastik und Kasuistik überwunden und überhaupt das Schulwesen ausgebreitet und verbessert; sie hat den Aberglauben erfolgreich bekämpft, das katholische Denken von der Vergangenheit auf die Gegenwart gelenkt, die Laienwelt gehoben und zur Arbeit in der Kirche herangezogen.«[103]

Viele katholische Geistliche versuchten, den Glauben rationalistisch zu interpretieren, und leisteten damit zweifellos einer Säkularisierung Vorschub. Der aufgeklärte Probabilismus fand auch unter katholischen Theologen Anhänger, zumal er innerhalb der jesuitischen Moraltheologie seit Bartholomäus de Medina im späten 16. Jahrhundert Unterstützung gefunden hatte. Die aufgeklärten Theologen, die die katholische Dogmatik mit den Maßstäben zeitgenössischer Vernunft durchforsteten, deuteten die Sakramente symbolisch und bemühten sich schließlich, die Gegensätze zu aufgeklärten Formen des Protestantismus zu vermindern. Oft standen diese Verfechter einer katholischen Aufklärung unter dem Einfluß Descartes' und Wolffs. Gerade seine Rezeption war aus den oben dargelegten Gründen – insbesondere seiner scholastischen Schulung – im katholischen Deutschland vergleichsweise leicht möglich. In seiner zwischen Tradition und Modernität vermittelnden Haltung sowie seinen naturwissenschaftlichen Interessen und der Verwendung einer modernisierten scholastischen Methode stand ihm z. B. der Augustiner Eusebius Amort nahe.[104]

Zu den Zielen des aufgeklärten Theologen zählte u. a. die Bekämpfung der vielfach auch von katholischen Geistlichen kritisierten Häufung pompöser Wallfahrten: Oft suchten – so die Kritiker – Arbeitsscheue in den Wallfahrten Zuflucht, nicht selten entarteten sie zu Lustreisen des einfachen Volkes, im übrigen leerten sich auf diese Weise die Pfarrgemeinden, so daß sie in manchen Regionen ihre Stellung als Zentrum der Seelsorge verlören.[105] Auch bei der Heiligen- und Reliquienverehrung sowie im Ablaßwesen beseitigte die katholische Aufklärung viele Erscheinungen, die insbesondere protestantische, aber auch katholische Zeitgenossen als »Mißbräuche« empfanden.[106] In all diesen Bereichen war die katholische Aufklärung in sehr viel geringerem Maße eine theologische als eine praktisch-reformerische Bewegung, die gewissermaßen unterhalb der Schwelle zur Dogmatik blieb. Dieser Zug fehlte auch in der protestantischen Theologie der Aufklärung nicht, doch besaß sie daneben eine ausgeprägtere theoretische Dimension.

Zwar wurde auch von aufgeklärten katholischen Theologen der Zwiespalt zwischen Vernunft und Offenbarung empfunden, aber nur selten zuungunsten des Supranaturalismus entschieden. In der Regel nahmen die aufgeklärten katholischen Theologen vermittelnde Positionen ein oder versuchten, die Widersprüche zwischen beiden als nur scheinbar zu interpretieren. Innerhalb der katholischen Kirche blieb der Grundsatz gültig, die menschliche Vernunft sei nur ein Werkzeug und nicht Richter: »ratio instrumentum est, non iudex«.

Allerdings gab es auch radikale katholische Theologen. Zu ihnen gehörte der Bamberger Franziskaner (seit 1777) und 1784 zum Priester geweihte zeitweilige Hofprediger Herzog Karl Eugens von Württemberg (seit 1786) Eulogius Schneider, der später Professor in Bonn und Straßburg wurde. Als radikaler Anhänger der französischen Jakobiner wurde er 1792 öffentlicher Ankläger im Revolutionstribunal des Departement Bas-Rhin und fiel schließlich seinerseits dem jakobinischen Terror zum Opfer. Am 1. April 1794 wurde er in Paris guillotiniert. Doch bildeten Schneider und seine Freunde eine Ausnahme und machten mehr durch politischen Radikalismus von sich reden als durch theologische Untersuchungen. Von Schneiders theologischen Schriften erregte vor allem sein *Katechetischer Unterricht* Aufsehen, in dem weder die Sakramente noch das Meßopfer enthalten sind. Starke Resonanz fand auch Schneiders Predigt über die Toleranz, die der Franziskaner am 25. November 1785 in Augsburg hielt. Diese

Predigt erhielt den Beifall einer Reihe aufgeklärter katholischer Theologen, provozierte aber zugleich derart heftigen Widerspruch wegen vermeintlichen Indifferentismus, daß Schneider aus Augsburg flüchten mußte. Seine Maxime lautete:

>»Der Theologe, der Duldung lehrt,
Und dürre Dogmen so behandelt,
Daß er sie in Moral verwandelt,
Der ist und machet aufgeklärt.«[107]

Zu denen, die die Reform des theologischen Unterrichts mit Nachdruck forderten, zählten vor allem der Fürstabt von St. Blasien, Martin Gerbert, ein auch von Nicolai hochgeschätzter Mann, sowie der Freiburger Professor für Dogmatik, der Augustiner Engelbert Klüpfel. Ein intensives Bibelstudium im Urtext gehörte für ihn in Abwendung von der damals üblichen Praxis zu den Voraussetzungen der Priesterweihe. In diesem von der Aufklärung beeinflußten Geist entwarfen österreichische Benediktiner eine theologische Studienordnung, die seit 1774 eingeführt wurde und noch im 19. Jahrhundert in den katholischen Fakultäten der deutschen Universitäten in Kraft blieb. Das zeigt, in welchem Maße die auf intensives Quellenstudium ausgerichtete aufgeklärte Theologie innerhalb der Katholischen Kirche bedeutsamen und fortdauernden Einfluß erlangte.

>»Daß die Aufklärung die Anregung gab zu einer Erneuerung der theologischen Studien, indem sie, ein zweites humanistisches Zeitalter, wiederum energischer das Quellenstudium betonte und eine zweckmäßige, fruchtbare Methode schaffen half, ist ihr bleibendes Verdienst.«[108]

Tatsächlich war es nicht Protestantismus, sondern Humanismus, der die aufgeklärt-katholischen Theologen und ihre Reformen antrieb. Sie übernahmen aber auch Prinzipien, die in anderen Bereichen der Aufklärung, z. B. in der Pädagogik, entwickelt worden waren, und setzten sie fruchtbar in die Katechetik um, wenn auch mit stärkerer Betonung des Bibelunterrichts. Wie das Grundprinzip, auf die Bibel selber zurückzugehen, stand allerdings auch die Forderung nach einer deutschen Liturgie in Analogie zur Bedeutung, die die Muttersprache im Protestantismus längst gewonnen hatte. Theologische Probleme wurden auf diese Weise aus der durch die lateinische Sprache bedingten Exklusivität herausgeholt, und damit wurde mittelfristig eine aktivere Beteiligung der ungelehrten Schichten am Gottesdienst erreicht. Ebenfalls diesem Ziel diente die Abfassung deutschsprachiger Gesangbücher, z. B. im Erzbistum Mainz 1787.

Die Aufklärung der katholischen Theologie führte zu einem Reformkatholizismus, der keineswegs vom Glauben an die Offenbarung und von der katholischen Dogmatik abwich. Vielmehr beseitigte er in der theologischen Ausbildung, im Religionsunterricht an den Schulen, in der Messe, in der praktischen Frömmigkeit und der katholisch geprägten Sittlichkeit vielerlei inner- und außerhalb der Kirche beanstandete »Mißbräuche« und Fehlentwicklungen. Dieser Reformkatholizismus arbeitete auf ein besseres und intensiveres Verständnis der Bibel sowie der kirchlichen Tradition hin und wollte es auf die theologisch nicht vorgebildeten Gläubigen ausdehnen.

Eine der großen Epochengestalten der katholischen Aufklärung, der Würzburger Fürstbischof Franz Ludwig v. Erthal (1730–1795), formulierte den Ausgangspunkt in einer Weise, die ebensogut von einem der protestantischen Aufklärer hätte stammen können: Er kritisierte den bloßen Traditionalismus, hartnäckig sich haltenden Aberglauben sowie Vorurteile und orthodoxen Druck gegenüber den Regungen des Zeitgeistes. Der Fürstbischof gelangte zu dem Schluß, daß

»bei dem unwiderstehlichen Schwung, den der menschliche Forschungsgeist in neueren Zeiten genommen hat, und bei der an sich selbst wohltätigen und gemeinnützigen Aufklärung sich der Menschen ein Freiheitssinn bemächtigt hatte, welcher bei mehreren Dingen durch Anwendung schwerster Zwangsmittel oder durch Gewalt schlechterdings nicht zurückgehalten werden kann«.[109]

Im einzelnen ist schwer abgrenzbar, was »katholische« Aufklärung anderes ist als die Anwendung bestimmter allgemeiner Grundsätze des Urteilens und Denkens, bestimmter Problemstellungen, wie sie einleitend beschrieben wurden. Doch unterliegt es keinem Zweifel, daß die Aufklärung zumindest seit Mitte des 18. Jahrhunderts in Deutschland zu einer bedeutenden Strömung innerhalb der katholischen Theologie wurde. Die Herausforderung des Rationalismus zwang zu rationalem Denken[110], die Reformbedürftigkeit von Lehre, Ausbildung und praktischer Lebensführung zur partiellen Übernahme der neuen Gedanken: Die Fragen, die die Aufklärung mit Vehemenz stellte, mußten auch die katholischen Theologen beantworten, und daraus entwickelten sich innerhalb der Theologie neue Problemstellungen. Allerdings blieben aufgeklärte Tendenzen im Katholizismus weit stärker umstritten als im protestantischen Bereich. Auch der aufgeklärte Katholizismus war vielschichtig.[111] Er wurde in außerordentlichem Maße davon geprägt, ob ihn Ordens- oder Weltgeistliche trugen. Und schließlich spielten territoriale Besonderheiten eine Rolle. Oft waren die Erfolgschancen katholischer Aufklärung von der persönlichen Haltung des Fürsten abhängig. Schon bei den benachbarten fränkischen Bistümern Würzburg und Bamberg, in denen im letzten Drittel des 18. Jahrhunderts eine von aufgeklärten Prinzipien geleitete Reinigung religiösen Brauchtums erfolgte, bestanden erhebliche Unterschiede, die sich jeweils noch nach ländlicher und städtischer Bevölkerung differenzierten.[112]

Viele der später noch zu erörternden aufgeklärten Reformen nahmen indes im Österreich Maria Theresias ihren Anfang, obwohl die Kaiserin selbst nicht der Aufklärung zugeordnet werden kann. In Bayern bestieg mit Max III. Joseph ein Kurfürst den Thron, der von einem der führenden katholischen Staatsrechtslehrer seiner Zeit, Johann Adam von Ickstatt, sowie dem Jesuitenpater Daniel Stadtler im Geist der Aufklärung erzogen und gebildet worden war. Beide, Ickstatt und Stadtler, standen unter dem nachhaltigen Einfluß von Wolff; Ickstatt war sogar im engeren Sinn sein Schüler. Und auf Betreiben Max III. Joseph wurde der Lutheraner Wolff 1745 in den Stand eines Reichsfreiherrn erhoben.[113] Mancherlei Reformen der Regierungszeit Max III. Joseph entsprangen dem Geist der Aufklärung, vor allem seine Kirchenpolitik, die darauf zielte, die Kultur, insbesondere die Schulpolitik, aus der kirchlichen in die ausschließlich staatliche Zuständigkeit zu verlagern. Dem seit 1778 auch in Bayern regierenden Kurfürsten Karl Theodor von der Pfalz, einem Freund der Aufklärung, mögen die Erwartungen aufgeklärter bayerischer Theologen, Gelehrter und Publizisten entgegengeschlagen sein, doch tatsächlich ergriff der Hof während seiner Regierungszeit auf dem Gebiete der Kulturpolitik keine aufgeklärten Initiativen. Und trotzdem: »Die Spätaufklärung brachte auch für Bayern eine nie dagewesene Blütezeit wissenschaftlichen Lebens und literarischer Fruchtbarkeit.«[114] Im übrigen bedarf auch die katholische Aufklärung einer zeitlichen Differenzierung; so unterscheidet Ludwig Hammermayer in bezug auf die bayerische Aufklärung drei Stufen: Die erste umfaßt etwa die Jahre 1720 bis 1740/45, die zweite

reicht bis 1775/76, die dritte umspannt die letzten Jahrzehnte des
18. und die ersten Jahre des 19. Jahrhunderts. Bayern kam bald in
Berührung sowohl mit den in Norddeutschland wirkenden Protagonisten der Aufklärung, z. B. mit Wolff und dem Naturrecht,
erlebte aber auch eine frühe Bekanntschaft mit der französischen
Aufklärung. Über die Zentren katholischer Aufklärung, Würz-
burg und Salzburg, drangen ebenso wie aus Italien neue Ideen ins
Land. Eine einflußreiche Rolle für die Rezeption und Verbreitung
aufgeklärter Gedanken spielten einige Klöster, allen voran das
Benediktinerstift St. Blasien im Schwarzwald, das oberfränkische
Benediktinerkloster Banz, das Augustinerchorherrnstift Polling
bei Weilheim sowie St. Emmeram in Regensburg, wo sich die
Gelehrsamkeit zunehmend an den neuen wissenschaftlichen
Grundsätzen orientierte.[115]

Durch die Philosophie, Gesellschafts- und Rechtslehre Wolffs
geprägt wurden so verschiedene Gelehrte wie der Jurist und
Gründer der Bayerischen Akademie der Wissenschaften (1759)
Johann Georg Lori sowie der Ingolstädter Professor des Kirchenrechts (seit 1773) Adam Weishaupt, Gründer des – später zu
behandelnden – Illuminatenordens. Vor allem die Akademie in
München erwies sich als zentraler Kristallisationspunkt aufgeklärter Gelehrsamkeit in Bayern, die gleichermaßen geistlich und
weltlich beeinflußt war – mögen die Zeitgenossen die von einer
Akademie ausgehenden Wirkungen auch überschätzt haben.[116]

Auch im katholischen Deutschland entstanden unter dem Einfluß der Aufklärung Universitäten: Die beiden Bamberger Fakultäten wurden 1773 zur Universität erweitert, 1773 bis 1780 führte
die entsprechende Initiative des Generalvikars Franz v. Fürsten-
berg zur Gründung der Universität Münster[117], und schließlich
wurde die 1777 entstandene Akademie in Bonn seit 1786 zur
Universität ausgebaut.

Die Verwissenschaftlichung der katholischen Kirchengeschichtsschreibung war ein Verdienst geistlicher Gelehrsamkeit, sie begann
schon an der Wende vom 16. zum 17. Jahrhundert.[118] Obwohl in
anderen Formen und mit geringerer Radikalität als später etwa bei
Bayle und Arnold zeigt dieser Tatbestand doch eine analoge
Richtung des Fragens. Sie belegt wiederum die konstitutive Bedeutung historischen Denkens für die Entwicklung der Aufklärung
sowie die entscheidende Protagonistenfunktion der Denker des
17. Jahrhunderts sogar für die sich erst im Laufe des 18. Jahrhun-

derts entfaltende katholische Aufklärung im engeren Sinne.

Zu den Entwicklungen innerhalb des Katholizismus, die im Kontext der Aufklärung zu beurteilen sind, wenngleich sie nicht mit ihr identifiziert werden können, zählen kirchenorganisatorische Bestrebungen. Sie betreffen die Stellung der Bischöfe und des Papstes im Hinblick auf nationalkirchliche Tendenzen[119]: also den Febronianismus sowie staatskirchliche Zielsetzungen innerhalb des Josephinismus. Auch in anderen Sektoren gewann der Josephinismus für die katholische Aufklärung eine bedeutsame Stellung, z. B. durch seine Schulreformen, die Säkularisation von Klöstern und schließlich die Toleranzgesetzgebung von 1781; er belegt, daß die Aufklärung in Deutschland keineswegs auf den protestantischen Norden beschränkt blieb. Allerdings waren die staatskirchlichen Tendenzen des Aufgeklärten Absolutismus im katholischen Deutschland nicht theologisch motiviert, sondern gingen von politischen und materiellen Interessen der Fürsten aus. Zwar erhoben die aufgeklärte Publizistik und das aufgeklärte Staatsrecht immer häufiger die Forderung nach Verfügungsgewalt über das Kirchengut und zogen die Existenzberechtigung geistlicher Fürstentümer in Frage, doch bildete das eher eine Rechtfertigung als eine Ursache der Säkularisation:

»... eine direkte Linie zwischen den literarisch-publizistischen Forderungen der Aufklärung und den Beschlüssen des Reichsdeputationshauptschlusses läßt sich kaum ziehen, wenn man die Säkularisationsprojekte des 17. und 18. Jahrhunderts, das Überleben der geistlichen Territorien seit dem Westfälischen Frieden kennt«.[120]

Der Febronianismus stellte eine von dem Trierer Weihbischof Johann Nikolaus v. Hontheim unter dem Pseudonym Justinus Febronius entwickelte episkopalistische Reformbewegung dar, deren Kernstück eine nationalkirchliche Verfassung der katholischen Kirche bildete. Den Bischöfen wurde die Ausübung der kirchlichen Gewalt unter dem Ehrenvorsitz des Papstes zugebilligt; die Unfehlbarkeit des Papstes in Glaubensentscheidungen wollte Febronius ebenso beseitigen wie die päpstliche Jurisdiktion über die gesamte Kirche. Außerdem sah er vor, dem Papst das Recht zur Ein- bzw. Absetzung der Bischöfe zu nehmen und dem Staat eine Oberaufsicht gegenüber der Kirche zuzugestehen. Obwohl diese Gedanken des Febronianismus – die auf andere nationalkirchliche Reformbestrebungen wie den französischen Gallikanismus, aber auch auf konziliaristische Tendenzen des

15. Jahrhunderts zurückgingen – auf heftigen Widerstand Papst Clemens' XIII. und der Mehrheit des deutschen Episkopats stießen, der Febronius 1781 schließlich zum ausdrücklichen Widerruf seiner Reformidee zwang, wirkten diese doch auf den Josephinismus und über Wessenberg weit ins 19. Jahrhundert hinein bis zum Ersten Vatikanum.

Obwohl der Febronianismus Analogien zum Jansenismus enthält und sich auch im österreichischen Spätjansenismus Verbindungen zur Aufklärung finden, stand diese dogmatische und kirchenpolitische Richtung, die sich seit dem frühen 17. Jahrhundert aus einem Streit um die Gnadenlehre insbesondere unter dem Einfluß der calvinistischen Prädestinationslehre entwickelte, doch lange Zeit in keinem direkten Zusammenhang mit der Aufklärung – der frühe französische Jansenismus befand sich sogar im Gegensatz zu ihr. Zu den späteren Berührungspunkten zählten der sich auch im Protestantismus verstärkende Rückgriff auf die Bibel sowie der Jansenismus und Febronianismus verbindende Episkopalismus. Erst im Laufe des 18. Jahrhunderts veränderte sich der Jansenismus unter dem Einfluß der Aufklärung; er galt zunehmend als theologische Stütze des Aufgeklärten Absolutismus und gewann spezifisch bürgerliche Züge.[121]

Insbesondere in Wien verband sich die Überzeugung von der Notwendigkeit einer Kirchenreform mit antikurialen Tendenzen.[122] Der aus Leiden stammende Reformator des österreichischen Medizinalwesens und Leibarzt Kaiserin Maria Theresias (seit 1745) Gerard van Swieten war vom niederländischen Jansenismus geprägt worden und gehörte zu den aufgeklärten Anhängern einer Kirchenreform. Zum einflußreichen Wiener Kreis der katholischen Aufklärer zählten auch der Professor des Naturrechts und des Römischen Rechts (seit 1754) Karl Anton Freiherr v. Martini, der maßgeblich das theresianische Staatskirchentum durch Rezeption des Kirchenrechts der protestantischen Territorialstaaten beeinflußte, sowie der 1797 in den Stand eines Reichsfreiherrn erhobene Joseph v. Sonnenfels, der seit 1763 Professor der Kameralistik in Wien war. Sonnenfels gehörte zu den bedeutendsten österreichischen Rechtsreformern der Aufklärung, insbesondere auf dem Gebiet des Strafrechts. Die von ihm zwischen 1765 und 1775 mit Unterbrechungen herausgegebene Wochenschrift trug den bezeichnenden Titel *Der Mann ohne Vorurteile*.[123] Diese Reformer erwarben sich einen weit über die Grenzen

Österreichs hinausgehenden Ruf[124] und erlangten direkten Einfluß auf den Hof. Martini war der Erzieher der vier Söhne Maria Theresias, u.a. ihres späteren Mitregenten und Nachfolgers Joseph II.

Auch ohne die spezifischen Lösungsversuche des Jansenismus im allgemeinen und seiner österreichischen Form im besonderen war in vielen Reformansätzen dieser Jahre die aufklärerische Tendenz zum Staatskirchentum unverkennbar. Sie wurzelte in einem gewandelten Verständnis der Kirche. Der schon erwähnte Jesuit Stattler brachte diese neue Ekklesiologie in seiner 1775 veröffentlichten *Demonstratio catholica* auf die Formel, die Kirche als eine Form menschlicher Vergesellschaftung lebe nach den Prinzipien des Naturrechts. »Vom Wirken Christi an und in der Kirche bleibt nichts anderes als eine historische Stiftung der Kirche und die auf ihn zurückgeführte Hierarchie.«[125] In Konsequenz dieser Position wurde die Katholische Kirche eine Kirche unter anderen, ihr Anspruch, allein selig zu machen, besaß keinen ekklesiologischen Halt mehr. Ebenso konsequent folgte aus diesem Kirchenbegriff die Verrechtlichung der Ekklesiologie, zum einen durch die Bedeutung, die das Recht für die innere Ordnung jeder großen gesellschaftlichen Institution gewann, zum anderen durch die Regelung des Verhältnisses von Kirche und Staat. Nur ein kurzer Weg blieb zur Forderung nach gesellschaftlicher Nützlichkeit und Gleichstellung der Kirchen im Staat: Das Prinzip religiöser Toleranz und seine gesellschaftlich-staatliche Sanktion folgte also nicht allein aus dem Religionsverständnis der Aufklärer, sondern ebenso aus ihrem Kirchenverständnis, das ein Stück weit auch in die Katholische Kirche Eingang fand.

Das Prinzip gesellschaftlichen Nutzens, das auch die vorn erwähnte aufgeklärte Kritik an den ausschließlich kontemplativen Klöstern leitete und im josephinischen Österreich 1782 bis 1786 eine der Rechtfertigungen zur Aufhebung von etwa 700 der 2100 Klöster bot, beeinflußte weitere charakteristische Ziele der Aufklärer. Sie sahen die Aufgabe der Priester vor allem darin, das Volk in der Moral, im gesellschaftlichen Verhalten und im Selbstdenken zu unterrichten. Dieses Ziel erreichten sie aber in geringerem Maße als ihre protestantischen Kollegen, bestand doch in der Katholischen Kirche ein stärkerer Widerstand dagegen, die Verkündigung durch moralische Unterweisung zu ersetzen. Doch gab es Erfolge: Die erwähnte 1775 von Stephan Rautenstrauch in Wien geschaffene theologische Studienordnung wurde im gesamten deutschsprachigen Raum vorbildhaft; die religionspädagogischen Reformen, die der Augustinerabt Johann Ignaz v. Felbiger zunächst in Sagan/Schlesien und dann in Österreich für den Volksschulunterricht entwickelte, beeinflußten trotz mancherlei Hemmnisse nachhaltig die Organisation des Schulwesens sowie die schulische Katechese. Einen entscheidenden Durchbruch erzielte die katholische Aufklärung infolge der Aufhebung des Jesuitenordens 1773. Sie versetzte der in der wissenschaftlichen Theologie herrschenden Scholastik einen schweren Schlag und machte durch die Entfernung bzw. Zurückdrängung der Jesuiten aus den theologischen Fakultäten und den im 18. Jahrhundert sich stark entwickelnden Priesterseminaren den Platz frei für andere, dem Zeitgeist aufgeschlossener gegenüberstehende Orden, z. B. die Benediktiner. Damit endete im allgemeinen die Dominanz der »Societas Jesu« im Bildungs- und Ausbildungswesen katholischer Territorien.

Neugründungen oder Umorganisationen theologischer Fakultäten standen seit den achtziger Jahren meist im Zeichen aufgeklärter Prinzipien, die 1737 gegründete Reformuniversität Göttingen bildete oft das Vorbild, die katholischen Universitätsreformer scheuten sich auch keineswegs, von der im Geist des Pietismus gegründeten und später im Zeichen der Philosophie Wolffs stehenden Universität Halle zu lernen.

Obwohl im Bildungssektor in den beiden letzten Jahrzehnten des 18. Jahrhunderts aufgeklärtes Gedankengut seinen größten Einfluß erlebte, bedeutete das jedoch in der Regel alles andere als die Übernahme radikaler metaphysischer oder erkenntnistheoretischer Positionen der Aufklärung. Benedikt Stattler beispielsweise publizierte 1788 einen zweibändigen *Anti-Kant*, in dem er das später oft zitierte Wort vom »Alleszermalmer« Kant prägte. Andererseits wurde trotz der radikalen Verunsicherung, die Kants *Kritik der reinen Vernunft* in die Glaubenslehre der katholischen Theologie trug, seine Erkenntniskritik meist rezipiert, in der Regel sogar positiv.[126] Allerdings erfolgten zugleich eine Reihe heftiger Reaktionen auf allzu weit gehende Aufklärung innerhalb der Theologie. An der Universität Ingolstadt wurden 1781 so bedeutende Theologen wie die aufgeklärten Ex-Jesuiten Stattler und der spätere Bischof von Regensburg Johann Michael Sailer auf Betreiben des Kurfürsten Karl Theodor entlassen.[127] In der sich politisch zuspitzenden Situation während der letzten Jahre vor dem Ausbruch der Französischen Revolution 1789 und unmittelbar danach erlebte im Zusammenhang mit der sich damals verschärfenden Zensur in allen Teilen Deutschlands auch die katholische Aufklärung manchen Rückschlag. Charakteristisch war das Urteil des Kölner Erzbischofs und Kurfürsten Max Franz:

»Wir wären im katholischen Deutschland der Aufklärung viel näher gekommen, wenn man mit Vorsicht und stufenweise zu Werk gegangen wäre und nicht alles auf einmal hätte erstürmen wollen; tief eingewurzelte Vorurteile müssen zuerst untergraben und sodann gehoben, nicht aber mit einmal ausgerissen werden, sonst läuft man Gefahr, eine gefährliche Wunde zu schlagen.«[128]

Eine »katholische Aufklärung« im Sinne eines geschlossenen Systems existierte ebensowenig wie eine homogene »protestantische Aufklärung«. Gleichwohl erreichte die Aufklärung auch im katholischen Deutschland auf sehr unterschiedlichen Ebenen eine Reihe ihrer Ziele, sie beeinflußte Theologie und Kirche, das Verhältnis von Staat und Kirche, die Ausbildung der Priester und die Religionspädagogik an den Schulen. Schließlich errangen die aufgeklärten katholischen Theologen viele Erfolge im Kampf gegen die immer wieder genannten »Mißbräuche« der Volksfrömmigkeit. Deren gab es im Zeitalter der Aufklärung noch viele, denn auch damals wurden noch, obwohl schon seltener, Hexen verbrannt: in Würzburg 1749, in Kempten 1775, in Glarus 1782, in Posen 1793! Die 18 Bände des katholischen *Journals von und für Deutschland*, die der Fuldaer Domkapitular Freiherr v. Bibra zwischen 1784 und 1792 zunächst mit dem protestantischen preußischen Kanzleidirektor Leopold Friedrich Günther Goeckingk und dann seit 1785 allein herausgab, dokumentierten diesen Kampf der katholischen Aufklärung und stellten seine Ergebnisse und die noch verbleibenden Aufgaben eindrucksvoll dar. Auch unter protestantischen Aufklärern fand das *Journal von und für Deutschland* große Anerkennung. Im Jahre 1788, also lange nach Goeckingks Ausscheiden als Herausgeber, urteilte Nicolais *Allgemeine Deutsche Bibliothek*, die Ausrottung des Aberglaubens, die Beseitigung der Vorurteile und die Verbreitung der Aufklärung sei der Hauptzweck des *Journals*.[129]

Allerdings handelte es sich trotz dieses zutreffenden Urteils keineswegs um ein dem Christentum überhaupt kritisch gegenüberstehendes Journal, sondern um eine Zeitschrift, der es um

Reinigung des katholischen Glaubens ging und die im übrigen immer wieder vor einer Übertreibung der Kritik in theologischer und politischer Hinsicht warnte. Die Selbsteinschätzung katholischer Aufklärung, die ein aufgeklärter Priester im Jahre 1789 in diesem Journal gab, lautete:

»Noch ist die Dämmerung nicht vorüber, die Mittagssonne steht noch nicht über unserem Zenith. Die gebildete Menschenklasse genießt freilich schon länger auf einem höheren Standorte das Licht, das ihr aufging; aber unten über dem niederen Tal schwebt noch dichtes Dunkel. Der Einfluß des gebildeten Teils auf die Denkart des gemeinen Mannes ist bis jetzt noch gar nicht merkbar.«[130]

Dieses Urteil ähnelt der Auffassung, die Nicolai im *Sebaldus Nothanker* über den Grad der Aufklärung im protestantischen Berlin äußerte, es belegt erneut, daß die Volksfrömmigkeit der Aufklärung meist entschiedener entgegenstand als die Theologen, die eben zur Schicht der Gebildeten zählten, die von der Aufklärung am stärksten ergriffen wurde.

Das aufgeklärte Räsonnement über die Religion blieb nicht auf christliche Konfessionen beschränkt. Die Forderungen nach Vernünftigkeit und Natürlichkeit richteten sich an alle Religionen, obwohl sie im Protestantismus und im Katholizismus ansetzten. Das Konstrukt einer »natürlichen Religion« demonstrierte diesen prinzipiellen Geltungsanspruch aufgeklärter Religionskritik ebenso wie das über den Kreis der christlichen Konfessionen ausgedehnte Postulat der Toleranz. Als Kurfürst Friedrich Wilhelm von Brandenburg die Aufhebung des Edikts von Nantes durch Ludwig XIV. von Frankreich 1685 mit dem Edikt von Potsdam beantwortete, übertrug er damit das Toleranzprinzip innerhalb des Christentums auf die Hugenotten.

Diejenige religiöse, kulturelle und gesellschaftliche Minderheit, die von der Diskussion über Toleranz am entschiedensten betroffen war, bildeten die Juden. Lessing hat sich nicht nur in *Nathan der Weise* (1779), sondern schon lange vorher in seinem Schauspiel *Die Juden* (1749) dieser damals in allen Staaten diskriminierten Minderheit angenommen. Allerdings zeigte sich immer wieder, daß die Aufklärer keineswegs generell für religiöse Toleranz gegenüber dem Judentum eintraten, sondern meist eine Assimilation der Juden forderten, deren Religion in ihren Augen sehr viel mit der ebenfalls bekämpften protestantischen Orthodoxie gemein hatte. Erst in den letzten Jahrzehnten des

18. Jahrhunderts setzte sich die Forderung nach religiöser und gesellschaftlicher Toleranz gegenüber den Juden bei der Mehrzahl der Aufklärer durch.

Allerdings betrachteten gerade die stark religiös geprägten Juden die Aufklärung mit beträchtlicher Skepsis, die derjenigen im orthodoxen Protestantismus durchaus vergleichbar war. Die Widerstände artikulierten sich bereits, als der nach Holland eingewanderte, von portugiesischen Marranen abstammende Spinoza, der selbst in Amsterdam eine biblisch-talmudische Ausbildung erhalten hatte, 1656 aufgrund religiöser Irrlehren aus der jüdischen Gemeinde ausgeschlossen wurde. Noch Ende des 18. Jahrhunderts galt Spinoza trotz seines außerordentlichen Einflusses auf das deutsche Geistesleben, z. B. auf Goethe, vielen als Schreckbild, der Begriff »Spinozist« diente als Kampfmittel gegen unliebsamen religiösen Radikalismus, so daß Mendelssohn den Vorwurf zurückwies, sein verstorbener Freund Lessing sei Spinozist gewesen.[131] Die kritischen Urteile über Spinoza überraschen insofern kaum, als sich schon in Bayles Spinoza-Darstellung im *Historisch-Kritischen Wörterbuch* Anhaltspunkte finden: Jude von Geburt und dann abtrünnig, sei Spinoza Atheist gewesen, »ein Atheist von ganz neuem System und einer ganz neuen Methode ... obgleich der Grundstock seiner Lehre ihm gemeinsam war mit mehreren alten und neueren, europäischen und orientalischen Philosophen«.[132] Und auch Gottsched verwandte in seiner Bayle-Bearbeitung in bezug auf Spinoza den Begriff »Gottesleugner«.[133]

Immer wieder sah man Spinoza als Wegbereiter von religiösem Radikalismus, von Materialismus und Atheismus in der Aufklärung an, noch heute weist ihm die marxistische Interpretation diese bereits von Bayle genannte Rolle zu: »aufs erste Ansehen hin nennt man alle Spinozisten, die keine Religion haben und die daraus nicht viel Hehl machen«. Bayle äußerte trotz seiner Charakterisierung Spinozas als eines Atheisten neuer Art im Stile der Aufklärung durchaus Verständnis für dessen Haltung gegenüber dem Judentum:

»Da er einen geometrischen Geist hatte, und da er vor allem mit Vernunft bezahlt sein wollte, begriff er bald, daß die Lehre der Rabbiner nicht seine Sache war, derart, daß man leicht bemerkte, daß er das Judentum in mehreren Punkten mißbilligte: denn er war ein Mann, der den Gewissenszwang nicht liebte und ein großer Feind der Verstellung.«[134]

So verständnisvoll Bayle über Spinoza urteilte, so wenig Sympathie besaß er offensichtlich für das Judentum, assoziierte er es doch implizit mit Gewissenszwang. Allerdings lassen die Artikel seines *Wörterbuchs*, in denen Bayle mehr oder weniger beiläufig auf das Judentum einging, keine größere Abneigung erkennen als diejenige gegen den Gewissenszwang christlicher Konfessionen, der für den Hugenotten Bayle sehr viel zentraler war.

Spinoza selbst hatte in seinen größtenteils postum veröffentlichten Schriften bzw. in seinem 1670 anonym erschienenen *Tractatus theologico-politicus* keineswegs einem Atheismus, sondern einem Pantheismus das Wort geredet: Deus sive natura.[135] Allerdings auf eine Weise, die das ebenfalls auf Schriftgelehrsamkeit, Textauslegung und Tradition basierende Religionsverständnis des Judentums nicht weniger treffen mußte als die christlichen Konfessionen. Bezeichnend war die Überzeugung Spinozas, daß die Methode der Schrifterklärung sich nicht von der Methode der Naturerklärung unterscheide. Spinoza schrieb u. a.:

»Wenn wir nunmehr die Natur des natürlichen göttlichen Gesetzes, wie wir sie ... auseinandergesetzt haben, ins Auge fassen, werden wir finden: 1. Es ist allgemeingültig, das heißt allen Menschen gemeinsam, denn wir haben es ja aus der allgemeinen Menschennatur abgeleitet. 2. Es fordert nicht den Glauben an Geschichten, von welcher Art sie auch seien ...«

Wenngleich nach Spinoza die Erkenntnis Gottes nicht des Glaubens an Geschichten der religiösen Überlieferung bedurfte, so ließ er diesen doch einen moralisch-gesellschaftlichen Sinn, worin ihm spätere Aufklärer im allgemeinen folgten: Er wolle nicht bestreiten, »daß das Lesen dieser Geschichten im Hinblick auf das bürgerliche Leben von großem Nutzen ist«.[136]

Auch ohne die Ablehnung des Pantheismus im Judentum mußten die Schlußfolgerungen Spinozas auf Widerspruch stoßen. Sie entzogen nicht nur dem Selbstverständnis des Judentums den Boden, sondern betrafen die Identität jeglicher Religion, indem sie letztlich von allen Religionen ausschließlich ihren allen Menschen gemeinsamen »natürlichen« Kern gelten ließen. Konnte Spinoza zu seiner Zeit noch als Einzelgänger verstanden werden, brachte das z. T. auf ihn zurückgehende aufgeklärte Religionsverständnis noch weit größere Probleme, mutete es doch den Juden in stärkerem Maße als den Christen den Verzicht auf diejenigen Elemente ihrer Religion zu, die als unnatürlich und unvernünftig galten. Da die Mehrheit der Aufklärer sowohl im protestantischen als auch im katholischen Deutschland an christlichen Glaubenssätzen festhielt, wurde die Situation des Judentums als einer weiterhin diskriminierten und in vielfältiger Hinsicht gesellschaftlich benachteiligten Minderheit auch in ideeller Hinsicht zunächst keineswegs besser. Die radikalen Anhänger einer natürlichen Religion erwarteten im Prinzip von aufgeklärten Juden eher die Aufgabe ihres Glaubens als die Konversion zu einer der christlichen Konfessionen.

Als einige Juden innerhalb der deutschen Aufklärung Anerkennung erlangten – z. B. Mendelssohn, Salomon Maimon, Hartwig Wessely, David Friedländer und der Kant-Freund Marcus Herz –, verringerte sich das Problem keineswegs, schätzte man sie doch eher als Aufklärer denn als Juden. Nur wenige jüdische Aufklärer wandten sich jedoch tatsächlich vom traditionellen Judentum ab; Maimon, der aus Litauen 1777 nach Deutschland gekommen war, blieb eine Ausnahme. Er zählte zu den frühesten Anhängern Kants und publizierte 1790 einen *Versuch über die Transcendentalphilosophie* sowie 1794 den *Versuch einer neuen Logik oder Theorie des Denkens*. Doch wurde Maimon keineswegs zum Atheisten, sondern erklärte: »Ohne die *Gottheit* kann keine *Welt gedacht,* ohne die Welt aber kann die *Gottheit* nicht *erkannt* werden.« Obwohl sein Gottesbegriff nicht allzuweit vom Pantheismus entfernt schien, verwahrte sich Maimon doch dagegen, die Gottheit allzusehr mit der Natur zu vermengen, was ihr ebenso Abbruch tue wie ihre gänzliche Trennung und Erhebung über die Natur.[137] Maimon schilderte in seiner Lebensbeschreibung plastisch den Versuch, sich seiner bedrängten Lage durch Konversion zu entziehen. Dabei erklärte er einem Hamburger Pfarrer:

»Die jüdische Religion kommt zwar in Ansehung ihrer *Glaubensartikel* der Vernunft näher als die christliche. Da aber diese in Ansehung des *praktischen Gebrauchs* einen Vorzug vor jener hat und die Moral, die nicht in *Meinungen,* sondern in *Handlungen* besteht, der Zweck aller Religionen überhaupt ist, so kommt die letztre offenbar diesem Zwecke näher als die erstre.«[138]

Dem Pfarrer reichten Maimons Erklärungen nicht aus, er lehnte seine Aufnahme ins christliche Bekenntnis ab. Maimon sprach hier bezeichnenderweise immer nur von der christlichen Religion, ohne die Konfessionen zu unterscheiden. Aufgrund dieser Ablehnung erklärte Maimon, er müsse also bleiben, was er sei: »ein *verstockter Jude*. Meine Religion befiehlt mir, *nichts zu*

glauben, sondern die *Wahrheit zu denken und das Gute auszuüben.*«[139]

Auch wenn andere jüdische Philosophen und Schriftsteller versuchten, Aufklärung und Judentum in Einklang zu bringen,
unterliegt es doch keinem Zweifel, daß die Aufklärung innerhalb
des Judentums ebenfalls eine Säkularisierung bewirkte, die jahr-
hundertealte religiöse Traditionen in Frage stellte und zugleich
eine Modernisierung der jüdischen Oberschicht begünstigte. Der
Einfluß der Aufklärung bildete die Voraussetzung sowohl der
Emanzipation als auch der Assimilation der deutschen Juden seit
Ende des 18. Jahrhunderts. Dieser Prozeß führte innerhalb des
Judentums zu starken Spannungen, obwohl die Aufklärung nicht
einfach nur adaptiert wurde, sondern in den letzten Jahrzehnten
des 18. Jahrhunderts eigenständige Züge gewann. Ergebnis war die
Haskala (hebräisch: Bildung, Erkenntnis); in noch ausgeprägte-
rem Maße als bei der christlichen Aufklärung handelte es sich bei
ihr um eine Bewegung der Gebildeten des mittel- bzw. osteuropäi-
schen Judentums, die aber ihrerseits unterschiedliche Richtungen
aufwies. Zu den Zielen der Haskala zählte das Bemühen um
größere Rationalität und größere Freiheit in der Religionsaus-
übung. Überdies wollten die jüdischen Aufklärer der biblischen
gegenüber der talmudischen Überlieferung Priorität einräumen
und eine Rezeption abendländischer Bildung und moderner Wissenschaften im Judentum fördern. Die Haskala löste einen starken
pädagogischen und reformerischen Impetus im Judentum aus,
begünstigte die Entwicklung einer neuhebräischen Literatur und
die Selbstreflexion des Judentums in einer eigenen wissenschaftlichen Disziplin.

Ein Schlüsseldokument für die Rezeption der Aufklärung im
Judentum und damit die Reflexion über eine veränderte jüdische
Identität[140] stellte Mendelssohns Schrift *Jerusalem oder über religiöse Macht und Judentum* (1783) dar, an die sich der Pantheismus-
Streit anschloß, den Jacobis Darstellung über eine Begegnung mit
Lessing 1780 auslöste. Damals, berichtete Jacobi, habe ihm Lessing seine spinozistischen Überzeugungen offenbart.[141] Die Absicht Mendelssohns bestand darin, einerseits seinen Glauben zu
verteidigen, andererseits aber die Übereinstimmung des Judentums mit einer vernünftigen Erkenntnis Gottes zu erweisen, das
hieß letztlich die Vereinbarkeit des Judentums mit der Aufklärung.
Dieses Ziel realisierte Mendelssohn, indem er das Judentum mit

den Kategorien der Aufklärung interpretierte.

Überdies stand Mendelssohns Werk in Zusammenhang mit der 1781 veröffentlichten epochemachenden Schrift des aufgeklärten preußischen Kriegsrats und Diplomaten Christian Wilhelm Dohm *Ueber die bürgerliche Verbesserung der Juden*[142], mit der sich Mendelssohn sowohl zustimmend als auch kritisch auseinandergesetzt hatte. Und schließlich folgte Mendelssohns *Jerusalem* seiner für die Geschichte der Haskala und ihr Selbstverständnis kaum weniger bedeutsamen Übersetzung des Pentateuchs, des Psalters und des Hohen Liedes ins Deutsche, die 1780 bis 1783 publiziert worden waren. Damit machte Mendelssohn das Deutsche auch zur Sprache der Juden, wirkte selbst sprachschöpferisch und formulierte wesentliche Glaubenssätze des Judentums in den Begriffen seiner Zeit und verband es mit der zeitgenössischen deutschen Aufklärungskultur. Die pädagogische Aufgabe zeigte sich allein darin, daß Mendelssohn die Pentateuch-Übersetzung zunächst für seine Kinder anfertigte, um ihnen

»und vielleicht einem ansehnlichen Theile meiner Nation einen guten Dienst zu erweisen, wenn ich ihnen eine bessere Uebersetzung und Erklärung der heiligen Bücher in die Hände gebe, als sie bisher gehabt. Dieses ist der erste Schritt zur Cultur, von welcher meine Nation leider! in einer solchen Entfernung gehalten wird, daß man an der Möglichkeit einer Verbesserung beinah verzweifeln möchte.«[143]

Wie später Maimon schien auch Mendelssohn das Judentum offensichtlich in größerem Maße als das Christentum mit den Grundsätzen der Vernunft übereinzustimmen. So führte er in *Jerusalem* aus: »das Judenthum wisse von keiner geoffenbarten Religion, in dem Verstande, in welchem dieses von den Christen genommen wird«. Es habe keine »Lehrmeinungen, keine Heilswahrheiten, keine allgemeinen Vernunftsätze. Diese offenbaret der Ewige uns, wie allen übrigen Menschen ... durch Natur und Sache, nie durch Wort und Schriftzeichen«.[144] Ausdrücklich betonte Mendelssohn: Im Judentum gebe es keinen »Kampf zwischen Religion und Vernunft, kein Aufruhr unsrer natürlichen Erkenntnis wider die unterdrückende Gewalt des Glaubens«.[145] Gott hatte jedoch nach Meinung Mendelssohns den Israeliten durch Moses auf eine übernatürliche Weise Gesetze offenbart, die sie befolgen sollten, um zur Glückseligkeit zu gelangen. Daher laute kein einziges der mosaischen Gesetze und Vorschriften: »Du sollst glauben! oder nicht glauben! sondern Alle heißen: Du sollst thun oder nicht thun!«[146] Und noch deutlicher umriß Mendelssohn in einem Brief an Elkan Herz 1771 seine aufgeklärte Interpretation des Judentums:

»Wir haben keine Glaubenssätze, die gegen die Vernunft oder über dieselbe seien. Wir thun nichts mehr zu der natürlichen Religion hinzu, als Gebote, Satzungen und gerade Vorschriften, aber die Grund- und Glaubenssätze unserer Religion beruhen auf dem Fundamente des Verstandes, sie stimmen mit der Forschung nach jeder Seite hin, ohne jeden Widerspruch und Widerstreit, überein.«[147]

Daß die Christen diese Art der Religion als Deismus oder Naturalismus bezeichnen würden, störte Mendelssohn nicht, stärker schon mußte ihn beunruhigen, daß seine Reduzierung des Judentums auf Vernunft und natürliche Religion bei vielen seiner Glaubensbrüder auf Ablehnung stieß, nachdem sie – wenn auch mit Verspätung – seine Schrift zur Kenntnis nahmen.

Mit den christlichen Aufklärern war sich Mendelssohn einig in der Forderung nach Toleranz, die er keineswegs nur an die christlichen Konfessionen, sondern auch an das Judentum selber richtete, indem er es zur Tolerierung abweichender religiöser Überzeugungen innerhalb der eigenen Religion ermahnte. Mendelssohns Toleranzpostulat galt allen Kirchen, galt der Synagoge wie der Moschee. Sie alle ermunterte er zur Prüfung, ob nicht unter den »Verbannten mehr wahre Religion« anzutreffen sei »als in dem ungleich größern Haufen ihrer Verbanner«.[148] Zur Toleranz zählte für Mendelssohn grundsätzlich Gewissensfreiheit, auch für die Juden; er begnügte sich nicht mit dem Recht der Juden auf Assimilation: Dieses Recht allein begründete noch keine Gewissensfreiheit, sondern bedeutete tatsächlich gesellschaftlichen Druck zur Aufgabe ihrer Religion. Mendelssohn wollte demgegenüber die volle Emanzipation der Juden. Dieses Ziel erläuterte er vor dem Hintergrund einer prinzipiellen Reflexion des Verhältnisses von Staat und Kirche: Die spezifischen Glaubensüberzeugungen gingen den Staat nichts an, er habe sich nur um diejenigen Grundsätze zu kümmern, in denen alle Religionen übereinstimmten; außerdem müsse er darauf achten, daß die Lehren der Kirchen nicht der gesellschaftlichen Wohlfahrt entgegenstünden. Die von Mendelssohn propagierte Trennung von Staat und Kirche implizierte die Schlußfolgerung, der Staat dürfe keineswegs einzelne Religionsparteien von den bürgerlichen Rechten ausschließen.[149]

Aufgeklärte Zeitgenossen von Kant bis Nicolai begrüßten Mendelssohns *Jerusalem* begeistert. Mochten sie auch unterschätzen, daß sich Mendelssohn nicht allein um eine Propagierung der Aufklärung im Judentum bemühte, sondern diese aus einer existentiellen Auseinandersetzung mit seiner Religion[150] resultierte, sahen sie doch, daß Mendelssohns Leistung um so höher zu werten war, als er sich aus einer gesellschaftlich außerordentlich diffizilen Situation heraus zu Wort meldete: Er wagte es, zugleich christliche und jüdische Widersacher zu provozieren, und richtete überdies aus einem aufgeklärten Gesellschafts- und Staatsverständnis heraus unmißverständliche Forderungen an den absolutistischen Staat.

Den Preis der Assimilation zur Erlangung bürgerlicher Rechte fand Mendelssohn zweifellos zu hoch, unbeabsichtigt bereitete er aber auch solche Tendenzen vor, führte doch die aufgeklärte Umdeutung des Judentums zur natürlichen und vernünftigen Religion dort ebenso zu einer Reduzierung der spezifischen Identität[151] wie bei den christlichen Religionen. Das Dilemma lag darin, daß dieser zwiespältige Weg des Judentums in die Moderne die Voraussetzung der Emanzipation bildete. Nicolai fand in Mendelssohns *Jerusalem* »herrliche Ideen ... die zum Theil deswegen so schief verstanden wurden, weil sie Vorurtheile, die seit Jahrhunderten befestigt waren, direkt angriffen«.[152] Kant schrieb 1783 an Mendelssohn:

»Ich halte dieses Buch vor die Verkündigung einer großen, obzwar langsam ... fortrückenden Reform, die nicht allein Ihre Nation, sondern auch andere treffen wird. Sie haben Ihre Religion mit einem solchen Grade von Gewissensfreyheit zu vereinigen gewußt, die man ihr gar nicht zugetraut hätte und dergleichen sich keine andere rühmen kan.«[153]

Traditionskritik, Autonomie, Freiheit des individuellen Denkens, Betonung derjenigen Elemente, die allen Religionen gemeinsam waren – sie also verband und nicht unterschied –, Vernünftigkeit und Natürlichkeit: Das sind die Prinzipien, die die Aufklärer einten, gleich welcher Religion oder Konfession sie waren. Diese Betonung des Allgemeinen gegenüber dem Besonderen in bezug auf die Religionen bildete neben der Selbstreflexion menschlichen Erkenntnisvermögens die Voraussetzung interkonfessionellen Verstehens und des aufgeklärten Toleranzpostulates.

Zur Relativierung religiösen Absolutheitsanspruchs hatte im

letzten Drittel des 18. Jahrhunderts paradoxerweise auch das Urbild eines Philosophen der griechischen Antike beigetragen: Sokrates; er wurde damals immer wieder mit dem nicht nur philosophisch, sondern auch menschlich eindrucksvollen Mendelssohn verglichen, den man den »deutschen Sokrates« nannte. Mendelssohn selbst hatte einem seiner berühmtesten Werke, *Phädon oder über die Unsterblichkeit der Seele* (1767), ein Portrait des Sokrates vorausgeschickt, in dem er den griechischen Philosophen vor allem als moralische Instanz würdigte. In Übereinstimmung mit Cicero hob Mendelssohn hervor, Sokrates sei der erste gewesen, »*der die Philosophie vom Himmel herunter gerufen, in die Städte eingesetzt, in die Wohnungen der Menschen geführt, und über ihr Thun und Lassen Betrachtungen anzustellen genöthiget hat*«.[154]

Aber nicht dieser Praxisbezug allein interessierte damals die deutschen Aufklärer, sondern die an Jean-François Marmontel anschließende Frage nach der Seligkeit der Heiden. Marmontel hatte im 15. Kapitel seines Romans *Bélisaire* (1766) die Meinung vertreten, auch tugendhafte Heiden fänden vor dem Höchsten Gericht Gnade. Die Pariser Theologische Fakultät, die Sorbonne, hatte daraufhin das Buch als ketzerisch verdammt.[155] Keinem der Aufklärer leuchtete indes ein, warum ein so edler Mensch der vorchristlichen Antike wie Sokrates der Gnade nicht teilhaftig werden sollte, zumal es nicht in seiner Macht stand, Christ zu werden. Der aufgeklärte Berliner Popularphilosoph und Theologe Johann August Eberhard verfaßte daraufhin 1772 seine *Neue Apologie des Sokrates – oder Untersuchung der Lehre von der Seligkeit der Heiden.*[156] Nicolai sprach von der »abentheuerlichen Meinung«, daß »die würdigsten und tugendhaftesten Männer des Altherthums in der Hölle ewig peinigenden Flammen übergeben wären«.[157] Eberhards *Neue Apologie,* die diese »abentheuerliche Meinung«, die eine Stütze auch in Calvin und Luther fand, mit ausführlichen theologiegeschichtlichen Analysen und Argumentationen widerlegen wollte, traf auf heftigen Widerspruch. Selbst Friedrich dem Großen gelang es daraufhin zunächst nicht, Eberhard in Charlottenburg als Prediger durchzusetzen: Diese Stelle erhielt er mit mehrjähriger Verspätung 1774, bevor er mit Unterstützung des Königs 1778 auf eine Professur für Philosophie an die Universität Halle berufen wurde.

Solange derart heftige Reaktionen auf ein theologisches Werk an der Tagesordnung waren, widerstand die Religion der Aufklärung, wurde für ihre Anhänger die Aufklärung zur Religion: Noch war das Zeitalter nicht aufgeklärt, sondern ein Zeitalter der Aufklärung.

III. Dialoge mit der Zeit: Ziele der Aufklärung

1. Wissen ist Macht

Die Intensivierung der Wissenschaften seit dem 16. Jahrhundert lebte von den allgemeinen Grundsätzen, die die Erkenntnislehre in der Auseinandersetzung zwischen Philosophie und Theologie entwickelt hatte. Das Ziel wissenschaftlicher Erkenntnis lag in der Zukunft, nicht in der Herkunft. Richtige Beweise und stichhaltige Experimente gehörten für Wolff zur Wissenschaft. Er definierte Wissenschaft wegweisend im Sinne der Aufklärung:

»Was aus ungezweifelten Gründen durch richtige Schlüsse heraus gebracht wird, davon pflegen wir zu sagen, daß wir es wissen. Und die Fertigkeit dasjenige, was man behauptet, aus ungezweifelten Gründen durch richtige Schlüsse heraus zu bringen, nennet man Wissenschaft.«[1]

Wolff verband Induktion und Deduktion zur Gewinnung wissenschaftlicher Erkenntnisse und hegte die Hoffnung, daß »die Irrthümer und Träume derer, die nicht gründlich gelehrt sind, und insgemein viel Schaden und Verwirrung anrichten, mit der Zeit endlich gar ausgerottet« würden. »Solcher Gestalt hat man Hoffnung, daß mit der Zeit gründlich gelehrte Leute erzogen werden, die man mit grossem Vortheile in allen Ständen zum Besten des gemeinen Wesens gebrauchen kan.«[2]

Für den Fortschrittsglauben in der Aufklärung bildete die Entwicklung der Wissenschaften die entscheidende Basis, das dokumentierte d'Alemberts *Discours préliminaire de L'Encyclopédie* (1751) ebenso deutlich wie Condorcets *Esquisse d'un tableau historique des progrès de l'esprit humain* (1793). Der Leitgedanke des aufgeklärten Wissenschaftsverständnisses fand sich bereits im Rationalismus des 17. Jahrhunderts und stand in engem Zusammenhang mit der Priorität des Erkenntnisproblems: Richtige Erkenntnis galt als Voraussetzung richtigen Handelns. Schon ein Wegbereiter der deutschen Frühaufklärung wie Tschirnhaus vertrat unmißverständlich diese Maxime. Er ging von der Überzeugung aus, die Tugend des Menschen bestehe in der steten Verbesserung der menschlichen Natur nach den Gesetzen der unveränderlichen Wahrheit. Sie zu erkennen, habe der Mensch

»drey media: Vorerst die Sensus; Wo diese aufhören, da gehet der Intellectus an; Und wo dieser nicht ferne kan fortkommen Fides. Diese müssen nun zwar in ihrer Ordnung, aber alle insgesammt gebraucht werden. Denn offt in unseren actionibus alle concurriren müssen.«[3]

Ohne es ausdrücklich zu sagen, implizierten Tschirnhaus und Wolff die Trennung von Wissen und Glauben, beließen dem Glauben jedoch einen unverzichtbaren Platz. Diese Sonderung blieb für das aufgeklärte Wissenschaftsverständnis ausschlaggebend, auch wenn Tschirnhaus die uralte Lichtmetapher, Licht der Wahrheit, verwandte: Seit Platons Höhlengleichnis spielte sie immer wieder eine Rolle, in den Psalmen und anderen alt- und neutestamentarischen Texten ebenso wie bei Thomas von Aquin, bevor sie zum Schlüsselsymbol der Aufklärung wurde. Hätten die Aufklärer den Aquinaten für einen der ihren gehalten? Wohl kaum. Und doch könnte seine folgende Sentenz auch aus dem 18. Jahrhundert stammen: »Das menschliche Heil besteht nämlich in der Erkenntnis der Wahrheit, damit der menschliche Verstand nicht durch verschiedene Irrtümer verfinstert werde.«[4] Doch liegt die »differentia specifica« im Kontext beider Aussagen, ging es doch der Aufklärung um eine diesseitige Glückseligkeit. Das Wissen zeigte sich ihr in den Wissenschaften, die Wahrheit in den Wahrheiten.[5] Und konsequent betonte Tschirnhaus, diejenigen, »die vermeynen, daß wir per solum intellectum alle Wahrheiten erkennen können«, irrten ebensosehr wie diejenigen, die »vermeynen, es könne per solam scripturam alle uns nützliche Wahrheit in Physicis und andern scientiis entdecket werden«.[6] Gerade um Mathematik und Naturwissenschaften war es Tschirnhaus in erster Linie zu tun, waren sie seiner Ansicht doch am besten geeignet, Vorurteile und Irrtümer zu beseitigen und in die »realen« Wissenschaften einzuführen. Und bis in die Aufklärungspädagogik hinein begegnet die Hochschätzung der »Realien«.[7]

Nur konsequent erschien auch die Ablehnung des »Systemgeistes« durch d'Alembert: Zwar sei er gelegentlich notwendig, um den rechten Weg zu weisen, führe aber fast nie selbst zur Erkenntnis; Beobachtungen, Experimente, Berechnungen, Analysen sind die Mittel der Wissenschaften. Dabei strebte d'Alembert Klarheit der wissenschaftlichen Aussage, Kommunikationsfähigkeit unter den Gelehrten aller Länder und möglichste Effektivität an. Aus diesem Grunde hielt er die in den meisten Staaten für die Aufklärung charakteristische Ausdehnung der Volkssprache auf die Wissenschaften, die in der Philosophie zuerst Thomasius und Wolff propagierten, für einen Nachteil: Zwar sah auch d'Alembert den Vorteil einer weiteren Verbreitung des Wissens mit Hilfe der Muttersprachen. Zugleich aber beklagte er die daraus folgende Notwendigkeit für die Gelehrten, ihre Zeit auf die Erlernung vieler Sprachen verwenden zu müssen. Klarheit, Genauigkeit und internationale Kommunikationsfähigkeit einer nach Vereinbarung zu wählenden Weltsprache wie des Lateinischen hielt er deshalb für erstrebenswert.[8]

Der neue Rang, den die Wissenschaft innerhalb der Aufklärung gewann, läßt sich auch an der Bedeutungsgeschichte des Wortes ablesen: Der Begriff Wissenschaft wurde erst seit Beginn des 17. Jahrhunderts in die Wörterbücher aufgenommen und entwickelte sich dann unter dem Einfluß des aufgeklärten Wissenschaftsverständnisses bald zur Bezeichnung für eine gelehrte Disziplin[9], womit die älteren Bedeutungen »Nachricht, Kunde, Kunst, Fertigkeit« zurücktraten. Dieser Vorgang bezeichnet zugleich den Objektivitätsanspruch des Wortes, der über subjektive Mitteilung ebenso hinauswies wie über den bloß individuellen Besitz von Wissen. Die Pluralbildung »Wissenschaften« drückte diesen Vorgang ebenfalls aus und fand sich seit dem frühen 17. Jahrhundert in der Umschreibung einzelner »artes liberales«. Erst nachdem der Säkularisierungs- und Objektivierungsprozeß in bezug auf die wissenschaftliche Erkenntnis abgeschlossen war, setzte sich gegen Ende des 18. Jahrhunderts der Singular »Wissenschaft« im modernen Sinn endgültig durch.

Im aufgeklärten Verständnis des Begriffs Wissenschaft blieb neben dem Bezug auf die gelehrte Forschung derjenige auf systematisch geordnetes Wissen ebenso erhalten wie das Kriterium praktischen Nutzens. Den gemeinen Nutzen der Wissenschaft betonte Thomasius ebenso wie Tschirnhaus, doch bedeutete das nicht eine kurzschlüssige Gesellschaftsrelevanz, die vom ausschließlich gegenwärtigen auf den künftigen Nutzen schloß oder aber allein technologisch-anwendungsbezogene Forschung gelten ließ. Unmißverständlich wies d'Alembert eine solche Reduktion der Wissenschaft zurück, etwa ein unter dem Vorwand, ihre Forschungen seien unwichtig, ausgesprochenes Verbot der Philologie:

»Nur Unwissenheit oder Anmaßung kann zu der Annahme führen, daß auf irgendeinem Gebiete bereits alles bekannt sei und daß wir aus dem Studium und der Lektüre der antiken Schriftsteller keinerlei Nutzen mehr zu ziehen vermöchten.«[10]

Das Nützlichkeitsprinzip, das die Aufklärer auf die Wissenschaften anwandten, war tatsächlich von anderer Art: Sie wollten *alles* wissen, was menschlicher Erkenntnis zugänglich war, sie hielten die Wissenschaften per se für nützlich, wie sie auch die Darstellung wissenschaftlicher Irrtümer aus pädagogischen Gründen für nützlich hielten. Durch dieses Fundament aller Wissenschaften entlasteten sie die einzelnen Disziplinen und Forschungsrichtungen vom jeweiligen Nachweis ihres Zwecks. Nur so blieb auch prinzipiell der Fortschritt der Wissenschaften gesichert, weil keine unmittelbar aktuelle Zwecksetzung den Erkenntnishorizont und die Fragestellungen der einzelnen Wissenschaften einengen und damit ihr Fortschreiten behindern konnte.

Die Sachbezogenheit wissenschaftlicher Arbeit führte in Verbindung mit den übrigen methodischen Prämissen, die sich aus der aufgeklärten Erkenntniskritik und der Einschränkung der wissenschaftlichen Thematik auf das Diesseitige ergaben, zum Postulat der Unparteilichkeit wissenschaftlicher Erkenntnis, d. h. zum Prinzip der Objektivität. Joachim Heinrich Campe definierte das Wort Unparteilichkeit in seinem *Wörterbuch der deutschen Sprache* als die

»Neigung und Gewohnheit nicht nach Vorliebe, Vorurtheil, sondern bloß nach gehöriger vernünftiger Prüfung zu urtheilen und zu handeln ... Von ihr verschieden ist die Parteilosigkeit (Neutralität) d. i. die Enthaltung von aller Parteinehmung und deren Äußerung.«[11]

In diesem Sinne forderte Nicolai vom Geschichtsschreiber u. a. Wahrheitsliebe und Unparteilichkeit[12] und stand damit keineswegs allein.

Aufklärung des Zeitalters war also auf Wissenschaft angewiesen; schon Bacon hatte die oben erwähnte Formel geprägt: Wissen ist Macht. Das hieß Macht über die Finsternis, Macht über den Aberglauben, aber in allen den Menschen zugänglichen Sektoren überdies ständige Erweiterung des Wissens: des Wissens vom Menschen, von der Natur und dem Kosmos, der Gesellschaft, der Politik und der Wirtschaft, der Geschichte und auch der Zukunft. Die Zukunft nach dem neuen Wissen und den neuen Wissenschaften zu gestalten: diese Zielsetzung war allen Aufklärern gemeinsam. Wissenschaft war mithin trotz der genannten Weite des Nützlichkeitsprinzips für die Aufklärer alles andere als zweckfrei, nur zu oft begegnet der Begriff »nützliche« Wissenschaften, um keinen Zweifel darüber aufkommen zu lassen, daß die Aufklärer von den Wissenschaften gesellschaftlichen Nutzen erwarteten.

Der Ahnherr, Bacon, verwies ebenso wie der ungeheure Wissensdrang, der schon für das Zeitalter des Barock charakteristisch war, wiederum darauf, daß im 18. Jahrhundert kein grundsätzlich neuer Weg beschritten wurde. Auch die Ordnungs- und Sammlungstendenz, die über die Rezeption der Scholastik mit Wolffs Lebenswerk aller Kritik zum Trotz in der Aufklärung fortlebte, war nicht schlechthin neu. Doch erlebten gerade die enzyklopädische Sammlung und Sichtung des Wissens eine ständige Intensivierung; die Aufklärung stimulierte überdies die Erschließung neuer Wissensgebiete und die Entwicklung neuer Wissenschaften. Voraussetzung bildeten einerseits die Entfaltung der induktiven Methode als Fundament der Erfahrungswissenschaft, andererseits das umfassende Interesse an allem Menschlichen, also die Anthropozentrik der Aufklärung.

Die noch zu besprechende aufgeklärte Reflexion über das gesellschaftliche Leben des Menschen seit Hobbes führte zu neuen Disziplinen politischer Relevanz oder zumindest zu ihrer Verwissenschaftlichung. Hierzu zählten die Soziologie, die Wirtschaftswissenschaft und die Bevölkerungslehre mit der Statistik. Die begriffliche Trennung von Staat und Gesellschaft in der Aufklärung und ihre politischen Folgen bildeten die Voraussetzung für die Entstehung der modernen Gesellschaftswissenschaften.[13]

Das Beispiel der Bevölkerungslehre dokumentiert einen vielfältigen Bedingungszusammenhang. Sie wurde durch die »politischen Arithmetiker« des 17. und 18. Jahrhunderts, John Graunt, Sir William Petty, Edmond Halley und Kaspar Neumann, vorbereitet, nachdem schon das Konzil von Trient die gemeindliche Erfassung der »Seelenzahl« eingeführt hatte. Im 18. Jahrhundert entwickelte der spätere Berliner Propst Johann Peter Süßmilch eine umfassende Bevölkerungslehre, die ein theologisches Motiv mit wissenschaftlichem Interesse verband. Bereits der Titel seines zuerst 1741 publizierten und im Laufe des 18. Jahrhunderts noch mehrfach aufgelegten Werkes brachte diesen Konsens zum Ausdruck: *Die göttliche Ordnung in den Veränderungen des menschlichen Geschlechts, aus der Geburt, dem Tode und der Fortpflanzung desselben erwiesen.* Aufgrund dieses Werkes nahm ihn die Berliner Akademie der Wissenschaften 1743 als Mitglied auf. Neben Süßmilchs theologische Motivation trat eine politische Absicht, die aus der Maxime merkantilistischer Bevölkerungspolitik resultierte: Eine große Bevölkerung sei Quelle des Reichtums einer Nation – diese Meinung teilte auch Süßmilch. Die politische Dimension der Bevölkerungsentwicklung analysierte zuerst Montesquieu in seinem *De l'esprit des lois*.[14]

Innerhalb der deutschen Aufklärung spielte die Bevölkerungswissenschaft sowohl zur bevölkerungspolitischen Bestandsaufnahme, als auch zur Begründung ethisch, sozial und wirtschaftlich motivierter Reformen eine bedeutsame Rolle.[15] Einen Höhepunkt erlebte sie schließlich mit dem ursprünglich als Streitschrift gegen die während der Französischen Revolution entstandenen zeitgenössischen Sozialutopien verfaßten Essay von Thomas Robert Malthus *An essay on the principle of population as it affects the future improvement of society* (1798). Die künftige Bevölkerungsentwicklung beurteilte Malthus pessimistisch: Bei geometrischem Anwachsen der Bevölkerung wachse die Menge der Nahrungsmittel nur in arithmetischer Reihe. Mit solch einer Prognose entzog Malthus dem bevölkerungspolitischen Fortschrittsoptimismus seiner Zeitgenossen den Boden.

Die Bevölkerungslehre des 18. Jahrhunderts zeigte stärker als viele andere Wissenschaften die Verquickung sachbezogenen Interesses mit gesellschaftspolitischer Zielsetzung und Zukunftsorientierung – eine Verbindung, die für die Aufklärung charakteristisch gewesen ist. Auch in ihrer Verwendung mathematischer und naturwissenschaftlicher Methoden, die Descartes auf philosophische, Spinoza auf ethische und Hobbes auf sozial- und staatsphilosophische Gebiete anwandten, worin ihnen führende Philosophen von Leibniz und Wolff bis zu Hume folgten, war die Entwicklung der Bevölkerungswissenschaft prototypisch.

De more geometrico: So versuchte man planmäßig die geometrische Methode in Philosophie und Wissenschaften einzuführen, um in ihnen eine schlüssige Argumentation sicherzustellen.[16] Die oben erwähnte Verquickung des Erkenntnisproblems mit dem Naturproblem bewirkte eine immer intensivere naturwissenschaftliche Forschung. Doch blieb dieses Interesse keineswegs esoterisch. Vielmehr gehörten seit Ende des 17. Jahrhunderts naturwissenschaftliche Probleme zu den beliebtesten Gesprächsthemen in den Salons – und sogar bei Verliebten. Das berühmteste Beispiel lieferte Fontenelle in seinen *Entretiens sur la pluralité des mondes* (1686), die bald zu einem der Lieblingsbücher der Aufklärung wurden. Fontenelle wollte in der Fiktion eines Gesprächs wissenschaftliche Probleme auf eine für jedermann faßliche, zugleich aber unterhaltsame und elegante Art darstellen.[17] Wie Bayle ging Fontenelle daran, die Irrtümer aus der Welt zu schaffen, in diesem Fall diejenigen über die Bewegung der Himmelskörper. »In einem großen einsamen Park ergehen sich zwei Personen: eine kokette Marquise und ein Weltmann, ihr Freund, vielleicht ihr Geliebter. Und worüber unterhält er sich, sobald die Nacht gekommen ist, so eingehend mit ihr? Über Astronomie.«[18] Mit Pathos schilderte er in einem Dialog, in dem die Marquise ihn durch ihr intelligentes Insistieren zu geistvollen Repliken zwang, die Kopernikanische Wende, die die seit der Antike gültige Sicht von Himmel und Erde verwandelt hatte, die lehrte, was Vernunft und Beobachtung vermögen, die lehrte, wie das Universum aus Ursachen und Wirkungen erklärt und so transparent wie ein Uhrwerk werden kann. Nichts Überflüssiges und nichts Undurchschaubares gibt es hier. Eine solche Erkenntnis hat ihren eigenen Reiz: »Es ist kein Vergnügen, wie Sie es bei einer Komödie von Molière empfinden würden; es ist eines, das irgendwo im Verstande wurzelt, und das nur den Geist lachen macht.«[19] Die Astronomie – wie andere Wissenschaften auch – wird zum ästhetischen Vergnügen des menschlichen Verstandes: kein Wunder, daß die Marquise solchen Reizen zugänglich ist, fürwahr eine fröhliche Wissenschaft.[20]

Natürlich kam auch die naturwissenschaftliche Forschung des 17. und 18. Jahrhunderts um härtere Kost nicht herum, aber die universelle Neugier der Aufklärer, für die Fontenelle prototypisch war, erstreckte sich auch bei den Nichtfachleuten weit auf wissenschaftliches Terrain. Auch sie kannten die großen Revolutionäre der Naturwissenschaft, allen voran selbstverständlich Newton, dem Alexander Pope in der Westminster Abbey die berühmte Grabinschrift widmete:

»Die Natur und ihre Gesetze lagen im Dunkeln:
Gott sprach: Es werde Newton! Und es ward Licht.«[21]

Newton und Leibniz hatten die Infinitesimalrechnung unabhängig voneinander, jedoch nahezu gleichzeitig entwickelt: Diese Tatsache ist bezeichnend für den Rang, den die Mathematik damals gewann, nicht nur in der Entwicklung dieser Disziplin selbst, sondern auch für andere Naturwissenschaften, in diesem Fall insbesondere für die Physik. Newtons Hauptwerk *Philosophiae naturalis principia mathematica* (1687) etwa entfaltete auf der Grundlage der Erkenntnisse seiner bedeutendsten Vorgänger von Kepler und Galilei bis zu Otto von Guericke, Robert Hooke und Christian Huygens ein System der Mechanik, in dem die Mathematik eine unentbehrliche Grundlage bildete. Sowenig man die genannten Naturwissenschaftler und Mathematiker einschließlich Newton selbst einfach der Aufklärung zurechnen kann, soviel trug die Aufklärung doch zur Rezeption und Verbreitung ihrer Erkenntnisse bei, obwohl Newtons Hauptwerk zunächst auf Unverständnis traf.[22]

Gerade die Aufklärung aber pries die Fortschritte in den Naturwissenschaften enthusiastisch. D'Alembert z. B. wurde nicht müde, ihren Vorbildcharakter zu betonen, und sah den einzig wahren Weg der Naturphilosophie in der Anwendung der mathematischen Analyse auf die Erfahrungstatsachen bzw. ihre methodische Beobachtung. Willkürliche Hypothesen wies er zurück. Vor allem bewunderte d'Alembert die Astronomie. Sie verbinde Beobachtung und Berechnung, bestimme mit bewunderungswürdiger Genauigkeit die Abstände und die verwickeltsten Bewegungen der Himmelskörper und weise die Kräfte nach, die diese Bewegungen verursachten. In der Astronomie erfolge die zuverlässigste gemeinsame Anwendung von Geometrie und Mechanik »und in ihren Fortschritten das sicherste Zeichen des Erfolges, den der menschliche Geist durch sein Streben zu erreichen vermag«.[23]

Wer immer Prometheus entfesselt haben mag und wie schwer der Anteil der Aufklärung daran im einzelnen zu bestimmen ist[24], keinem Zweifel unterliegt: Das neue Wissenschaftsverständnis der Aufklärer begünstigte die stürmische Entwicklung der Naturwissenschaften vor allem seit dem 17. Jahrhundert ungemein. Die Aufklärung selbst ist indes ihrerseits ein Resultat der Revolution des Weltbilds seit Kopernikus, Kepler, Galilei, Newton und ihren Nachfolgern: Lange bevor Ende des 17. Jahrhunderts in Frankreich der literarische Streit entbrannte, ob die Alten den Modernen oder die Modernen den Alten überlegen seien[25], begründeten die astronomischen Erkenntnisse das Überlegenheitsgefühl der Moderne, das das Fortschrittspathos der Aufklärung prägte.

Die Wissenschaftler der Aufklärung konnten im 18. Jahrhundert stärker als ihre Vorläufer an die großen Bestandsaufnahmen gehen, ohne deswegen die Einzelforschung zu vernachlässigen. So führte der mit Abstand universellste, produktivste und kreativste Mathematiker des 18. Jahrhunderts, Leonhard Euler, mit seiner *Introduction in analysin infinitorum* (1748), den *Institutiones calculi differentialis* (1755) und schließlich den *Institutiones calculi integralis* (1768–1770), die von Leibniz und Newton begründete Infinitesimalrechnung zum Abschluß und ersetzte die herrschende geometrisch-synthetische Methode durch die universellere analytische. In einer Reihe von Gebieten, z. B. der Dynamik, der Geodäsie und der erst nach mehr als einhundert Jahren entwickelten und im 18. Jahrhundert noch unbekannten Vektorrechnung brachte Euler die Forschung erheblich voran. Ähnlich Newton kam Euler zunächst von der Theologie her. Mit seinen philosophischen Studien bereitete er Kants Kritik der Erkenntnis vor.[26] Wie Newtons Werk in Verbindung mit der Royal Society in London stand, deren Präsident er von 1703 bis zu seinem Tode 1727 gewesen ist, entstand das rund 800 Schriften umfassende Werk[27] Leonhard Eulers an gelehrten Akademien, vor allem in Petersburg und Berlin. Auch ein so intensiver Forscher wie Euler verschloß sich der aufgeklärten Popularisierungstendenz nicht: Seine dreibändigen *Lettres à une princesse allemande sur quelques sujets de physique et de philosophie* (1768–1772) wurden zum Muster verständlicher Darstellung naturwissenschaftlicher Probleme und ein vielfach aufgelegter und übersetzter Bestseller dazu.

Die stürmischen Fortschritte der Naturwissenschaften sind hier im einzelnen nicht darzulegen, entscheidend bleibt, in welchem Maße die Aufklärung sie immer wieder stimulierte – und umgekehrt! Die aufgeklärte Interpretation von Mensch und Kosmos orientierte sich an den Naturwissenschaften, die generell ihre Wissenschaftsauffassung prägten: Auch die Kulturwissenschaften konnten sich diesem Einfluß nicht entziehen, wie später am Beispiel der Geschichtsschreibung zu zeigen ist. Vor allem nährten die Naturwissenschaften die immer stärker werdende Überzeugung, durch ständige Erweiterung der Erkenntnisse die Natur beherrschen zu können. Das Wort »Wissen ist Macht« erhielt so den schon von Francis Bacon intendierten Sinn. Gerade in England handelte es sich bei Wissenschaften wie der Astronomie um alles andere als eine intellektuelle Spielerei oder um wissenschaftlichen Selbstzweck, besaß doch die Astronomie in der Seeschiffahrt große Bedeutung für die Bestimmung der geographischen Länge: Anwendungsbezug und praktischer Nutzen leuchteten unmittelbar ein.[28]

Kaum anders verhielt es sich bei Forschungen über die Erdgestalt sowie bei der Erklärung von Ebbe und Flut. So schrieb Voltaire in seiner Gegenüberstellung von Descartes und Newton im 14. seiner *Lettres philosophiques* (1734):

»Bei Euren Cartesianern geschieht alles mittels eines Anstoßes, den man nicht versteht, bei Herrn Newton mittels einer Anziehung, deren Ursache man auch nicht besser kennt; zu Paris stellt man sich die Erde wie eine Melone vor, in London ist sie an beiden Enden abgeplattet.«[29]

Zwei französische Exkursionen in den Jahren 1735 und 1736 nach Peru und Lappland brachten Klarheit: Pierre Bouguer sowie der spätere Präsident der Berliner Akademie, Pierre Louis Moreau de Maupertuis, bestätigten Newtons These, die Erde sei an den Polen abgeplattet. In welchem Maße die Astronomie die Theologie berührte, zeigte sich erneut, als im letzten Jahrhundertdrittel Newtons Gravitationstheorie zur Berechnung der Planetenbewegung verwandt wurde: Lagrange und Laplace gelangten 1775 bis 1785 zu dem Ergebnis, das Sonnensystem sei stabil und könne durch gegenseitige Störung der Himmelskörper nicht aus dem Gleichgewicht gebracht werden. Newton selbst war noch davon ausgegangen, es bedürfe des gelegentlichen Eingreifens Gottes, um die Stabilität des Planetensystems zu sichern. Als Napoleon I. später Laplace nach der Bedeutung Gottes in seinem System fragte, antwortete der Astronom: »Ich brauche diese Hypothese nicht.«[30]

Demgegenüber hielt Kant in seinen vorkritischen naturwissenschaftlichen Schriften an Gott als dem Schöpfer der Welt fest. In seiner von Newton ausgehenden *Allgemeinen Naturgeschichte und Theorie des Himmels* (1755) bemerkte er, »daß, wenn man zu aller Ordnung des Weltbaues natürliche Gründe entdecken kann, die dieselbe aus den allgemeinsten und wesentlichen Eigenschaften der Materie zustande bringen können, so sei es unnötig, sich auf eine oberste Regierung zu berufen«.[31] Wissen ist Macht: Das hieß für viele Aufklärer nicht zuletzt die Einschränkung der kirchlichen Macht, die Macht der Aufklärung über die bis ins 15./16. Jahrhundert unangefochtene und dann zunehmend in die Defensive gedrängte christliche Kosmologie. Und wie lautete Kants Antwort? Die Materie als Urstoff aller Dinge sei einer höchst weisen Absicht unterworfen und müsse »notwendig in solche übereinstimmende Verhältnisse durch eine über sie herrschende Ursache versetzt worden sein, und *es ist ein Gott eben deswegen, weil die Natur auch selbst im Chaos nicht anders als regelmäßig und ordentlich verfahren kann*«.[32]

Trotz aller Skepsis gegen systematische Weltentwürfe, die sich bei d'Alembert ebenso findet wie bei Shaftesbury, der erklärte, »Der genialste Weg zur Dummheit führt über ein System«[33], entwickelten gerade die aufgeklärten Naturforscher immer wieder Systeme: allerdings Systeme, die im Gegensatz zu den bis ins 17. Jahrhundert herrschenden, von Aprioritäten ausgehenden metaphysischen Entwürfen standen. Sie wollten keine Systematiker sein und waren es doch. Beispiele bilden so unterschiedliche Werke wie Maupertuis' *Essai de cosmologie* (1750), Albrecht v. Hallers achtbändige *Elementa physiologiae corporis humani* (1757 bis 1765), die die moderne Physiologie begründete, Holbachs *Système de la nature* (1770) und Laplaces *Système du monde* (1796). Aber auch in anderen Sektoren der Naturforschung entstanden systematische Bestandsaufnahmen, die berühmtesten waren diejenigen des schwedischen Mediziners und Botanikers Carl v. Linné sowie des französischen Naturforschers Georges Graf von Buffon.

Linné, seit 1739 Präsident der auf seine Anregung gegründeten Stockholmer Akademie, Professor und Königlicher Leibarzt, schuf die Grundzüge einer botanischen Terminologie, die seitdem gültig geblieben ist. Sein zuerst 1735 veröffentlichtes Hauptwerk *Systema naturae* erhielt 1766 bis 1768 die endgültige dreibändige Gestalt und behandelte nacheinander Tiere, Pflanzen und Mineralien. Außerdem verfaßte Linné weitere medizinische, biologische und naturphilosophische Schriften, Reisebeschreibungen und damals unveröffentlichte Reflexionen über göttliche Nemesis.

Buffons monumentales Werk *Histoire naturelle, générale et particulière* erschien in nicht weniger als 44 Bänden seit 1749 und lag erst lange nach seinem Tode 1804 abgeschlossen vor. Das Werk dokumentierte nicht allein immensen Sammlerfleiß, sondern kaum minder ordnenden Geist und stilistisch glänzende Darstellungskraft: »Le style c'est de l'homme même«, lautete denn auch seine Maxime. Außer diesem Grundwerk der Zoologie verfaßte Buffon eine Erdgeschichte: *Les époques de la nature.* Immer ging es ihm um die Erkenntnis von innerem Zusammenhang und Gesetzlichkeit der Natur, nie allein um ihre Beschreibung. Wie alle großen Systematiker dieser Zeit verband Buffon eine aus der Beobachtung gewonnene ungeheure Fülle empirisch erarbeiteten

Materials mit dem Rationalismus der Problemstellung und transparenter Architektonik der Darstellung. Und nicht zu vergessen: Buffons Werk war wie manche andere Arbeiten der damaligen Naturforscher große Literatur.[34]

An die Jünglinge, die sich dem Studium der Naturphilosophie widmen wollten, richtete Diderot mit seinen *Pensées sur l'interpretation de la nature* (1754) die Mahnung: »Vergegenwärtige Dir im Geist immer, daß die *Natur* nicht *Gott* ist, daß ein *Mensch* keine *Maschine* ist, daß eine *Hypothese* keine *Tatsache* ist.«[35] Mit diesem maliziösen Rundumschlag gegen Spinozisten, Maschinisten und Spekulanten eröffnete Diderot seine naturphilosophischen Reflexionen, die den Unterschied zur systematisierenden Naturerforschung des Barock klar umrissen: Der Beobachtung folgte die zugleich ordnende, wägende und einfühlende Interpretation – gleich weit entfernt von blindem Empirismus wie von leerem Rationalismus bloßer Deduktion – oder auch von der Reduktion des Menschen, wie sie Lamettries *L'homme machine* (1748) betrieb. Diderot nannte drei Hauptmittel der Erkenntnis: Naturbeobachtung, Reflexion und Experiment. Doch empfand er gleichermaßen Ungenügen an der bloßen Sammlung von Material wie am bloßen Verbinden von Tatsachen.

Worin erblickte Diderot eine Lösung des Dilemmas zwischen Empirismus und Rationalismus, das die frühe Aufklärung mit ihrem Glauben an die Allmacht der Wissenschaften nicht sah? Weder die eine noch die andere Methode wollte Diderot aufgeben, doch wollte er ihre Nachteile durch Reflexion beseitigen und durch schöpferisches Genie der Interpretation ersetzen. Sie sollte sich weder in einem deduktiven System der gesetzmäßigen Erklärung auf hohem Abstraktionsniveau und deswegen hohem Allgemeinheitsgrad erschöpfen noch gänzlich auf systematische Elemente verzichten: Benutzt ruhig ein System, aber laßt euch nicht von ihm beherrschen.[36] »Die Naturbeobachtung muß unablässig, die Reflexion tief und das Experiment genau sein.«

Tatsächlich ist Diderots Versuch, unter Verwendung der kritisierten Methoden der Naturerkenntnis die eigene phänomenorientierte Interpretation zu begründen, oft schwer zu fassen. Das gilt auch für sein Gesamtwerk, das die Spannungen und Widersprüche der Aufklärung nicht nur enthielt, sondern reflektierte.[37]

»Diderots Denken kann gewissermaßen nur im Fluge, nur in seiner steten und rastlosen Bewegung erfaßt werden ... Kraft dieser Eigentümlichkeit seines Geistes wird Diderot einer der ersten, der das *statische* Weltbild des 18. Jahrhunderts überwindet und es in ein rein dynamisches Weltbild verwandelt.«[38]

Diderots skeptische Dynamisierung des Erkennens resultierte aus der Dynamisierung des zu Erkennenden. In seinen fiktiven Gesprächen *La rêve d'Alembert* beschwor Diderot den »Sophismus des Vergänglichen«, der von einem vergänglichen Wesen geübt werde, »das an die Unsterblichkeit der Dinge glaubt«. An Heraklit gemahnte Diderots Schlußfolgerung:

»Alles verändert sich, alles geht vorüber – nur das Ganze bleibt. Die Welt beginnt und endet dauernd – sie ist jeden Augenblick an ihrem Anfang und an ihrem Ende – es hat nie eine andere gegeben und es wird nie eine andere geben.«[39]

Angesichts solcher Haltung erscheint es paradox, daß gerade Diderot gemeinsam mit d'Alembert den grandiosen Versuch unternahm, das gesamte Wissen und Können der Zeit in der von 1751 bis 1780 in insgesamt 34 Bänden publizierten *Encyclopédie ou dictionnaire raisonné des sciences, des arts et des métiers. Par une société de gens de lettres* zu sammeln. An dem Riesenwerk von 60 200 Stichwörtern[40] waren zahlreiche führende französische Gelehrte der Zeit beteiligt, mehr als 160 sind namentlich bekannt. Die berühmtesten waren neben den beiden Herausgebern Condorcet, Voltaire, Condillac, Montesquieu, Turgot, Marmontel, Rousseau und d'Holbach. Doch stellte die *Encyclopédie* keineswegs eine lexikalische Sammlung nach Art des erwähnten noch umfangreicheren Zedlerschen *Universallexikons* dar, sondern folgte einer enzyklopädischen Ordnung der Wissenschaften gemäß einer von d'Alembert im Anschluß an Bacon entwickelten Systematik.[41] Initiatoren und Autoren intendierten überdies tatsächlich ein »*dictionnaire raisonné*«. Hierdurch wurde die *Encyclopédie* viel mehr als eine umfassende Bestandsaufnahme damaligen Wissens, nämlich die Summe der wissenschaftlichen und philosophischen Prinzipien der französischen und das repräsentative Werk der europäischen Aufklärung überhaupt. Die *Encyclopédie* dokumentierte damit den Charakter des freien Diskurses der Aufklärer untereinander, sie zeigte zugleich, daß die Herausgeber ihre Kritik am bloßen Empirismus und am bloßen Rationalismus konstruktiv realisierten: Sie sagten keineswegs nur, wie man wissenschaftliche Erkenntnis und Systematik nicht betreiben solle, sondern setzten ihre Vorschläge grandios in die Tat um.

Bei seiner Ankündigung der letzten Bände erklärte Diderot 1765, der Hauptzweck der *Encyclopédie* sei die Sammlung der Entdekkungen der vergangenen Jahrhunderte gewesen, doch sei darüber die Erweiterung durch völlig neue Kenntnisse keineswegs zu kurz gekommen.

»Man kann uns ... wengistens nicht abstreiten, daß unsere Arbeit auf der Höhe unseres Jahrhunderts steht, und dies bedeutet immerhin etwas. Der aufgeklärteste Mensch wird darin Ideen finden, die ihm neu sind, und Tatsachen, die er nicht kennt. Möge die allgemeine Bildung so schnell fortschreiten, daß es nach zwanzig Jahren in tausend Seiten von uns kaum noch eine Zeile gibt, die nicht etwas überall Bekanntes sagt! Es ist Sache der Herrscher der Welt, diese glückliche Umwälzung zu beschleunigen; denn sie können den Kreis der Aufklärung erweitern oder einschränken.«[42]

Die Idee zur Enzyklopädie war nicht schlechthin neu, Diderot selbst verwies auf Vorgänger und setzte sich insbesondere mit dem englischen Schiftsteller Ephraim Chambers auseinander, der zuerst 1728 eine zweibändige, dann immer wieder erweiterte Enzyklopädie herausgebracht hatte: *Cyclopaedia or an universal dictionary of arts and sciences.* Bis zur Mitte des 18. Jahrhunderts erlebte sie sieben Auflagen. Chambers seinerseits stand in einer langen Tradition[43]: Bereits 1630 gab Johann Heinrich Alsted in Herborn ein siebenbändiges Werk heraus, das das Wort »Enzyklopädie« im Titel führte. Der Begriff selbst stammt vermutlich von dem französischen Humanisten Guillaume Budaeus (1467–1540). Und schließlich publizierte der katholische Theologe Louis Moréri zuerst 1674 eine mehrbändige, auf historische und biographische Artikel konzentrierte Enzyklopädie, die bis zum Jahre 1759 mehr als zwanzigmal aufgelegt wurde, als d'Alembert und Diderot bereits mehrere Bände veröffentlicht hatten: *Le grand dictionnaire historique.* Moréri bot seinerseits den Anlaß für Bayles *Dictionnaire historique et critique.*[44] Seit dem 17. Jahrhundert bildete die systematische Ordnung der Wissenschaften angesichts der ständig zunehmenden Fülle einzelner Erkenntnisse das enzyklopädische Ideal, dem sich trotz ihrer Gegensätzlichkeit Moréri und Bayle ebenso verpflichtet fühlten wie später Chambers und Diderot. Unübersehbar differierte allerdings die thematische Akzentuierung. Naturwissenschaften und Technik, bei d'Alembert und Diderot auch die Handwerke, dominierten in den Enzyklopädien des 18. Jahrhunderts oder erhielten doch zumindest einen gleichberechtigten Platz neben Geschichte, Kultur und Theologie.

Der Haupteinwand Diderots gegen die vorliegenden Enzyklopädien war nicht allein methodischer Art, sondern richtete sich gegen die unvermeidliche Veraltung der vorliegenden Werke, denen er Fleiß und Wissen, aber wenig Genie attestierte. So benutzte er z. B. für die philosophiegeschichtlichen Artikel der *Encyclopédie* die fünfbändige erste deutsche Philosophiegeschichte des lutherischen Augsburger Pastors und Schulrektors Johann Jakob Brucker *Historia critica philosophiae* in gedanklicher Freiheit von diesem, die das Material oft modifizierte. Vor allem aber war Diderots Urteil kaum widerlegbar:

»Welchen Fortschritt hat man seitdem doch in den Wissenschaften und Künsten gemacht! Wie viele Wahrheiten, die man damals nicht ahnte, sind heute entdeckt! Die wahre Philosophie lag damals noch in der Wiege; die Geometrie des Unendlichen existierte noch nicht, die experimentelle Physik zeigte sich kaum; es gab keine Dialektik; die Gesetze der vernünftigen Kritik waren völlig unbekannt.«[45]

Angesichts dieser Perspektive aufgeklärten Fortschrittsbewußtseins bedurfte der Plan zu einer Enzyklopädie keiner weiteren Rechtfertigung, fand doch der enzyklopädische Drang der aufgeklärten Wissenschaftsorganisatoren noch in einer ganzen Reihe von thematisch begrenzten Enzyklopädien bzw. Sammelwerken, wie den vorn erwähnten Wörterbüchern zur deutschen Sprache, Ausdruck, entstanden doch neben der französischen weitere Enzyklopädien und Universallexika, die den selbstbewußt dargestellten Fortschritt des Wissens in seinem ganzen Reichtum demonstrieren sollten. Hierin stimmten denn auch die von dem Italiener Coronelli 1701–1706 veröffentlichte *Biblioteca universale*, die 1728 publizierte *Cyclopaedia* von Chambers und das seit 1731 veröffentlichte Zedlersche *Universallexikon* mit der 1750 begonnenen *Encyclopédie* überein. Die gleiche Zielrichtung verfolgte im übrigen auch die noch heute erscheinende *Encyclopaedia Britannica*, die erstmals von 1768 bis 1771 herausgegeben wurde. In dieser grenzüberschreitenden enzyklopädischen Tradition der Aufklärung standen denn auch später begonnene riesenhafte Werke, wie die seit 1773 in Berlin von Johann Georg Krünitz herausgegebene *Ökonomische Enzyklopädie*, die 1858 schließlich unter dem Titel *Ökonomisch-technologische Enzyklopädie* 242 Bände umfaßte. Sie trug dem von der Aufklärung propagierten Ziel Rechnung, nützliche, praktische Kenntnisse zu vermitteln. Späteren Generationen gehörte zwar die von Johann Samuel Ersch und Johann Georg Gruber seit 1818 begonnene *Allgemeine Encyklopädie der Wissenschaften und Künste* an, die bis 1889 167 Bände zählte, doch spiegelte sich noch in ihr unverkennbar die von der Aufklärung geschaffene moderne enzyklopädische Tradition.

Zweifellos handelte es sich also beim Enzyklopädismus um einen Grundzug der Aufklärung, der auch noch in der Philosophie des deutschen Idealismus bei Hegel eine philosophische Begründung fand.[46] Gleichwohl überrascht es, daß Diderots und d'Alemberts *Encyclopédie*, die während ihres Entstehens auch außerhalb der französischen Grenzen manche Unterstützung erhielt, im deutschen Sprachraum eine ungleich geringere Anerkennung und Rezeption fand, als sie noch Bayles *Historisch-kritischem Wörterbuch* zuteil geworden war, das keineswegs nur in Gottscheds Übertragung gegenwärtig blieb.[47] Zweifellos trugen äußere Gründe zur Erschwerung der Rezeption bei, obwohl sie diese in anderen Fällen nicht behinderten: Der Erscheinungszeitraum des Werkes erstreckte sich nahezu auf eine Generation, sein Umfang, sein hoher Preis, in geringerem Maße vielleicht die Fremdsprachigkeit waren hinderlich. Zwar wurde auch in deutschen Zeitschriften, z. B. in den *Göttingischen Gelehrten Anzeigen*, 1751[48] auf die *Encyclopédie* hingewiesen und zur Subskription eingeladen, aber zu einer echten Auseinandersetzung mit diesem zentralen Werk der europäischen Aufklärung kam es in Deutschland nicht.

Allerdings war die *Encyclopédie* zunächst auch in Frankreich umstritten, im ersten Jahrzehnt blieb sie Verfolgungen durch die Zensurbehörden ausgesetzt, aber einige Jahre nach Erscheinen der ersten Bände erlangte sie doch breite Anerkennung in den meinungsbildenden Schichten, hatte ungefähr 4000 Subskribenten und wurde von den Behörden geduldet. Doch erwiesen sich materielle Gründe sogar in Frankreich für die Verbreitung als hinderlich, wieviel mehr mußten sie es in Deutschland sein. Die Zahl derjenigen, die an einem solchen Werk Interesse hatten, dürfte in jedem Fall größer gewesen sein als die Zahl finanzkräftiger Käufer: Viele Angehörige aufgeklärter Bildungsschichten, z. B. Prediger, Hauslehrer, Staatsbedienstete usw., besaßen kein entsprechendes Einkommen.

Inzwischen liegen dank der Arbeiten von Jacques Proust und Robert Darnton vergleichsweise genaue Angaben über die Entstehungsgeschichte, die Verbreitung und die Leser der *Encyclopédie* vor, die zeigen, daß dieses Werk im Europa des Ançien Régime viel verbreiteter gewesen ist, als bisher angenommen: Nach der Pariser Erstauflage von 4225 Exemplaren wurden im 18. Jahrhundert – u. a. in der Schweiz – fünf weitere französischsprachige Auflagen hergestellt. Bis 1789 war das Werk vermutlich in 24 900 Exemplaren im Umlauf, davon 11 500 in Frankreich: »Das bedeutendste Werk der Aufklärung (war) auch der bedeutendste Bestseller des Jahrhunderts.« (Darnton) Die *Encyclopédie* ließ sich besonders gut an die beiden ersten Stände, Klerus und Adel, verkaufen. Im Dritten Stand dominierten die »Wirtschaftsbürger«, vor allem Kaufleute. Sie drang überdies viel stärker in die französische Provinz ein, als früher vermutet. Der Absatz in Deutschland war auf einige wenige Städte begrenzt, die zu den Zentren der Aufklärung gehörten, und war vergleichsweise gering. In Leipzig scheint er mit 29 Exemplaren der ersten Bände am höchsten gewesen zu sein, in Frankfurt am Main weniger gut, aber immer noch besser als in Berlin, wo offenbar nur einige Exemplare verkauft wurden.[49] Jedenfalls begrüßte noch 1805 die in Halle erscheinende *Allgemeine Literatur-Zeitung* eine im Stuttgarter Metzler Verlag 1802 veröffentlichte knappe Auswahl, da sich nicht jeder »dieses kostbare Werk leisten könne«.[50]

Der an der gemäßigten Aufklärung orientierte höfische Adel hätte sich das Werk leisten können und beherrschte im allgemeinen auch die französische Sprache. Doch dürften viele Angehörige dieser Schicht durch die polemische Werbung für das Werk abgehalten worden sein. Diese ungeschickte Propaganda betrieb der radikale, aus Regensburg stammende und seit 1748 in Paris lebende Diplomat und Publizist Friedrich Melchior Grimm in seiner dort von 1753 bis 1773 alle zwei Wochen erscheinenden *Correspondance littéraire, philosophique et critique*.[51] Grimm schickte seine *Correspondance* an die europäischen Fürstenhöfe und spielte so als Vermittler der französischen Aufklärung eine Rolle. Doch bedachte Grimm nicht, daß der Stil von Fontenelle, Bayle und vor allem Voltaire Geschmack und Urteil dieser Leserschicht nachhaltig geprägt hatte.

Ein Beispiel für solch innere Gründe der vergleichsweise geringen und dem Rang des Werkes alles andere als angemessenen Resonanz bildete der preußische König Friedrich II. Sonst ein großer Bewunderer der französischen Kultur, für den Aufklärung weithin gleichbedeutend mit französischer Aufklärung war, blieb er der *Encyclopédie* gegenüber skeptisch, zuweilen auch ablehnend. Allerdings hatte schon d'Argens diese Vorbehalte gegenüber dem Werk stimuliert, als er dem König schrieb, er werde einen »ungeheuren Ozean schlechter Sachen zu durchschiffen haben«.[52] Die Skepsis des preußischen Königs sollte man aber nicht überbewerten, auch der Zeitpunkt seines Interesses ist eher bemerkenswert: Ende des Jahres 1759 stand er mitten im Siebenjährigen Krieg. Ebensowenig dürfte Friedrich die vor allem in religionsphilosophischen Artikeln durchschlagende Radikalität gestört haben, die in Österreich dazu führte, das Werk 1762 auf den Index zu setzen.

Friedrichs philosophische und literarische Maßstäbe gehörten tatsächlich noch der vorhergehenden Epoche an: Die französische Klassik, das Zeitalter Ludwigs XIV., beeinflußt durch die geistvolle Sicht Voltaires, bildeten den Hintergrund jeglichen Urteils. Bezeichnend ist eine eher beiläufige Bemerkung aus dem Jahr 1760 gegenüber d'Argens: »Sagen Sie mir bitte, ob meinen Versen das Studium Racines anzumerken ist. Ich möchte es gerne wissen, denn vielleicht gebe ich mich einer Selbsttäuschung hin.«[53] Und an d'Alembert schrieb der alte König 1780: »Das Grab Voltaires wird das der schönen Künste sein. Er war der Schlußstein des Schönen Zeitalters Ludwigs XIV.«[54] Friedrichs eher punktuelles Interesse an der *Encyclopédie* ergab sich aus dem Charakter eines solchen Werkes, das trotz aller philosophischen Systematik noch kein in sich homogenes Lesebuch sein konnte.[55]

Im übrigen lag dem König die kritische philosophische Skepsis eines Bayle, dessen Scharfsinn er immer wieder bewunderte, erheblich näher als der Optimismus der Enzyklopädisten. Doch schätzte er insbesondere d'Alembert außerordentlich. Ungeachtet gelegentlicher Kritik an seinen philosophischen Schriften hielt er ihn neben Pascal und Newton für den größten europäischen Mathematiker und wollte ihn – wenn auch vergeblich – für die Präsidentschaft der Berliner Akademie gewinnen. Auf Einladung des Königs hielt sich d'Alembert 1763 einige Monate in Potsdam auf und war von diesem Besuch sehr angetan.[56] Über den *Discours préliminaire* sagte der König zu Henri de Catt, es sei d'Alemberts Meisterwerk: »Dieses Werk allein wird seinen Namen unsterblich machen.«[57] Friedrich hegte zweifellos gegen Diderot Animositäten[58], aber daraus folgt noch keine grundsätzliche Mißachtung der gesamten *Encyclopédie*. Jedoch lehnte der König die philosophische und vor allem die politische Radikalisierung der französischen Aufklärung seit der Mitte des 18. Jahrhunderts ab, die auch in der *Encyclopédie* Ausdruck fand. Aus politischen Motiven kritisierte der preußische König gelegentlich auch Artikel der *Encyclopédie* direkt, so in seinen fiktiven *Briefe(n) über die Vaterlandsliebe* von 1779 den Kosmopolitismus der Enzyklopädisten:

»Wie ich mich erinnere, erwähnt Ihr Brief den Ausspruch eines Enzyklopädisten … Seit einigen Jahren werden wir von solchen Werken überschwemmt. Man findet darin eine kleine Anzahl guter Dinge und einige wenige Wahrheiten; der Rest scheint mir ein Haufen von Aberwitzigkeiten und leichtfertig vorgebrachten Ideen, die man erst hätte prüfen und verbessern müssen, ehe man sie dem Urteil der Öffentlichkeit unterbreitet.«

Friedrich stimmte zwar im allgemeinen der Ansicht zu, »alle Menschen seien Brüder und müßten einander lieben«. Aber sollte die Meinung, der Weise sei ein Weltbürger, zu Vagabundentum führen, müsse er widersprechen: Die Folge solcher Ideen »sind dem Wohl der Gesellschaft stets zuwider. Sie führen zur Auflösung des gesellschaftlichen Verbandes; denn sie entwurzeln im Herzen der Bürger unmerklich den Eifer und die Anhänglichkeit, die sie ihrem Vaterlande schulden.«[59] D'Alembert gegenüber rechtfertigte der König 1779 seine Attacke damit, er habe in den Werken der Enzyklopädisten gelesen,

»daß die Vaterlandsliebe ein Vorurteil sei, das die Regierungen zu befestigen versucht hätten, daß es aber in einem aufgeklärten Jahrhundert wie dem unsern Zeit wäre, mit solchen alten Hirngespinsten aufzuräumen … Derartige Behauptungen zu widerlegen, ist zum Besten der Gesellschaft unbedingt erforderlich.«[60]

Friedrichs eher kritische Beurteilung der *Encyclopédie* war von besonderem Gewicht, weil er innerhalb der deutschen Aufklärung derjenige war, der sich am stärksten an Frankreich orientierte und für den weder eine Sprachbarriere noch Geldmangel die Rezeption des Werkes hinderte. Seine Skepsis teilten vermutlich nicht wenige der deutschen Aufklärer. Im allgemeinen äußerte man sich eher beiläufig, selten aber enthusiastisch über die *Encyclopédie*. Dazu trug der heterogene Charakter, der einem so großangelegten enzyklopädischen Werk trotz aller reflektierten, philosophisch geschlossenen Konzeption notwendig anhaftete, nicht wenig bei. Goethe urteilte im historischen Teil seiner *Farbenlehre* über die Enzyklopädisten:

»Da ein Lexikon sowie ein Kompendium einer Erfahrungswissenschaft eigentlich nur eine Sammlung des kursierenden Wahren und Falschen ist, so wird man auch von dieser Gesellschaft nichts weiter erwarten: Man konnte ihr nicht zumuten, daß sie jede Wissenschaft sollte neu durcharbeiten lassen. Und so haben sie denn auch die alte Konfession mit Ernst und Vollständigkeit dergestalt abgelegt, daß sie vor den sämtlichen Glaubensgenossen mit Ehren bestehen können.«[61]

Hier äußerte sich einerseits das Ungenügen am lexikalischen Prinzip, andererseits die Kritik am aufgeklärten Bekenntnischarakter der *Encyclopédie*, der die folgende Generation im letzten Jahrhundertdrittel zunehmend störte: Diese Verbindung von demonstrativem erschlagenden Wissen und missionarischer Überzeugung ärgerte die Stürmer und Dränger aber nicht nur an der französischen, sondern auch an der deutschen Aufklärung.

In der Rezeptionsgeschichte der *Encyclopédie* drückt sich im übrigen die unterschiedliche intellektuelle Szenerie Deutschlands und Frankreichs um die Mitte des 18. Jahrhunderts aus: Bei Erscheinen der ersten Bände der *Encyclopédie* war das Zedlersche *Universallexikon* mit Ausnahme der Supplementbände gerade abgeschlossen worden. Die große Zeit lexikalischer und gelehrter Nachschlagewerke waren die Jahrzehnte zwischen 1700 und 1750.[62] Der *Zedler* war ein Werk gründlichster, umfassender Gelehrsamkeit, das es mit der *Encyclopédie* in dieser Hinsicht sehr wohl aufnehmen konnte. Auch der *Zedler* atmete zweifelsfrei aufgeklärten Zeitgeist, z. B. in dem umfangreichen Artikel über die Philosophie Wolffs. Aber die *Encyclopédie* besaß etwas, das das *Universallexikon* nicht hatte: Esprit, philosophische Lebendigkeit, diskursiven und reflektierenden Charakter der großen Artikel, unter denen sich eine Fülle von Brillantem befand. Lieferte der *Zedler* solide, objektivere Information, blitzte in der *Encyclopédie* oft genug aufgeklärte Polemik, ja Propaganda auf. Sosehr sich Voltaire von Wolff unterschied, sosehr unterschied sich die *Encyclopédie* vom *Zedler*. Das Entstehen der *Encyclopédie* bildete über Jahre hinweg ein Politikum: Nicht nur für Staat und Kirche, sondern kaum minder für die »république de lettres« selbst, sie wurde zum Kristallisationspunkt und zum Scheidewasser der Aufklärung, sie integrierte und trennte die philosophischen und politischen Schulen der Aufklärung, sie war eine Pariser und eine nationale Institution. Ein so zentrales Forum besaß die deutsche Aufklärung nicht, sowenig Deutschland damals ein geistiges Zentrum wie Paris besaß – viele Aufklärer haben diesen Nachteil für die öffentliche Meinungsbildung nachhaltig empfunden. Zugleich aber garantierte die Existenz vieler kleinerer Zentren der deutschen Aufklärung ihre Vielfalt. Es kam aber noch etwas hinzu: Der zweifache Generationswandel, der die Rezeptionsgeschichte der *Encyclopédie* prägte, beschränkte sich nicht auf Deutschland, obwohl er hier eine eigene Form annahm. Der in der Konfrontation der Beurteilungskriterien Friedrichs II. und der Enzyklopädisten sich manifestierende Stilwandel verlief in Frankreich parallel: Seit 1750 radikalisierte sich dort die Aufklärung, der Begriff Revolution begann sich zu politisieren, das Epochengefühl veränderte sich.[63]

In Deutschland vollzog sich dieser Stilwandel zunächst in der Literatur, prototypisch ist hier der Wechsel von Gottsched zu Lessing sowie die Infragestellung der Aufklärung in den siebziger Jahren durch den Sturm und Drang, der zwar ohne das Erbe der Aufklärung nicht denkbar ist, aber sie gleichwohl zu überwinden suchte. Paradox erscheint es, daß die Stürmer und Dränger zunächst den Unterschied zwischen der *Encyclopédie* und dem Zedlerschen *Universallexikon* kaum reflektierten. So schrieb Herder in seinem den Sturm und Drang einleitenden *Journal meiner Reise im Jahre 1769*:

»Jetzt macht man schon Encyklopädien: ein D'Alembert und Diderot selbst lassen sich dazu herunter: und eben dies Buch, was den Franzosen ihr Triumph ist, ist für mich das erste Zeichen zu ihrem Verfall. Sie haben nichts zu schreiben und machen also *Abregés, Dictionaires, Histoires, Vocabulaires, Esprits, Encyclopédieen,* u.s.w.. Die Originalwerke fallen weg.«[64]

Die Generation des Sturm und Drang schreckte vor diesem angehäuften Wissen, auf das die aufgeklärten Väter so stolz verwiesen, zurück.

»Wenn wir von den Enzyklopädisten reden hörten, oder einen Band ihres ungeheuren Werks aufschlugen, so war es uns zu Mute, als wenn man zwischen den unzähligen bewegten Spulen und Weberstühlen einer großen Fabrik hingeht, und vor lauter Schnarren und Rasseln, vor allem Aug und Sinne verwirrenden Mechanismus, vor lauter Unbegreiflichkeit einer auf das mannigfaltigste in einander greifenden Anstalt, in Betrachtung dessen, was alles dazu gehört, um ein Stück Tuch zu fertigen, sich den eigenen Rock selbst verleidet fühlt, den man auf dem Leibe trägt.«[65]

Damit formulierte Goethe die beiden Motive der Skepsis. Gemeinsam war Goethe und Herder die Kritik an der Gattung. Überdies belegen andere Stellungnahmen Herders, daß er offensichtlich stärker als Goethe an der religionsphilosophischen Radikalität des Unternehmens Anstoß nahm. Diese Haltung stimmte mit der gemäßigten deutschen Aufklärung überein.

Auch später revidierte Herder seine abschätzige Meinung über die *Encyclopédie* nur geringfügig. 1769 schrieb er aus Nantes seinem Verleger und Freund Hartknoch, man müsse die *Encyclopédie* lesen, »um das jetzige Frankreich von mehr als Außen zu kennen«. Freilich hatte Herder vorher einschränkend bemerkt, durch ein solches Werk könne man nicht durchkommen. Herder las vor allem den »Prospektus«, den »Discours préliminaire«, seine Lieblingsautoren und die ihn besonders interessierenden Artikel.[66] Trotzdem blieb er skeptisch. In seiner 1774 veröffentlichten Schrift *Auch eine Philosophie der Geschichte zur Bildung der Menschheit* verspottete er wieder einmal den Fortschrittsglauben der Aufklärung, die sich selbst als Gipfel des Fortschritts betrachtete, und schließlich auch die Enzyklopädisten:

»Endlich gar – herrliche Erfindung! – in *Memoires* und *Wörterbüchern*, wo Jeder lesen kann, *was* und *wie viel* er will – und die herrlichste der herrlichen Erfindungen, das *Wörterbuch*, die *Encyklopädie aller Wissenschaften und Künste*. Wenn einst durch Feuer und Wasser alle Bücher, Künste und Wissenschaften untergehen, aus und an *Dir, Encyclopädie*, hat der *menschliche Geist Alles!*«[67]

Die Ironie dieser Stelle ist offensichtlich, sie ist also alles andere als ein Beleg für Herders positive Bewertung der *Encyclopédie*.[68]

Die *Encyclopédie* traf also in Deutschland auf unterschiedlich motivierte, sich aufgrund des langen Erscheinungszeitraums überlappende Widerstände. Sie gingen gleichermaßen von politisch, philosophisch und religiös gemäßigten Aufklärern der älteren Generation aus wie von der übernächsten Generation der Stürmer und Dränger. Bezeichnend war im übrigen, daß der Versuch scheiterte, in den siebziger Jahren des 18. Jahrhunderts in Deutschland zunächst nach dem Vorbild von Chambers, dann vor allem aber demjenigen d'Alemberts und Diderots, eine umfassende Enzyklopädie herauszugeben. 1778 erschien der erste Band der *Deutsche(n) Encyclopädie oder Allgemeines Real-Wörterbuch aller Künste und Wissenschaften,* die ein Kreis Gießener Gelehrter im Auftrag des Frankfurter Verlegers Franz Varentrapp herausgab.

Diese Enzyklopädie – die im übrigen einen aufschlußreichen Artikel über ihre Vorbilder enthielt – kam aber nur bis zum Buchstaben K, mit Band 23 wurde das Unternehmen 1804 eingestellt.[69] Bis zu dem erwähnten umfassenden Werk von Ersch und Gruber im 19. Jahrhundert blieb es in Deutschland dann vor allem bei der Herausgabe spezieller gelehrter Nachschlagewerke ohne umfassende Thematik oder philosophisch-politische Zielsetzung.

Als das Gießener Unternehmen begann und die *Encyclopédie* mit ihren großen Tafel- und Supplementbänden definitiv vollendet war, hatte die Aufklärung in Deutschland ihren Höhepunkt bereits überschritten. 1781 bildete gewissermaßen ein Epochenjahr in der Ideengeschichte der deutschen Aufklärung: Lessing starb, und Kant veröffentlichte die *Kritik der reinen Vernunft*. Nicolais süddeutsche Reise brachte einen publizistisch außerordentlich wirksamen Zusammenstoß von protestantisch-norddeutscher Aufklärung und süddeutschem Katholizismus.

Insgesamt gesehen wäre es dennoch falsch, die Resonanz der deutschen Aufklärung auf die *Encyclopédie* allein mit den skeptischen Augen der an den Maximen des späten 17. und frühen 18. Jahrhunderts orientierten Aufklärer oder der Generation ihrer Überwinder zu sehen. Neben Skepsis und Kritik provozierte das Werk Diderots und d'Alemberts doch auch Bewunderung, stand die Anerkennung der grandiosen Leistung. Auch enthusiastische Begeisterung löste die *Encyclopédie* gelegentlich aus, z. B. bei dem fränkischen Schriftsteller Wilhelm Ludwig Wekhrlin, dem Herausgeber des *Grauen Ungeheuer*.[70] Die Reaktion war vielschichtig und trug viele Gesichter. Neben den komplexen materiellen, ideellen, religionsphilosophischen, erkenntnistheoretischen und politischen Gründen stand aber in Deutschland durchgängig das Problem der Gattung: Die deutschen Schriftsteller trennten säuberlich originäre philosophische Werke und sachkundige Bestandsaufnahme, die Verbindung beider fiel ihnen in der Regel schwerer. War philosophischer sowie wissenschaftlicher Fortschritt und seine enzyklopädische Kanonisierung nicht ein Widerspruch in sich? Schließlich änderte sich die Auffassung des Wissens selbst. Wissen wurde weniger zweckgerichtet verstanden, sondern im neuhumanistischen Bildungsideal um 1800 zum Selbstzweck.

Für das späte 18. Jahrhundert aber blieb ausschlaggebend: Die *Encyclopédie* war aus der Aufklärung nicht mehr wegzudenken, auch in Deutschland wurde sie diskutiert, wenn auch nicht, wie in

Italien, übersetzt oder, wie in der Schweiz, nachgedruckt. Eine Übersetzung ins Englische und ins Spanische unterblieb ebenfalls. Eine differenzierte vergleichende Rezeptionsgeschichte im europäischen Maßstab würde in der Tat instruktive Aufschlüsse über die Unterschiede der Aufklärung in den einzelnen Staaten liefern.

2. Erziehung des Menschengeschlechts

Verband Lessing in seinem gleichnamigen religionsphilosophischen Traktat Glaubens- und Wissensgeschichte, konzentrierten sich andere Aufklärer auf die praktische Dimension. »Wissenschaftlicher Encyclopädismus ist die unsres Jahrhunderts allein würdige und zweckmäßigste intellectuelle Bildungsart der Jugend«, so urteilte Daniel Jenisch im Jahre 1800 in seinem Werk über *Geist und Charakter des achtzehnten Jahrhunderts.*[71] Nennt man das 18. Jahrhundert ein philosophisches Jahrhundert, könnte man es mit kaum geringerem Recht ein pädagogisches Jahrhundert nennen. Die Aufklärer waren in gleichem Maße gelehrt wie lehrhaft, waren ohne jede Scheu belehrend. Ihr pädagogischer Impetus durchzog den Zeitgeist und verband sich mit den philosophischen, literarischen und politischen Zielen. Das Schlüsselwerk dieser pädagogischen Intensität, die die Familie nicht weniger beherrschte als Schule und Universität, bildete Rousseaus *Emile, où de l'éducation* (1762) – die wirkungsmächtigste pädagogische Schrift des 18. Jahrhunderts. Doch handelte es sich keineswegs um die erste Programmschrift aufgeklärter Erziehungsprinzipien. So verfaßte Locke, der in vielen Sektoren aufgeklärten Denkens bahnbrechend wirkte, bereits 1693 *Some thoughts concerning education,* in denen er, von der Prämisse der »tabula rasa« ausgehend, Erkenntnistheorie und Erziehung auf sehr moderne Weise miteinander verband. Und auch Fénelons noch klassizistische *Aventures de Télémaque* waren u. a. ein pädagogisches Buch, wenngleich ganz anderer Art – ein Buch politischer Kritik nicht über, sondern zur Erziehung. Ein Werk auch, das im Kontext der im 17. Jahrhundert sich vollziehenden Entdeckung der Kindheit stand.[72] Fénelon verfaßte noch ein anderes Buch, das zwar weniger bekannt ist, aber zweifelsfrei ein pädagogisches Thema hat: *Traité de l'éducation des filles* (1687). Erziehung bedeutete für ihn ähnlich wie später für Rousseau ein bedachtes, vorsichtig dirigierendes

Wachsenlassen und Entwickeln natürlicher Anlagen.

Der anthropologische Ausgangspunkt der Aufklärung führte zwangsläufig zur Reflexion über die Erziehung, auch wenn man nicht von Rousseaus Prämisse ausging, die lautete: »Alles, was aus den Händen des Schöpfers kommt, ist gut; alles entartet unter den Händen der Menschen ... Nichts will er so, wie es die Natur gemacht hat, nicht einmal den Menschen.«[73] Solche Überlegung hatte die Konsequenz, Natur und Geschichte miteinander zu konfrontieren. Welche Entwicklung hatte zu dieser Verbildung des Menschen geführt? Mit Hilfe welcher Bildung ist die wahre, gute Natur des Menschen zurückzugewinnen? Damit stellte Rousseau das Problem der Erziehung nicht nur in das Spannungsfeld von Urzustand und Spätkultur, sondern verwies auf die gesellschaftliche Dimension jeglicher Erziehung. Hierin lag der Konnex mit seinen anderen sozialphilosophischen Arbeiten, vor allem der Preisschrift *Discours sur l'origine et les fondements de l'inégalité parmi les hommes* (1755), mit der Rousseau auf eine von der Akademie in Dijon gestellte Frage antwortete, und dem *Contrât social* (1762). Aber eine unmittelbare Rückkehr zum natürlichen Zustand des Menschen, d. h. der Verzicht auf Erziehung, konnte das Problem in den Augen Rousseaus keineswegs lösen:

»So, wie es im Augenblick steht, würde ein nach seiner Geburt völlig sich selbst überlassener Mensch das verbildetste aller Wesen sein. Vorurteile, Autorität, Vorschriften, Beispiele – alle die Einrichtungen der Gesellschaft, in denen wir ertrinken, würden seine Natur ersticken und ihm kein Äquivalent dafür geben.«[74]

Diese Sicht des Erziehungsproblems' implizierte eine weitere Ebene, nämlich die <u>Frage nach dem Verhältnis von Natur und Kultur des Menschen</u>. Ihre Polarität bildete im Denken des 18. Jahrhunderts ein zentrales Problem und personifizierte sich im <u>Gegensatz von Voltaire und Rousseau</u>. Als Rousseau den zweiten Teil seines *Discours sur l'inégalité* an Voltaire übersandt hatte, bedankte sich dieser 1755 mit den berühmt gewordenen Worten:

»Ich habe ... Ihr neues Buch gegen(!) das Menschengeschlecht erhalten und danke Ihnen dafür ... Nie hat man soviel Geist darauf verwendet, uns wieder zu Eseln zu machen. Man bekommt Lust, auf vier Füßen zu gehen, wenn man Ihr Werk liest. Da ich jedoch seit über sechzig Jahren aus der Übung gekommen bin, fühle ich leider, daß es mir unmöglich ist, sie wieder aufzunehmen. Ich überlasse diese natürliche Gangart denen, die ihrer würdiger sind als Sie und ich.«[75]

Rousseau antwortete ebenso höflich wie ironisch und gestand zu, für niemandem auf der Welt sei es schwieriger als für Voltaire, in die vierfüßige Gangart zurückzufallen. Nein, für Voltaire wäre eine solche Rückkehr einem Wunder gleich: so groß, daß es nur Gott vollbringen und nur der Teufel wollen könne.[76]

Für die deutsche Aufklärung war das Problem der Erziehung ebenfalls zentral, die Fragen und Antworten in prinzipieller Hinsicht kaum anders. Die Differenzen resultierten aus der Bikonfessionalität sowie aus der gesellschaftlichen und politischen Unterschiedlichkeit der Territorien, die sich vor allem in der Lehrerbildung sowie der Organisation des Bildungswesens niederschlugen. Solche Konsequenzen in der Praxis änderten jedoch nichts an der grundlegenden pädagogischen Prämisse: Auch die deutschen Aufklärer waren überzeugt, die Erziehungsfähigkeit des Menschen impliziere zugleich eine Erziehungsnotwendigkeit. Die Aufklärung sollte bereits beim Kind beginnen: deshalb besaß die Pädagogik für Menschenbild und Reformstreben der Aufklärung eine außerordentliche Bedeutung, nur mit Hilfe einer angemessenen Pädagogik konnten bessere Menschen erzogen werden, nur so konnte die Zukunft ein aufgeklärtes Zeitalter werden. Theoretische Untersuchungen über die Erziehung waren zahlreich, doch bildeten sie nicht den entscheidenden Aspekt der aufgeklärten Pädagogik, deren große Leistungen in der reflektierten Praxis lagen.

Einer der wegweisenden Pädagogen, die sich für eine natürliche Erziehung gemäß aufgeklärten Prinzipien aussprachen, war der Schweizer Philosoph Sulzer, der 1747 als Gymnasiallehrer nach Berlin kam und dort Karriere machte. Unter dem Einfluß Bodmers entwickelte er eine Kunsttheorie, deren Ergebnis durchaus nicht so fern pädagogischen Bemühens war, wie dieses Thema erwarten läßt, dienten die Künste in seinen Augen doch moralischer Vervollkommnung, diente die Schönheit doch der Moral. Sein Hauptwerk war die für die klassizistische deutsche Ästhetik grundlegende, zuerst 1771 bis 1774 in zwei Bänden veröffentlichte *Allgemeine Theorie der Schönen Künste*, deren erweiterte Fassung 1792 bis 1799 vier Bände umfaßte. Vor dieser Ästhetik hatte Sulzer schon ein ausschließlich pädagogisches Werk verfaßt: *Versuch von der Erziehung und Unterrichtung der Kinder* (1748). Aber auch spätere Schriften widmeten sich dem pädagogischen Anliegen bzw. verbanden Ästhetik und Pädagogik, z. B. seine *Vorübungen zur Erweckung der Aufmerksamkeit und des Nachdenkens* (zuerst 1768).

In einem weiteren Sinne können zahlreiche Werke über Sozialphilosophie und Ethik als Werke der Erziehung gelten, seien es nun Wolffs *Vernünftige Gedanken von dem gesellschaftlichen Leben der Menschen* (1721) oder Eberhards *Sittenlehre der Vernunft* (1781). Ihr Duktus war lehrhaft. Wolff wollte den geneigten Lesern zeigen, wie »die Menschen mit vereinigten Kräfften ihre Glückseeligkeit befördern können«, und Eberhard sah das Mittel zur Glückseligkeit in den freien Handlungen der Menschen:

> »Eine freye Handlung des Menschen ... ist diejenige, in Ansehung der es in dem Vermögen des Menschen steht, sich selbst durch seinen freyen Willen zu bestimmen. Sie ist *gut*, wenn sie seine Glückseeligkeit befördert, und *böse*, wenn sie dieselbe hindert.«[77]

So einfach war das. Die Erziehung zum Selbstdenken, zur Autonomie des freien Willens und der Vernunft war gleichbedeutend mit Erziehung zur Glückseligkeit, die ihrerseits schon Wolff gesellschaftlich verstand und nicht etwa als eine bloß individuelle, bloß private Glückseligkeit auffaßte, wie Eberhards Ausführungen nahelegen könnten.

Obwohl die Inhalte kaum bestimmt wurden, bestand das letzte Ziel vernünftiger Erziehung doch zweifelsfrei in der Mündigkeit des Bürgers, die aber nicht allein Selbstdenken im Sinne Kants, sondern überdies gesellschaftliche Verantwortung umfaßte. Die Pädagogik sollte über die Mittel nachdenken, die zur Erreichung dieser Ziele am besten geeignet waren; die Pädagogik mußte der Natur des Menschen Rechnung tragen und die Entfaltung seines Vernunftvermögens fördern. Die Aufklärer betonten immer wieder, daß die Erziehung nicht im gesellschaftsfreien Raum erfolge. Vielmehr wußten sie, daß die Gesinnungen der Menschen und ihr Handeln von einer komplexen Vielzahl äußerer Faktoren abhängt, zu denen sie u. a. Konfession, wirtschaftliche Umstände, soziale Herkunft und Mentalität der zu Erziehenden zählten.

Die pädagogischen Forderungen der Aufklärung waren nicht auf bestimmte Gesellschaftsschichten beschränkt – z. B. die höheren Stände –, vielmehr setzte sie sich erstmals in der Geschichte der Pädagogik wirksam für eine umfassende Volkserziehung ein.[78] So lieferte Nicolai in der *Beschreibung seiner Reise durch Deutschland und die Schweiz im Jahre 1781* eine an aufgeklärten Prinzipien orientierte kritische Bestandsaufnahme des Schulwesens der besuchten Städte und gelangte etwa in Augsburg zu dem Ergebnis, die niederen Schulen seien bei beiden Religionsparteien schlecht. An anderer Stelle sprach er von der »unglaublich elenden Beschaffenheit der Trivialschulen« in den meisten deutschen Ländern. Diese Urteile standen keineswegs vereinzelt und zeigten sowohl den sozialen als auch den pädagogischen Charakter aufgeklärter Kritik am Zustand des damaligen Schulwesens. Doch blieb es nicht bei Kritik, vielmehr leiteten die Aufklärer aus ihren prinzipiellen Zielen konkrete pädagogische Prinzipien ab. In charakteristischer Weise verband sich gesellschaftlich-politische Zweckbezogenheit mit humanitären Motiven: Der mündige Bürger der Aufklärung suchte sein individuelles Glück innerhalb des »gemeinen Nutzens« der bürgerlichen Gesellschaft.[79] Die Möglichkeit der Spannung zwischen Individuum und Gesellschaft wurde in diesem Zusammenhang kaum reflektiert. Die Forderung gemeinen Nutzens bestimmte den Kanon des Lehrstoffs, während die Prämisse, die Erziehung habe vom Kinde her zu erfolgen, die humanitäre Anthropologie widerspiegelte.

Kinder dürften nicht militärisch abgerichtet, vielmehr müßten ihre Neigungen und Kräfte entwickelt werden. Mechanisches Auswendiglernen sei ebenso von Übel wie gedankenloses Wiederholen unverstandener abstrakter Aussagen: Der Despotismus der Normalschulen verhindere, erklärte Nicolai, jeden pädagogischen Fortschritt.[80] Die heftig attackierte »militärische Erziehungsart« fand sich u. a. in Brandenburg-Preußen, wo in kleinen Dorfschulen nicht selten ausgediente Unteroffiziere mit dem Schulunterricht betraut wurden. Dieser Mißstand, der zweifellos zur Militarisierung des Zivillebens beitrug, führte immer wieder zur Forderung einer angemessenen und staatlich geregelten Lehrerausbildung.

Die Aufklärungspädagogik erhielt besondere Impulse durch den Halleschen Pietismus, der an der dortigen Waisenhausschule trotz der Dominanz religiöser Unterweisung und trotz mancherlei aufgeklärter Kritik pädagogisch wegweisende Elemente enthielt, z. B. die Einbeziehung der Realien in den Unterricht. Nicht zufällig war der Gründer der späteren Berliner Realschule, Johann Julius Hecker, ursprünglich Lehrer an der Waisenhausschule in Halle gewesen, nicht zufällig bildete die dort vollzogene Hinwendung der Ausbildung zur bürgerlichen Arbeitswelt auch ein Credo vieler deutscher Aufklärer. »Pietistische Berufsaskese ist Arbeit für andere, gemeinnützige Arbeit.«[81] Trotz der schon erwähnten Gegensätzlichkeit zwischen Aufklärung und Pietismus erlangten einige seiner pädagogischen Maximen erst durch die Aufklärung eine über die religiöse Intention hinausweisende breitere Wirksamkeit.[82]

Im letzten Drittel des 18. Jahrhunderts wurde die aufgeklärte Reformpädagogik besonders durch die unter anderem von Rousseaus *Emile* beeinflußten Philanthropen geprägt. Anders als die Pietisten standen sie in keinem Spannungsverhältnis zur Aufklärung, sondern waren Geist von ihrem Geiste. Noch stärker als die Pietisten orientierten die Philanthropen ihre Pädagogik berufsbezogen. Sie wollten eine gleichermaßen natürliche wie vernünftige Erziehung, die die Entfaltung der individuellen natürlichen Fähigkeiten des Kindes begünstigte. Nicht zurück zur Natur, aber doch Nähe zur Natur war eine der philanthropischen Maximen, die sich pädagogisch beispielsweise in der körperlichen Abhärtung, der Gartenarbeit und anderen Lehrstoffen niederschlug.

Auch die Philanthropen setzten sich nachdrücklich für eine moderne Lehrerausbildung ein. So schrieb Christian Gotthilf Salzmann 1806 sein berühmtes *Ameisenbüchlein oder Anweisung zu einer vernünftigen Erziehung der Erzieher*, nachdem er schon 1780 eine Anweisung zur modernen Kindererziehung, den pädagogischen Roman *Carl von Carlsberg* (1784–1788) und eine Reihe weiterer pädagogischer Schriften verfaßt hatte. Salzmann wurde 1781 Religionslehrer an dem von Johann Bernhard Basedow 1774 in Dessau gegründeten Philanthropin, der Modellschule der Philanthropen. Hier hatte Basedow die Möglichkeit geschaffen, die vor allem von ihm selbst entwickelten und von Salzmann und anderen fortgeführten pädagogischen Erkenntnisse des Philanthropinismus in der Praxis zu erproben.

Basedow hatte seine pädagogischen Ziele bereits seit einigen Jahren in mehreren Werken propagiert: 1768 veröffentlichte er nach einer Fülle theologischer und philosophischer Schriften die *Vorstellung an Menschenfreunde und vermögende Männer über Schulen und Studien und ihren Einfluß in die öffentliche Wohlfahrt*, 1771 sein *Methodenbuch für Väter und Mütter der Familien und Völker* und schließlich 1774 sein vierbändiges, mit zahlreichen Kupferstichen von Daniel Chodowiecki illustriertes *Elementarwerk* für Kinder. Ein Menschenfreund und vermögender Mann, der bereit war, die Praktizierung von Basedows Ideen zu finanzieren, fand sich in Fürst Leopold Friedrich Franz von Anhalt-Dessau. Damit war auch der Weg beschritten, den die Philanthropen grundsätzlich forderten, daß nämlich die institutionelle Grundlage der Erziehung und ihre Beaufsichtigung Aufgabe des Staates und nicht der Kirche sei. Daran war diesen Pädagogen in erster Linie gelegen, weil nur so eine Erziehung zu religiöser bzw. konfessioneller Toleranz im Sinne aufgeklärter Vernunftreligion – in der Regel waren die Philanthropen Deisten – gesichert schien. Das Ziel war Entwicklung intellektueller Autonomie getreu der pädagogischen Maxime Kants: Der Schüler und Studierende solle »nicht *Gedanken,* sondern *denken* lernen; man soll ihn nicht *tragen* sondern *leiten,* wenn man will, daß er in Zukunft von sich selbst zu *gehen* geschickt sein soll«.[83]

Der unter Rousseaus Einfluß stehende Kant begrüßte das Dessauer Philanthropin, 1777 schrieb er in einem Zeitungsartikel:

»Wir würden in Kurzem ganz andere Menschen um uns sehen, wenn diejenige Erziehungsmethode allgemein in Schwung käme, die aus der Natur selbst gezogen, nicht von der alten Gewohnheit roher und unerfahrener Zeiten sclavisch nachgeahmt wäre. Aber vergeblich ist es, dieses Heil des Menschengeschlechts von einer allmäligen Schulverbesserung zu erwarten. Nicht eine langsame Reform, sondern eine schnelle *Revolution* kann dies bewirken.«[84]

Das Philanthropin blieb nicht die einzige Einrichtung dieser Art, vielmehr wurden nach dem Dessauer Vorbild u. a. im schweizerischen Graubünden, im Heidesheimer Schloß des Grafen von Leiningen, in Hamburg und im thüringischen Schnepfental ähnliche Einrichtungen gegründet, z. T. durch ehemalige Dessauer Mitarbeiter Basedows wie Campe und Salzmann. Die Verbindung der Ideen Rousseaus und Basedows zeigte sich besonders deutlich in Campes für Jugendliche bearbeiteten Ausgabe von Daniel Defoes *Robinson* unter dem Titel *Robinson der Jüngere* (1779/ 1780), vor allem aber in der Enzyklopädie der deutschen Aufklärungspädagogik, die Campe in sechzehn Bänden in den Jahren 1785 bis 1792 herausgab: *Allgemeine Revision des gesammten Schul- und Erziehungswesens.* Im Stile bester Aufklärer blieb er keineswegs nur Theoretiker. Neben der in Dessau und bei eigenen Schulgründungen in Hamburg und Holstein erworbenen pädagogischen und organisatorischen Praxis wirkte er als Schulrat im heimatlichen Braunschweig und reformierte zwischen 1786 und

1790 im Sinne des Philanthropinismus das dortige Schulwesen. Außerdem fand er noch Zeit, neben einer Reihe weiterer pädagogischer Schriften eine 37bändige Bibliothek von Kinder- und Jugendschriften zu verfassen bzw. vorliegende Stoffe gemäß den pädagogischen Maximen der Aufklärung zu bearbeiten, eine Sammlung von Reisebeschreibungen für Kinder sowie das bereits erwähnte fünfbändige *Wörterbuch der deutschen Sprache* (1807–1811) herauszugeben: insgesamt eine immense Ordnungs- und Sammlungsleistung und inzwischen selbst historische Quelle.

Die Zahl der damals publizierten Kinder- und Jugendbücher ist ebenso Legion wie die neuer Schullesebücher. Nicht selten trugen diese ähnliche Titel wie Rochows *Der Kinderfreund. Ein Lesebuch zum Gebrauch in Landschulen* – ein Buch, das 1776 für »zween Groschen in gutem Gelde« veröffentlicht wurde. Den Preis begründete der adlige Gelehrte, Pädagoge und Erbherr auf Reckahn in Brandenburg so: »Dieses Buch ist der Armen wegen so wohlfeil. Denn es muß in jedes Schulkindes Händen seyn.« Seinen Zweck sah von Rochow darin, »die große Lücke zwischen Fibel und Bibel auszufüllen«.[85] Das Büchlein begann mit einem Gebet für kleine Kinder und schritt über verschiedene Stufen des menschlichen Zusammenlebens in Freundschaft und Familie zu weiteren Sozial- und Arbeitsbeziehungen fort. Es behandelte die zentralen Situationen menschlichen Daseins vom Glauben bis zum Aberglauben, von der Kindheit bis zum Tod, vom moralischen Verhalten bis zum Verbrechen, vom Arbeitsleben bis zur Muße. Auch hier dominierten Realitätsbezug und praktische Verwendbarkeit des Gelesenen. Nicht zufällig betrieben die Philanthropen intensiv die Einrichtung von Industrieschulen.

Die Aufklärung schuf eine eigene Gattung der Kinder- und Jugendliteratur mit breiter Publizität, doch fiel diese Strömung nach einigen Vorläufern eindeutig in die zweite Phase aufklärerischer Pädagogik, die durch den von Rousseau inspirierten Philanthropinismus geprägt wurde. Noch Goethe erzählte, in seinen Kinderjahren habe man »noch keine Bibliotheken für Kinder veranstaltet«.[86] Schon Locke[87] hatte sich aber Gedanken darüber gemacht, welches die angemessene Lektüre Heranwachsender sei, ohne jedoch eine eigene Literaturgattung im Auge zu haben. Dies forderte dann erst Sulzer in seinem *Versuch von der Erziehung*.[88] Die Wendung zum Kind kam in dieser neuen literarischen Form zum Ausdruck, dabei wurden in den *Sittenbüchlein* für Kinder oft diejenigen Stoffe kindgerecht aufbereitet, die sich eine Generation zuvor noch in den *Moralischen Wochenschriften* fanden[89] und die z. T. auch die Benimmbücher enthielten, deren berühmtestes sozialgeschichtlich instruktives Beispiel Adolph Freiherr v. Knigges *Über den Umgang mit Menschen* (1788) bildete.

Das pädagogische Ziel der Aufklärung unterlag im übrigen keinen konfessionellen Beschränkungen, obwohl es sich konfessionell differenziert ausprägte. Von der Reform des Schulwesens innerhalb der katholischen Aufklärung, die insbesondere Religionsunterricht und Priesterausbildung betraf, war bereits die Rede. Konfessionell beeinflußt waren indes auch andere aufgeklärte Reformbemühungen im Schulwesen. Deutlich zeigte sich das bereits in der schulpolitischen Kompetenz, die das Berliner Oberkonsistorium in Brandenburg-Preußen besaß. Die Mehrzahl der Mitglieder gehörte zur neologischen Richtung der protestantischen Theologie und behielt selbst nach dem Tode Friedrichs des Großen unter seinem rosenkreuzerischen Nachfolger Friedrich Wilhelm II. eine starke Stellung.[90] Prototypisch waren die Berliner Gymnasialdirektoren Anton Friedrich Büsching und Friedrich Gedike, vor allem aber der von 1771 bis 1788 für das Erziehungswesen zuständige aufgeklärte Minister Karl Abraham Freiherr v. Zedlitz. Zedlitz' Ziel war es, die geistlichen und die Schulangelegenheiten zu trennen. Zu diesem Zweck erfolgte 1787 schließlich die Gründung eines Oberschulkollegiums.[91] Hierdurch änderte sich die schulpolitische Richtung noch nicht, blieb die Zusammensetzung von Oberkonsistorium und Oberschulkollegium doch zunächst weitgehend identisch.[92]

Analogien zu den hier erwähnten pädagogischen Reformbemühungen bestanden auch innerhalb der jüdischen Aufklärung. So gründeten Isaac Daniel Itzig und David Friedländer, einer der tatkräftigsten Protagonisten der Judenemanzipation, 1778 in Berlin die jüdische Freischule, in der sowohl die deutsche als auch die hebräische Sprache zur Vermittlung abendländischer Bildung für jüdische Schüler verwendet wurde. Und zum »Besten der jüdischen Freyschule« erschien 1779 ein *Lesebuch für Jüdische Kinder*, das ebenfalls aufgeklärten Zeitgeist atmete.

Über allen Differenzen blieb die gemeinsame Basis aufgeklärter Pädagogik erhalten, ihre fundamentalen Ziele lauteten: Erziehung zur Mündigkeit und zur religiösen Toleranz, Erwerb nützlicher Kenntnisse, Erziehung vom Kinde her, Reform von Lehrerbildung, Unterricht und Lehrplan nach natürlichen und vernünftigen Grundsätzen, staatliche Organisation und Beaufsichtigung des Schulwesens. Die nachdrückliche Betonung staatlicher Kompetenz hatte dabei außer der erwähnten konfessionspolitischen Pointe auch noch eine praktische: Der Staat versprach am ehesten, aufgeklärten Grundsätzen in der Pädagogik Geltung zu verschaffen, so daß die Aufklärer bereit waren, staatlichen Interessen Rechnung zu tragen, wenn der Staat ihren Vorstellungen entsprechend als Garant des gemeinen Nutzens auftrat.

Schließlich stand eine Reihe der Schulreformer, insbesondere in Preußen, selbst in staatlichen Diensten: Von hier aus konnten sie direkten Einfluß auf die Schulpolitik nehmen. Diese Konstellation bildete den Hintergrund für Resewitz' Definition der Nationalerziehung von 1786: Sie sei die

»öffentliche und allgemeine Veranstaltung eines Staates, seiner Jugend einerlei Grundsätze einzuflößen, sie auf einen herrschenden Geist zu stimmen, ihre Lebens- und Leibeskräfte nur auf diejenige Tätigkeit zu richten, die den vorgesetzten Zweck der Staatsverfassung bewirken kann, alle andere mögliche Ausbildung derselben aber darüber hintenanzusetzen oder wenigstens nicht zum Augenmerk zu haben«.[93]

Das bedeutete keineswegs nur die Indienstnahme des absolutistischen Reformpotentials für die Aufklärung, sondern in nicht geringerem Maße die Indienststellung der Aufklärung für den Staatszweck.

Neben diese politische Dialektik trat eine soziale. Trotz der intensiven Bemühung der aufgeklärten Reformpädagogik um die Erziehung der unteren Schichten in Trivialschulen und Industrieschulen behielten die deutschen Philanthropen anders als Rousseau die prinzipielle Standesspezifik der damaligen Erziehung bei. Diese standesorientierte Zweckbezogenheit brachte Johann Stuve 1785 im ersten Band von Campes *Allgemeiner Revision* unzweifelhaft zum Ausdruck:

»So notwendig die Verschiedenheit der Stände und Geschäfte, des Ansehens und des Vermögens ist, so notwendig ist auch die Verschiedenheit der Ausbildung der Körper- und Geisteskräfte. Der Landmann, der Handwerker, der Soldat, der Künstler, der Gelehrte, der Regent, müssen jeder für ihre Verhältnisse und Geschäfte gebildet werden.«[94]

Die Absicht der Philanthropen, den praktischen Nutzen der zu erwerbenden Kenntnisse sicherzustellen, spielte hier ebenso eine

Rolle wie die Existenz der ständischen Gesellschaftsordnung selbst. Auch hier stellte sich jedoch die Frage, ob nicht die Forderung der standes- und berufsbezogenen Erziehung mit der ebenfalls postulierten ständetranszendierenden Menschenbildung in Konflikt geraten könne. Das geschah, wenn Bildung als Selbstzweck von der zweckbezogenen Erziehung getrennt und zugleich zum Standesprivileg wurde: Seit dem letzten Drittel des 18. Jahrhunderts, insbesondere aber im Neuhumanismus um 1800 trennen sich die Begriffe Bildung und Erziehung, die vorher häufig synonym verwendet wurden.

In der anthropologischen Begründung der Erziehung, die Kant gab, ist indes von der späteren Divergenz noch nichts zu spüren, formulierte er doch nicht die Konsequenzen, sondern den gemeinsamen Ausgangspunkt der rousseauistischen, der philanthropischen und der späteren neuhumanistischen Pädagogik: »Der Mensch ist das einzige Geschöpf, das erzogen werden muß ... Die Menschengattung soll die ganze Naturanlage der Menschheit, durch ihre eigne Bemühung, nach und nach selbst herausbringen. Eine Generation erzieht die andere.« Und apodiktisch fügte Kant hinzu: »Der Mensch kann nur Mensch werden durch Erziehung. Er ist nichts, als was die Erziehung aus ihm macht.«[95]

Bei aller Berücksichtigung natürlicher Anlagen lag Kant doch nichts ferner als ein Verzicht auf Leitung. Vielmehr kehren bei ihm die Begriffe Unterweisung, Disziplin als Mittel und Moralisierung, Kultivierung und Zivilisierung als Ziele der Erziehung immer wieder. Welche durch nichts zu ersetzende Bedeutung Kant in Übereinstimmung mit anderen Aufklärern der Erziehung beimaß, das wird erhellt aus der geradezu geschichtsphilosophischen Perspektive, mit der er die Erziehung beurteilte und die ständige Vervollkommnung des Menschengeschlechts anvisierte: »Kinder sollen nicht dem gegenwärtigen, sondern dem zukünftig möglich bessern Zustande des menschlichen Geschlechts, das ist: der Idee der Menschheit, und deren ganzer Bestimmung angemessen, erzogen werden.«[96] Er war sich darüber im klaren, daß eine Theorie der Erziehung im Sinne der Aufklärung nur ein »herrliches Ideal« sei, aber man müsse die Idee deswegen noch nicht für chimärisch halten, wenn man nicht gleich in der Lage sei, sie zu realisieren. Erziehung bedeutete Aufklärung der Menschheit, und Aufklärung bildete einen Prozeß, dessen Ziel in der Zukunft lag.

3. Herkunft und Zukunft: Aufklärung der Geschichte

»Um herauszubringen, was dem Menschen *möglich* ist, muß man wissen, was er *wirklich ist* und *wirklich geleistet hat* ... Im Grunde ist also alle ächte Menschenkenntniß *historisch*.«[97] Klarer und kürzer als Wieland es im Jahre 1785 formulierte, konnte das anthropologisch und instrumental begründete Interesse der Aufklärer an der Geschichte kaum zum Ausdruck gebracht werden. Die Aufklärung der Vergangenheit war Teil der Aufklärung überhaupt, sie bildete die erste Stufe auf dem Wege der von Lessing in später Nachfolge des Augustinus so genannten *Erziehung des Menschengeschlechts*. Gewiß war Lessings Schrift in erster Linie ein theologisches und ein pädagogisches Werk, was schon die einleitenden Paragraphen dokumentieren: »Was die Erziehung bey dem einzeln Menschen ist, ist die Offenbarung bey dem ganzen Menschengeschlechte.« (§ 1) »Erziehung ist Offenbarung, die dem einzelnen Menschen geschieht: und Offenbarung ist Erziehung, die dem Menschengeschlechte geschehen ist, und noch geschieht.« (§ 2) Lessing verband mit doppelter zeitlicher Perspektive in einer religiös geprägten pädagogischen Anthropologie Vergangenheit und Zukunft: »Eben die Bahn, auf welcher das Geschlecht zu seiner Vollkommenheit gelangt, muß jeder einzelne Mensch ... erst durchlaufen haben.« (§ 93)[98]

Das Verhältnis der Aufklärer zur Geschichte besaß viele Dimensionen und Facetten, aber keinem Zweifel unterliegt: Geschichte bildete eines der zentralen Probleme aufgeklärten Denkens und Handelns. Die Aufklärung war alles andere als eine ahistorische Bewegung, wie ihr seit der Romantik während des 19. Jahrhunderts und gelegentlich bis heute unterstellt wurde. Im Gegenteil: Seit Simon, Bayle und Arnold korrespondierte die kritische mit der historischen Problemstellung, die eine wäre ohne die andere nicht möglich gewesen. Zwar verkamen historische Kenntnisse nicht selten zur Materialsammlung theologischer, philosophischer, gesellschaftlicher und politischer Kritik an der Gegenwart, doch legte das weder der aufgeklärte Denkansatz zwingend nahe, noch verfuhren alle Aufklärer in dieser Weise. Das Ergebnis aufgeklärten Bemühens um die Geschichte bestand letztlich in der Grundlegung modernen historischen Verständnisses: Sie erfolgte keineswegs erst im frühen 19. Jahrhundert durch Romantik, Historische Rechtsschule und Historismus; vielmehr führten sie trotz aller Polemik gegen die Geschichtsauffassung der Aufklärung deren Arbeit fort.

Vor allem drei Motive aufgeklärten Geschichtsverständnisses kehren immer wieder: Den Ausgangspunkt bildete in der Tat die Kritik der Geschichte, und das hieß oft genug auch Anklage mit den Maßstäben aufgeklärter Vernunft. Die Verbindung der theologischen mit der kritischen Zielsetzung machte die Geschichte biblischer Überlieferung und die Geschichte der katholischen Kirche zum zentralen Thema dieser Richtung. Daneben fand sich von Beginn an ein kirchengeschichtliches Interesse, was sich vor allem in der Erarbeitung größerer Quelleneditionen niederschlug und später eine Fortsetzung in genuin historischen Untersuchungen fand. Die dritte Form einer Annäherung an die Geschichte vollzog sich in der teleologisch-geschichtsphilosophisch geprägten politischen Argumentation, die explizit Vergangenheit, Gegenwart und Zukunft miteinander verband. Gegen Ende des 18. Jahrhunderts wurde der Begriff Geschichte »zu einem politischen und sozialen Leitbegriff ... Vergangenheit und Zukunft zugleich erfassend, wurde ›die Geschichte‹ zu einem regulativen Begriff für alle gemachte und noch zu machende Erfahrung.«[99]

Auch die Veränderung des Geschichtsbildes seit dem 16. und 17. Jahrhundert erhielt durch die Revolutionierung des Weltbildes infolge naturwissenschaftlicher und überseeischer Entdeckungen entscheidende Impulse. Die Geschichtsschreibung gliederte sich zunehmend aus der theologischen Deutung der Menschheitsgeschichte aus, nachdem bis ins 16. Jahrhundert die Lehre von der Abfolge mehrerer Reiche in verschiedenen Formen dominierte, die vor allem in der Zwei-Reiche-Lehre des Augustinus ihren frühen Höhepunkt erreicht hatte. Augustinus hatte die Geschichte zwischen der »Civitas dei« und der »Civitas terrena« bzw. »diaboli« angesiedelt, Gottes Vorsehung bestimmte den Verlauf der Geschichte im Spannungsfeld zwischen beiden Reichen.[100] Bis zu Luther und Melanchthon wirkte diese heilsgeschichtliche, aus dem transzendenten Bezug lebende Sicht der Geschichte nach. Späte Nachfahren waren Bossuet mit seinem *Discours sur l'histoire universelle* (1681) sowie sein Mitstreiter Pierre Daniel Huet, der dezidiert die Offenbarungslehre dem cartesianischen Rationalismus entgegenstellte. Vereinzelte Vertreter einer theologischen Geschichtsbetrachtung existierten auch noch im 18. Jahrhundert. Die Hinwendung zur Antike im Humanismus bewirkte indes die

Neuentdeckung historischer Epochen, die für die christliche Geschichtsdeutung keine eigenständige Bedeutung besaßen, sondern einen Ausschnitt aus der heidnischen Geschichte darstellten. Zwar erhielten einige ihrer Autoren wie Aristoteles oder Leitideen wie das römische Imperium für das christliche Weltbild des Hochmittelalters fundamentale Bedeutung, doch waren sie gewissermaßen selektiv bzw. isoliert rezipiert worden. Die Entdeckung der Antike zunächst als Vorbild und dann als Erweiterung des christlichen Geschichtsbildes relativierte ebenso wie die Entdeckung anderer Reiche die Einteilung der Geschichte in vier Monarchien, die z. B. noch Melanchthon vertrat.[101]

Zur Auflösung der mittelalterlichen Geschichtsdeutung trugen sowohl Bodin als auch Machiavelli bei, der an Polybios anknüpfend den Nutzen der Geschichtskenntnis betonte und das »Fehlen jeder wahren Geschichtskenntnis« beklagte, »da man beim Lesen der Geschichte weder ihren Sinn begreift, noch den Geist der Zeiten erfaßt«.[102] Machiavelli betrachtete die Geschichte immanent, suchte nach innerem Zusammenhang und Notwendigkeit der Geschichte:

»In dieser Suche nach den inneren Ursachen der geschichtlichen Bewegung wird Machiavelli der Begründer der modernen Geschichtsschreibung ... Er sieht als erster seiner Epoche größere geschichtliche Zusammenhänge und geschichtliche Gesetzlichkeiten.«[103]

Die christlich-mittelalterliche Geschichtsdeutung reichte seit dem 16. Jahrhundert nicht mehr aus, die räumliche und zeitliche Erweiterung der Welt und das sich dadurch verändernde Bewußtsein zu erfassen. Die Datierung historischer Ereignisse »ab urbe condita« und die »Dauer der biblischen Weltära werden zweifelhaft, da die biblischen Texte verschiedene Berechnungen des Weltanfangs zulassen und das hohe Alter der orientalischen Kulturen nicht eingefügt werden kann«.[104] Seit Ende des 17. Jahrhunderts wird der zeitliche Ablauf der Geschichte mit den Zeitaltern Antike, Mittelalter und Neuzeit erfaßt. Der Gegenstandsbereich der Geschichte differenzierte sich, wobei insbesondere die Unterscheidung von *Historia sacra et ecclesiastica* und *Historia profana et politica* fortwirkende Geltung erlangte. Die Geschichtsschreibung mußte aufgrund dieser Veränderungen ebenso wie Erkenntnistheorie und Naturwissenschaften in eine methodologische Reflexion eintreten, da die Verbindlichkeit christlicher Dogmatik auch hier ins Wanken geraten war.

Von Bacon bis zu d'Alemberts *Discours préliminaire* blieb die Geschichte die in menschlicher Erfahrung gründende Wissenschaft. Auch d'Alembert umriß den anthropologischen Ausgangspunkt des historischen Interesses. Er konstatierte ein angeborenes Verlangen, Gegenwart und Zukunft gleichzeitig zu umfassen. Zusammen mit dem Wissensdrang des Menschen errege das Interesse an der Geschichte »den Wunsch nach der Herstellung einer Verbindung zwischen uns und dem Leben unserer Vorfahren und Nachkommen«. Und das politische Interesse an der Geschichte, deren Gericht d'Alembert als unbestechlich und unabwendbar beurteilte, explizierte sein Hinweis, dieses Gericht werde dereinst auch über die jetzt lebenden Herrscher urteilen. Das von der Geschichte über ihre Vorgänger gleicher Wesensart gesprochene Urteil zeige ihnen, wie später das Urteil über sie selbst ausfallen werde.[105] Geschichte als Weltgericht: Der instrumentale Charakter dieser Geschichtsauffassung in bezug auf die Politik von Königen und Fürsten unterlag keinem Zweifel; er zeigte sich nicht zuletzt darin, daß die Geschichte dazu benutzt werden konnte, dem Herrscher einen Spiegel vorzuhalten. Diese auf antike Topoi zurückgreifende Art der Geschichtsbetrachtung stand von vornherein im Gegensatz zu der damals noch gängigen Hofhistoriographie, die, als Auftrag des Regenten betrieben, nicht selten den Zweck hatte, sein Heldenleben darzustellen, oder aber politisch-juristische Ansprüche historisch untermauern sollte. Geschichte im Sinne d'Alemberts war eine aufklärende und eine kritische Wissenschaft von zweifelsfreiem Gegenwartsbezug. Wie aber ordnete er sie in die oben erwähnte wissenschaftliche Systematik der *Encyclopédie* ein?

Geschichte hatte es nach d'Alembert wie die Philosophie sowohl mit geistigen als auch körperlichen Dingen zu tun und galt als Werk des menschlichen Gedächtnisses. Im Anschluß an Bacon hatte d'Alembert das menschliche Vermögen zur Verarbeitung von Gedanken in drei Varianten eingeteilt: Gedächtnis, Vernunft und Vorstellungskraft. Die Vernunft als Kategorie der Erkenntnis und Verknüpfung der Dinge basierte auf der Sammlung des Materials im Gedächtnis und wurde von ihm der Vorstellungskraft übergeordnet. Vorstellungskraft verstand d'Alembert hier nicht als die Gabe zu bildlicher Vorstellung der Dinge – das wäre für ihn Erinnerung an wahrnehmbare Gegenstände –, sondern als nachschaffende Begabung. Auf dieser Einteilung menschlicher Vermögens beruhte das System der Wissenschaften: Geschichte basierte auf dem Gedächtnis, Philosophie sah er als Resultat der Vernunftarbeit und die schönen Künste als Form der Vorstellungskraft.

Die Geschichte wiederum gliederte d'Alembert nach ihrer jeweiligen Thematik: Im Rahmen der Beschäftigung mit Gott erstrecke sich die Geschichte auf *Offenbarung* oder *Überlieferung*, in diesem Fall handele es sich um biblische oder Kirchengeschichte. Demgegenüber habe die *Menschheitsgeschichte* die Werke sowie die Erkenntnisse des Menschen zum Gegenstand und zerfalle infolgedessen in politische oder Kulturgeschichte. Dieser Teil der Geschichte besaß eine Reihe unterschiedlicher Schwerpunkte, zu denen d'Alembert die Geschichte der Nationen und der großen Persönlichkeiten zählte – unter ihnen Könige, Gelehrte, Eroberer und Philosophen. Einen dritten Gegenstandsbereich der Geschichte sah d'Alembert in der *Naturgeschichte*, als deren hervorragendster Vertreter uns bereits Buffon begegnete.[106]

D'Alemberts modifizierte Systematik der Wissenschaften enthielt einige für das Geschichtsverständnis der Aufklärung signifikante Elemente, auf die später noch einzugehen ist und die zum Teil auch Wieland und Lessing formulierten. Hierzu zählten insbesondere die anthropologische Fundierung der Geschichtsauffassung, ihr die verschiedenen Zeitstufen verbindender kritischer Gegenwartsbezug und die Erweiterung des thematischen Spektrums historischer Wissenschaften. Bacon wollte Erfahrung mit Vernunft verbinden[107] und wies damit einer einflußreichen Richtung der Aufklärung den Weg. Noch d'Alembert propagierte diesen Weg und erkannte der Geschichte ebenfalls einen zentralen Ort im Prozeß der Erkenntnis zu. Die Geschichte sammelte den Schatz aller Erfahrungen, erschloß sie in der Geschichtsforschung und bewahrte sie in der Geschichtsschreibung. Bacon verdeutlichte diese Auffassung am Beispiel der Naturgeschichte: »Erst dann ... darf man sich von der Natur*philosophie* mehr versprechen, wenn ihre Grundlage, die Natur*geschichte,* richtiger construiert ist. Bis dahin ist nichts rechtes zu erwarten.«[108] Und was für die Naturgeschichte galt, galt für die anderen Zweige des Wissens ebenfalls: Die Kenntnis der Geschichte bildete die Voraussetzung für den Fortschritt der Erkenntnis.

Auch Leibniz ordnete sich in diese Linie von Bacon bis d'Alembert ein: Er reflektierte nicht nur über geschichtliches Erkennen, sondern arbeitete darüber hinaus als Historiker. Leibniz' Erkenntnistheorie wies jedoch insofern über diese Traditionslinie hinaus, als er sowohl das Element der Kontinuität schärfer in den Blick nahm als auch die Reflexion über historische Wahrheiten weiterführte.[109]

So bedeutete für ihn die Verbindung von Herkunft und Zukunft den Schlüssel zu logischer Erklärung, zur Kausalität historischer Phänomene. In seinem Brief an Varignon über das Kontinuitätsprinzip schrieb er:

»Meiner Ansicht nach steht kraft metaphysischer Gründe alles im Universum derart in Verknüpfung, *daß die Gegenwart stets die Zukunft in ihrem Schoße birgt* und daß jeder gegebene Zustand nur durch den ihm unmittelbar voraufgehenden auf natürliche Weise erklärbar ist.«[110]

Wer diese Verbindung von Kontinuität und Kausalität leugne, lasse Erklärungslücken und stoße das Prinzip des zureichenden Grundes um: Die Erklärung der Erscheinungen, also auch der historischen, mußte in diesem Fall nach Meinung Leibniz' zu Wundern oder zur Einführung der Kategorie des Zufalls führen. Geschichte, die die Tatsachenwahrheiten liefert, stellt nach Leibniz die singulären, individuellen Phänomene dar, die aus der Beobachtung gewonnen werden, nicht aber die allgemeinen Wahrheiten: Existenz und Essenz stehen sich hier eigenständig gegenüber. Diese Unterscheidung behielt im 18. Jahrhundert, ja darüber hinaus bis zu Hegel, Geltung. Kant unterschied im *Streit der Fakultäten* ganz in der Tradition von Leibniz historische und Vernunfterkenntnis. Zur historischen Erkenntnis zählte er Geschichte, Erdbeschreibung, gelehrte Sprachkenntnis und »Humanistik« – mit allem, was die Naturkunde an empirischer Erkenntnis darbiete. Zur reinen Vernunfterkenntnis gehörte in Kants Einteilung reine Mathematik, reine Philosophie, Metaphysik der Natur sowie der Sitten. Auch Kant betonte, daß historische und Vernunfterkenntnis zueinander in Beziehung stünden.[111] Anders als noch bei Leibniz manifestierte sich jedoch in Kants Auffassung der Geschichte der gegen Ende des 18. Jahrhunderts innerhalb der Aufklärung voll entwickelte Zwiespalt zwischen empirischer Geschichtswissenschaft und rationaler Geschichtsphilosophie: In diesem Gegensatz fanden die erkenntnistheoretischen Grundformen der Aufklärung – Rationalismus und Empirismus – eine neue, auf die Geschichte bezogene Form.

Leibniz hatte in seinen *Nouveaux essais* nicht allein die prinzipielle Seite historischer Erkenntnis reflektiert, sondern überdies das

Verhältnis der Quellengattung zur geschichtswissenschaftlichen Aussage. Man spürt den Praktiker der Quellenauswertung, der den Entstehungszusammenhang einer Quelle ebenso berücksichtigte wie die Intentionen, die zu ihrer Entstehung geführt hatten, der den Quellenvergleich ebenso zu seinem Repertoire zählte wie die Quellenkritik. Das Problem der historischen Glaubwürdigkeit verdiene eine noch eingehendere Untersuchung, als sie einschlägige juristische Arbeiten bereits geliefert hätten: Diese Schriftsteller seien zu nachsichtig gewesen.

Trotz seiner kritischen Bemerkungen über historisches Erkennen zweifelte Leibniz keineswegs am Nutzen der Geschichte: »Denn sie ist die Quelle, aus der wir mit überzeugender Klarheit einen großen Teil unserer nützlichen Wahrheiten erhalten.«[112] Leibniz umriß den Gegenstandsbereich der Geschichte seinerseits in einer Weise, die bloße Hofhistoriographie weit hinter sich ließ und die den politischen und moralischen Zweck explizierte, den die Aufklärer in der Geschichtsschreibung sahen:

»Der Nutzen der Geschichte besteht hauptsächlich in dem Genuß, den Ursprung der Völker zu erkennen, in der Gerechtigkeit, die man denen, die sich um die anderen wohl verdient gemacht haben, widerfahren läßt, in der Begründung einer historischen Kritik und ... in den nützlichen Lehren, die die Beispiele uns liefern. Ich halte es nicht für überflüssig, die Altertümer bis auf die kleinsten Kleinigkeiten genau zu untersuchen, denn mitunter kann die Erkenntnis, die die Kritiker hieraus ziehen, zu den wichtigsten Dingen dienlich sein.«

Leibniz nannte selber eine Fülle von Themen, deren Untersuchung er als sinnvoll beurteilte. Auch in bezug auf die Geschichte bestätigte sich: Geschichtsforschung galt als gesellschaftlich nützlich, ohne daß dieses Relevanzkriterium ihren Gegenstandsbereich einschränkte. Vielmehr erweiterte sich im 18. Jahrhundert die thematische Vielfalt historischen Interesses immer mehr, wie in anderen Wissensgebieten lebten die Aufklärer ihre enzyklopädische Neugier auch in der Geschichte ohne Einschränkung aus. Allerdings postulierte Leibniz in bezug auf historische Kenntnisse eine Art Hierarchie der Nützlichkeit. Er hatte nicht einmal etwas gegen eine Geschichte der Kleidung einzuwenden. Doch wünschte Leibniz sich außerdem Historiker, die die verwertbaren Themen untersuchen würden, z. B. außerordentliche Beweise der Tugend, Bequemlichkeiten des Lebens, politische und Kriegslisten. Vor allem aber wünschte er eine

»Universalgeschichte ... die nur solche Sachen und einige andere von besonderer Wichtigkeit anmerkte. Denn mitunter kann man ein umfangreiches Geschichtsbuch lesen, gelehrt, gut geschrieben, dem Zwecke des Verfassers selbst entsprechend und in seiner Art ausgezeichnet, das aber doch kaum irgendeine nützliche Unterweisung enthält.«

Ausdrücklich verwahrte sich Leibniz dagegen, seiner Forderung »nützlicher« Geschichtsschreibung durch Ableitung von Moralsprüchen Rechnung zu tragen: Solchen Nutzen meinte er nicht, sondern Geschicklichkeit und Kenntnisse, auf die man ohne solche historischen Forschungen nicht ohne weiteres verfallen würde.

Nicht alle Protagonisten der Aufklärung dachten jedoch in ähnlichen Bahnen. Manche Aufklärer gingen weit über Leibniz' quellenkritische Reflexionen hinaus und bezweifelten den Wahrheitswert historischer Darstellungen grundsätzlich: Die »Kompilatoren« z. B. sahen die unübersehbare Masse historischer Fakten als konfus und im Grunde als unfaßbar an. Andere Geschichtskritiker bestritten dieser am Individuellen orientierten Wissenschaft den Allgemeinheitswert und die Rationalität, sie interessierte an der Geschichte oft nur die bloße Faktizität. Descartes befürchtete, wer sich zu sehr mit vergangenen Jahrhunderten beschäftige, werde für gewöhnlich sehr unwissend in der Gegenwart. Immerhin akzeptierte er, daß die »denkwürdigen Taten der Geschichte ... mit Bedacht gelesen ... zur Urteilsbildung beitragen«. Doch würden, so sein Einwand, historische Berichte »mindestens die gewöhnlicheren und weniger hervorstechenden Umstände fast immer weglassen; was zur Folge hat, daß das übrige nicht als das erscheint, was es ist«.[113] Im unbestreitbar selektiven Charakter historischer Quellen und ihrer Darstellung sah Descartes zwangsläufig eine Beeinträchtigung der Objektivität: Damit stellte er ein später die Historiker der Aufklärung beschäftigendes methodologisches Problem in den Mittelpunkt geschichtswissenschaftlicher Erkenntniskritik, obwohl er nicht soweit ging wie ein anderer Erkenntnistheoretiker des 17. und des frühen 18. Jahrhunderts von Rang: Nicolas de Malebranche bezog eine extreme Position und erklärte geschichtliches Wissen für überflüssig: Historiker erzählen, meinte er, die Gedanken anderer, ohne selbst zu denken. Adam habe im Paradies, ohne die Geschichte zu kennen, ein vollkommenes Wissen besessen, also brauche man keine Geschichte. Er, Malebranche, sei mit Adams Wissen völlig zufrie-

den.[114] Malebranche war indes nicht typisch für die Geschichtsauffassung der Aufklärung, zumal die Kritik der Tradition ihre
Kenntnis logisch voraussetzte.

Die Entwicklung einer historischen Methodologie, der Geschichtswissenschaften und der Geschichtsphilosophie der Aufklärung verlief also in anderen Bahnen, als Malebranches Verdikt
nahelegte. In der einen oder anderen Form begegnen die hier
zitierten Überlegungen von Machiavelli, Bacon, Leibniz, d'Alembert, Kant, Lessing, Wieland auch bei anderen Autoren. Hinzu
traten Reflexionen der viel früheren zentralen methodologischen
Werke von Bodin, des *Methodus ad facilem historiarum cognitio-
nem* (1566) sowie der noch in anderem Zusammenhang zu erörternden *Six livres de la République* (1576) – wie unterschiedlich sie
sich im einzelnen auch ausprägten. Mit Ausnahme von Machiavelli
und Leibniz handelte es sich bei den Genannten nicht um Historiker, gerade das ist ein Indiz für den hohen Stellenwert der
Geschichte in der Aufklärung: Sie interessierte keineswegs nur
Fachleute. Vielmehr konstituierte das Verhältnis zur Geschichte in
jedem Fall Stil und Form der Aufklärung. Dies gilt natürlich in
erster Linie für die Entwicklung einer eigenen geschichtswissenschaftlichen Methodologie, die aus der Textauslegung hervorging[115], z.B. in der *Allgemeinen Geschichtswissenschaft*, die
Johann Martin Chladenius 1752 veröffentlichte.[116] Die Methodologie aber, die sich nicht allein auf dem Wege theoretischer
Reflexion, sondern in der praktischen Arbeit des Historikers entwickelte, wandelte sich zu einem Zeitpunkt, als die Bresche für
die moderne Geschichtsforschung bereits geschlagen war. Am
Anfang stand die historisch-kritische Untersuchung des Wortes,
die historische Bibelkritik des 17. Jahrhunderts, die, wie bereits
erwähnt, die Methoden der Textauslegung grundlegend veränderte. So hatte Spinoza erklärt, der Glaube an Geschichten, so gewiß
er auch sein möge, könne nicht die Erkenntnis und die Liebe
Gottes geben.[117] Glaube und Vernunft konnten von historischen
Zufälligkeiten nicht abhängig sein. Die Erkenntnis Gottes mußte
nach Spinoza aus an sich gewissen und bekannten Allgemeinbe-
griffen geschöpft werden.

Noch die späte Aufklärung wollte am Ende des 18. Jahrhunderts
in Weiterführung dieses Ansatzes der Theologie das historisch
entstandene und deshalb als zufällig beurteilte »Beiwerk« der
religiösen Überlieferung beseitigen. Doch hatte sich die Fragestel-

lung insofern verändert, als die aufgeklärte Religionskritik die Entstehungsgeschichte der Bibel nicht aus Sorge um den rechten Text durchleuchtete, sondern zur Reduzierung der überlieferten Lehre auf den angenommenen natürlichen und vernünftigen Kern der Religion. Trotz analoger Methode ging es also um ein anderes Ziel. Dieser Unterschied manifestierte sich bereits zwischen Simon und Bayle: Simon bemühte sich ursprünglich darum, einen »klaren und befriedigenden Begriff der biblischen Irrtumslosigkeit zu gewinnen und so aufzuzeigen, daß man auf die Heilige Schrift die normalen Methoden der historischen Kritik anwenden könne«.[118] Demgegenüber begründete Bayle die Kritik historischer Überlieferung als gegenwartsbezogene Argumentationshilfe der Aufklärung. Denn wie die Religion stand auch die Macht der Tradition oft der aufgeklärten Vernunft entgegen, die Darstellung der Entstehungsgeschichte wirkungsmächtiger Traditionen bedeutete oft genug ihre Entkräftung durch die Geschichte selbst.

Die Mahnung des Thomasius, sich nicht auf Autoritäten zu verlassen, war ebenso wie Kants Postulat des Selbstdenkens gegen die Legitimierung von religiöser, ideeller oder politischer Herrschaft durch die Tradition gerichtet. Tradition allein galt den Aufklärern nicht mehr als bindendes Argument. Im Gegenteil. Doch bewirkte dies keine Entwertung der Geschichte in der Aufklärung, sondern nur ein anderes Verständnis ihrer Funktion. So war Thomasius überzeugt, man könne sich von den überlieferten Irrtümern nur befreien, indem man »durch Hülffe der Historie den Ursprung der Vorurtheile erkennet« ... »Ohne dieselbe [die Historie] ist der menschliche Verstand blind.«[119] Die spezifische theologische Anwendung dieses Prinzips erfolgte dann in der die Aufklärung mitbegründenden oder sie praktizierenden protestantischen Kirchengeschichtsschreibung.

Wegweisend für die moderne Geschichtswissenschaft wurden zunächst aber die geistlichen Historiker des 17. Jahrhunderts, die manche Klöster zu Forschungszentren ausbauten und humanistische Textkritik mit naturwissenschaftlichen Kriterien verbanden. Sie sammelten und sichteten riesige Quellenbestände, werteten sie kritisch aus, edierten sie und begründeten die moderne Diplomatik.

Als der Oratorianer Simon mit seinen Werken die historische Bibelkritik begründete, stieß er auf beträchtliche Schwierigkeiten: Sein Pionierwerk *Histoire critique du Vieux Testament* (1678) wurde konfisziert und vernichtet. Aber Simon ging seinen Weg mit weiteren, 1680 und 1685 in Holland veröffentlichten bibelkritischen Werken unbeirrt fort und erwies sich in methodischer Hinsicht als zukunftsweisend. Ähnlich verhielt es sich mit den noch z. T. in barocker klösterlicher Gelehrsamkeit wurzelnden kirchengeschichtlichen Untersuchungen und Editionen im Frankreich des 17. Jahrhunderts. Die spätere Aufklärungshistoriographie besaß ein vergleichbares Ziel: nämlich die Widerlegung von Legenden. Sie wurzelten oft im lokalen religiösen Brauchtum und boten theologischer Kritik ein reiches Betätigungsfeld. So entwickelten sich die Bollandisten schon vor der Jahrhundertmitte zu Experten in der kritischen Überprüfung von Heiligenlegenden[120], und die Benediktiner von Saint-Maur, die Mauriner, folgten ihnen. Ihr berühmtester Vertreter war der ebenso gelehrte wie produktive Historiker Jean Mabillon. Mabillon begründete mit seinem sechsbändigen Werk *De re diplomatica* (1681), zu dem später noch Supplementbände erschienen, die geschichtswissenschaftliche Urkundenlehre und publizierte eine auf Urkunden basierende neunbändige Geschichte des Benediktinerordens: *Acta sanctorum ordinis S. Benedicti 500–1100* (1668–1702) sowie ergänzende kirchengeschichtliche Werke. Auch bei der bedeutenden Editionstätigkeit der Mauriner, die kritische Ausgaben der Kirchenväter veröffentlichten, erwarb sich Mabillon große Verdienste. Der Beitrag der Mauriner zur Entwicklung der historischen Hilfswissenschaften und der historischen Methode überhaupt erwies sich als grundlegend.[121] Obwohl die historischen Forschungen der Mauriner und Bollandisten eine kirchengeschichtliche Thematik hatten, blieben sie doch von profanen Anstößen keineswegs frei, vor allem in der Anlehnung an naturwissenschaftliche Methoden.[122]

Auch die Forschungen der deutschen Benediktiner des 18. Jahrhunderts führten die von Bollandisten und Maurinern erarbeiteten Verfahren systematischer Quellensammlung und der kritischen Prüfung der überlieferten Urkunden nach inneren und äußeren Kriterien fort. Sie beschränkten sich dabei nicht auf die Kirchengeschichte, sondern bezogen die Profangeschichte und in wachsendem Maße auch die Wissenschaftsgeschichte ein. Dabei setzten sie sich sowohl von der ungeprüften Übernahme der Autoritäten ab wie auch vom zeitgenössischen Skeptizismus.[123] Zentren dieser historischen Forschungsarbeit der Benediktiner bildeten z. B. die österreichischen Stifte Göttweig und Melk, St. Blasien im Schwarzwald, die 1622 gegründete Benediktineruniversität im Erzstift Salzburg sowie die Regensburger Abteien St. Emmeram und St. Jakob.[124] Daneben aber führten einzelne geistliche Historiker bedeutende Forschungen durch, etwa Karl Meichelbeck aus Benediktbeuren. Zwar gab es keinen »deutschen Mabillon«, aber einen »deutschen Maurinismus«, zu dessen führenden Vertretern Gottfried Bessel, Bernhard Pez und der schon erwähnte Martin Gerbert gehörten.[125] Gerbert war es auch, der als Abt Martin II. von St. Blasien eine der großen, bis ins 20. Jahrhundert fortwirkenden Leistungen der benediktinischen Geschichtsforschung des 18. Jahrhunderts initiierte und förderte: die historisch-statistische Bestandsaufnahme der mittelalterlichen deutschen Kirche nach Bistümern, Domkapiteln, Klöstern usw.: die *Germania sacra*. Sie folgte dem Vorbild der *Italia sacra* von Ughelli (1644–1662) und der *Gallia christiana,* die in knappen Fassungen zuerst 1621/1626 erschienen und später umfangreiche Neubearbeitungen vor allem durch die Mauriner erfuhren.[126]

Obwohl im einzelnen schwer zu bestimmen ist, was hier traditionelle Klostergelehrsamkeit, was aufgeklärtes Interesse an der Geschichte war, unterliegt doch keinem Zweifel, daß die methodisch-hilfswissenschaftlichen Fortschritte ebenso wie die intensive Urkundenarbeit der geistlichen Historiker wesentlichen Anteil an der Herausbildung eines neuen Verhältnisses zur Geschichte im 17. und 18. Jahrhundert und zur Verwissenschaftlichung der Geschichtsschreibung erlangten. Die Bemühungen der aufgeklärten Geschichtsforscher des 18. Jahrhunderts korrespondierten mit denen der geistlichen Historiker, die ihnen methodisch vorangingen. Insofern ist die kritische historische Gelehrsamkeit der Bollandisten, Mauriner bzw. Benediktiner überhaupt, zwar nicht intentional, aber funktional ein integraler Bestandteil der katholischen Aufklärung.

Obwohl sie ihrerseits spezifischen Motiven entstammte und andere Formen annahm, verband auch die protestantische Kirchengeschichtsschreibung das historische und das kritische Motiv. Allerdings dominierte die inhaltlich-wertende Kritik an der geschichtlichen Entwicklung des Christentums gegenüber der kritischen historischen Methode bei der Quellenarbeit. Zu konkreten polemischen Zwecken hatten schon der aus Istrien stammende Flacius Illyricus und seine Mitarbeiter bzw. Nachfolger nach seinem Übertritt zum Luthertum während seiner Magdeburger Zeit in den sog. Magdeburger Zenturien die historische Überlieferung systematisch durchforstet und in einer ersten Ausgabe 1559 bis 1574 eine Kirchengeschichte der ersten dreizehn Jahrhunderte veröffentlicht. Erst die Zenturiatoren haben »die protestantische historische Polemik von den geschichtlichen Werken der Humanisten und den kirchlichen Rechtsbüchern des Mittelalters unabhängig gemacht.«[127] Hier bildete die Kirchengeschichtsschreibung zweifelsfrei ein Hilfsmittel der konfessionellen Auseinandersetzungen, sie fiel methodisch und sachlich hinter die humanistische Textauslegung und Geschichtsbetrachtung zurück, wurde bloßes Mittel zum Zweck, war offen parteilich und rechnete auch auf die Gunst protestantischer Landesherrn, da sie Material zur Begründung politischer Ansprüche gegen die katholische Kirche bzw. die katholischen Fürsten aufbereitete. Die Geschichtsauffassung der Zenturiatoren blieb insofern traditionell-vorhumanistisch, als sie die Weltgeschichte als Kampf zwischen Gott und Teufel ansah. Und doch wirkte diese Art der Verwertung geschichtlichen Stoffes in der populären »kritischen« Darstellung, aber auch der gelehrten protestantischen Kirchengeschichtsschreibung bis weit ins 18. Jahrhundert nach.

Arnold hingegen wollte in seiner *Unpartheyischen Kirchen- und Ketzer Historie* die »untersuchung der historischen warheit ohne partheylichkeit, und andere sonst gewöhnliche arten und absichten«[128] geben. Trotzdem wurde es Arnold schwer, wie er unter Verweis auf Bodin bekundete, vom Guten ohne Liebe und Gunst, vom Bösen aber ohne Abscheu zu schreiben. Dieser Verfahrensweise folgte nach zwei bis drei Generationen noch Nicolai, indem er der Parteilichkeit des aufgeklärten Menschenfreundes die unerläßliche Unparteilichkeit und Wahrheitsliebe des Geschichtsforschers zugesellte.[129] Der Grundsatz der Unparteilichkeit erforderte hauptsächlich, »nichts, was zum gantzen begriff der historischen warheit dienet, auszulassen, zu bemänteln, zu verdrehen oder verkehren«.[130] Aus diesem Grunde trug Arnold die Lehren der Sekten aus ihren eigenen Schriften vor und nicht aus der Darstellung ihrer Gegner bzw. der Perspektive offizieller kirchlicher Bewertung. Mit dem Kirchenhistoriker Spanhemius vertrat Arnold dennoch einen konkreten gegenwartsbezogenen Zweck, der in der Aufklärungshistoriographie die Regel war und der im Grunde nur eine Variation der Geschichtsauffassung des Thomasius bildete. Die unparteiliche Darstellung auch der Häresien diente letztlich der Kirchenreform, dem Rückgang auf das Urchristentum und die Heilige Schrift selbst. Aber Arnold schrieb seine dicken Bände nicht allein oder nicht einmal in erster Linie für die Theologen, sondern für die interessierten Laien. Deshalb schrieb er in deutscher Sprache und verzichtete auf die Ausschmückungen der »gelehrten zunge«, wollte er doch den »gemeinen nutzen allein beobachten«.[131] Im übrigen folgte Arnold einem schematischen zenturialen Einteilungsprinzip: Er gliederte die Kirchengeschichte einfach nach Jahrhunderten und widmete diesen jeweils ein Kapitel, so daß sein Werk in den beiden ersten Teilen, vom 1. Jahrhundert bis zum Jahre 1688, siebzehn Kapitel umfaßte. Mit diesem nicht durch sachliche Kriterien begründeten Aufbau wollte sich Arnold freihalten von einer theologischen Interpretation der Geschichte, die allein durch ihre Periodisierung die Darstellung und die Interpretation präjudizierte.

Aber der Theologe Arnold war seinerseits vom Epochengefühl der frühen Aufklärer beeinflußt, allerdings mit einer Kehrtwendung gegen menschliche Vernunft, die seine aufgeklärten Nachfahren im 18. Jahrhundert nicht akzeptiert hätten und die den Pietisten erkennen läßt:

»... gleichwie der warhafftige GOtt in diesen zeiten das licht der warheit gegen die bisherige finsterniß immer heller hervor brechen, und die bevestungen der vernunfft nach und nach mercklich durchlöchern und zum fall bereiten lässet: Also möchten auch hierinnen künfftig viele falsche praejudicia hinweg fallen, sonderlich, da man gemeiniglich die neuere zeugen der warheit nicht kräfftiger zu unterdrücken gemeinet, als wenn man ihnen einen alten kätzer-nahmen angehefftet, und die alten unrichtigen relationes wiederholet.«[132]

»Historia magistra vitae«: Diese Sentenz Ciceros charakterisierte eine Seite aufgeklärter Geschichtsauffassung, aber eben nur eine. Vor allem manifestierte sie das Zeit- und Epochengefühl der Aufklärer von Arnold und Thomasius bis zu Nicolai, der noch 1806 am Ende dieses Weges schrieb:

»Die Geschichte trägt der Aufklärung die Fackel vor. In der Theologie und Philosophie ist dieses sehr sichtlich; der, welcher nicht die allmähliche Entstehung und Veränderung der theologischen Dogmen, und die Meinungen der Philosophen ernstlich studirte, welcher sich nie darum bekümmerte, wie eine aus der andern nach und nach entstand und hergeleitet war, wird immer ein sehr einseitiger, kurzsichtiger Theolog und Philosoph bleiben.«[133]

Auf diese andere, sich nicht im Aktualitätsbezug erschöpfende Seite aufgeklärter Geschichtsbetrachtung ist später noch näher einzugehen.[134]

Die Kirchengeschichtsschreibung selber spielte sowohl für die aufgeklärte Theologie als auch die aufgeklärte Kirchenkritik eine Rolle, aus diesem Grunde wandten sich keineswegs nur Theologen oder professionelle Historiker diesem Thema zu. So untersuchte z. B. Nicolai aus aktualitätsbezogenem Interesse die Aufhebung des Tempelherrenordens. Die wuchernde zeitgenössische Diskussion über den Ursprung der Freimaurerei bildete den Ausgangspunkt dieser Untersuchung. Nicolai wollte durch Entdeckung der tatsächlichen Entstehungsgeschichte Vorurteilen und Schwärmereien den Boden entziehen.[135] Bedeutsam ist, daß der angestrebte Nutzen nicht unmittelbar erreicht werden sollte, um die Bearbeitung des Themas dadurch nicht zu verengen:

»Von je her hatte ich die *Geschichte des Tempelherrenordens wahrlich ohne die geringste Rücksicht auf Freymaurerey* untersucht, und sie bloß studirt, um zu versuchen ob ich ein *historisches Problem* – was diese Geschichte doch gewiß lange war – lösen könnte.«[136]

Hier äußerte ein Autor, der als notorischer Aufklärer bekannt, berühmt und geschmäht wurde, ein genuin historisches Interesse, das sich von aktuellen Problemen anregen ließ, sich darin aber keineswegs erschöpfte.

Auf der anderen Seite stand dieses kirchengeschichtliche Interesse denn doch in der Tradition eines Arnold: Nicht zufällig handelte es sich bei diesem Thema um ein Thema innerkirchlichen Streits, um ein Thema auch, in dem sich religiöse Intoleranz dokumentierte und das deshalb für eine kritisch-aufgeklärte Darstellung besonders vielversprechend zu sein schien. Doch ein solcher Gegenwartsbezug erwies sich für den wissenschaftlichen Ertrag in keiner Weise als abträglich. Entscheidend war, mit welcher Methode der wissenschaftliche Charakter solcher Geschichtsschreibung gesichert wurde. Auch die sich im 18. Jahrhundert entwickelnde aufgeklärt-protestantische Kirchengeschichtsschreibung, deren Bahnbrecher Johann Lorenz von Mosheim gewesen ist, verband Zeitgebundenheit der Fragestellungen mit wissenschaftlichem Sinn, der den Fortschritt bewirkte. Indem Mosheim, Mitbegründer und späterer Kanzler der Universität Göttingen, die theologische Prämisse aufgab, der zufolge die Geschichte als Kampf zwischen Gott und Teufel aufgefaßt wurde, verband er die kirchliche mit der profanen Historiographie. Das Kriterium dieser Verbindung lag in der Einführung der pragmatischen Methode in die Kirchengeschichtsschreibung. Mit der Aufgabe der theologischen Prämisse war ein Methodenwechsel unausweichlich geworden, die Handlungen der Menschen bedurften einer innerweltlichen ursächlichen Erklärung. Der von Mosheim eingeführte soziologische Kirchenbegriff, der die Kirche als menschliche, nach bestimmten Regeln lebende Gesellschaft auffaßte[137], erforderte ebenfalls die Erklärung mit Hilfe einer kausalen Herleitung der Wirkung aus der Ursache.

Die pragmatische Methode war antiken Ursprungs, bereits Polybios hatte sie in die Geschichtsschreibung eingeführt. Seine Begründung gewann im 17. und vor allem im 18. Jahrhundert erneut Aktualität:

»... die einfache Mitteilung der Ereignisse allein ist vielleicht eine fesselnde Unterhaltung, Nutzen bringt sie nicht. Erst wenn man die Gründe und Ursachen hinzufügt, wird das Studium der Geschichte fruchtbringend. Denn wenn ähnliche Situationen der Vergangenheit zu der eigenen in Beziehung gesetzt werden, dann gibt einem das die Möglichkeit, sich vorausschauend ein Urteil über die Zukunft zu bilden.«[138]

Polybios wurde in mehrfacher Hinsicht für die Geschichtsschreibung der Aufklärung wegweisend, die seine wesentlichen Prinzipien explizit übernahm: Er setzte sich bewußt von der bloß chronologisch verfahrenden Annalistik ab, indem er die zeitliche Dimension der Geschichte durch die kausale ergänzte; er wollte die historische Wahrheit erkennen und den inneren Zusammenhang historischer Ereignisse, ihre Ursachen und Wirkungen klären. Polybios formulierte drei Verfahrensweisen der Geschichtsschreibung: erstens »das fleißige Studium schriftlicher Quellen und die Bereitstellung und Sichtung des aus ihnen gewonnen Materials«, zweitens die Erfassung der »geographischen und topographischen Voraussetzungen des historischen Geschehens« sowie drittens die Behandlung der politischen Geschichte, die aber praktische Erfahrungen des Geschichtsschreibers voraussetze.[139] Das Ziel seiner Tatsachentreue anstrebenden Geschichtsschreibung war zweifellos die Nutzanwendung für den Politiker, die aus der durch diese Art der Geschichtsschreibung vermittelten Kenntnis der menschlichen Natur folgte. Polybios sah die Aufgabe der Geschichtsschreibung auf mehreren Ebenen: Außer der Belehrung künftiger Generationen sollte sie die zukünftigen Ereignisse mit

Hilfe von Analogieschlüssen auch für die noch lebenden Zeitgenossen kalkulierbarer machen.

Der Begriff »pragmatische Geschichte« fand sich seit Johann David Köhlers *De historia pragmatica* (1741) bei vielen aufgeklärten Historikern, bei Johann Christoph Gatterer und Schlözer ebenso wie bei Nicolai, Möser und Johannes v. Müller. Auch diejenigen Autoren also, die den engen und in der späteren Geschichte der Historiographie immer wieder kritisierten Pragmatismus der aufgeklärten Geschichtsschreibung überwanden und eine Frühform des Historismus begründeten, fühlten sich den Prinzipien der pragmatischen Methode verpflichtet.[140]

Mosheim nahm in seinen kirchengeschichtlichen Werken die wesentlichen Maximen des Polybios wieder auf. Zu seinen Hauptwerken zählten die zuerst 1726 erschienene, des öfteren neu bearbeitete und auch ins Deutsche übersetzte *Institutionum historiae ecclesiasticae antiquae et recentioris libri quatuor*, seine neunbändige, aus dem Nachlaß 1769 bis 1778 herausgegebene *Vollständige Kirchengeschichte des Neuen Testaments* sowie sein *Versuch einer unpartheyischen und gründlichen Ketzergeschichte* (1748/ 1750). Diese Bücher Mosheims enthalten auch methodologische Maximen und Reflexionen über das Wesen der Geschichtsschreibung.

Mosheim forderte, daß die Geschichte aus den zeitgenössischen Quellen zu erarbeiten und ihr jeweiliger Zusammenhang aufzudecken sei. Im Vergleich zu Arnold stand er auf einer höheren Stufe aufgeklärter Geschichtsschreibung. Das zeigte schon der Rechenschaftsbericht über seine Vorgänger. Mosheim mißbilligte trotz eines analogen Verfahrens die Motive Arnolds. »Er suchte weniger die Wahrheit ans Licht zu ziehen, als diejenigen, die den so genannten Ketzern die Hände gebunden haben, anzuschwärzen. Die Ketzer sollten durch ihn Rechtgläubige und die Rechtgläubigen sollten Ketzer werden.«[141] Unparteilichkeit und Wahrheitsliebe zählte Mosheim zu den zentralen Anforderungen, denen die Geschichtsschreibung gerecht werden mußte, sie sollte »sine ira et studio« erfolgen: »Ich befahl dem Hasse, der Liebe, dem Mitleiden, der Ehrerbietung, der Verachtung und allen denen Bewegungen, die eine Arbeit von dieser Art verderben können auf das ernstlichste, sich weit von meinem Gemüthe zu entfernen.«

Die Standortgebundenheit, die auch Chladenius betonte und die noch für Nicolai zu den wesentlichen Problemen historischer

Erkenntnis zählte, wirkte nach Mosheim auf dreifache Weise: »Erstens: die Zeit, in der wir leben, übt häufig einen solchen Einfluß auf uns aus, daß wir an ihr die Vergangenheit messen und glauben, daß einst das geschehen oder nicht geschehen konnte, was heute geschieht oder nicht geschieht.« Zweitens drücke sich die Abhängigkeit des Geschichtsschreibers im Glauben an die Autorität aus, und drittens zeige sie sich darin, daß die »Liebe zu den Meinungen und Lehren, denen wir selbst zuneigen«, häufig unseren Sinn fesselt. Insbesondere die erste dieser Einsichten Mosheims wies weit voraus auf den Historismus, stand aber darin, wie noch zu zeigen ist, in der Aufklärung keineswegs allein.

Im übrigen betonte Mosheim, die Geschichte solle auch den Ungelehrten Nutzen und Vergnügen bringen: Sie sei »eine Schule aller Menschen, die nicht unvernünftig sind: Und man thut übel, wenn man dieselbe nur den Gelehrten öfnet.« Auch hierin vertrat Mosheim eine Auffassung, die nach ihm noch viele aufgeklärte Historiker propagierten, dann aber mit spezifischer Nennung bestimmter sozialer Schichten. Schlözer, Möser und Nicolai stellten der Geschichtsschreibung eine ähnliche Aufgabe. Möser explizierte unverhohlen den Zusammenhang von historischer Thematik und potentiellen Lesern, als er 1780 über seine *Osnabrückische Geschichte* schrieb: Diese Geschichte werde »recht vielen Menschen, und nicht bloß einzelnen Ständen unter denselben nutzen, insbesondre aber den Bürger und Landmann lehren müssen, wie er in den mancherlei Regierungsformen und deren sich immer veränderten Spannungen Freiheit und Eigentum am sichersten erhalten« könne.[142] Und noch deutlicher tat Möser an anderer Stelle die soziale Implikation seiner Geschichtsbetrachtung kund: »Nach meinem Wunsche sollte auch der Bauer die Geschichte nutzen und daraus sehen können, ob und wo ihm die politischen Einrichtungen Recht oder Unrecht tun.«[143]

In dieser Absichtserklärung Mösers dokumentierte sich der durch die Aufklärung herbeigeführte gesellschaftliche Wandel: Die Geschichtsschreibung konnte nach wie vor für juristische Zwecke, zur Legitimierung wirtschaftlicher oder gesellschaftlicher Ansprüche instrumentalisiert werden, doch geschah das nun nicht mehr allein im Interesse fürstlicher, sondern mindestens im gleichen Maße bürgerlicher oder bäuerlicher Ansprüche gegen die Obrigkeit. Die historische Darstellung konnte explizit zum Vehikel der sozialen Emanzipation werden. Die Thematik der Historiographie wandelte sich auch in der Profangeschichte; wie die Kirchengeschichte durchbrach sie die offiziöse Setzung von Gegenständen und Darstellungsformen und bezog die mittleren bzw. unteren sozialen Stände ein – ihnen sollte sie nützen. Möser verzichtete sowenig wie die übrigen Historiker auf diese Zweckbezogenheit: Das ist insofern von historiographischem Interesse, als man ihn gewöhnlich von der Aufklärungshistoriographie trennt und zu Recht als Wegbereiter des Historismus einordnet. Das Mißverständnis besteht allein darin, die vorbereitende Rolle der Aufklärungshistoriographie insgesamt zu übersehen: Möser war wie Mosheim, Nicolai und andere Aufklärer einer der Wegbereiter historistischer Geschichtsbetrachtung. Der thematische Wandel der Historiographie erzwang nicht nur bei Mosheim eine Änderung der damals dominierenden pragmatischen Methode, wenngleich sich die Autoren dessen nicht immer bewußt waren.

Der Protagonist dieser thematischen Ausweitung der Geschichtsschreibung war Voltaire. Er begründete seine Geschichtsauffassung nicht nur theoretisch, sondern realisierte sie in seinen historiographischen Hauptwerken. An Voltaire wird die thematische und methodische Veränderung der Geschichtsschreibung auch biographisch faßbar: Bewegt sich seine literarisch meisterliche, romanhafte *Histoire de Charles XII.* (1731) in bezug auf die Darstellung des Herrschers noch in traditionellen Bahnen, so erschließen seine historiographischen Hauptwerke *Le siècle de Louis XIV* (1751) und der *Essai sur les mœurs et l'esprit des nations* (1756) Neuland. In seinem Brief an Abbé Dubos vom 30. Oktober 1738 begründete Voltaire seine Prinzipien für die Darstellung des Zeitalters Ludwigs XIV.:

»Ich schreibe keineswegs nur das Leben dieses Herrschers und die Annalen seiner Regierungszeit, sondern vielmehr die Geschichte des menschlichen Geistes, geschöpft aus dem Jahrhundert, das für den menschlichen Geist am ruhmreichsten war.«[144]

Voltaires Held der Geschichte ist nicht mehr der Fürst, sondern der menschliche Geist, der dem 17. Jahrhundert in Frankreich Glanz verliehen hatte, den Glanz der Kultur und weniger den des Kriegsruhms. Und die Geschichte dieses Jahrhunderts sah der aufgeklärte Franzose anders als seine deutschen Zeitgenossen ihre eigene Geschichte: Für sie blieb das 17. Jahrhundert durch den Dreißigjährigen Krieg gezeichnet und dieser durch den konfessionellen Gegensatz, der einer seiner Ursachen gewesen ist. Die zeitweilige Dominanz der theologischen Thematik in der deutschen Geschichtsschreibung erklärte sich auch hieraus. Unmißverständlich charakterisierte Voltaire in einem Brief an d'Argenson 1740 das Neue seiner Geschichtsschreibung mit den Worten:

»Man hat bisher nur die Geschichte der Könige geschrieben und niemals die der Nation. Es sieht so aus, als ob es vierzehn Jahrhunderte lang im Frankenland nur Könige, Minister und Generäle gegeben hätte! Ist denn der Volkscharakter, die Gesetzgebung, das Rechtsherkommen, die geistige Arbeit keiner Beachtung wert?«[145]

Zu den wesentlichen Themen dieser Geschichtsschreibung zählten neben der Herrschaft also auch Arbeit und Kultur, zur Geschichte der Herrschenden trat die der Beherrschten. Voltaire blieb nicht allein, als er beschloß, die Geschichte wie ein Philosoph und nicht als Panegyriker oder als Gazettenschreiber darzustellen, wie er dem Abbé Dubos geschrieben hatte. Auch sein Zentralthema, die Geschichte des Fortschritts des menschlichen Geistes, kennzeichnete das aufgeklärte Interesse an der Geschichte. Die thematische Ausweitung und zugleich Erweiterung der Welt charakterisiert auch die siebenbändige, wegen ihrer religionskritischen und politischen Attacken umstrittene *Histoire philosophique et politique des établissements et du commerce des Européens dans les deux Indes* (zuerst 1771) des ehemaligen Jesuiten Guillaume Raynal.

 Die Bedeutung Voltaires für die Entwicklung der Aufklärungshistoriographie betonte schon Nicolai in seiner *Allgemeinen Deutschen Bibliothek* 1774 unter der Überschrift »Voltaire der Reformator«:

»Die allgemeine Historie der Welt, war bis auf ihn die Lebensgeschichte der Regenten, er machte sie zuerst zur Geschichte der Menschen. Er ordnete zuerst die Begebenheiten nicht nach den Regierungen der Beherrscher, sondern den Schicksalen der Beherrschten ... Dabey mußten freylich die Begebenheiten eine ganz andere Würdigung und Stellung bekommen als die gewöhnliche.«[146]

Einige deutsche Autoren kritisierten die Fehlerhaftigkeit der Werke Voltaires; eine der schärfsten Attacken ritt Schlözer in der *Vorstellung seiner Universal-Historie* (1772). Doch änderte solche Kritik nichts an Voltaires nachhaltiger Wirkung auf die deutsche Geschichtsschreibung und an der fortwirkenden Bedeutung der durch ihn begründeten Form einer interdisziplinär angelegten, in künstlerische Form gegossenen Kulturgeschichte.[147]

Zu den prononcierten Verfechtern einer neuen Thematik und

Methodik der Geschichtsschreibung zählte in Deutschland der osnabrückische Staatsmann und Schriftsteller Möser, dessen Ringen um die Gegenstandskonstitution der Geschichte und ihre literarische Darstellungsweise sich in seinen Briefen an Thomas Abbt, aber auch seinen historischen Werken selbst, vor allem seiner *Osnabrückischen Geschichte* kundtat. Möser berief sich in erster Linie auf Montesquieu, doch besaß seine historiographische Zielsetzung überdies manche Gemeinsamkeit mit Voltaire. Zwar überstieg es nach Mösers Meinung die Kraft eines Menschen, »den Fortgang der Künste, Wissenschaften, Meinungen, Regierungs-Formen, Gesetze etc. in eine Art Epopee zu bringen«, doch lehnte er die bis ins 18. Jahrhundert in der Profangeschichte dominierende Annalistik und Hofhistoriographie ab: »Ich verlange die Geschichte des Volks und seiner Regierungsform und sehe den Regenten als einen zufälligen Umstand an, der blos in so fern wesentlich wird, als er einigen Stoff zur Veränderung in diesem oder jenem giebt.«[148] In der *Allgemeinen Einleitung zur Osnabrückischen Geschichte* (1768) entwickelte Möser sein Programm einer »historischen Logik«, die eine neue Form der Gesellschaftsgeschichte mit politischer Instrumentalisierung verband und zugleich die jeweilige historische Individualität einer Epoche zum Maßstab ihrer Beurteilung machte.

»Das Costume der Zeiten, der Stil jeder Verfassung, jedes Gesetzes… jedes antiken Worts, muß den Kunstliebenden vergnügen. Die Geschichte der Religion, der Rechtsgelehrsamkeit, der Philosophie, der Künste und schönen Wissenschaften ist auf sichere Weise von der Staatsgeschichte unzertrennlich und würde sich mit obigem Plan gut verbinden lassen.«[149]

Diese Zielrichtung Mösers steht nicht – wie frühere historiographiegeschichtliche Darstellungen, z. B. Friedrich Meinecke in seiner *Entstehung des Historismus,* meinen – im Gegensatz zu aufgeklärtem Geschichtsdenken, sondern ist tatsächlich eine ihrer Formen. Die Rezeption Mösers in der Aufklärung, vor allem durch seinen Freund und Verleger Nicolai, beweist diese Zugehörigkeit ebenso wie analoge historiographische Bestrebungen, die Voltaire, Nicolai und eine Reihe aufgeklärter Landeshistoriker verbanden. Die Standortgebundenheit Mösers widerspricht dieser Beurteilung historiographischer Innovation in der Aufklärung nicht: Entscheidend war, in welcher Weise die aufgeklärten Geschichtsschreiber die gesellschaftlichen, politischen und ideellen

Herausforderungen ihrer Epoche zur Erforschung der Geschichte fruchtbar machten. Und dabei gerieten ihre besten Vertreter immer wieder über bloßes Instrumentalisieren der Geschichte hinaus und drangen zur Erfassung historischer Individualität vor.

Die Fülle der historischen Themen, die die aufgeklärte Historiographie untersuchte, entsprach ihrem enzyklopädischen Wissensdrang überhaupt. Allein dieser umfassende Anspruch überschritt enges Zweckdenken und führte unweigerlich zu methodologischen Konsequenzen. Die interdisziplinäre Verbindung ökonomischer, gesellschaftlicher, politischer und kultureller Phänomene komplizierte nicht nur die Darstellung, sondern zuvörderst die Methode; die Komplexität der historischen Realität erwies sich mit einlinigen Erklärungsmodellen als nicht mehr erfaßbar. Der Eintritt der Untertanen ins Blickfeld der Historiographie erzwang eine Multiperspektivität und eine ihr Rechnung tragende Methode. Ebenso wie die Einbeziehung von Leistungen, die über fürstliche Diplomatie und Kriegführung hinausgingen und die in der Regel Leistungen bürgerlicher Schichten waren, relativierte diese thematische und methodische Erweiterung der Historiographie die Stellung des Herrschers in der Geschichte und damit auch politisch in der Gegenwart. Die politische und soziale Pointe dieser, im Wortsinne bürgerlichen, Geschichtsschreibung mußte nicht erst expliziert werden, sie war jedem Leser offensichtlich.

Es überrascht deshalb kaum, daß auch die positive Würdigung, die aufgeklärte Historiker manchen Königen zuteil werden ließen, eine Würdigung ihrer bürgerlichen Tugenden war – und zwar gerade solcher Tugenden, deren Praktizierung ohne die Beteiligung der Untertanen nicht möglich gewesen wäre. Förderte ein König Gewerbe und Handel, Schule und Wissenschaft, betrieb er sparsame und geordnete Verwaltung, verstand es sich von selbst, daß er dabei den Gewerbefleiß, die berufliche Qualifikation seiner Untertanen, ihr Bildungsstreben und andere, vor allem bei den Bürgerlichen anzutreffende Eigenschaften benötigte, um seine Ziele realisieren zu können. Aus solchen Gründen fiel das Urteil Nicolais über den brandenburgisch-preußischen König Friedrich Wilhelm I., den größten »inneren König« Preußens (C. Hinrichs), außerordentlich positiv aus, obwohl es sich bei ihm keineswegs um einen aufgeklärten Herrscher handelte.[150] Der Zeitpunkt der Darstellung ist ebenso bemerkenswert wie ihr Inhalt: Sie erschien im Jahre 1791, während der Regierungszeit Friedrich Wilhelms

II., eines Anhängers der Rosenkreuzer und Gegners der Aufklärung. Daher dürfte der Schweizer Arzt Johann Gottfried Zimmermann, der selbst zu diesem Zeitpunkt die Aufklärung bekämpfte, Nicolais positives Bild Friedrich Wilhelms I. richtig beurteilt haben, als er ihm schrieb: »Das Lob der vergangenen Zeit ist gar oft eine Kritik der gegenwärtigen.«[151] Diese Form der politischen Kritik, die die Zensur nicht zu fürchten hatte, wird uns später noch begegnen.

Die Prinzipien der Unparteilichkeit, der pragmatischen Erklärung der Wirkung aus der Ursache sowie ihre allmähliche Relativierung in der Aufklärungshistoriographie durch die Erweiterung der Thematik und die Erkenntnis der Komplexität historischer Zusammenhänge waren, so gewichtig sie für sich genommen sind, nicht die einzigen Charakteristika der aufgeklärten Profanhistorie. Das regulative Postulat der Unparteilichkeit, oder modern gesprochen: der Objektivität, für die historische Darstellung fand sein Korrelat in der Forderung, die Geschichtsschreibung habe sich an den Quellen zu orientieren: Nur so konnte historische Angemessenheit, also Objektbezogenheit, erreicht werden. Die weltlichen Historiker folgten hierin ihren geistlichen Vorgängern im 17. Jahrhundert, von denen die Rede war. So erklärte Nicolai: »eine *Aufklärung ohne Gründe*, eine *historische Aufklärung ohne Dokumente, ist gar keine Aufklärung*«.[152]

Mit dieser Forderung verbanden die Geschichtsschreiber des späten 18. Jahrhunderts, ebenfalls in der Tradition von Maurinern und Bollandisten, das Prinzip der Quellenkritik: Eine historische Quelle konnte allein durch die Berücksichtigung ihres historischen Kontextes zum Sprechen gebracht und auch nur in ihm angemessen beurteilt werden:

»Will man eine wahre Geschichte liefern, so muß man nichts als gewiß behaupten, wovon man nicht einen historischen Beweiß führen kann, und dieser muß aus den rechten Quellen, aus gleichzeitigen Geschichtsschreibern und aus Urkunden geführt werden, und noch müssen hierbey alle Umstände wohl erwogen werden. Besonders muß man bedenken, daß nicht alle ähnliche Dinge, die zu verschiedenen Zeiten gewesen sind, deshalb zu einer Klasse gehören: Post hoc non est propter hoc! ... Muthmaßungen und Hypothesen sind nicht historische Beweise. Sie können, in Ermangelung dieser, ihren Werth haben, hauptsächlich Spuren in der Dunkelheit der Geschichte zu finden, doch können sie nur beybehalten werden, in so fern sie mit andern sichern Nachrichten übereinstimmen, und durch Zusammenstellung mehrerer Umstände können wahrscheinlich gemacht werden. Aber Thatsachen die nicht zusammengehören, zusammenzwingen, Jahrhunderte überspringen, und keine Widersprüche mit der Geschichte achten, wenn man nur etwas herbeyziehen kann, was einem vorgesetzten Zwecke dienlich scheint, heißt nicht *Geschichte schreiben*, sondern *träumen*.«[153]

Die methodische Strenge der reifen Aufklärungshistoriographie ist in diesen Sätzen eines nicht professionellen Historikers enthalten.

Die Reflexion über die Methoden historischer Forschung vollzog sich aber keineswegs nur außerhalb der Universitäten. An der im Geist der Aufklärung gegründeten Universität Göttingen wirkte als erster Professor der Geschichte, die der Gründer und Kurator Gerlach Adolf v. Münchhausen als Universitätsfach ausbauen wollte, Johann David Köhler, der sowohl die Historischen Hilfswissenschaften als auch die Reichs-, Universal- und Kirchenhistorie bearbeitete.[154] 1764 gründete Gatterer das erste Historische Seminar an einer deutschen Universität. Zu den führenden Göttinger Geschichtswissenschaftlern zählten weit über die Stadt hinaus bekannte Gelehrte: Neben Gatterer Schlözer und Spittler, Johann Stephan Pütter, Christoph Meiners und Arnold Hermann Ludwig Heeren – um nur diese zu nennen. Auf charakteristische Weise verbanden sie hilfswissenschaftliche und methodische Arbeit mit universalgeschichtlicher Thematik, wofür Gatterer selber als Beispiel steht. Er veröffentlichte Handbücher zu mehreren hilfswissenschaftlichen Disziplinen wie Chronologie, Diplomatik, Genealogie und Heraldik sowie einen der pragmatischen Methode folgenden *Abriß der Universalhistorie nach ihrem gesamten Umfange von der Erschaffung der Welt bis auf unsere Zeiten* (zuerst 1765), in dessen Einleitung er bemerkte:

»den *Nuzen* und die *Nothwendigkeit* der Historie im gemeinen Leben sowol, als in der gesamten Gelehrsamkeit, und allen einzelnen Theilen derselben hat noch kein Vernünftiger in Zweifel gezogen: indessen sind noch nicht alle Gattungen der Geschichte für einen jeden von gleicher Unentbehrlichkeit. Die *Universalhistorie* und die *Geschichte des Vaterlandes* kan wohl niemand entbehren, der sich von dem Pöbel unterscheiden will: so wie kein Gelehrter ohne Schande in der *allgemeinen Gelehrtengeschichte* unwissend seyn kan.«[155]

Als ein weniger bekannter Autor namens Felix Joseph Lipowsky, Professor der Rechte und der Geschichte an der Militärakademie in München, 1794 eine zweibändige *Uebersicht der deutschen Geschichte* publizierte, leitete er sie mit den Worten ein:

»Der Nutzen, den die Kenntniß der Geschichte dem Staatsmann, dem Rechtsgelehrten, dem Krieger, dem Theologen, dem Philosophen, und selbst dem Privatmanne gewährt, ist bereits entschieden, und allgemein bekannt. Es wäre also unnütz, meine Leser erst von der Wichtigkeit dieses Studiums überzeugen zu wollen.«[156]

Selbst die Historiker der Göttinger Schule stimmten indes keineswegs in allen zentralen Fragen überein, von unterschiedlichen thematischen Schwerpunkten ihrer Arbeit einmal abgesehen. So veröffentlichten Schlözer und Gatterer, obschon beide sich mit Universalgeschichte befaßten, verschiedene Reihenwerke, die völlig anderer Art waren: Gab Gatterer im engeren Sinne fachwissenschaftlich orientierte Werke heraus – die in sechzehn Bänden 1767 bis 1771 publizierte *Allgemeine Historische Bibliothek* sowie 1771 bis 1781 das ebenfalls sechzehnbändige *Historische Journal* –, so Schlözer die dezidiert gegenwartsbezogenen staatswissenschaftlichen und politischen Journale *Briefwechsel meist statistischen Inhalts* (1774–1775), *Briefwechsel meist politischen Inhalts* (1776 – 1782) sowie die in achtzehn Bänden von 1783 bis 1795 erscheinenden *Statsanzeigen*.[157] Obwohl Schlözer seit 1765 in Göttingen Weltgeschichte und Statistik (d. h. Staatenkunde) lehrte, bemerkte er 1775 in Auseinandersetzung mit Herder über seine in erster Auflage 1772 veröffentlichte *Vorstellung der Universal-Historie*, er sei nicht Mitglied von Gatterers Historischem Institut. Und tatsächlich kann man darüber streiten, ob angesichts der ausgesprochenen Unterschiedlichkeit und Individualität der erwähnten Autoren der Begriff »Schule« im engeren Sinn angemessen ist. In jedem Fall aber haben die dortigen Universitätshistoriker das reichsweite Ansehen der spezifisch aufklärerisch geprägten Göttinger Geschichtswissenschaft in ihren verschiedenen Formen begründet. Charakteristisch war, daß diese Richtungen der Geschichtsschreibung ihre Wirksamkeit durch die Universität erlangten und auf die akademische Lehre ausgerichtet blieben.

Demgegenüber wirkten diejenigen, die mit größerer Freiheit, größerer literarischer Gestaltungskraft und schärferem analytischen Blick die Geschichtsschreibung der Aufklärung über traditionelle Formen und schulmäßige Konvention hinausführten, in Deutschland z. T. und in den anderen europäischen Ländern überwiegend außerhalb der Universitäten: Das galt in Italien schon für Machiavelli, in England bzw. Schottland für Hume, William Robertson und Edward Gibbon, in Frankreich für Montesquieu und Voltaire, in Deutschland für Möser, Winckelmann, Herder, Nicolai, Friedrich den Großen und später Barthold Georg Niebuhr – so unterschiedlich diese Autoren im einzelnen auch waren, so sehr sie, wie z. B. Nicolai und Herder, untereinander in Streit geraten mochten.

Auf der anderen Seite sollte man aus der Tatsache, daß es – sozialgeschichtlich gesehen – mehrere unterschiedliche Gruppen von Autoren gab, die die moderne Geschichtsschreibung innerhalb der Aufklärung vorbereiteten und über die konventionellen Formen hinausgingen, nicht allzuschnell prinzipielle Gegensätze zwischen universitärer und außeruniversitärer Geschichtsschreibung oder sogar einen deutschen »Sonderweg« konstruieren.[158] Die Gemeinsamkeiten aufgeklärten Interesses an der Geschichte überwogen in der Regel das Trennende. Keineswegs propagierten nur außeruniversitäre Geschichtsschreiber wie Nicolai Voltaire in Deutschland, sondern z. B. auch Universitätsgelehrte aus Göttingen. Herder war es, der den großen und zunächst folgenlosen Vorläufer der modernen Geschichtsphilosophie und des Historismus, Giambattista Vico, einen neapolitanischen Universitätsprofessor, in Deutschland wiederentdeckte. Zugleich aber kritisierte der nicht-professionelle Geschichtsdenker Herder den großen Franzosen Voltaire: Die Zunftgrenzen waren weder für die eine noch die andere Bewertung ausschlaggebend. Die katholischen und protestantischen Theologen, die die Kirchengeschichtsschreibung voranbrachten, die Universitätshistoriker, die die Hilfswissenschaften ausbauten, Lehrbücher und weltgeschichtliche Abrisse zu didaktischen Zwecken verfaßten, die Gelehrten, die an den wissenschaftlichen Akademien intensive historische Forschung im Geist der Aufklärung betrieben[159], die großen Kulturhistoriker, die von Beruf Staatsmänner oder freie Schriftsteller waren und für ein gebildetes Publikum historische Darstellungen als literarische Kunstwerke verfaßten – sie alle standen nicht in einem ideellen historiographischen Gegensatz zueinander, sondern in einem der Form.

Waren Gatterer und Schlözer Autoren, die sich in erster Linie an das akademische Publikum wandten, suchte und fand der Würzburger Geistliche Rat, Bibliothekar und Professor der deutschen Reichsgeschichte Michael Ignaz Schmidt, der 1780 in Wien zum Wirklichen kaiserlichen Hofrat und Direktor des Haus- und Staatsarchivs berufen worden war, mit seiner *Geschichte der*

Deutschen (1778) ein breites Publikum. Er selbst konnte das immer umfangreicher werdende Werk jedoch nicht mehr vollenden. Es erschien in der endgültigen Ausgabe schließlich in zwei Teilen: als *Ältere Geschichte der Deutschen* (1778–1785) – die bis zum Ausbruch des Schmalkaldischen Krieges 1546 reichte – und vom sechsten Band an aus dem Nachlaß Schmidts bzw. in Fortführung durch einen weniger bekannten Autor, Milbiller, als *Neuere Geschichte der Deutschen* in insgesamt siebzehn Bänden (1785–1808).

Bewußt hatte Schmidt sein populäres Geschichtswerk in die Tradition der großen englischen und französischen Historiographen der Aufklärung gestellt. Der Einfluß von Voltaires *Essais sur les mœrs* ist in Anlage und Thematik des Werkes spürbar. Auch Schmidt behandelte in klarer, quellensicherer Weise Kultur-, Verfassungs-, Finanz- und Bildungsgeschichte[160], um nur die wichtigsten Themenkomplexe zu nennen. Schmidt war ein Geschichtsschreiber, der auf dem Boden der katholischen Aufklärung – genauer des jansenistisch geprägten Josephinismus – stand und der als erster katholischer Historiker die Reformation vergleichsweise leidenschaftslos und unparteiisch nach aufgeklärten Prinzipien darstellte. Charakteristisch für diese Neubewertung ist Schmidts Urteil über Luther. Zwar kritisiert er Luthers »Heftigkeit gegen Alle, die nicht seinen Meinungen folgten« und bemängelt manche Inkonsequenz, doch würdigte er positiv Luthers »Redlichkeit, Uneigennützigkeit und mit so festem Muth verbundene(r) Vaterlands- und Religionsliebe«. Luther habe »die Religion von dem zu vielen Außenwerke, mit dem sie besonders durch die Mönche war überladen worden, auf das Innere, auf Empfindung und Verstand zurückzuführen« gesucht und sei bestrebt gewesen, die »Quellen der Religion gemein zu machen und Jedem, der Willen und Anlage hatte, selbst in die Hand zu geben«.[161] Ein solch freies, deutlich durch aufgeklärte Prinzipien geleitetes Urteil war im 18. Jahrhundert für einen katholischen Geistlichen und Historiker alles andere als selbstverständlich.

Schmidts historische Urteile waren von einem doppelten Gegenwartsbezug geleitet: Zum einen wurzelten sie in der Fortschrittsgläubigkeit des aufgeklärten Bürgerlichen, der die Geschichte als allmähliche Verfeinerung und Kultivierung von Religion, Sitten, Staats- und Gesellschaftsverfassung begriff, zum anderen gingen die kirchenpolitischen Überzeugungen des im josephinischen

Wien wirkenden Weltgeistlichen mit einem jansenistischen Anti-papismus einher: Schmidt verfocht nationalkirchliche Tendenzen und erkannte der Nation, dem Volk, geschichtsgestaltende Kraft zu. So bemerkte er 1778 über die Geschichtsschreiber: »Die Meisten begnügen sich damit, die wechselweise Gewalt der Regenten und Stände auszumessen, ohne sich zu bekümmern, in was für einer Lage sich das Volk dabey befunden. Ob aber dieses der letzte Zweck der Geschichte sey, daran zweifle ich sehr.«[162] *Geschichte der Deutschen:* Der Titel war als Programm zu verstehen, wenn-gleich Schmidts »Deutsche« zweifelsfrei synonym mit den gebil-deten Oberschichten waren. Doch verhielt sich das bei seinem berühmten Vorbild Voltaire durchaus analog.

Stärkere methodische Bedeutung für die Entwicklung der Geschichtswissenschaft als diese Vorform der Nationalgeschichts-schreibung gewann in der Aufklärung einstweilen die Erforschung der Territorialgeschichte, die zur Universalgeschichtsschreibung thematische und methodische Analogien besaß: Beide bemühten sich darum, mit Hilfe der pragmatischen Methode die Gesamtheit des kulturellen, wirtschaftlichen und gesellschaftlichen Lebens zu erfassen. In beiden Formen der Geschichtsschreibung erfolgte die Epochenabgrenzung bzw. epochenübergreifende Periodisierung nicht mehr regentenbezogen oder in Reduktion auf reine Annali-stik. Vielmehr bestand auch hier das Ziel in der Erfassung des spezifischen Geistes der Nationen, wie er sich in erster Linie in den Leistungen bürgerlicher Schichten dokumentierte. Die landesge-schichtliche Forschung bot zur Erfassung dieser Themenbereiche von der Quellenbasis und vom gesellschaftlichen Interesse der Historiker her eine geeignetere Basis und erleichterte die Darstel-lung einer vorher nicht gekannten Komplexität von Themenberei-chen. Das galt trotz der Tatsache, daß die landesherrlichen Archive den Historikern in aller Regel verschlossen blieben.[163]

Zu den führenden Vertretern der Territorialgeschichte gehörte außer Möser u. a. Spittler, der mehrere großangelegte landesge-schichtliche Darstellungen verfaßte: die bis zum Jahre 1733 ge-führte *Geschichte Würtembergs unter den Grafen und Herzögen* (1783) sowie die *Geschichte des Fürstentums Hannover seit den Zeiten der Reformation bis zum Ende des 17. Jahrhunderts* (1786). Daneben schrieb Spittler eine Reihe weiterer bedeutender Werke, die sich durch solide Quellenfundierung, Klarheit und Gefälligkeit der Darstellung auszeichneten, darunter mehrere kirchengeschichtliche Bücher sowie einen *Entwurf der Geschichte der euro-päischen Staaten*, den er in zwei Bänden 1793 veröffentlichte. Wie Schlözer und Schmidt folgte Spittler dem von Voltaire gewiesenen Weg, wie einige der großen englischen Historiker und Möser machte auch Spittler eine politische Karriere. 1797 wurde er in Stuttgart Wirklicher Geheimer Rat und Präsident der Oberstu-dienkommission, 1806 schließlich als württembergischer Minister und Tübinger Universitätskurator in den Stand eines Freiherrn erhoben.

In Spittlers historischen Werken dominierte die Vorstellungswelt des deutschen Territorialstaats: Er bevorzugte den Mittelstaat, nicht aber die europäischen Großmächte oder ausgedehnte Flä-chenstaaten. Auch sein gesellschaftliches Ideal ließ Spittler deut-lich erkennen: die bürgerliche Welt der Arbeit und der Kultur, die der Regent zu schützen hatte, wenn er sein Amt recht verstand. Wie einige der übrigen Genannten verstand sich Spittler keines-wegs als unpolitischen Geschichtsschreiber, sondern wollte mit seinen Werken ausdrücklich aufgeklärte Reformen in den Territo-rialstaaten anregen. Ebenso unverkennbar war Spittlers zeitgenös-sische Befangenheit, wenn er seine Forschungen auf frühere Epochen, z.B. auf das Mittelalter, ausdehnte: Sein selbständiges und freies Urteil, das er in Quellenauswahl und Quellenkritik, in der Entwicklung von Fragestellungen und Darstellungsform im-mer wieder bewies, versagte hier durchaus. Seine Welt war die Welt des 17. und 18. Jahrhunderts. Zwei Punkte verdienen noch hervorgehoben zu werden: Spittler überwand als erster protestan-tischer Kirchenhistoriker wenigstens teilweise den herrschenden Antikatholizismus und beurteilte weder das Papsttum, über wel-ches er später veröffentlichte Vorlesungen hielt, noch das Mönchs-wesen ausschließlich negativ.[164] Überdies wandte Spittler die Grundsätze aufgeklärter Geschichtsbetrachtung auf die gesamte Kirchengeschichte an, aber mit einer charakteristischen Gesamt-bewertung:

»Nirgends läßt sich das Fortschreiten des menschlichen Geistes mit allen Retrogradationen und Verirrungen so beurkunden als hier ... Wo haben sich je die verschiedenen Schattirungen und Mischungen des Irrthums und des Lasters, die mannichfaltigsten Proben des wechselweisen Einflusses des Verstandes und Herzens deutlicher gezeigt als in der Geschichte der Christlichen Kirche?«[165]

Mit diesem Urteil blieb Spittler durchaus im Rahmen der zeitgenössischen protestantischen Kirchengeschichtsschreibung, die mit dem Wittenberger Theologen und Kirchenhistoriker Johann Matthias Schröckh und seiner in insgesamt 43 und zwei Ergänzungsbänden zwischen 1768 und 1812 erschienenen *Christliche(n) Kirchengeschichte* einen ihrer einflußreichsten spätaufklärerischen Vertreter fand: Schröckh faßte die Kirchengeschichte als Teil der allgemeinen Religionsgeschichte auf und führte eine neue Periodisierung ein, die der Periodeneinteilung in der Religionsgeschichte einen jeweils dominanten Inhalt zugrunde legte. Charakteristisch für Schröckhs Darstellungsart war, daß die von ihm hervorgehobenen Hauptinhalte einer Epoche sich in großen historischen Persönlichkeiten verdichteten und von ihnen die prägenden Wirkungen ausgingen.

War die Kirchengeschichte und noch mehr die allgemeine Religionsgeschichte nur sehr begrenzt aus territorialgeschichtlicher Perspektive zu erfassen, galt das naturgemäß noch stärker von der vergleichenden Universalgeschichte, von der schon die Rede war und deren großer Protagonist Voltaire gewesen ist. Allerdings griffen auch andere aufgeklärte Historiker über eine national- oder territorialgeschichtliche Perspektive hinaus, wenn sie wie Montesquieu *Considérations sur les causes de la grandeur des romains et de leur décadence* (1734) verfaßten, zu denen Friedrich der Große, selbst ein bedeutender Historiker seines Staates, seiner Dynastie und seiner Kriegführung, aufschlußreiche Randbemerkungen schrieb. So zeitlich entfernt das Thema dieses Essays vom 18. Jahrhundert auch sein mochte, so aktuell erschien es den Zeitgenossen. D'Alembert glaubte eine Ähnlichkeit der römischen mit der modernen Geschichte zu erkennen, die er in der *Encyclopédie* folgendermaßen beschrieb: Die Geschichte der Römer demonstriere

»eine von der Vernunft beherrschte Politik und ein bestimmtes System der Machterweiterung, das nicht erlaubt, das Glück dieses Volkes dunklen und untergeordneten Triebkräften zuzuschreiben. Die Ursachen der römischen Größe finden sich also in der Geschichte, und es ist die Aufgabe des Philosophen, diese Ursachen aufzudecken.«[166]

Die Aktualität dieses Themas blieb in der Aufklärung ungebrochen, so daß der britische Historiker und Politiker Gibbon ihm 1776 bis 1788 sein sechsbändiges Hauptwerk widmete: *History of the decline and fall of the Roman Empire*. Die brillante, bis zum Fall Konstantinopels 1453 reichende Darstellung basierte auf der

These, der Untergang Roms sei nicht zuletzt durch das Christentum herbeigeführt worden: Diese – in der späteren Historiographie widerlegte – These provozierte heftige Kritik an Gibbons literarischem und historiographischem Meisterwerk. Bemerkenswert ist, daß Gibbon die römisch-abendländische Geschichte seit dem Tod Mark Aurels (180 n. Chr.), mit dem sein Werk einsetzt, als ständigen Verfall begriff. Diese pessimistische Geschichtsdeutung, die freilich vom Thema her nahelag, muß als eine dem Geschichtsoptimismus komplementäre Erscheinung der Aufklärung angemessen berücksichtigt werden.[167]

War Gibbon schon ein erfolgreicher, vielgelesener Geschichtsschreiber, wurde der schottische Geistliche und Rektor der Universität Edinburgh, William Robertson, zum erfolgreichsten britischen Historiographen des 18. und 19. Jahrhunderts überhaupt.[168] Zwar gründete sein Ruhm auf seiner Geschichte Schottlands und seiner Geschichte Amerikas, doch stieß er in seinen Werken ebenfalls zu prinzipiellen Fragen vor und wurde einer der entscheidenden Wegbereiter moderner Geschichtswissenschaft, indem er souverän die damals herrschende englische Parteigeschichtsschreibung der Whigs sowie der Tories zugunsten wissenschaftlich freien Urteils, ursächlicher Analyse und universaler Einordnung historischer Vorgänge überwand.[169] In die erste Reihe derjenigen, die eine prononciert um Objektivität bemühte Geschichtsschreibung in der englisch-schottischen Aufklärung durchsetzten, gehörte auch Hume. Seine zuerst 1754 bis 1763 in sechs Bänden publizierte *History of England from the invasion of Julius Caesar to the revolution in 1688* ist bis heute immer wieder aufgelegt worden und konzentrierte sich materialreich vor allem auf die mittelalterliche Geschichte. Sie fand in der Darstellung des berühmten Romanciers und Arztes Tobias Smollett, der selbst 1757/58 eine Geschichte Englands verfaßt hatte, eine *Continuatio*, die zusammen mit Humes Werk in dreizehn Bänden 1796 publiziert wurde.

Von Interesse ist auch das in der aufgeklärten französischen und englischen Historiographie bis zu Condorcet, Adam Smith und John Millar immer wieder anzutreffende systematische Stufenmodell der Geschichte, das bei den Hirtenvölkern einsetzte und über die Ackerbauernvölker in mehreren Stufen schließlich zur »civil society« führte. Den geschichtlichen Strukturwandel der Gesellschaft analysierte dann auf geistes- und politikgeschichtlich höchst folgenreiche – die außereuropäischen Kulturen einbeziehende –

Weise mit Hilfe der Kategorien von Arbeitsteilung und Konflikt sowie anthropologischer Problemstellungen ebenfalls ein schottischer Aufklärer: der ehemalige Geistliche und spätere Professor der Natur- und Moralphilosophie in Edinburgh, Adam Ferguson, in seinem Werk *Essay on the history of civil society* (1767). Schon ein Jahr nach Erscheinen übersetzte Garve dieses Werk ins Deutsche und tat damit einen wichtigen Schritt zur Rezeption der schottisch-englischen Aufklärung in Deutschland.

Mit der Erweiterung des Blicks ging auch eine Neuentdeckung der internationalen Beziehungen als zentrales Thema der Geschichtsforschung einher, die schon in dem von Robertson eingeführten Gleichgewichtsprinzip, der Idee einer »balance of power«, zum Ausdruck kam und in der deutschen Aufklärungshistoriographie, insbesondere bei Heeren, fruchtbar wurde. Heeren arbeitete zunächst vornehmlich über die Alte Geschichte. Die spätere Themenerweiterung, die schon bei anderen Aufklärungshistoriographen begegnete, zeigte sich bei ihm vor allem in der Betonung der Wirtschaftsgeschichte, deren Wirkung auf die politische Entwicklung er erstmals klar herausarbeitete. War der Althistoriker Heeren durch Montesquieu angeregt worden, so der Ökonom Heeren durch Adam Smith, dessen deutsche Rezeption an den Universitäten Göttingen und Königsberg in den letzten Jahrzehnten des 18. Jahrhunderts ein eigenes, interessantes Kapitel der deutschen Aufklärung, insbesondere ihres frühliberalen sozialökonomischen Denkens, darstellt.

Vor allem aber wurde Heeren zu einem der ersten Historiker des frühneuzeitlichen Staatensystems. Sein zuerst 1809 publiziertes *Handbuch der Geschichte des Europäischen Staatensystems und seiner Colonien, von der Entdeckung beyder Indien bis zur Errichtung des Französischen Kayserthrons* erlebte bereits 1811 eine verbesserte Neuauflage. Seine hohe Bewertung dieses Themas stellte Heeren bereits in der Vorrede unter Beweis: »Unter den großen Erscheinungen, welche uns die Weltgeschichte aufstellt, ist die des Europäischen Staatensystems ... in den letzten drey Jahrhunderten bisher die größte, und zugleich für uns die wichtigste.« Ebenso unmißverständlich erklärte Heeren, daß er sich nicht auf das »äußere Spiel der Verhältnisse« beschränke, sondern versuche, in »ihr Inneres zu dringen, und die Triebfedern aufzuspüren, wodurch es in Bewegung gesetzt und erhalten wurde«.[170] Von Spekulationen wollte Heeren sich ebenso freihalten wie von

Parteilichkeit; die Fortschritte der Menschheit wollte er nicht
messen und hielt es für »seine erste Pflicht auf historischem Grund
und Boden zu bleiben«[171] – auch und gerade zu einer Zeit, als er
Augenzeuge wurde, wie das europäische Staatensystem unter den
Schlägen Napoleons endgültig zusammenbrach.

Dieser Weg zu universalerer Betrachtungsweise unterschied sich
von den universalhistorischen Entwürfen der Aufklärungshistoriographen durch den thematischen Schwerpunkt und die zeitliche
Eingrenzung. Gerade dadurch gewannen diese Arbeiten aber
größere Problemorientierung und berücksichtigten stärker die
jeweilige historische Spezifik, während Gliederungsschemata und
Fragestellungen bei der reinen Universalhistorie oft recht oberflächlich blieben und zu unhistorischen Bewertungen führten.
Daneben standen in der Aufklärungsliteratur umfassendere, mehr
enzyklopädisch als epochenbezogen-problemorientiert angelegte
Werke, z. B. das 1736 veröffentlichte Gemeinschaftswerk englischer Historiker *Universal history from the earliest account of time
to the present,* deren erste dreißig Abschnitte seit 1744 die Theologen S. J. Baumgarten und J. S. Semler in deutscher Bearbeitung als
Allgemeine Welthistorie herausgaben und die seit 1771 um weitere
freie Bearbeitungen verschiedener deutscher Autoren – u. a.
Schlözers und Meusels – ergänzt wurde.[172]

Darstellungen dieser Art waren meist wie die umfangreichen
Handbücher zur deutschen Reichsgeschichte, die während des 18.
Jahrhunderts erschienen, als bloße Nachschlagewerke und Mate-
rialsammlungen konzipiert und besaßen weder eine innovatorische Methode noch überhaupt einen eigenständigen interpretato-
rischen Zugriff. Ihr großer Umfang stimulierte immer wieder
knappe universalhistorische Abrisse. In ihnen finden sich denn
auch eher spezifisch aufgeklärte Fragestellungen und Interpretationen, weil sie den Verfasser zur Begründung seiner Stoffauswahl
zwangen und sich mit bloßer Materialanhäufung schwer durch-
führen ließen. Ein Abriß dieser Art ist die bereits erwähnte
Vorstellung der Universal-Historie von Schlözer oder aber die
Geschichte der Menschheit, die der Schweizer Schriftsteller Isaak
Iselin veröffentlichte und die in zweiter Auflage 1791 erschien.

So versuchte Schlözer im Sinne pragmatischer Geschichtsschrei-
bung eine vollständige Universalhistorie zu begründen, deren
Probe er darin sah, ob sich der heutige allgemeine Zustand jeder
Gegend der Welt »als aus Gründen erklären lasse«.[173] Wie sehr

Schlözer die Prioritäten im Sinne der Aufklärung setzte, bewies seine Hierarchie der Themen. Er bewertete Künste und Erfindungen im weitesten Sinne als Signaturen der Entwicklung der Menschheit, denen »alle übrigen Weltbegebenheiten ... eingeschichtet werden« könnten. Schlözer ging zwar von Polybios aus, aber über ihn hinaus. Er wollte im Grunde eine »*Geschichte der Menschheit*« geben, die zugleich ärmer und reicher sei als die gewöhnlichen universalgeschichtlichen Handbücher, eine neue Art von Geschichte, die bisher meist von den Philosophen behandelt worden, tatsächlich aber »Eigentum des Historikers« sei: »... eine Sammlung von Begebenheiten, die nicht einzelne Nationen oder einzelne Klassen des menschlichen Geschlechts intereßiren, sondern für den Weltbürger, den Menschen überhaupt, wichtig sind«. Eine solche Universalgeschichte müsse eine »allgemeine *historische Encyclopädie*« sein, die alle Elemente der Spezialgeschichten enthalte.[174]

Geschichtsschreibung dieser Art verstand sich als anthropologische Grundwissenschaft, deren Ziel die Darstellung des Menschen überhaupt war, und dieses Ziel konnte im oben zitierten Sinne Wielands nur der Mensch in der Geschichte sein: nur als historisches Wesen konnte er angemessen erfaßt werden. Aber Auswahl erschien unumgänglich, aus dem »Wuste von Nachrichten« wählte eine universalgeschichtliche Betrachtung diejenigen aus, die ein Volk

»characterisch kennen lehren; nur wirklich große Handlungen, nebst den Triebfedern derselben, die theils in der Beschaffenheit seines Landes, und der Menge seiner Bürger, theils in seiner Staatsverfassung, in seiner Gesetzgebung nach allen Zweigen der Politik, in seiner Cultur, in Sitten, Religion, und Wissenschaften, und in seiner Industrie im Landbau, Handel, und Manufacturen, liegen«.

Aus dieser schon von Voltaire vorgezeichneten Linie resultierte die Ablösung der klassischen Regentengeschichte bzw. der Kriegsgeschichte: Diese Umwertung bis ins 18. Jahrhundert gültiger Thematik hatte Schlözer im Auge, als er bemerkte, ein »glücklicher Vernunftschluß« habe die Welt »offt mehr verschönert ... als die Arme von Millionen Kriegern sie verwüstet haben«. Schlözers Gewichtung bewirkte zwangsläufig eine neue Periodisierung der Weltgeschichte, er begründete sie mit den »erstaunlichen Progressen«, die der menschliche Verstand seit dem 15. Jahrhundert gemacht habe: In dieser Epoche lag die entscheidende Wende in der Geschichte der Neuzeit, die das Selbstverständnis der Aufklärung wesentlich mitkonstituiert hatte. Die entscheidenden Fortschritte der Zeit um 1500 sah Schlözer – wie seit Voltaire fast alle Aufklärer – in der Erfindung des Buchdrucks, der neuen Bedeutung von Papier, Pulver und Wechselhandel, der Entdeckung Amerikas, der Reformation, der 1495 erfolgenden Einführung des Ewigen Landfriedens in Deutschland, die »eine Epoche seiner Menschlichkeit« bezeichne, den Veränderungen im europäischen Staatensystem, wozu er das Vordringen der Türken zählte, der Verdrängung der Araber aus Spanien sowie im Zusammenschluß Spaniens, der Zurückdrängung der Mongolen aus Rußland und schließlich in weiteren, die asiatische und amerikanische Geschichte einbeziehenden Vorgängen.

Schlözers Auswahlkriterium bildete der globale Aspekt, also diejenigen Ereignisse, die es erst erlaubten, von Weltgeschichte zu sprechen, weil durch sie die entferntesten Teile der Welt in einen Zusammenhang rückten. Nicht zuletzt deshalb leitete das 15. Jahrhundert eine Wende ein:

»Nun kommen die vier Weltteile in eine Verbindung, die sie seit der Schöpfung nicht gehabt haben. Der handelnde Europäer segelt an die äussersten Enden derselben, ... er führt ihnen seine Religion, seine Künste, und seine Laster zu, und tauscht dafür ihre Schätze, Producten, und Krankheiten ein.«

Die hier am Beispiel Schlözers wiedergegebenen Leitideen aufgeklärter Universalgeschichtsbetrachtung korrespondieren also nicht nur in den Themen und ihrer Gewichtung, sondern in kaum geringerem Maß in den daraus resultierenden Periodisierungs- und Bewertungskriterien mit der aufgeklärten Territorialgeschichtsschreibung.

Die Differenz lag vor allem in der erheblich größeren Rolle, die den Fortschritten des menschlichen Geistes bei jeglicher universalgeschichtlichen Betrachtung zukam.[175] Der Fortschrittsgedanke führte denn auch über die geschichtswissenschaftliche Darstellung hinaus zur Geschichtsphilosophie. Allerdings billigten nicht alle zeitgenössischen Geschichtsphilosophen diese universalgeschichtliche Betrachtung, sowenig später alle Geschichtsschreiber der philosophischen Deutung der gesamten Weltgeschichte zustimmten: Der Begriff »philosophie de l'histoire« stammte zwar von Voltaire, meinte aber die ursächliche Interpretation einer umfassend und interdisziplinär verstandenen Kulturgeschichte des menschlichen Geistes und seiner Fortschritte.[176]

Einer derjenigen, die nicht nur Voltaire, sondern auch Schlözer kritisierten, ohne doch die eigene Position wirklich deutlich darzulegen, war Herder. In den *Frankfurter gelehrten Anzeigen* des Jahres 1772 warf er Schlözer vor, zwar verspotte er Voltaire, aber keiner folge ihm »in süßen Fehlern der Geschichte« stärker als Schlözer. Überhaupt sei kaum etwas an seiner Vorstellung der Universalhistorie neu, der Autor deklamiere und produziere Luftblasen. Und Herder bestritt, daß »Herr Schlötzer« – wie er den Autor hartnäckig nannte – Maßstäbe und Daten für die Beurteilung des »*Fortgangs* des menschlichen Geschlechts«[177] besitze.

Der anthropologische Ausgangspunkt der Geschichte der Menschheit als Geschichte ihres Fortschritts wird in Schlözers Reflexion über den Begriff der Weltgeschichte deutlich: »Der Mensch ist von Natur aus nichts, und kann durch Conjuncturen alles werden: die *Unbestimmtheit* macht den zweiten Teil seines Wesens aus.«[178] Hieraus folgte die anthropologisch bedingte Zukünftigkeit, die bis heute den Kern jeder fortschrittsorientierten Geschichtsphilosophie bildet und die besagt: Der Mensch muß nicht bleiben, was er ist. Er hat Zukunft.

Der »Endzweck« des Menschen ist seine Vervollkommnung und Glückseligkeit: So sah es Iselin und nannte die Idee seines Werkes, den »Fortgang der Menschheit von der äussersten Einfalt zu einem immer höheren Grade von Licht und von Wohlstande« zu beschreiben.[179] Die Erziehungsfähigkeit des Menschen und seine Erziehungsnotwendigkeit, von der schon die Rede war, korrespondierten also der Geschichtsschreibung, die Philosophie der Geschichte koinzidierte mit der Erziehung des Menschengeschlechts. Kant vermutete: Da das

»menschliche Geschlecht beständig im Fortrücken in Ansehung der Kultur, als dem Naturzwecke desselben, ist, es auch im Fortschreiten zum Besseren in Ansehung des moralischen Zwecks seines Daseins begriffen sei, und daß dieses zwar bisweilen *unterbrochen,* aber nie *abgebrochen* sein werde«.[180]

Seit Bacon haben die Protagonisten der Aufklärung die Fortschritte des menschlichen Geistes aufgrund der Entdeckungen und der neuen naturwissenschaftlichen Erkenntnisse im Blick gehabt. Das Bewußtsein historischen Wandels war im 18. Jahrhundert allge-

mein verbreitet. So hieß es in Nicolais *Sebaldus Nothanker* 1775:
»...je mehr ich den Gang, den der menschliche Verstand in seiner
Entwicklung von jeher genommen hat, bedenke, desto unmöglicher scheint es mir, daß man durch Vorschriften von irgendeiner Art, die Veränderungen der Meinungen und ihren Fortgang
hindern will«.[181] Die erwähnte Dynamisierung menschlichen
Erkennens durch Diderot mußte naturgemäß die Historie betreffen: In der naturgeschichtlich orientierten Anthropologie
aufgeklärten Geschichtsdenkens koinzidierten Natur- und Geschichtsbetrachtung und bewirkten die Umwandlung eines statisch-mechanistischen in ein organisch-dynamisches Weltbild.
Das Geschichtsdenken der Aufklärung wurde sowohl in bezug auf
die wissenschaftliche als auch die philosophische Beschäftigung
mit der Geschichte wesentlich durch diesen Prozeß konstituiert.
Seine Konsequenzen waren:

Erstens: Der Entwicklungsgedanke bildete die Voraussetzung für
das Verständnis der historischen Veränderungen und Verschiedenheiten in Geschichte und Gegenwart der Völker.

Zweitens: Die Dynamisierung der Vergangenheit entzog der
Statik gegenwärtiger Zustände den Boden. Indem die Aufklärer
die Gegenwart als *gewordene* interpretierten, verflüssigten sie sie
zur *werdenden*. Das anthropozentrische Weltbild der Aufklärung
ermöglichte es, dieses Werden und damit die Geschichte zu
gestalten. Aufgeklärtes Geschichtsverständnis und aufgeklärtes
Menschenbild standen so in Wechselwirkung.

Drittens: Die Wendung zur Vergangenheit, die sich im sich
ständig intensivierenden und bewußter werdenden aufgeklärten
Geschichtsinteresse kundtat, setzte die Emanzipation des Menschen von der Herkunft zur Zukunft, von der normierenden
Macht der Tradition zum Selbstdenken und zur autonomen
Gestaltung der Zukunft konsequent fort. Die Ablösung von
Tradition durch Progression war durch das beginnende *historistische* Geschichtsverständnis mitbedingt. Herders *Ideen zur Philosophie der Geschichte der Menschheit* stehen dafür als Beispiel.

Nachdem die Frühaufklärer anfangs in der Regel eine den
historischen Phänomenen unangemessene Kritik geübt hatten,
indem sie der Vergangenheit ihre eigene Gegenwart als absoluten
Fortschritt gegenübergestellt hatten, bewirkte diese Kritik schließlich, daß der Weg für die Autonomie der Gegenwart gegenüber der
Geschichte frei wurde. Das Interesse an mittelalterlicher Ge-

schichte blieb keineswegs nur Verdikt über das vermeintlich »finstere Mittelalter«, der humanistisch-klassizistische Maßstab der Renaissance wurde nun ebenfalls relativiert. Die Kritik, die z. B. Nicolai an Winckelmann übte, weil er den mittelalterlichen oder frühneuzeitlichen Baustil mit den zeitfremden Maßstäben der Antike bzw. des Klassizismus gemessen habe, gehört ebenso hierher wie die Entdeckung des kunsthistorischen Eigenwerts der Gotik oder anderer mittelalterlicher Stile: So gegensätzlich sie auch waren, hierin stimmten Möser und Nicolai mit Herder und Goethe überein.

Lastete in traditionalen Gesellschaften die Vergangenheit auf der Gegenwart und verstellte andererseits die zeitgenössische Befangenheit vieler Frühaufklärer den Blick auf die Vergangenheit, verstanden die Spätaufklärer in der Regel die Gegenwart als Zwischenstufe der Geschichte, die von der Vergangenheit herkam und zur Zukunft hin offen war. Die jetzt in ihrer Individualität und Eigenwertigkeit entdeckte Vergangenheit nahm der Gegenwart ihr Monopol auf Aufklärung: Ebenso stellte die Zukunft das Erreichte, die Gegenwart in Frage, historisierte die Gegenwart prinzipiell, noch bevor sie ihrerseits Vergangenheit geworden war. Wir leben in einem Zeitalter der Aufklärung und noch nicht in einem aufgeklärten Zeitalter: So hatte Kant seine Epoche eingeschätzt und die Selbstkritik der Vernunft von der Erkenntnistheorie auf die Diagnose des Zeitalters übertragen. Und Nicolai bemerkte: »Die Zeit würdigt alle Systeme, und wird auch von den Prätensionen der kritischen Philosophie soviel stehen lassen und soviel wegnehmen, als davon stehenzulassen und wegzunehmen ist.«[182]

Aus einem Fortschrittsdenken dieser Art resultierte die praktische Arbeit der Aufklärung, der sich die Verleger und Schriftsteller, die Philosophen und Theologen, die Staatsbeamten und Rechtsreformer widmeten. Die Erfahrung, die sie dabei nutzten, und die Maßstäbe, die sie entwickelten, speisten sich aus der Kenntnis der Geschichte: Erfahrung war nicht zuletzt historische Erfahrung, die Aufklärung der Vergangenheit ein konstitutiver Schritt aller Aufklärung: Das Werden der Vernunft in der Geschichte bildete den Weg des Fortschritts. Hier trennten sich erneut die methodischen Wege, die sich im Gegen- und Miteinander von Empirismus und Rationalismus von Beginn an dokumentierten: Die empirisch verfahrende Geschichtsforschung führte zum Historismus, zum Bemühen um angemessene Erfassung der jeweiligen historischen Individualität und zur modernen Geschichtswissenschaft überhaupt. Die Vernunft bei der Betrachtung historischer Phänomene hatte sich als Anwendung der Urteilskraft auf Tatsachen, als die kritische Sammlung und Sichtung von Quellen sowie schließlich zur Ursacheninterpretation entwickelt: Aufgeklärte Vernunft dieser Art wurde zur Methode moderner Geschichtswissenschaft. Die andere Form der Vernunft basierte zwar ebenfalls auf der Wandlung des geschichtlichen Verständnisses in und durch die Aufklärung, blieb aber deduktiv und wurde zu dem von der ethischen Natur des Menschen abgeleiteten Ziel der Geschichte: Der Fortschritt der Geschichte verhalf im zitierten Sinne Kants der wahren Natur des Menschen zum Ziel.

Am Beispiel zweier höchst unterschiedlicher, ja partiell gegensätzlicher Aufklärer, Kants und Nicolais, werden auch die unterschiedlichen politischen Konsequenzen aufgeklärter Geschichtsforschung und aufgeklärter Geschichtsphilosophie deutlich.[183] An eben dem Punkt, an dem der Fortschritt innerhalb geschichtsphilosophischer Konzeption zur Notwendigkeit erklärt und zur theoretisch antizipierbaren Wirklichkeit wurde, berief sich Nicolai auf den empirischen Geschichtsverlauf und forderte seine objektive Erforschung. Darin unterschied er sich von allen Positionen, deren Geschichtsbetrachtung – wie Karl Löwith gezeigt hat – eine Säkularisierung des göttlichen Heilsplanes zur Geschichtsphilosophie[184] zugrunde lag und die auf diese Weise eine Rationalisierung der Geschichte anstrebten. Dieser Prozeß enthüllte sich bei Kant als Wechselspiel von Geschichtsdeutung und Zukunftshoffnung.[185] Die Welt wurde so in der »wahrsagenden Geschichte der Menschheit« zu dem geformt, was sie sein *sollte*. In seiner *Idee zu einer allgemeinen Geschichte in weltbürgerlicher Absicht* explizierte Kant diesen Gedanken: »Ein philosophischer Versuch, die allgemeine Weltgeschichte nach einem Plane der Natur, der auf die vollkommene bürgerliche Vereinigung in der Menschengattung abziele, zu bearbeiten, muß als möglich und selbst für diese Naturabsicht beförderlich angesehen werden.«[186]

Nicolai vermutete in Kants geschichtsphilosophischer Konstruktion die Absicht, den Kategorischen Imperativ zur Herrschaft bringen zu wollen.[187] Lehnte Nicolai ohnehin eine Tugendlehre ab, die absolute Geltung beanspruchte, die davon ausging, wie der Mensch sein soll, nicht wie er sich in Vergangenheit und Gegenwart tatsächlich gezeigt hatte, erschien ihm dieser Entwurf als Beispiel verfehlter Anwendung philosophischer Spekulation auf die »wirkliche« Geschichte. Nicolai selber zog aus der Historie vielmehr die Lehre, daß sie jeden Absolutheitsanspruch theologischer und philosophischer Provenienz relativiere.[188]

Mit welchem Kerngedanken sich der Geschichtsschreiber Nicolai geschichtsphilosophischem Denken entgegenstellte, dokumentiert die Auseinandersetzung mit dem Kantianer Pölitz: Über Geschichte könne man »nicht a priori argumentieren«. Er verwarf mit einem kantischen Terminus den »Dogmatismus in der Geschichtsschreibung« und kritisierte, Pölitz habe die ganze Universalhistorie auf ein Prinzip zurückgeführt. »Hat er nicht dadurch die Geschichte, worin sonst der blöde Menschenverstand eine beständige Mannichfaltigkeit von verschiedenen Gesichtspunkten zu bemerken glaubte, völlig neu eingerichtet?« Nicolais Ablehnung einer überhistorischen Determination des Menschen führte zur Zurückweisung jeder Geschichtsteleologie. Diese lag in der Konsequenz des Schrittes von der Kausalität zur Teleologie, den innerhalb der Geschichtsbetrachtung des 18. Jahrhunderts Turgot (1751) vollzog.[189]

Aufgrund seines historisch-empirischen Menschenbildes und seiner oben erwähnten klar entwickelten historischen Methode erklärte Nicolai, man müsse die Geschichte »nur nach dem, was man in *historischen sichern Quellen* findet, keineswegs aber *nach einem vorher angenommenen Princip* schreiben!«[190] Er kannte nur eine Art, sich angemessen mit der Geschichte zu befassen, die Geschichtsforschung im strengen Sinn. Er trennte die Erforschung der Geschichte vom Denken über die Geschichte. Auch Kant – und nach ihm Hegel – betonten diesen Unterschied, den Kants Epigonen, mit denen Nicolai sich vornehmlich auseinandersetzte, nicht immer berücksichtigten. Kant selbst hatte zu dieser Differenz bemerkt, er wolle keineswegs mit seiner »Idee einer Weltgeschichte, die gewissermaßen einen Leitfaden *a priori* hat, die Bearbeitung der eigentlichen bloß *empirisch* abgefaßten Historie verdrängen«.[191]

Selbst wenn Nicolai nicht das erkenntnistheoretische a priori Kants als ein bloß temporales »Vorher« mißverstanden hätte, hätte er Kants Folgerung nicht akzeptieren können, daß man die »*Geschichte der Menschengattung im Großen als die Vollziehung eines verborgenen Plans der Natur ansehen*« könne. Wenn auch

Nicolai gelegentlich von einem »philosophischen Geschichtsschreiber« sprach, dachte er vor allem an die oben wiedergegebene Deutung des Begriffs durch Voltaire. Nicolai hätte allerdings in dem weiten Sinne, den der Begriff Philosophie in der Aufklärung hatte, auch sich selbst als »philosophischen Geschichtsschreiber« eingestuft, gemäß der erwähnten Definition Wolffs, für den »philosophische Geschichte« die »Anwendung der Urteilskraft« auf eine Tatsache bedeutete. Im Unterschied hierzu begnügten sich demnach die Gelehrten mit der bloßen Feststellung von Tatsachen.[192] Nicolai tat beides, aber er suchte nicht nach einem Ziel der Geschichte. Dabei konnte er mit anderen Aufklärern durchaus das Interesse gemein haben, durch die Erforschung der Geschichte historisch bedingte Rechtspositionen der alten Mächte Kirche und Adel (weniger solche des Staates) anzugreifen. Nicolais Art, Geschichte zu treiben, hatte eine politische Konsequenz, wie auch diejenige Kants zur Politik führte. Das zeigte sich in beider Verhältnis zur Französischen Revolution.

Kant hatte seit seiner skeptischen *Beantwortung der Frage: Was ist Aufklärung?* (1784) seine Einstellung zur Revolution[193] modifiziert, indem er bestimmte moralisch-geistige Elemente, die er in der Französischen Revolution und in ihren geistigen Wirkungen wahrzunehmen glaubte, bejahte:

»ein solches Phänomen in der Menschengeschichte *vergißt sich nicht mehr*, weil es eine Anlage und ein Vermögen in der menschlichen Natur zum Besseren aufgedeckt hat, dergleichen kein Politiker aus dem bisherigen Laufe der Dinge herausgeklügelt hätte, und welches allein Natur und Freiheit, nach inneren Rechtsprincipien im Menschengeschlechte vereinigt«.[194]

Nicolai stand der Revolution schon von Beginn an skeptisch gegenüber und lehnte sie schließlich ab.[195] Er sah in ihr weniger das Vermögen der menschlichen Natur als ihr Unvermögen. Die Revolution hatte in ihrem tatsächlichen Verlauf den »Despotism der Freiheit« demonstriert.[196]

Kant dagegen suchte in der Revolution wie auch in der Geschichtsbetrachtung, was er aus ihnen als zukunftsweisende prinzipielle Aussage eruieren konnte. Er kam zu dem Schluß, daß die Möglichkeit der menschlichen Natur in der Zukunft zu ihrer wahren Bestimmung gelangen würde. Zufällig werde nur der Zeitpunkt sein.[197] Der Fortschritt in der Geschichte erlangte so einen unabänderlichen Charakter und ein Ziel, das der Philosoph in der »wahrsagenden Geschichte« bestimmen konnte, weil er die moralische »Anlage im Menschengeschlecht« als Ursache und Ziel der Geschichte verstand. Diese drückte sich nach Kants Meinung in der geistig-sittlichen Anteilnahme an der Französischen Revolution[198] aus.

Die hier allein interessierende Frage, was der Mensch seiner Anlage gemäß sein *soll*, konnte nur die Ethik beantworten. Die zeitliche Dimension dieses Sollens hatte eine Hinwendung zur Zukunft im Gefolge. Die geistig-sittliche Grundlage der Revolution wurde als Vorspiel zukünftiger Verwirklichung des Postulats interpretiert. Der tatsächliche Verlauf der Revolution wurde ebenso zweitrangig wie die Frage nach der Realisierung der »wahren moralischen Natur des Menschen« in der Geschichte, ein Zwang zu politischer Praxis bestand hier nicht:

»Die Revolution eines geistreichen Volks, die wir in unseren Tagen haben vor sich gehen sehen, mag gelingen oder scheitern«, sie »findet doch in den Gemüthern aller Zuschauer (die nicht selbst in diesem Spiele mit verwickelt sind) eine *Theilnehmung* dem Wunsche nach, die nahe an Enthusiasm grenzt, und deren Äußerung selbst mit Gefahr verbunden war, die also keine andere als eine moralische Anlage im Menschengeschlecht zur Ursache haben kann«.[199]

Gegenüber dieser Annahme einer letztlich überhistorischen Menschennatur richtete Nicolai seine anthropologischen Prämissen wie seine politischen Folgerungen an der Vielfalt der geschichtlichen Existenz des Menschen aus: Nicht die ethisch begründete Möglichkeit des Menschen in der Zukunft galt ihm als Richtschnur, sondern die Wirklichkeit des Menschen in der Geschichte, aus ihr leitete er pragmatisch Folgerungen für die Beurteilung seiner gegenwärtigen Möglichkeiten ab. Alle echte Menschenkenntnis sei historisch: So hatte Wieland diese Position charakterisiert. Aber Nicolai drang darüber hinaus zum Gedanken der Eigenwertigkeit des Historischen vor und erschloß somit der Aufklärung – auf andere Weise als Kant, auf ähnliche Weise wie Möser – eine neue anthropologische Dimension.

Ein Blick auf Konsequenzen und sozialgeschichtliche Intentionen der beiden Formen von Geschichtsauffassung ist aufschlußreich. Nicolais geschichtliches Denken führte zur modernen Geschichtsforschung, Kants Interpretation der Geschichte beeinflußte entscheidend die Geschichtsphilosophie. Erinnern wir uns der Gemeinsamkeiten in den Grundgedanken von Entwicklung und Fortschritt, ist darauf hinzuweisen, daß diese Prinzipien nicht allein auf die Geistesgeschichte begrenzt waren, sondern bei Kant, bei Wieland, bei Schlözer, Möser, Spittler und anderen gesellschaftliche Ziele implizierten, die sich zunächst als neu erschlossene historische Themenbereiche kundtaten: die nicht-höfische Welt der Arbeit und der Kultur, die Domäne des bürgerlichen Standes, der gerade durch sie als der fortschrittliche Stand angesehen wurde. Die »bürgerliche Gesellschaft« galt – worauf noch einzugehen ist – als Gegenwelt einerseits zum natürlichen Zustand der Gattung Mensch, andererseits zur höfischen Gesellschaft, sie galt als die bis dahin letzte, an den rationalen Maximen der Aufklärung orientierte Gesellschaftsform. Die weitere Entwicklung dieser geschichtsphilosophischen Interpretation, von der sich die Historiker an einer bezeichnenden Stelle abwandten, verlief dann von impliziter sozialer Tendenz bei der bürgerlichen Aufklärung zur expliziten sozialen Parteilichkeit der Geschichtsauffassung bei Marx: Er verstand, nachdem Hegel zuvor die Beamten als »allgemeinen Stand« bezeichnet hatte, nun den Vierten Stand als wahren allgemeinen Stand.[200] Die jeweiligen Intentionen waren denjenigen analog, die den Dritten Stand in der Französischen Revolution veranlaßt hatten, sich zur Nation zu erklären. Die Implikationen der aufgeklärten Geschichtsbetrachtung, Emanzipation und soziale Identifikation, wandten sich auf diese Weise schon wenige Generationen später in der entstehenden bürgerlichen Gesellschaft gegen deren sozialen Träger selbst.

Eine bis ins 19. und 20. Jahrhundert vorausweisende Geschichtsbetrachtung begründete in der Aufklärung Vico, der aber in keine der hier geschilderten Kontinuitätslinien einzuordnen ist, weil ihn die Aufklärer nicht rezipierten. Schon Vico erkannte die Bedingung historischen Verstehens klarer als die Spätaufklärer. Seine Wissenschaftslehre entwickelte sich in Auseinandersetzung mit Descartes' deduktivem Rationalismus, in dessen Wissenschaftsverständnis bloße Wahrscheinlichkeitsaussagen keinen Platz fanden. Vico lehnte dagegen eine Rangordnung der Wissenschaften ab und bezweifelte die Möglichkeiten des Menschen, zu absolutem Wissen zu gelangen. In seinem zuerst 1725 und nach mehrfacher Umarbeitung 1744 in definitiver Gestalt publizierten Hauptwerk *Principi di una scienza nuova d'intorno alla commune natura delle nazioni* gelangte Vico zu dem Ergebnis: Da die »historische Welt ganz gewiß von den Menschen gemacht worden ist«, müsse »ihr

Wesen in den Modifikationen unseres eigenen Geistes zu finden
sein ... denn es kann nirgends größere Gewißheit für die Geschichte geben als da, wo der, der die Dinge schafft, sie auch
erzählt ... denn in Gott ist Erkennen und Tun dasselbe Ding«.[201]

Weder die Geschichtsschreiber der Aufklärung, die Vico recht
nahe kamen, noch später Johann Gustav Droysen, der in seiner aus
zuerst 1837 gehaltenen Vorlesungen hervorgegangenen *Historik*
ganz ähnlich argumentierte[202], erwähnten Vico. Von Droysen
führte die Entwicklung der Verstehensanalyse über Wilhelm Dilthey und Joachim Wach[203] bis zu Hans-Georg Gadamers *Wahrheit
und Methode* (1960). Obwohl schon der Historismus im 19.
Jahrhundert über Vico und spätaufklärerische Geschichtsschreiber
wie Möser und Nicolai hinausging, ist deren Reflexion über das
Wesen historischen Erkennens doch eine Vorstufe gewesen. Auch
Nicolai erschloß die Totalität einer historischen Persönlichkeit aus
der einzelnen Äußerung und umgekehrt. Der Ansatz zur Weiter-
entwicklung und Wiederaufnahme der Gedanken Vicos – allerdings ohne unmittelbare Anknüpfung – lag in der romantischen
Hermeneutik Schleiermachers, der das Verstehen aus der Intuition
des Forschers erklärte, der, als Individuum selbst Totalität, teilhat
an derjenigen anderer Individuen.[204]

Aber keineswegs nur durch seine alle Wissenschaften umfassende
Methodenreflexion, die mit seiner 1709 veröffentlichten Universi-
tätsrede *De nostri temporis studiorum ratione* einsetzte und die sich
für historisches Erkennen als besonders fruchtbar erwies, wurde
Vico bahnbrechend, sondern kaum minder für die moderne
Geschichtsphilosophie. Nach dem geschilderten Zerfall des geschlossenen christlichen Welt- und Geschichtsbildes, in dem die
Historie als Ganze Sinnzusammenhang und Einheit besaß, blieb
gleichsam bloßes Geschehen übrig, traten unendlich viele Geschichten an die Stelle der Geschichte.[205] In der Aufklärungshistoriographie dokumentierte sich dieser Vorgang schließlich in der
zunehmenden Bedeutung der Territorialgeschichtsschreibung.
Die Wiedergewinnung einer auf Sinn, Einheit und Ordnung der
Geschichte abzielenden Betrachtung bereitete die Universalgeschichtsschreibung vor, sie kumulierte im späteren 18. Jahrhundert in unterschiedlichen Formen der Geschichtsphilosophie, die
schließlich in Hegels Erkenntnis und Geschichte vereinigender
dialektischer Geschichtsinterpretation mündete. Dieser Weg begann im 18. Jahrhundert mit Vico und Herder und auf andere

Weise mit Kant, obwohl von Vico kein direkter Weg zur Frühromantik führte. Auch Herder, der Vico nicht nur für die deutsche, sondern für die europäische Geistesgeschichte wiederentdeckte, erwähnte ihn während der Arbeit an seinem geschichtsphilosophischen Hauptwerk noch nicht.[206] Erst in den *Briefen zu Beförderung der Humanität* erinnerte Herder 1797 an »das ziemlich vergessene Andenken eines Mannes ... der zu einer Schule *menschlicher Wissenschaft* im ächten Sinne des Worts ... vor Andern den Grund legte, *Giambattista Vico*«.[207]

Vicos Versuch, die gemeinschaftliche Natur der Völker zu erfassen, führte zur Erkenntnis der Geschichtlichkeit allen Rechts und zu einer zyklischen Geschichtstheorie: ein ständiger und gesetzmäßiger Kreislauf von Werden und Vergehen vollzog sich von den mythischen bis zu den geschichtlich erfaßbaren Zeitaltern. Zwar bedeutete für Vico dieser Weg auch einen Aufstieg von barbarischer Frühzeit zum Humanismus, doch folgte unweigerlich der Verfall. Eine dritte Konzeption, die optimistische und pessimistische Deutung in einer Kreislauftheorie verband, basierte ihrerseits auf der Einteilung der Geschichte in die Zivilisationsstufen dreier mythischer Epochen der Götter, der Heroen und der Menschen. Nach Ablauf dieser Epochen beginnt der historische Kreislauf universalgeschichtlicher von Menschen gemachter, aber durch göttliche Vorsehung geleiteter Epochen auf höherer Ebene erneut. Vicos Geschichtsinterpretation verband antike Kosmologie und christliche Geschichtstheologie.[208]

Unter diesen Prämissen behandelte er eine Fülle von Themen, von der Sozial-, Mentalitäts- und Kulturgeschichte bis zur Rechtsgeschichte und den Wissenschaften, von der Poesie bis zur Kunst, von den Sprachen und Regierungsformen der Nationen bis zu ihren Religionen, die allein die Völker zu tugendhaftem Handeln bewegten.[209] Kein Zweifel, Vico zielte auf die Totalität der Geschichte, aber er verband sie mit der Herausarbeitung ihrer jeweiligen historischen Individualität. Und dabei beschränkte sich Vico nie allein auf sein Thema, sondern reflektierte immer wieder kritisch die Schriften anderer Staatstheoretiker und Philosophen – von Platon bis zu Bacon, Descartes, Bodin, Hobbes, Machiavelli, Bayle u. a.

Hatte sich Vico erkenntnistheoretisch mit dem Cartesianismus auseinandergesetzt, so rechtsphilosophisch mit dem Naturrecht, indem er das Recht auf der Basis seiner Unterscheidung von göttlicher, staatlicher und natürlicher Rechtsauffassung[210] historisierte. Auf diese Weise erkannte Vico das Spannungsverhältnis jeder fiktiv-postulatorischen Deutung des Rechts zur Realität seiner spezifischen geschichtlichen Formen, obwohl auch er immer wieder vom Naturzustand sprach.[211] Vico konzentrierte sich auch bei der Analyse dieser Materie auf die Antike, stieß aber über Vergleiche mit mittelalterlichem Rechtsdenken doch immer wieder zur Reflexion zeitgenössischer Herrschaftsformen vor, indem er z. B. von der Veröffentlichung der Gesetze auf Tafeln ausgehend monarchische Herrschaft charakterisierte:

»Solche Ordnung des menschlichen Gesellschaftslebens fand sich schließlich sehr geeignet für Monarchien, in denen die Monarchen die Gesetze nach der natürlichen Billigkeit angewandt haben wollen, daß heißt so, wie die Menge es versteht; auf diese Weise bringen sie die Mächtigen mit den Schwachen rechtlich auf die gleiche Stufe, was einzig und allein die Monarchie ausmacht; doch die *aequitas civilis* oder Staatsräson wurde dann nur noch von wenigen Staatskundigen verstanden und wird, ihrem eigentümlichen Wesen gemäß, als Geheimnis innerhalb der Kabinette bewahrt.«[212]

Herder war es, der das frühhistoristische Denken und die Entwicklung des Prinzips historischer Individualität im 18. Jahrhundert am nachhaltigsten prägte. In der Aufklärung und als Schüler Kants groß geworden und anfangs ein eifriger Rezensent in aufgeklärten Journalen, wandte er sich seit Ende der sechziger Jahre zunehmend von ihr ab. Sein geschichtsphilosophisches Denken entwickelte er bewußt in immer stärkerem Gegensatz zu ihr – die Gemeinsamkeiten traten infolge polemischer Überspitzung in den Hintergrund. Seine individualisierende Geschichtsphilosophie stellt logisch und geschichtlich eine Überwindung naturrechtlich-normativen Denkens dar, sie ist deshalb als eine der möglichen Antworten gegen Ende des folgenden Kapitels wieder aufzunehmen.

4. Naturrecht und Herrschaftslegitimation

In unterschiedlichen Zusammenhängen – auch im ganz eigenen methodischen Ansatz Vicos – wurde immer wieder deutlich, welch zentrale Rolle das Problem der Natur für das aufgeklärte Denken spielte: So korrespondierten Natur und Erkenntnis, Natur und

Religion, Natur und Geschichte. Die radikalste Infragestellung der Tradition vollzog sich im aufgeklärten Naturrecht, obwohl einige seiner herausragenden Verfechter, z. B. Pufendorf, auch als Historiker Bedeutung erlangten. Die idealtypische Gegenüberstellung der Hypothese eines natürlichen Zustands zum je und je durch Geschichte gewordenen Zustand des Menschen bedeutete eine ständige Herausforderung historisch orientierten Denkens, historisch legitimierter Rechtsregeln, schließlich historisch legitimierter Herrschaft überhaupt. Aber nicht nur die dynastisch-traditionale Herrschaft eines Staates stellte das Naturrecht in Frage, sondern vor allem die prinzipielle Herleitung weltlicher Herrschaft aus dem Gottesgnadentum: Entsprach der Naturzweck des Menschen, wie er in der Geschichtsphilosophie Kants begegnete, der historisch entwickelten Realität des Menschen? Offenbar nur dann, wenn sie den Fortgang des menschlichen Geistes, den Fortschritt des Menschengeschlechts überhaupt, widerspiegelte.

Daraus folgte: Rechts- und Vergesellschaftungsformen des Menschen wurden nicht mehr allein aus historischer Tradition, sondern auf der Basis der ethisch und geschichtsphilosophisch begründeten Fiktion eines natürlichen Zustands beurteilt. Die Geschichte konnte die Geschichte des Fortschritts und der Vernunft sein oder aber Verfallsgeschichte, Deformation eines ursprünglich guten, natürlichen Zustands. Eine solche Denkweise implizierte Kritik an der allemal historisch gewordenen und nur in dieser Form faßbaren Kultur. Auf der anderen Seite korrespondierten Natur und Vernunft, Natürlichkeit und Vernünftigkeit in der Aufklärung, wie u. a. am Beispiel des Deismus deutlich wurde. Die Konstruktion von Naturrecht und natürlichen Rechten des Menschen setzte logisch seine Vernunftbegabtheit voraus.

Die Geschichte des Naturrechts beginnt nicht erst mit oder in der Aufklärung, sondern bereits in der vorchristlichen Antike des 6. und 5. Jahrhunderts, das Mittelalter kannte christliche Formen des von Thomas von Aquin und der nachfolgenden Generation von Scholastikern unterschiedlich interpretierten Naturrechts, das auch Luther, Melanchthon und Calvin anerkannten. Schon aufgrund dieser langen facettenreichen Geschichte ist der Begriff Naturrecht außerordentlich vieldeutig. Es konnte, etwa im Denken Leibniz', auf die Rechtsordnung als Teil der göttlichen Ordnung überhaupt angewandt oder aber von der göttlichen

Ordnung gelöst werden. Für die Entstehung der Aufklärung gewann das frühneuzeitliche, sich vor allem seit dem 17. Jahrhundert nicht einfach als kontinuierliche Fortsetzung entwickelnde Naturrecht prägende Wirkung. Das aufgeklärte Menschenbild wäre ohne Naturrecht ebensowenig denkbar wie die aufgeklärte Rechts-, Staats- und Sozialphilosophie. Zudem wurden Prämissen und Prinzipien des Naturrechts zum probaten politischen Kampfmittel der Aufklärer und zur Grundlage der amerikanischen Menschenrechtserklärungen von 1776. Auch die gesetzliche Verankerung von Menschenrechten in der Französischen Revolution ging vom Naturrecht aus.[213] Nirgendwo sonst trat der politische Gehalt aufgeklärter Denkkategorien deutlicher hervor als im frühneuzeitlichen Naturrecht, nirgendwo sonst die ahistorische, im philosophischen Sinne radikale Pointe revolutionären Denkens überhaupt: In dieser politisierten Form wurde das Naturrecht schließlich zum Inbegriff anthropologisch begründeter überhistorischer Rechte des Individuums gegenüber dem Staat. Kennzeichnend für das moderne Naturrecht war seine Loslösung von der Theologie. Seit dem 17. Jahrhundert dominierten in diesem Bereich folglich nicht mehr Theologen, sondern Juristen und Rechtsphilosophen.

Die moderne, für die Aufklärung konstitutive Naturrechtslehre entwickelten vor allem Grotius und Hobbes: Sie stehen ihrerseits für die Enttheologisierung des Naturrechts sowie die Verwendung eines mechanistischen Naturbegriffs, der den modernen Naturwissenschaften zugrunde lag. Was Grotius und Hobbes zu Beginn des 17. Jahrhunderts begründeten, führten die nächsten Generationen fort, zunächst Locke, Pufendorf, Leibniz und Thomasius, dann Wolff und schließlich die jüngere, rechtspolitisch einflußreiche Naturrechtslehre eines Carl Gottlieb Svarez oder aber in wieder anderer vernunftorientierter Form Kant im letzten Drittel des 18. Jahrhunderts.

Die Modifikationen des Naturrechts resultierten nicht allein aus einem intellektuellen Diskurs der Autoren, sondern in stärkstem Maße aus den politischen Herausforderungen für die Staats- und Gesellschaftstheoretiker des 17. und 18. Jahrhunderts. Das Naturrecht diente auch jetzt der Legitimation bzw. der Infragestellung bestehender Gesetze und politischer Herrschaft. Der fundamentale Ansatzpunkt naturrechtlicher Reflexion war die Frage nach Sinn und Aufgabe der Rechtsordnung: Das positive, jeweils aus bestimmten historischen Konstellationen entstehende Recht wurde damit auf seine ethischen Grundlagen hin befragt, kritisiert, angezweifelt oder auch gutgeheißen. Die ethische Normsetzung und Zweckbestimmung der menschlichen Natur, die schon in der Geschichtsphilosophie begegneten, bilden also die letzte Triebfeder auch des modernen Naturrechts. Im Zuge der Säkularisierung des Denkens wurde das Naturrecht im genuinen Sinn zum Menschenrecht und so Teil des aufgeklärt-anthropozentrischen Menschenbildes. Das Naturrecht beanspruchte grundsätzlich gegenüber dem positiven Recht Priorität, beanspruchte vorhistorische ethische Grundlage des Rechts zu sein und legte an alles existierende Recht die Meßlatte der Gerechtigkeit. Das Naturrecht konnte also je nach der politischen und rechtlichen Struktur eines Staates legitimierende und konservierende oder kritisierende und revolutionierende Absichten und Wirkungen haben.

Dieser Ambivalenz korrespondierte eine weitere Variationsmöglichkeit, die aus der philosophischen Anthropologie der Naturrechtslehre resultierte: Vertrat Grotius ein optimistisches Menschenbild, so Hobbes ein pessimistisches. Auch diese beiden Grundtendenzen finden sich in der Aufklärung nebeneinander bzw. in einem Spannungsverhältnis. Grotius schrieb in seinem Hauptwerk *De iure belli ac pacis* (1625), es existiere eine der menschlichen Vernunft entsprechende Sorge für die Gemeinschaft, die die Quelle allen Rechts sei. »Es entspricht deshalb der menschlichen Natur, ... nach dem Maße menschlicher Einsicht dem zu folgen, was für richtig erkannt wird.«[214] Der Mensch galt Grotius wie schon Aristoteles als soziales Wesen, seine Vernunft befähigte ihn zu zweckrationalem Handeln. Das eigentliche Recht der Natur bestand nach Grotius darin, dem Mitmenschen das zuzugestehen, was ihm gebührt. Die Enttheologisierung des Naturrechts seit dem 17. Jahrhundert belegt Grotius' in spätmittelalterlicher Tradition stehende Bemerkung, die von ihm dargelegten Bestimmungen »würden auch Platz greifen, selbst wenn man annähme, was freilich ohne die größte Sünde nicht geschehen könnte, daß es keinen Gott gäbe oder daß er sich um die menschlichen Angelegenheiten nicht bekümmere«.[215]

Indes leitete Thomasius die Vorrede zur deutschen Ausgabe des Werkes von 1707 mit Sätzen ein, die eher an Hobbes denn an Grotius erinnern: »Alle Menschen stecken von Natur in der gleichen Elendsgestalt.« Zwar wollen alle Menschen glücklich und vermögend werden, tun aber im Laufe ihres Lebens ständig Dinge, die das Gegenteil bewirken: »Der Mensch wird zum Urheber seines eigenen Unglücks. Es gibt nur wenige, die dieses Elend erkennen.«[216] Und in Hobbes' an Calvin anknüpfenden Worten liest sich diese Interpretation noch klarer: Die Menschen empfinden am Zusammenleben kein Vergnügen, sondern

»im Gegenteil großen Verdruß, wenn es keine Macht gibt, die dazu in der Lage ist, sie alle einzuschüchtern. ... So liegen also in der menschlichen Natur drei hauptsächliche Konfliktsursachen: Erstens Konkurrenz, zweitens Mißtrauen, drittens Ruhmsucht ... Daraus ergibt sich klar, daß die Menschen während der Zeit, in der sie ohne eine allgemeine, sie alle im Zaum haltende Macht leben, sich in einem Zustand befinden, der Krieg genannt wird, und zwar in einem Krieg eines jeden gegen jeden.«[217]

Mit solchen Überlegungen stand Hobbes der Reflexion Machiavellis über das Wesen der Staatsräson nahe.

Wie die Staatslehre Machiavellis oder Bodins Theorie der absoluten Monarchie antwortete auch Hobbes im Kontext eines sozialökonomischen Strukturwandels auf reale politische Probleme seiner Zeit: Die Auseinandersetzung des Königtums mit ständischen Vertretungen, vor allem die Kämpfe der Stuart-Könige mit dem Parlament, die schließlich zu u. a. religiös begründeten Bürgerkriegen führten, aber auch die Fronde und die anhaltende Auseinandersetzung über die Stellung der Hugenotten in Frankreich – sie bildeten den Erfahrungshintergrund der neuerlichen Reflexion über das Wesen staatlicher Herrschaft. Hobbes entwickelte eine mittelalterliche Lehre fort und stellte einem – angenommenen – natürlichen Zustand des Menschen, in dem keinerlei staatliche Gesetzgebung das Ausleben ungezügelten Egoismus hinderte, den bürgerlichen Rechtszustand gegenüber, in dem die Menschen einen Gesellschaftsvertrag geschlossen hatten. Der »natürliche Zustand der Menschen, bevor sie zur Gesellschaft zusammentraten«, sei der Krieg gewesen. Die Schaffung des Staates diente der Schaffung und Sicherung des Friedens: »Der Staat ist daher als *eine* Person zu definieren, deren Wille vermöge des Vertrages mehrerer Menschen als ihrer aller Wille gilt, so daß sie die Kräfte und Fähigkeiten des einzelnen für den gemeinsamen Frieden und Schutz verwenden kann.« Diese *eine* Person ist der Herrscher, dessen Gewalt ebenfalls auf Vereinbarung beruht: Zum Gesellschaftsvertrag trat bei Hobbes der Herrschaftsvertrag als Unterwerfungsvertrag. »Macht und Recht zu herrschen besteht darin, daß jeder einzelne Bürger all seine Kraft und Macht auf jenen Menschen oder jene Versammlung übertragen hat.«[218] Das könne nur dadurch geschehen, daß »jeder sein Recht des Widerstandes aufgegeben hat«. Er ist damit *Untertan* des Inhabers der höchsten Staatsgewalt«. Der Verzicht auf die Inanspruchnahme von Freiheiten – die den Frieden gefährden könnten – zugunsten des Souveräns begründete eine »Herrschaft, welche die größte ist, welche Menschen auf einen Menschen übertragen können«, sie »heißt absolut«.[219]

In der politischen Theorie von Hobbes blieb der Souverän ebenso wie in der von Bodin gebunden: »Alle Pflichten der Herrschenden lassen sich in den *einen* Satz zusammenfassen, daß das Wohl des Volkes das höchste Gesetz ist.« Es ist die Pflicht des Herrschenden, »der rechten Vernunft, welche das natürliche, moralische und göttliche Gesetz ist, nach Möglichkeit in allem zu gehorchen«.[220] Damit erklärte Hobbes das allgemeine Wohl zum Staatszweck und schloß darin ausdrücklich das »möglichst glückliche Leben«, nicht nur seine »notdürftige Erhaltung«, ein.

Vom Staatszweck war auch schon Machiavelli ausgegangen. Seine Staatstheorie – vor allem in *Il Principe* (entstanden 1513) und den *Discorsi sopra la prima decca di Tito Livio* (vollendet 1519)[221] – stellte ebenfalls den Versuch dar, einen Ausweg aus der politischen Krise zu finden. In diesem Fall handelte es sich um die Schwäche und den Zerfall der italienischen Staatenwelt seiner Zeit. Machiavelli wirkte insbesondere durch seine Lehre von der Staatsräson bis weit ins 18. Jahrhundert hinein. Der junge preußische Kronprinz Friedrich hat sich zwar mit dem Florentiner in seinem berühmten *Anti-Machiavel,* der mit einem Vorwort von Voltaire anonym kurz nach seiner Thronbesteigung veröffentlicht wurde, auseinandergesetzt, doch bekannte Friedrich 1775 im Vorwort zur *Geschichte meiner Zeit,* die Fürsten seien die »Sklaven ihrer Mittel«: »Das Staatswohl ist ihr Gesetz.«[222] Die Verquickung von Staatsräson und Staatswohl wurde denn auch zu einem Charakteristikum im Selbstverständnis des aufgeklärten Absolutismus, obwohl die Deutung von Staatszweck und Statsräson unterschiedlich sein konnte. Fürstliche Machtsteigerung, die im stehenden Heer und den grandiosen fürstlichen Schloßbauten des Barock Ausdruck fand, territoriale Eroberungen und durch die Überspannung außenpolitischer Zielsetzung bedingte Kriege – das alles war charakteristisch für die absoluten Monarchen, aber entsprach es auch dem Staatszweck, den die frühen Theoretiker, vor allem Bodin und Hobbes, vor Augen hatten?

Der Begriff Absolutismus selbst ist zwar ein Kunstbegriff der Geschichtswissenschaft des 19. Jahrhunderts, aber einer, der in der frühneuzeitlichen Doktrin wurzelt. Er geht auf die privatrechtliche römische Formel »legibus solutus« aus dem *Corpus Iuris* Kaiser Justinians I. (527–565) zurück und findet sich in der für den Absolutismus charakteristischen Weise 1576 bei Bodin: »Majestas est summa in cives ac subditos legibusque soluta potestas.« So lautete die lateinische Fassung Pufendorfs, von ihr leitete sich der moderne Begriff ab.

Dieses Prinzip steht im Zusammenhang der Lehre von der Souveränität, die Bodin in seiner Staatslehre *Six livres de la République* (1576) entwickelte: »Der Begriff Souveränität beinhaltet die absolute und dauernde Gewalt eines Staates, die im Lateinischen *majestas* heißt ... Souveränität bedeutet höchste Befehlsgewalt.« Der wirkliche Souverän bleibt stets im Besitz der Staatsgewalt und kennt keinen weltlichen Herrscher über sich: »Souverän ist nur derjenige, der allein Gott als größeren über sich anerkennt.«[223] Mit dieser Bestimmung der Souveränität wollte Bodin die Forderungen der französischen Stände gegenüber dem König im Innern sowie die Ansprüche von Kaiser und Papst von außen abwehren. Dieser doppelte Bezug innen- und außenpolitischer Geltung blieb künftig für die Definition der Souveränität ausschlaggebend.

Hier aber lag der Streitpunkt nicht nur der Herrschaftsdoktrin, sondern auch der Herrschaftspraxis des Absolutismus: Er mußte sich überall in Europa gegen die Stände, die sich auf altes Recht beriefen und ihre Ansprüche hartnäckig verteidigten, durchsetzen, wollte er seine Ziele erreichen. Die ständischen Vertretungen besaßen in der Regel ein Steuerbewilligungsrecht, ohne sie konnte der Fürst kein Heer aufstellen und also keine Kriege führen. Wer zu den Ständen im verfassungspolitischen Sinn zählte, war in den einzelnen Staaten unterschiedlich. In den meisten deutschen Territorialstaaten der Frühen Neuzeit gehörten zu den Landständen im allgemeinen die Prälaten, der landsässige Adel und ehemalige Ministerialgeschlechter sowie Ämter und Städte, sofern sie nicht reichsunmittelbar waren. Allerdings existierten auch Territorien, die aus historischen Gründen keine landständischen Vertretungen besaßen.

Indem Bodin das Selbstversammlungsrecht der Stände bestritt, betonte er ihre Abhängigkeit bzw. Bedingtheit durch eine andere, die königliche Gewalt. Die Stände waren nach Bodins – allerdings von der antiabsolutistischen Gegenrichtung der Monarchomachen bestrittenen – Meinung dem König untertan, während er selbst weder an ihre Wünsche gebunden war noch ihren Rat benötigte. Die Idee der »potestas« des »pater familias«, die später noch bei Wolff nachwirkte, prägte diese Interpretation der königlichen Gewalt: Das Hauptmerkmal souveräner, absoluter Gewalt sah Bodin in dem Recht, allen Untertanen ohne deren Zustimmung Gesetze auferlegen zu können, an die der absolute Monarch seinerseits jedoch nicht gebunden war.

Doch wäre es ein Mißverständnis, in konsequenter Definition des Begriffs Absolutismus die souveräne Gewalt des Königs als unbegrenzt anzusehen und in Analogie zum Totalitarismus des 20. Jahrhunderts zu deuten. Die absolute Monarchie der Frühen Neuzeit war tatsächlich in mehrfacher Weise in der Ausübung der ihr zustehenden Gewalt gebunden, was bereits Bodin betonte: »... alle Fürsten dieser Welt sind den Gesetzen Gottes und der Natur sowie gewissen menschlichen Gesetzen, die allen Völkern gemeinsam sind, unterworfen«.[224] Tatsächlich sahen Bodin und seine Nachfolger die absolute Monarchie an *göttliches Recht,* an das *Naturrecht* und das *Völkerrecht* gebunden. Und für die praktische Ausübung der Herrschaft blieb im allgemeinen auch das *historische Herkommen* verbindlich, das z. B. in den überlieferten Rechten zum Ausdruck kam, auf die sich auch die Stände immer wieder gegen den Monarchen beriefen. Obwohl diese Bindungen absoluten Königtums verschieden ausgelegt werden konnten und auch wurden, waren sie doch im Prinzip anerkannt. Das besagte: Absolute Herrschaft war keine willkürliche, keine despotische Herrschaft, sondern sollte in einer Welt der Bürgerkriege dem Zerfall von Ordnung und Herrschaft entgegenwirken.

So unterschiedlich sich bei den Wegbereitern moderner Staatslehre und ihren Nachfahren naturrechtliches Denken auch ausprägte, es besaß immer eine sozialphilosophische Pointe, die Rechtsordnung als Sozialordnung begriff, wofür insbesondere Pufendorf wegweisend war, der aus der Schwäche des Einzelmenschen die Notwendigkeit der gesellschaftlichen Organisation, der »socialitas«, hergeleitet hatte. Gerade deswegen sind diese Gesellschafts- und Herrschaftstheorien für die spätere Politisierung aufgeklärten

Denkens so wesentlich. Auf dieser Grundlage basierte die Definition des Staatszwecks in der Aufklärung und die frühen staatsrechtlich definierten Toleranzpostulate, die in bezug auf die christlichen Religionen schon Bodin und Hobbes für Absolutismus und Aufklärung wegweisend formuliert hatten. Gerade im Toleranzpostulat berührt sich die aus den religiösen Bürgerkriegen herrührende Intention der Legitimation absoluter Herrschaft mit späteren natur- und menschenrechtlichen Postulaten der Aufklärung. Das Toleranzpostulat demonstriert die frühe Korrespondenz von Absolutismus und Aufklärung ebenso wie den politischen Bedingungszusammenhang, in dem auch die aufgeklärte Religionsphilosophie stand. Damit wird die konstitutive Rolle des Antikonfessionalismus für die Aufklärung einmal mehr deutlich.

Als entscheidend erwies sich, daß als Reflexion realer politischer Probleme mit Hilfe des Naturrechts Prinzipien zur Begründung politischer Herrschaft und Maßstäbe zu ihrer Bewertung entwickelt werden konnten. Das zeigte sich in England schon vor der Aufklärung bei Hobbes und noch bei dem für die aufgeklärte Staatslehre und vor allem die Gewaltenteilungslehre wegweisenden Locke, der seinerseits von den englischen Revolutionen des 17. Jahrhunderts und der spezifischen Verfassungsentwicklung Englands, die den Absolutismus schon im 17. Jahrhundert definitiv beendete, geprägt worden war. Locke begriff den Naturzustand keineswegs als Kampf aller gegen alle, sondern als einen »Zustand vollkommener Freiheit, innerhalb der Grenzen des Naturgesetzes seine Handlungen zu lenken und über seinen Besitz und seine Person zu verfügen, wie es einem am besten scheint – ohne jemandes Erlaubnis einzuholen und ohne vom Willen eines anderen abhängig zu sein «.[225] Doch wurde dieser Zustand natürlicher Gleichheit und Freiheit keineswegs als Zustand der Zügellosigkeit angesehen:

»Im Naturzustand herrscht ein natürliches Gesetz, das für alle verbindlich ist. Die Vernunft aber, welcher dieses Gesetz entspringt, lehrt alle Menschen ... daß niemand einem anderen, da alle gleich und unabhängig sind, an seinem Leben, seiner Gesundheit, seiner Freiheit oder seinem Besitz Schaden zufügen soll. Alle Menschen nämlich sind das Werk eines einzigen allmächtigen und unendlich weisen Schöpfers.«

Auch hier also finden sich noch theologische Begründungen naturrechtlicher Postulate. Locke ging über das traditionale Naturrecht allerdings insofern hinaus, als er bestritt, daß die Prinzipien der naturrechtlichen Normen dem Menschen angeboren seien.[226] Er ging davon aus, daß es ein vom Menschen, also auch seinen Rechtssetzungen, unabhängiges Naturgesetz gibt, das den Menschen aufgrund ihrer Vernunft einsehbar ist. Diese Vernunft führte seiner Auffassung nach die Menschen zu einem Vertrag:

»Wo immer ... eine Anzahl von Menschen sich ... zu einer Gesellschaft vereinigt hat, daß jeder seines Rechtes, das Naturgesetz zu vollstrecken, entsagt und zugunsten der Allgemeinheit darauf verzichtet, dort – und einzig dort entsteht eine politische oder bürgerliche Gesellschaft.«

Die Einsetzung der Herrschaft, die institutionellen Ausdruck in einer Legislative und einer Exekutive fand, erfolgt auch bei Locke durch Gesellschaftsvertrag. Das Volk behielt sich die Möglichkeit vor, die Legislative abzuberufen oder zu ändern:

»Denn aller Gewalt, die im Vertrauen auf ein bestimmtes Ziel verliehen wird, sind durch jenes Ziel die Grenzen gesetzt, und immer wenn dieses Ziel offenkundig vernachlässigt oder ihm zuwider gehandelt wird, ist dieses Vertrauen notwendigerweise verwirkt, und die Gewalt fällt zurück in die Hände derjenigen, die sie verliehen haben.«

Der Herrscher blieb an das Gesetz gebunden, das Volk erlangte bei rechtswidriger Herrschaftsausübung ein Widerstandsrecht. Und wie schon Hobbes betonte noch Locke, daß Legislative und Exekutive sich nach dem Prinzip richten müssen: »Das Wohl des Volkes ist das höchste Gesetz.«[227]

Im Sinne eines erkenntnistheoretischen Empirismus war es nur konsequent, daß Lockes politische Theorie nicht in erster Linie um systematische Stringenz bemüht war, sondern die politischen Erfahrungen seiner Zeit zum Ausgangspunkt nahm. Hinzu kommt, daß Locke, wie einige der anderen hier erwähnten Denker auch, nicht allein auf politische Herausforderungen reagierte, sondern sich seinerseits mit anderen zeitgenössischen Denkern auseinandersetzte, in diesem Fall mit Robert Filmer. Allerdings gelangten die Entstehungsgeschichte und ihre Intention nicht bruchlos mit der Wirkungsgeschichte der Traktate Lockes über die Regierung zur Deckung: Zwar waren sie ursprünglich keineswegs als Apologie der »Glorious Revolution« gedacht, doch verdankte diese

»ihre Langzeitwirkung als revolutionäres Ereignis der vermeintlichen Rechtfertigung aus der Feder von John Locke. ... Sie öffnete aber dem modernen England den Weg, und mancherlei auf diesem Wege wurde von Locke antizipiert oder aus Lockeschen Gedankengängen begründet.«[228]

Zusammenhänge dieser Art sind für die unterschiedlichen Wege der Aufklärung in den europäischen Staaten von Belang, ihr politisches Denken konstituierte sich unter differierenden politischen Voraussetzungen, die sich zuerst in der Reflexion der Politik und dann der Theorie von Herrschaft niederschlugen.

Es könnte nicht ausbleiben, daß die Orientierung des Staatszwecks am allgemeinen Wohl, die sich in der Aufklärung verstärkte, die Frage nach einem Widerstandsrecht provozierte. Die naturrechtlich begründete Herrschaftstheorie, die die Legitimation monarchischer Herrschaft aus dem Gottesgnadentum zugunsten der Vertragstheorie verdrängte, legte die kritische Prüfung der absolutistischen Staatspraxis nahe. Schon vor Locke hatten die »Monarchomachen« seit dem späten 16. Jahrhundert nach der Bartholomäusnacht ein Widerstandsrecht der Stände gegen tyrannische Herrschaft proklamiert. Sie beriefen sich bereits auf die Volkssouveränität.[229] Richtete sich die Erörterung des Widerstandsrechts noch bei Locke und später Montesquieu im Interesse der Stände konservativ gegen den expandierenden und zugleich modernisierenden monarchischen Absolutismus, dehnten die am Naturrecht orientierten aufgeklärten Staatsphilosophen nach 1700 die Diskussion bereits prinzipiell auf das Volk als Vertragspartner aus: Wie sollten sich die Untertanen gegenüber pflichtvergessenen Monarchen verhalten, die die aus dem Gesellschafts- und dem Herrschaftsvertrag resultierenden Pflichten nicht befolgten? So betonte Wolff 1721, sowohl die Obrigkeit als auch die Untertanen seien es schuldig, »den zwischen ihnen aufgerichteten Vertrag zu halten«.[230]

Die aufgeklärt-naturrechtliche Deutung des Absolutismus enthielt also ausgeprägter noch als ihre klassische Form eine klar definierte Bindung der absoluten Herrschaftsgewalt, deren Grundlage die noch prononciertere Betonung der fiktiven vertraglichen Legitimation monarchischer Herrschaft war – einer Legitimation, an der die Beherrschten im *Prinzip* als gleichberechtigte Partner beteiligt waren. Daraus leiteten die aufgeklärten Staatstheoretiker nun die für beide Vertragsparteien verbindliche Einhaltung des Vertrags ab, der der Gesellschaft und dem Staat, nicht mehr der Dynastie diente. Das Verhältnis von Herrschern und Beherrschten präzisierte Wolff um 1721 in seiner für den aufgeklärten Absolutismus in Deutschland charakteristischen Staatstheorie, die die vorstehenden Ausführungen bestätigt:

»Es ist demnach zwischen der Obrigkeit und den Unterthanen ein Vertrag, nemlich die Obrigkeit verspricht alle ihre Kräffte und ihren Fleiß dahin anzuwenden, daß sie zu Beförderung der gemeinen Wohlfahrt und Sicherheit diensame Mittel erdencke, und zu deren Ausführung nöthige Anstalten mache: hingegen die Unterthanen versprechen dargegen, daß sie willig seyn wollen alles dasjenige zuthun, was sie für gut befinden wird.«[231]

Auf der Grundlage prinzipieller Gegenseitigkeit der Verpflichtungen von Obrigkeit und Untertanen hielt Wolff verschiedene Regierungsformen für möglich; allerdings beurteilte er sie im Vergleich zur grundsätzlichen Legitimierung der Herrschaft als sekundär. Interessant ist Wolffs Abgrenzung von Monarchie und Tyrannei. Dem Monarchen wurde die Sorge für das Allgemeinwohl und die öffentliche Sicherheit übertragen, damit erhielt er das Recht, die ihm geeignet erscheinenden Maßnahmen ohne Einwilligung anderer Personen zu ergreifen. Monarchie aber erschien Wolff als Tyrannei, »wenn die regierende Person wider die gemeine Wohlfahrt und Sicherheit mit Vorsatz handelt, und nur ihr besonderes Interesse zu ihrer Hauptabsicht machet«.[232] Der Unterschied lag für Wolff also nicht in der möglichen Begrenzung, der Kontrolle oder der Mitwirkung an der monarchischen Herrschaft wie bei Locke, sondern ausschließlich an der Art und Weise ihrer Ausübung durch den Monarchen. Dennoch blieb die Staatslehre Wolffs sehr stark vom patriarchalischen Absolutismus geprägt. So bemerkte er, regierende Personen verhielten sich zu den Untertanen wie Väter zu ihren Kindern. Diese Vorstellung korrespondierte dem Hausvater-Ideal des »Ganzen Hauses«, das im 18. Jahrhundert noch häufig das Familien- und Arbeitsleben prägte und Niederschlag in der sog. Hausväterliteratur fand.

In Wolffs Reflexion legitimer Herrschaft verquickten sich traditionale und moderne Elemente. Er stellte die bestehende absolute Monarchie keineswegs in Frage, reflektierte ihr Wesen aber öffentlich in einer Weise, die sie früher oder später verändern mußte, und dies vor allem in vier Richtungen:

Erstens: Die Herkunft und damit die Legitimation der Herrschaft wurde in einen Vertrag verlegt, an dessen Zustandekommen die Beherrschten als gleichberechtigte Partner beteiligt waren.

Zweitens: Beide Partner waren gleichermaßen zur Einhaltung des Vertrages verpflichtet.

Drittens: Die Herrschaft diente der Gesellschaft und dem Staat, nicht mehr der Dynastie.

Viertens: Die Herrschaftsausübung konnte dem Sinn und der Intention des Vertrags entsprechen oder ihnen widersprechen; in jedem Fall aber befand sich die Person des Herrschers und ihre Amtsführung nicht mehr jenseits der Diskussion durch ihre Untertanen.

Charakteristisch für die aufgeklärte Form des Absolutismus war, daß der Herrscher diese Prinzipien seinerseits nicht bestritt oder gelegentlich wie Friedrich der Große sogar anerkannte. Freilich bedeutete das nicht, daß die aufgeklärt-absoluten Monarchen eine direkte öffentliche Diskussion oder gar unverhohlene Kritik an ihrem Regierungsstil zugelassen hätten, das verhinderte bereits die Zensur. Sowohl die Herrschaftspraxis als auch die theoretische Diskussion über die Grundlagen gerechter Herrschaft wiesen mancherlei Inkonsequenzen auf. So erkannte Wolff ausdrücklich die unumschränkte, also absolute Gewalt des Monarchen an und sah über ihr ganz im Sinne des klassischen Absolutismus allein Gott. Aber wie Bodin betonte auch er Grenzen der Herrschaftsausübung: ».. .da im gemeinen Wesen doch nichts darf befohlen werden, als was die gemeine Wohlfahrt befördert und die gemeine Sicherheit erhält, so bleibet doch auch die höchste Gewalt von der Natur, folgendes von Gott eingeschräncket«.[233]

Diese Einschränkung war im Sinne des Naturrechts Wolffscher Prägung konsequent, denn er sah in Gott selbst den Urheber des Gesetzes der Natur, so daß er im natürlichen Gesetz ein göttliches Gesetz sah. Aber trotz dieser Feststellungen folgerte Wolff:

»Derowegen ob gleich kein Mensch sie (die Obrigkeiten) zur Rede setzen kan, was sie thun; so dörffen sie doch nicht schlechter Dinges thun, was sie gelüstet, sondern sie haben ... allzeit auf die gemeine Wohlfahrt und Sicherheit zusehen, wo sie nicht Tyrannen werden wollen.«[234]

Aber hier stellt sich mit größerer Intensität die Frage, die Locke positiv mit der Bejahung eines Widerstandsrechts beantwortet hatte: Was geschieht, wenn der Herrscher seinen Pflichten nicht nachkommt, zum Tyrannen wird, seinerseits den Vertrag nicht hält? Besitzen die Untertanen in einem solchen Fall das Recht zu Vertragsauflösung, zu Widerstand und Revolution? Diese Konsequenz zog die Staatslehre des aufgeklärten Absolutismus so wenig wie die des klassischen Absolutismus und blieb damit logisch wie politisch auf halbem Wege stehen. Fiel die Rechtfertigung der Herrschaft aus dem Gottesgnadentum weg, war Obrigkeit nicht mehr im Sinne Luthers notwendig von Gott eingesetzte Obrigkeit, dann gab es keinen zwingenden Grund mehr, auf Widerstand zu verzichten. Aus dieser Konstellation resultierte eine Reihe weiterer Fragen: Wem sollte ein Urteil darüber zustehen, ob der Herrscher seinen Pflichten nachkam oder nicht? Wie läßt sich die Allgemeingültigkeit eines solchen Urteils feststellen, wie wird es vollstreckt?

Die Französische Revolution stellte die Erörterung dieser Fragen seit 1789 auf eine völlig neue Grundlage, nachdem der frühere Versuch gescheitert war, in der Fronde ein vor allem ständisch begründetes, gegen den Absolutismus Mazarins gerichtetes Widerstandsrecht durchzusetzen – ein Versuch, der 1648 bis 1653 zum Bürgerkrieg geführt hatte.[235]

Zu den Ergebnissen gehörte damals die Befestigung des Absolutismus. In England führten demgegenüber die Revolutionen des 17. Jahrhunderts zur Beschränkung königlicher Macht, sie hatten ebenfalls eine konservative Pointe, waren ständisch und religiös motiviert und schlugen sich in der dargestellten theoretischen Reflexion Lockes nieder.

Die aufgeklärte Diskussion des 18. Jahrhunderts dagegen verlagerte die Legitimation des Widerstands im Sinne der Vertragstheorie konsequent auf die Volkssouveränität. Dies zeigte sich am schärfsten in Rousseaus Theorie der »volonté générale«, aber auch bei anderen Staats- und Sozialphilosophen wie d'Holbach. Dieser Diskurs legte die innere Widersprüchlichkeit des aufgeklärten Absolutismus bloß – allerdings war er ohne diesen Widerspruch gar nicht denkbar, denn mit der Anerkennung eines aus dem Gesellschafts- und Herrschaftsvertrag resultierenden Widerstandsrechts hätten sich die Fürsten ihr eigenes Grab geschaufelt – und so schwach war die Stellung der aufgeklärt-absoluten Monarchen im 18. Jahrhundert bei weitem nicht, daß sie das nötig gehabt hätten. Die aufgeklärte Herrschaftstheorie war der Herrschaftspraxis voraus. Das wurde nicht zuletzt deutlich am Wandel des monarchischen Selbstverständnisses vom absoluten zum aufgeklärt-absoluten Herrschertum, beide Formen stimmten in wesentlichen Prinzipien mit Wolffs Darstellung der Herrscherpflichten überein.

Schon Friedrich des Großen vom Pietismus geprägter Vater, der seine Herrschaft aus dem Gottesgnadentum legitimierte, betrachtete strenge Pflichterfüllung des absoluten Monarchen als oberstes

Gebot. Seinem Thronfolger schrieb er 1722: »...der liebe Gott hat euch auf den trohn gesetzet nicht zu faullentzen sondern zu arbeitten und seine Lender wohll zu Regiren...«.[236] Doch auch wenn Friedrich Wilhelm I. ein an gelehrter Diskussion orientierter Mensch gewesen wäre, nie hätte er sich auf eine öffentliche Diskussion darüber eingelassen, ob ein Monarch abgesetzt werden dürfe oder nicht. Genau das aber tat sein Sohn und Nachfolger. Als der französische Philosoph d'Holbach 1770 in seinem Hauptwerk *Système de la Nature* behauptete, aus dem Herrschaftsvertrag folge das Recht der Untertanen zur Absetzung eines unerwünschten Monarchen, griff Friedrich zur Feder und bestritt zwar nicht grundsätzlich das Recht zur Herrscherabsetzung, aber seinen Sinn. Der König verwies auf die Gefahr des Chaos und auf den in einem solchen Fall zu erwartenden ständigen Machtkampf der Thronkandidaten, die »sich unaufhörlich regen, das Volk gegen den Fürsten aufwiegeln, Unruhen und Empörung schüren würden, in der Hoffnung, auf solchen Wegen emporzusteigen und zur Herrschaft zu gelangen. Hierdurch wäre eine derartige Regierung dauernd inneren Kämpfen ausgesetzt«.[237]

Aus dieser nicht prinzipiellen, sondern pragmatischen Argumentation sprachen Befürchtung und historische Erfahrung des Bürgerkriegs, aus denen heraus Hobbes viele Generationen früher den Absolutismus begründet hatte. Es sprach aus diesem Vorgang aber auch die neue Funktion der Öffentlichkeit, die Friedrich wie kein anderer König seiner Zeit erkannte: Im 18. Jahrhundert wurde die Staatstheorie von einem Thema der Gelehrten zu einem Thema der öffentlichen Diskussion unter Gebildeten – einer Diskussion, die je länger desto mehr eine Rechtfertigung nicht allein der theoretischen Grundlagen der Herrschaft, sondern auch der Staatspraxis verlangte. Stand in der klassischen Ausprägung des Absolutismus bei Bodin der Monarch über dem Staat, stand er im aufgeklärten Absolutismus als »erster Diener« des Staates im Dienst der Staatsräson an seiner Spitze.

Die aufgeklärt-absolutistische Staatslehre und der Kameralismus wirkten im 18. Jahrhundert ideell und überdies in Justizpolitik und Staatsverwaltung der deutschen Territorialstaaten, vor allem der beiden Großmächte Österreich und Preußen, fort. Bis ins frühe 19. Jahrhundert entfalteten die in ihrem Geist, und das heißt weitgehend in dem der Rechtslehre Pufendorfs und Wolffs, ausgebildeten Beamten eine rege Wirksamkeit. Faßbar wird das Verfassungsverständnis dieser Schule in den großen Rechtskodifikationen der Spätaufklärung, insbesondere im *Allgemeinen Landrecht für die Preußischen Staaten* (1794).[238]

Vor allem aber zeigte sich die Fortentwicklung in den nur partiell realisierten verfassungspolitischen Zielen der Rechtsreformer in Preußen, des Großkanzlers v. Carmer und seiner Hauptautoren, des Geheimen Oberjustizrates Carl Gottlieb Svarez und seines Mitarbeiters Ernst Ferdinand Klein. Sie wollten den König in strikter Auslegung naturrechtlicher Prämissen des Herrschaftsvertrages weitgehend an Fundamentalnormen und an die bestehenden Gesetze binden. Stand der absolute Monarch über den Gesetzen, auch den von ihm selbst erlassenen, sollte er nun an diese gebunden werden. Aus der Definition des Staatszwecks und seiner naturrechtlich verstandenen Legitimation folgerte Svarez:

»Der Despot betrachtet den Staat und seine Untertanen als sein Privateigentum, der Regent betrachtet sie als eine Gesellschaft vernünftiger und freier Menschen, die ihm nur deswegen die Disposition über ihre Handlungen und Kräfte übergeben haben, damit er desto ungehinderter und nachdrücklicher im Stande sein möge, ihre Sicherheit zu schützen und ihren Wohlstand zu befördern.«[239]

Ausdrücklich sprach Svarez von »Forderungen«, die »der Staatsbürger an seinen Souverän machen kann«, und folgerte daraus, die Rechte eines Souveräns hätten ihre »natürlichen in dem Grundvertrage der bürgerlichen Gesellschaft bestimmten Schranken«. Noch weiter als in den hier zitierten Vorträgen vor dem preußischen Thronfolger ging Svarez vor der Berliner »Mittwochsgesellschaft« – einer Geheimgesellschaft der führenden Berliner Aufklärer –, als er in bezug auf das in Vorbereitung befindliche Allgemeine Gesetzbuch ausführte: Die allgemeine Gesetzgebung habe

»feste, sichere und fortdauernde Grundsätze über Recht und Unrecht festzustellen, die besonders in einem Staat, welcher keine eigentliche Grundverfassung hat, die Stelle derselben gewissermaßen ersetzen soll, die also auch für den Gesetzgeber selbst Regeln enthalten muß, denen er... nicht zuwiderhandeln darf«.[240]

Die heutige Forschung ist sich nicht darüber einig, ob die Ziele von Svarez frühkonstitutioneller Art waren[241], doch einen Anhänger »unumschränkter Monarchie«[242] kann man ihn wohl kaum nennen. Und ebensowenig zufällig war es, daß Svarez das *Allgemeine Landrecht* als eine Art Ersatzverfassung ansah. Allerdings zog er nicht explizit die Schlußfolgerung eines Widerstandsrechts, mag sie aber implizit erwogen haben: »Der Souverän hat sein Recht aus dem bürgerlichen Vertrage. Er stößt selbst diesen Vertrag um, wenn er Despot wird.«[243]

Welche politischen Konsequenzen aus dieser Feststellung zu ziehen waren, blieb einstweilen offen, auch Svarez' Mitstreiter Klein ging in dieser Beziehung nicht wesentlich über ihn hinaus, verwies aber ebenfalls ausdrücklich auf die Bindung des Herrschers, wenn er 1797 in seinem Werk *Grundsätze der natürlichen Rechtswissenschaft nebst einer Geschichte derselben* ausführte:

»Wenn auch die Regierung der bürgerlichen Gesellschaft gewissen Subjekten in oder außer der Gesellschaft übertragen ist, so geht doch dadurch weder die Grundgewalt, noch das Recht der Gesellschaft, sich in ihrer Verfassung zu behaupten, verloren.«[244]

Interessant ist, daß Klein nicht nur die Mitglieder der bürgerlichen Gesellschaft als Bürger bezeichnete, sondern sie ausdrücklich von den Untertanen im engeren Sinne abhob, die ihrerseits von den Bürgern abhängig seien. Zwar behielt Klein daneben den weiteren Untertanenbegriff bei, definierte ihn aber nicht durch das Verhältnis zu einer personal verstandenen Obrigkeit, sondern fast rousseauistisch: »Unterthanen im weitern Sinne sind alle Bürger, in sofern der Wille Aller dem allgemeinen Willen unterworfen ist.«[245]

Klein unterschied bürgerliche und politische Freiheit. Die bürgerliche Freiheit

»besteht in der Unabhängigkeit von fremder Willkühr, so weit die Einschränkung nicht zum Zwecke des Staats notwendig ist. Die Einschränkung der bürgerlichen Freyheit geschieht entweder zufolge der Grundgesetze, oder aus der bloßen Willkühr der Herrschenden. Im letzten Falle ist Despotismus vorhanden. Da dieser dem Zwecke des Staats zuwider ist, so ist er immer unerlaubt.«

Politische Freiheit bestand nach Klein in der »Mitwirkung der Staatsbürger bey der Regierung des Staats, besonders bey der Gesetzgebung«. Je geringer aber die politische Freiheit sei, desto größer müsse die bürgerliche Freiheit sein, forderte Klein acht Jahre nach dem Ausbruch der Französischen Revolution und unmittelbar vor dem Ende der Regierungszeit Friedrich Wilhelms II. und seiner rosenkreuzerischen Staatsminister.

Die nüchternen juristischen Distinktionen Kleins waren alles andere als praxisfern, sondern enthielten im Kern politische

Forderungen, wie seine ausdrücklich auf Montesquieu Bezug nehmende Darstellung der Regierungsformen demonstrierte. Klein hielt die absolute Monarchie für eine mögliche, aber keineswegs die einzige monarchische Regierungsform. Schärfer als die anderen erwähnten Staatstheoretiker des Aufgeklärten Absolutismus pochte Klein auf Einhaltung seiner Grenzen:

»Der Monarch ist nothwendig den Verfassungsgesetzen unterworfen. Auch den übrigen Gesetzen muß er sich unterwerfen, so weit sie nicht blos für die Unterthanen gegeben sind, und er muß daher auch in seinen Privatgeschäften und Familienverhältnissen nach den bürgerlichen Gesetzen beurtheilt werden, wofern er nicht als Mitglied eines größern Staats nach dessen allgemeinen Gesetzen beurtheilt werden muß.«

Kleins Staatslehre bezeichnete einen Übergang, so, wie seine Epoche eine Epoche beschleunigten politischen Strukturwandels gewesen ist: Auch die deutschen Aufklärer diskutierten derart engagiert über die Revolution im Nachbarland, als handele es sich um eine deutsche Revolution. Niemand schrieb nach 1789 über Politik, Recht und Staat, ohne unter dem Eindruck der Revolution zu stehen: Die sich ungefähr seit Mitte des 18. Jahrhunderts in der französischen Publizistik abzeichnende Politisierung des Revolutionsbegriffs[246] war um die tatsächliche Erfahrung der Revolution erweitert worden. Klein war kein Vertreter des staatstheoretischen Absolutismus mehr, auch nicht seiner aufgeklärten Form. So leitete Klein seine 1790 veröffentlichte Diskussion über die politischen Ereignisse in Frankreich *Freyheit und Eigenthum, abgehandelt in acht Gesprächen über die Beschlüsse der Französischen Nationalversammlung* mit den Sätzen ein:

»Meine Grundsätze des Naturrechts und der Gesetzgebung konnten nicht besser, als durch die Staatsveränderung in Frankreich erläutert werden; und die Form des Gesprächs verstattete mir einen bequemern Vortrag der Einwürfe und Gegengründe.«[247]

Diese literarische Form stand in der Tradition des aufgeklärten Disputs, der sich die antiken Dialoge zum Vorbild nahm: Ganz bewußt sollte er die Unabgeschlossenheit des politischen Urteils demonstrieren, die ihrerseits die Unabgeschlossenheit des politischen Wandels reflektierte, wie Kleins 1797 veröffentlichter Essay *Ueber die Natur der bürgerlichen Gesellschaft* demonstrierte. Eine skeptische Beurteilung sowohl der aufgeklärt-absoluten Monarchien wie der Französischen Revolution ließ Klein erkennen, als er die politischen Verhältnisse seiner Zeit mit den Worten umriß:

»Ueberall finden wir Regierungen, welche entweder weit von dem Ziele, welches sie bey bessern Einrichtungen hätten erreichen können, zurückgeblieben, oder über dasselbe hinausgeschritten sind, und sich unerlaubte Mittel zur Erreichung eines scheinbar guten Zwecks erlaubt haben.«

Kleins Ziel blieb es zwar, diese Erfahrungen zu verarbeiten, sich aber durch sie keineswegs von der Frage abbringen zu lassen, »welchen Zweck eine ausgebildete Nation zu erreichen streben könne und müsse«.[248]

Diesen Zweck sahen Klein und andere deutsche Autoren schon vor dem Beginn der Französischen Revolution – die die politische Diskussion in Deutschland zwar klärte, aber keineswegs erst entfachte[249] – zunächst in einer Sicherung der Menschenrechte. In diesem Sinne formulierte auch Johann August Schlettwein den Titel seines 1784 publizierten Werkes *Die Rechte der Menschheit oder der einzige wahre Grund aller Gesetze, Ordnungen und Verfassungen*. Die bürgerliche Gesellschaft »*als solche* ... ist kein bürgerlicher Unterthan«, sondern besaß nach Schlettwein selbst »*die bürgerliche GrundGewalt*«. Die Hauptabsicht der bürgerlichen Gesellschaft sah Schlettwein darin, »*daß ein jeder die vollkommenste Garantie aller seiner MenschenRechte, und des Genusses derselben darinnen findet*«. Auch Schlettwein betonte immer wieder die Bindung des Regenten, die Staatsgewalt ausschließlich im Sinne des Staatszwecks auszuüben und »offenbaren Mißbrauch derselben zu unterlassen«, auch bei ihm lag der Akzent auf den Pflichten des Regenten, der keine anderen Gesetze erlassen dürfe, als die, »*welche die natürliche StaatsOrdnung in sich fasset*«: Er betonte, keine Macht dürfe sich das »gemeine Beste« nach Gutdünken vorstellen oder etwa willkürlich bei der Gesetzgebung verfahren: Eine solche Macht stünde ganz offenbar im Widerspruch zum Menschenrecht.[250] Und Kant formulierte knapp und apodiktisch: »Was ein Volk über sich selbst nicht beschließen kann, das kann der Gesetzgeber auch nicht über das Volk beschließen.«[251]

Kein Zweifel: Die Staatstheoretiker der späten Aufklärung betonten auch in Deutschland immer unmißverständlicher die Grenzen staatlicher Macht und die Zweckgebundenheit staatlicher Herrschaft. In jedem Fall endete sie bei unveräußerlichen Rechten der Menschen und fand ihre Richtschnur in dem das Interesse des einzelnen enthaltenden Gemeinwohl.[252] Die rechtswissenschaftlichen und staatstheoretischen Traktate ergänzten auf diese Weise die alte Gattung der »Fürstenspiegel«, die auch noch im 18. Jahrhundert das Idealbild des Herrschers beschrieben und ihm – wie die »Politischen Testamente« seiner Vorgänger – zur Norm dienen sollten.[253] Noch 1798 verfaßte Johann Jakob Engel ein solches Werk: *Der Fürstenspiegel.* Engels Absicht bestand darin, »jungen Prinzen, und besonders solchen, die zum Regieren bestimmt sind, manche eben ihnen nützliche Wahrheit zu sagen«. Und das bezeichnende Motto von Engels mehr auf das alltägliche Leben des Monarchen und sein Verhalten als auf sein politisches Handeln zielenden Ausführungen lautete:

> »Drei Lehren fass' ein Herrscher wohl in's Herz.
> Die erste: daß er über Menschen herrscht;
> Die andre: daß er nach Gesetzen herrscht;
> Die dritte: daß er nicht auf immer herrscht.«[254]

Zu der Realisierung der menschenrechtlichen Postulate, die im Vorstehenden immer wieder als zentrales Ziel der Aufklärer deutlich wurden, zählten gewiß Teile des preußischen *Allgemeinen Landrechts*, das den Kompromiß zwischen Naturrecht, traditionalem Ständerecht sowie auf den staatlichen Gesetzgeber zurückgehendem positiven Recht zum Ausdruck brachte: »Die Rechte des Menschen entstehn durch seine Geburt, durch seinen Stand, und durch Handlungen oder Begebenheiten, mit welchen die Gesetze eine bestimmte Wirkung verbunden haben.« Aber er konstatierte auch: »Die allgemeinen Rechte des Menschen gründen sich auf die natürliche Freyheit, sein eignes Wohl, ohne Kränkung der Rechte eines Andern, suchen und befördern zu können.«[255]

Wie immer man derartige Regelungen des ALR deuten mag, sie resultieren unmittelbar aus dem naturrechtlich-menschenrechtlichen Diskurs der Aufklärer, der auf diese Weise Praxis wurde. Die Widersprüchlichkeit des Aufgeklärten Absolutismus zeigte sich auch hier. Ebenso unverkennbar war der spezifische Weg der deutschen Aufklärung, den Absolutismus auf eine Weise zu interpretieren, die seine Grundlagen veränderte und eine Konstitutionalisierung der Herrschaft vorbereitete. Dabei spielte die Verbindung von Recht und Geschichte eine wesentliche Rolle. Auch Autoren wie Klein und Schlettwein waren sich des hypothetischen Charakters des Naturzustands bzw. der naturrechtlichen Prämissen bewußt – gerade aus ihm resultierte die normative Kraft, die aus »historischen« und also relativen Aussagen allein nicht zu gewinnen war: Bei den postulatorischen Wahrheiten des säkularisierten Naturrechts handelte es sich um aufgeklärte Vernunftwahrheiten, die ihrerseits nicht mehr ableitbar waren, sondern aus der philosophischen Anthropologie der Aufklärung stammten und ohne die Kritik der geschichtlichen Überlieferung nicht denkbar gewesen wären.

Trotzdem standen schon seit dem späten 17. Jahrhundert Naturrecht und Geschichte nicht einfach im Gegensatz zueinander. Vielmehr verbanden Autoren wie Thomasius die christliche Überlieferung mit dem erklärten Ziel, die Ordnung der Welt mit Hilfe der Jurisprudenz zu fassen, nachdem der Ordnungsanspruch der Theologie bestritten und mehr und mehr erschüttert worden war:

»Der Verlust der unmittelbaren göttlichen Präsenz in den wissenschaftlichen Disziplinen wird durch verstärkte Bindung an das vernünftig-göttliche Naturrechtsdenken auszugleichen versucht, das in säkularisierten Formen den göttlichen Willen zur innerweltlichen Ordnung rettet und die notwendige Legitimation an die Hand gibt.«[256]

Tatsächlich säkularisierte sich diese für Thomasius charakteristische naturrechtliche Legitimation, die Notker Hammerstein beschreibt, im Laufe des 18. Jahrhunderts immer mehr. Dieser Vorgang ging mit einer das deutsche Rechtsdenken der Aufklärung und noch stärker die Romantik kennzeichnenden Historisierung des Rechts einher. Sie resultierte u. a. aus der Vielfalt der deutschen Rechtstraditionen, die in der Vielgestaltigkeit der deutschen Staatenwelt ohne starke Zentralgewalt und normative Rechtseinheit ihren Ausdruck fand.

Hatte schon Vico die Geschichtlichkeit des Rechts betont, forderten Möser und Herder, um nur diese beiden zu nennen, eine Angemessenheit des Rechts an den Geist, den Charakter der Nationen: Das war eine Forderung, die Recht und Geschichte gleichermaßen betraf. »*Quintessenz aller Zeiten und Völker?* das zeigt schon die Thorheit! *Charakter der Nationen!* Allein *Data* ihrer *Verfassung* und *Geschichte* müssen entscheiden.« So schrieb Herder bereits 1774 in *Auch eine Philosophie der Geschichte zur Bildung der Menschheit.*[257] Wenn er in seinen *Ideen zur Philosophie der Geschichte der Menschheit* – einem Werk, das selbst nicht mehr zur Aufklärung zu zählen ist – betonte, »der natürlichste Staat ist also auch *ein* Volk, mit *einem* Nationalcharakter«, und gegen Montesquieu gewandt die »leeren Namen dreier oder vier Regierungsformen, die doch nirgend und niemals dieselben sind oder bleiben«[258] kritisierte, zielte er auf die historische, aber auch die gegenwärtige unverwechselbare Individualität der Völker, die er in ihrer Totalität zu fassen suchte. Einen für alle Zeiten und Völker geltenden Naturzweck des menschlichen Geschlechts, der auf identische Weise das moralische Gesetz des Menschen im Sinne Kants als Sinn der Geschichte begriff, konnte Herder nicht akzeptieren. Herder überwand den Zwiespalt von Natur und Geschichte – den Rousseau kraß herauspräpariert hatte –, indem er die Geschichte als eine aus der Natur sich entwickelnde Humanisierung begriff. Das umfassende Humanitätsideal der Klassik bereitete er auf diese Weise vor.[259]

Doch entdeckten die Aufklärer, die Herder seit seinem Reisejournal von 1769 – das den Sturm und Drang einleitete – mit wachsender Schärfe kritisierte, ebenfalls die geschichtliche Individualität. Und das hieß: Sie erkannten die jeweilige Besonderheit der einzelnen Staaten, in denen sie ihre Ziele erreichen wollten. Sie modifizierten ihre naturrechtlichen Postulate gemäß Zeit und Ort und vertraten keineswegs mehr die Meinung, alle Staaten könnten oder sollten nach dem Ideal einer Regierungsform reformiert oder revolutioniert werden: »Jeder Staat ist in einer eigenen durch hundert Umstände bedingten Lage; wer ohne diese Bedingungen zu kennen unbedingt raten will, wird mit der höchsten apriorischen Weisheit schlechten Rat geben«[260], schrieb Nicolai 1798 und zog damit die Konsequenz aus seinen hisorischen Forschungen sowie der europäischen Geschichte seiner eigenen Lebenszeit und des vorausgegangenen Jahrhunderts.

Unter Hinweis auf diese Individualität, die aus historisch orientiertem Denken auf die Gegenwart der Staaten angewandt wurde, lehnten viele preußische Aufklärer denn auch die Übertragung physiokratischer Prinzipien auf die friderizianische Wirtschaftspolitik ab, die der mit Hilfe des deutschen Physiokraten Jakob Mauvillon verfaßten Kritik des Grafen Mirabeau zugrunde lagen: *De la monarchie prussienne sous Frédéric le Grand* erschien vierbändig 1788 in London und wurde schon 1790/1791 in deutscher Übersetzung publiziert.

In Frankreich indes bedeutete der Physiokratismus nicht nur Theorie, sondern zugleich den Versuch, im Reformministerium des von François Quesnay beeinflußten Turgot 1774 bis 1776 den französischen Absolutismus im»despotisme éclairé« zu modernisieren. Turgot, der seine Gedanken u. a. in seinen *Réflexions sur la formation de la distribution des richesses* (1766) niedergelegt hatte, besaß ein umfassendes Reformprogramm zur Sanierung der Staatsfinanzen, zur Modernisierung von Steuerwesen und Justiz, schließlich zur Aufhebung der Zünfte, zur Freigabe des Getreidehandels, zur Beseitigung der Frondienste für den Staat. Seine großen Edikte atmeten die ökonomischen Auffassungen der Physiokraten ebenso wie den reformerischen Impetus der Aufklärung.

Die englischen Revolutionen des 17. Jahrhunderts, die Französische Revolution seit 1789 und die Reformen des Aufgeklärten Absolutismus in Preußen, Österreich und kleineren deutschen Territorialstaaten beschritten ganz unterschiedliche Wege der verfassungspolitischen Modernisierung, obwohl in jedem Fall aufgeklärte Prinzipien eine Rolle spielten. Und in diesem Sinne bedurften auch die praktischen Reformbemühungen der Aufklärer je spezifischer Formen.

IV. Organisation der Aufklärung

Die in den vorangegangenen Kapiteln dargestellten zentralen Probleme und Ziele der Aufklärer bedurften über den Diskurs hinausgehender Aktivitäten, wollte man sie realisieren. Der Mensch ist zum Tun, nicht zum Vernünfteln geschaffen, hatte Lessing den schon im Denkansatz der Aufklärer enthaltenen Praxisbezug formuliert. Zu keinem Zeitpunkt begnügten sich die Aufklärer mit dem theoretischen Diskurs oder dem ideellen Entwurf. Ihre Problemstellungen und Ideen antworteten bei aller geistesgeschichtlichen Kontinuität immer auch auf die jeweilige wissenschaftliche, gesellschaftliche und politische Realität und drängten selbst nach Realisierung. Die Forderung nach Empirie blieb nicht in der methodologischen Reflexion des Erkenntnisproblems stecken. Anschauung ist das Fundament aller Erkenntnis, lautete die philosophische und pädagogische Maxime Johann Heinrich Pestalozzis. Erst in ihrer Verwirklichung zeigt sich der Wert der Ideen, so könnte man eine komplementäre Überzeugung der Aufklärer umschreiben.

Die Entfaltung der Aufklärung im intellektuellen Diskurs mündete im Laufe des 18. Jahrhunderts immer stärker in das Bedürfnis nach breiter Kommunikation, das sich in vielfältigen Formen manifestierte. Sie alle dienten mehr oder weniger eindeutig dem Ziel, der Aufklärung als einer geistig-gesellschaftlichen Zeitströmung Kontur zu geben, ja, die »république de lettres« erst zu konstituieren. Auch die gelehrte Öffentlichkeit war der Aufklärung nicht als Aktionsraum vorgegeben, sondern bildete sich erst durch öffentliche Diskussion über Sachfragen, über Personen, über Bücher. Zeitschriften und Rezensionswesen wurden so zu einem unentbehrlichen Medium, die Geselligkeitsformen waren dabei abhängig vom spezifischen Interesse der Angehörigen dieser Gelehrtenrepublik, die man so weit fassen muß, wie der Begriff »Gelehrter« im 18. Jahrhundert reichte: Diese Gemeinschaft umfaßte, wie Nicolai es nannte, »nahezu das ganze schreibende Völkchen«. Die Wissenschaftler im heutigen Sinn bildeten in ihm zweifelsfrei die Minderheit.

Die Freude am geselligen Gespräch, am gelehrten Disput, ist ebenso charakteristisch für das 18. Jahrhundert wie die ausufernde

Briefkultur der Zeit: Lesewut und Schreibwut ergänzten einander. Man wollte sich kennenlernen, hatte beträchtliches Interesse an Gesinnungsgenossen und Gegnern, suchte beide – auch wenn sie einem persönlich noch unbekannt waren – während ausgedehnter Reisen auf. In Anbetracht der schwierigen Verkehrsverhältnisse, die solches Tun eher erschwerten als erleichterten, sind Ausmaß und Intensität dieser Kontakte nur als außerordentlich zu bezeichnen.

Innerhalb dieser keines organisatorischen Aufwands bedürfenden Geselligkeitsformen bildeten sich Institutionen, die über individuelle und spontane Kontaktaufnahme hinausgingen: Im 17. Jahrhundert zunächst Sprachgesellschaften und gelehrte Akademien, im 18. Jahrhundert vor allem Lesegesellschaften, Patriotische Gesellschaften, Freimaurerorden, Geheimgesellschaften und andere Assoziationen. Im Gesamtzusammenhang dieser Skala von Möglichkeiten zu sozialer Integration, die die Aufklärung nicht erfunden, aber entscheidend gefördert hat, erwiesen sich die Geheimgesellschaften als eine der zentralen und besonders charakteristischen Organisationsformen. Sie haben Anteil an der Vielgestaltigkeit der Aufklärung, die auch organisatorisch zu keinem Zeitpunkt in sich homogen gewesen ist.

1. Freimaurerorden und Geheimgesellschaften

»Es muß in jedem gemeinen Wesen ein *Gehorsam* ... aber zugleich ein *Geist der Freiheit*« sein, Gehorsam ohne Geist der Freiheit sei »die veranlassende Ursache aller *geheimen Gesellschaften.* Denn es ist ein Naturrecht der Menschheit, sich ... einander mitzuteilen; jene Gesellschaften also würden wegfallen, wenn diese Freiheit begünstigt wird.«[1] Mit diesen Worten machte Kant 1793 in der *Berlinischen Monatsschrift* das absolutistische Herrschaftssystem für Entstehung und Ausbreitung geheimer Gesellschaften in seiner Zeit verantwortlich. 1788 hatte ein anderer berühmter Autor vor der »Mode-Thorheit« gewarnt, sich in geheimen Gesellschaften zu betätigen: Dieser Autor wußte, wovon er sprach, hatte er doch selbst jahrzehntelang eine führende Rolle in geheimen Gesellschaften gespielt. Wenige Jahre vor dieser Warnung war der Illuminatenorden, in dem er als Organisator prägend gewirkt hatte, verboten worden. Es handelte sich um den Freiherrn v. Knigge,

der in seinem Werk *Über den Umgang mit Menschen* die Eigenge-
setzlichkeit geheimer Gesellschaften und ihren möglichen Nutzen
oder Schaden für die Aufklärung beschrieb.

Wer von beiden hatte recht mit seinem Urteil: der die Grundlagen
der Gesellschaft analysierende Philosoph aus Königsberg oder der
umtriebige Organisator und Publizist aus Hannover, den mehr die
Wirklichkeit geheimer Gesellschaften als ihre Ursachen interessierte? Beide Gesichtspunkte, also politische und sozialpsycholo-
gische Argumentation, gilt es im Auge zu behalten: Nur so ist das
Wesen der Geheimgesellschaften in Deutschland zu erfassen und
vor allem ihre Wandlung von den dreißiger Jahren des 18. Jahrhunderts bis zum Beginn der Französischen Revolution von 1789 zu
verstehen. Für die Konstituierung von Geheimgesellschaften dieser Zeit sind vor allem zwei Dimensionen des Problems bedeutsam: zum einen die Beziehung von Aufklärung und Absolutismus,
zum anderen der Widerspruch zwischen dem aufgeklärten Postulat öffentlicher Diskussion und der Mitwirkung zahlreicher Aufklärer in Geheimgesellschaften.[2]

Diese geheimgesellschaftlichen Aktivitäten dürfen nicht isoliert
betrachtet werden, sondern erhalten ihren Platz im Rahmen der
»république de lettres« und der sie strukturierenden Gemein-
schaftsbildung. Diese Einordnung unterstellt, daß im 18. Jahrhundert ein Konnex zwischen den in Frage stehenden Geheimgesellschaften und der Aufklärung bestand. Auf die Grenzen dieser
Prämisse ist am Beispiel der »Gold- und Rosenkreuzer« noch
einzugehen, doch reichen diese Einschränkungen nicht aus, den
gemeinsamen Bedingungszusammenhang aufzuheben, in dem
Aufklärung und Geheimgesellschaften stehen. Jede Beschäftigung
mit den Geheimgesellschaften des 18. Jahrhunderts muß also ein
Paradoxon erklären: Ausgerechnet im Zeitalter der Aufklärung
verbreiteten sich Geheimgesellschaften und blühte Geheimnis-
sucht. So konnte Knigge 1788 bemerken: »Man wird heut zu Tage
in allen Ständen wenig Menschen antreffen, die nicht, von Wiß-
begierde, Thätigkeitstrieb, Geselligkeit oder Vorwitz geleitet,
wenigstens eine Zeitlang Mitglieder einer solchen geheimen Ver-
brüderung gewesen wären.«[3] Und es waren nicht etwa Dunkel-
männer, sondern überwiegend Aufklärer, die diese Gesellschaften
trugen.

Nicht erst die Historiker, schon die aufgeklärten Zeitgenossen
diskutierten dieses paradoxe Phänomen: So bezweifelte Garve

214

1785 in einem Brief an den Mitherausgeber der *Berlinischen Monatsschrift*, daß »verständige Menschen Gutes erreichen, wenn sie durch Geheime Gesellschaften Wahrheit und Glückseligkeit verbreiten wollen. Was nutzen soll, muß offenbar geschehen, oder es muß doch wahrhaftig offenbar werden«.[4] Die Spannweite der modernen Deutungen der Geheimgesellschaften reicht von der ideologiekritischen Annahme einer notwendigen Dialektik von Öffentlichkeit und Arkanum bis zur naheliegenden Erklärung, der Monopolanspruch absoluter Herrscher erzwinge Geheimhaltung: Indiz dieses äußeren Drucks seien die Zensur, im letzten Viertel des Jahrhunderts auch die Verbote vieler Geheimgesellschaften. Schließlich wird in dieser Interpretation auf die Statik ständestaatlicher Gesellschaftsordnung verwiesen, die gesellschaftspolitische Neuerer in eine Außenseiterstellung gezwungen habe.[5] So berechtigt die Problemstellung in beiden Fällen ist, so irreführend ist die Konstruktion einliniger Kausalität. Tatsächlich sind die Beziehungen zwischen Absolutismus und Aufklärung auf der einen, Aufklärung und Arkanpraxis auf der anderen Seite komplizierter.

Die Aufklärer standen zum Absolutismus des 18. Jahrhunderts nicht einfach in Opposition: Vielmehr gab es gemeinsame Ursprünge, gemeinsame Wegstrecken, gemeinsame Gegner – und freilich auch vielerlei Divergenzen. Zu den gemeinsamen Ursprüngen gehörte gewiß die im vorangehenden Kapitel dargestellte naturrechtliche Reflexion über Gesellschafts- und Herrschaftsvertrag. Diese Diskussion veränderte das Verhältnis zwischen Königen und Aufklärern: Trotz fortbestehender Zensur bestand in vielen Staaten im 18. Jahrhundert die Möglichkeit, sich über staatstheoretische Grundprobleme in prinzipieller oder indirekter Form öffentlich zu äußern. Diese Feststellung führt zurück zu der Frage, warum sich die Aufklärer der Arkanpraxis bedienten. Die durch Gerhard Oestreich vorgenommene Abgrenzung des frühneuzeitlichen Absolutismus von totalitären Herrschaftsformen des 20. Jahrhunderts betonte die begrenzte Reichweite absoluter Herrschaft im 17. und 18. Jahrhundert.[6] Doch ist damit nicht gesagt, daß sich politische Opposition im Absolutismus häuslich hätte einrichten können. Die Organisierung von Interessen, die dem Absolutismus prinzipiell entgegenliefen, trug naturgemäß konspirativen Charakter, öffentliche Kritik am eigenen Staat konnte nur unter Einhaltung bestimmter Spielregeln erfolgen. Auch gemäßigte aufgeklärte Publizisten wie Schlözer, Biester oder

Nicolai beklagten immer wieder, daß jedermann in Deutschland unter Zensur schreibe, und lobten die englische Freiheit der Meinungsäußerung. Kurz: Auch die Aufklärer hatten Anlaß genug, nicht alle ihre Ziele öffentlich zu vertreten, gerade dann nicht, wenn es ihnen auf Realisierung ankam.

Doch muß eine solche Interpretation der Geheimgesellschaften im Kontext absolutistischer Herrschaftspraxis folgende komplizierende Faktoren berücksichtigen:

Erstens: Die Aufklärer bedienten sich auch in solchen Fällen der Geheimhaltung, wo sie nicht nötig gewesen wäre; z. B. erschienen zahlreiche Bücher im 18. Jahrhundert – die keineswegs die Obrigkeit betrafen – anonym oder pseudonym. Noch zurückhaltender waren aufgeklärte Rezensenten in gelehrten Zeitschriften, nur selten setzten sie ihren Namen unter ihre Buchkritiken.

Zweitens: In den Geheimgesellschaften des 18. Jahrhunderts organisierten sich vor 1789 nur in Ausnahmefällen wirklich Oppositionelle. Eher war das Gegenteil der Fall, wie noch zu zeigen ist.

Drittens: In den Geheimgesellschaften bestanden unterschiedliche Grade der Geheimhaltung. Viele geheimgehaltene Vorgänge tangierten den absoluten Staat gar nicht – viele Geheimgesellschaften verfolgten nicht einmal unmittelbare politische Absichten.

Die Deutung der Geheimgesellschaften des 18. Jahrhunderts als Reproduktion absolutistischer Herrschaft hat also nur begrenzten Erklärungswert. Eine Differenzierung verschiedener Gesellschaftstypen ist notwendig, sie erfordert ihrerseits aber Periodisierung und Lokalisierung. Vier Fragen müssen beantwortet werden, um Struktur und Funktion Geheimer Gesellschaften im 18. Jahrhundert zu erfassen:

1 – Welche Bedeutung kam Geheimen Gesellschaften im aufgeklärten Organisationswesen der Zeit zu?

2 – Welche soziale und regionale Zusammensetzung ist charakteristisch für die Geheimgesellschaften?

3 – Wie wirkte sich das politische und soziale System des Absolutismus auf die sozialkulturelle Binnenstruktur der Gesellschaften aus?

4 – Welche politische und soziale Wirkung erstrebten bzw. erzielten die verschiedenen Gesellschaftstypen?

Wie weit das Netz aufgeklärter Gruppenbildungen war, dokumentierte bereits 1734 eine Rede des Schotten Andreas Michael Ramsay über den Zweck der Freimaurerei.

»Wir wollen alle Menschen von aufgeklärtem Geiste und guten Sitten vereinigen ... durch die erhabenen Grundsätze der Tugend, der Wissenschaft, der Religion, in welchen das Interesse der Brüderschaft zum Interesse des ganzen menschlichen Geschlechts wird, woraus alle Nationen gründliche Kenntnisse schöpfen und die Untertanen aller Königreiche lernen können, sich gegenseitig zu lieben, ohne auf ihr Vaterland zu verzichten.«[7]

In dieser humanitären, moralischen und kosmopolitischen Zielsetzung stimmte die Freimaurerei ebenso mit der Aufklärung überein wie in dem gelehrten Anliegen.[8]

Innerhalb der Geschichte der Geheimgesellschaften des 18. Jahrhunderts spielte die Freimaurerei eine zentrale Rolle, führte sie doch zu einer neuen Art von Vereinigung, die über die Gemeinschaft sympathisierender Geister – um mit Lessing zu reden – bald hinausführte, wenngleich sie diese Gesinnungsgemeinschaft als Ausgangspunkt betrachtete. Unerhörte Wirkung und schnelle Ausbreitung der Freimaurerei, die Percy Ernst Schramm als das bezeichnendste Phänomen des 18. Jahrhunderts ansah[9], ist für diese Fragestellung um so bemerkenswerter, als die Bewertung der Freimaurerei als Geheimgesellschaft mit Recht umstritten ist.

Die maurerische Geschichtsschreibung betonte schon seit Ende des 18. Jahrhunderts, die Freimaurer-Logen seien keine geheimen, sondern geschlossene Gesellschaften. Diese Unterscheidung trifft im Prinzip zu. Doch kommt es für diesen Zusammenhang weniger auf das Prinzip an als auf seine Anwendung, weniger auf die ursprüngliche und die reformierte als die im 18. Jahrhundert existierende Freimaurerei. Und hier ist der Befund eindeutig: Einmal abgesehen von der Unterschiedlichkeit der Lehrsysteme, die gerade auch die Arkanpraxis der Logen betraf, wurde Geheimhaltung im 18. Jahrhundert zu einem entscheidenden Element der Freimaurerei.

Zwanzig Jahre nachdem die Vereinigung der vier Londoner Logen zur Großloge von London die Entwicklung von der operativen zur spekulativen Maurerei abgeschlossen hatte, konstituierte sich am 6. Dezember 1737 in Hamburg die erste deutsche Freimaurer-Loge »Absalom«. Diese Loge arbeitete nach dem klassischen Ritus und kannte nur die drei sog. Johannesgrade: Lehrling, Geselle und Meister. Alle weiteren Logen, die sich in den nächsten Jahren in Deutschland bildeten – 1738 in Dresden, 1740 in Berlin, 1741 in Bayreuth, Leipzig, Meiningen, Breslau,

Frankfurt/M. usw. –, entstanden unter englischem bzw. französischem Einfluß und hielten sich an die Organisationsformen der Großloge von England, die seit 1740 auch in Deutschland höhere und zugleich umfassendere Organisationen, sog. Provinzial-Großlogen, begründete.

Bis 1742 war die innere Struktur der Logen, deren Existenz bekannt war und die folglich nicht als Geheimgesellschaften im engeren Sinne bezeichnet werden können, relativ klar. Nachdem aber 1742 Mitglieder der Berliner Loge »Aux trois Globes« und 1744 die neugegründete Hamburger Loge »De l'Union« den sog. schottischen Ritus Ramsays einführten, war es mit der Übersichtlichkeit vorbei: Es begann ein Wildwuchs sogenannter Hochgradsysteme der »Strikten Observanz«, der aufgeklärter Rationalität zuwiderlief. Auf die drei klassischen Grade der Freimaurerei setzten diese Systeme bis zu sechzig höhere Grade auf. Bald wähnten sie an der Spitze der Freimaurerei sogenannte »Unbekannte Obere«, die nur die wenigsten Logenbrüder kannten und die der Mehrzahl auch nicht bekannt sein durften. Mit diesen Graden sollte ein jeweils höherer Kenntnis- und Einweihungsstand in freimaurerisches Wissen verbunden sein. Die Arkanpraxis wurde zum Konstituens eines Großteils der Logen, die in Deutschland seit den fünfziger und sechziger Jahren des 18. Jahrhunderts mehr und mehr dem Einfluß der »Strikten Observanz« unter Führung des Reichsfreiherrn Karl Gotthelf v. Hund verfielen.

Auf dem Boden der »Strikten Observanz«, zumindest aber in ihrer Nachahmung, bildeten sich zahlreiche Systeme, die mit Freimaurerei im ursprünglichen Sinn nur noch wenig zu tun hatten, sie aber zeitweise an Wirksamkeit und Attraktivität in den Schatten stellten. Das Hochgradsystem bildete den Nährboden für zwei ganz unterschiedliche Geheimgesellschaften, die politische Bedeutung erlangten: die seit Mitte des 18. Jahrhunderts nachweisbaren Gold- und Rosenkreuzer[10] sowie den 1776 durch den Ingolstädter Professor für Naturrecht und Kanonisches Recht Adam Weishaupt gegründeten Illuminatenorden.[11] Diese Gesellschaften trieben Geheimhaltung und Mystifizierung auf die Spitze. Weishaupt selbst gab eine rationale Begründung dieser Arkanpraxis und tat das Geheimnis in der Freimaurerei mit der spöttischen Bemerkung ab: »Was kann eine geheime Gesellschaft wirken, welche so wenig Geheimnis hat, daß ihre ganze innere

Verfassung der übrigen Welt bekannt ist?«[12] Allerdings schätzte Weishaupt die Gefahr von Geheimgesellschaften realistisch ein. 1788 räumte er in seiner Rechtfertigungsschrift über *Das verbesserte System der Illuminaten* ein, Geheimgesellschaften könnten Herrschsucht und politische Absichten befördern.[13]

Die Ausbreitung der Hochgradsysteme innerhalb der Freimaurerei seit Mitte des 18. Jahrhunderts rief gegen Ende der siebziger Jahre zunehmend Gegner auf den Plan, der Wilhelmsbader Konvent von 1782 beseitigte die »Strikte Observanz« weitgehend und stellte insofern einen Wendepunkt in der Geschichte der Freimaurerei dar.[14] Inzwischen aber hatte das Arkanum als Organisationsprinzip weit über die Logen hinaus Wirkung erzielt, in mancherlei Gruppen und Grüppchen wurde Geheimnis, Geheimniskrämerei und Mystizismus zum Selbstzweck, im Schatten der Aufklärung breitete sich Irrationalismus aus. In Frankreich bedeutet für manche Interpreten der »Mesmerismus« das Ende der Aufklärung: allerdings aus anderen Gründen, war der Mesmerismus doch keineswegs notwendig irrational, sondern bezeichnete zunächst den Versuch einer wissenschaftlich begründeten Erklärung der Magnettherapie, die in eine Sackgasse führte. Nicht zufällig nahm die Bayerische Akademie der Wissenschaften den Arzt Franz Anton Mesmer aufgrund seines Ansehens als Gelehrter auf. Unterschiedslos setzten viele Aufklärer die von ihnen als irrational angesehenen Bewegungen gleich, auch den zur pathologischen Selbsterfahrung gesteigerten Sensualismus des »Werther-Fiebers« in der Mitte der siebziger Jahre, der den späteren romantischen Gefühlskult antizipierte – auch dies eine der Formen, in denen die Dialektik der Aufklärung zutage trat.[15]

Wie dem auch sei: Viele Aufklärer packte seit den siebziger Jahren des Jahrhunderts Entsetzen darüber, daß sie selbst mit ihren geheimen Aktivitäten der Irrationalität Vorschub geleistet hatten. Zu den Gruppierungen, die die Aufklärer allzeit fürchteten, zählten vor allem der in zahlreichen europäischen Staaten verbotene Jesuitenorden, aber auch Vereinigungen wie das sogenannte Klerikat des Darmstädter Oberhofpredigers Johann August Starck. Diese christlich-mystische Geheimgesellschaft, die noch nicht genau erforscht ist, erwuchs wie Rosenkreuzer und Illuminatenorden aus einer Freimaurer-Loge. 1772 bis 1778 schloß sich Starck mit der »Strikten Observanz« des Freiherrn v. Hund zusammen, nach der Trennung überlebte das Klerikat wie die

»Strikte Observanz« selbst nur noch wenige Jahre.

Mit entgegengesetzter Zielrichtung gründete der radikalaufkläre-rische amtsenthobene protestantische Theologieprofessor Karl Friedrich Bahrdt – der bereits als Religionskritiker begegnete – 1786/87 in einer Winkelloge bei Halle an der Saale die Deutsche Union, in der er nach dem Vorbild des in den dreißiger Jahren gebildeten englischen »Left Book Club« ein Netz von ca. 400 Lesegesellschaften zusammenfassen wollte. Bahrdt wurde nach einer parodistischen Attacke auf den preußischen Staatsminister Wöllner und das von ihm initiierte Religionsedikt 1789 zu zweijäh-riger Haft verurteilt. Sein Versuch einer »Vereinigung der Schrift-steller mit ihren Lesern«, die er als Ziel der Union verkündet hatte, war gescheitert. Interesse verdient die Deutsche Union vor allem wegen ihrer Organisationsform und ihrer politischen Ziel-setzung. Ein rationalistischer Aufklärer konzipierte hier eine Kombination, die ebenfalls der »Strikten Observanz« nachgebil-det war und 33 Grade kannte, aber nicht der Irrationalität huldigte. Bahrdt plante einen äußeren Ring von Lesegesellschaf-ten, die öffentlich bekannt waren, keine Rekrutierungsprobleme beim aufgeklärten Publikum hatten und um so wirksamer arbeiten konnten. Aus diesen Gesellschaften sollte dann ein innerer, gehei-mer Kreis gebildet werden. »Die eigentlichen Mitglieder«, schrieb Bahrdt 1787/88 in einem Rundbrief, »tun sich an allen Orten bloß als eine literarische Gesellschaft zusammen«, ohne zu wissen, »daß diese Gesellschaften in Verbindung stehen und daß alle ein so großes Ganzes ausmachen«. Die dirigierenden Brüder aber ver-folgten konkrete Zwecke, zu denen es gehörte, »Aufklärung fördernde Schriften bis in die Hütten des Volkes zu verbreiten«.[16]

Die Übereinstimmung mit freimaurerischen Formen und partiell ihren Zielen schlug sich bis in die Wortwahl nieder, z. B. im ständig wiederkehrenden Topos »Verbreitung des Lichts«. Aber auch die Analogie zu öffentlichen Geselligkeitsformen der Aufklä-rung, vor allem den Lesegesellschaften, sowie die Verbindung populärer mit gelehrten Zielen in Bahrdts Deutscher Union belegen noch einmal, wie fließend die Übergänge geheimer und öffentlicher Aktivitäten der Aufklärung auch im letzten Drittel des 18. Jahrhunderts blieben.

Die Entwicklung von geheimen Gesellschaften im Deutschland des 18. Jahrhunderts vollzog sich also in vier Phasen:

Erstens: Von 1737 bis in die vierziger Jahre dominierte die

Johannesmaurerei mit ihrer nur begrenzten Arkanpraxis.

Zweitens: Seit Mitte der vierziger Jahre setzten sich allmählich Hochgradsysteme »Strikter Observanz« durch. Sie blieben bis zum Wilhelmsbader Konvent 1782 in der deutschen Freimaurerei vorherrschend.

Drittens: Seit den sechziger Jahren bildeten sich auf dieser Basis und unter Aufnahme freimaurerischer Tradition rationalistische bzw. mystifizierende Geheimbünde, die bis Ende der achtziger Jahre bestanden. Die Französische Revolution bewirkte zwar kein unmittelbares Ende der Geheimgesellschaften in Deutschland, doch verschärfte sich die bereits seit Aufhebung des Illuminatenordens in Bayern 1784 eingeleitete Bekämpfung. Bis gegen Ende des Jahrhunderts erließen die meisten deutschen Staaten auch formelle Verbote geheimer Gesellschaften, ohne daß diese immer sofort befolgt worden wären. Das galt auch in Preußen, wo im Allgemeinen Landrecht (ALR) 1794 dekretiert worden war:

»Heimliche Verbindungen mehrerer Mitbürger des Staats müssen, wenn sie auf den Staat selbst, und dessen Sicherheit Einfluß haben könnten, von den Verbundenen, bey Vermeidung nachdrücklicher Geld- und Leibesstrafe, der Obrigkeit zur Prüfung und Genehmigung angezeigt werden.«[17]

Viertens: Neben der Verbreitung mehr oder weniger antiaufklärerischer Gesellschaften zwischen 1765 und 1795 blieb ein Typus aufgeklärter Vereinigungen bestehen, der vom Einfluß mystifizierender Hochgradsysteme vollkommen unberührt war: beispielsweise die Berliner Mittwochsgesellschaft. Diese noch näher darzustellende Gesellschaft[18] bestand von 1783 bis 1800; sie löste sich infolge des dem ALR folgenden »Edicts wider die geheimen Gesellschaften« (1798) auf.

Die Frage der sozialen Zusammensetzung der Geheimgesellschaften des 18. Jahrhunderts ist bislang nur vorläufig zu beantworten, da es sich hier um ein erst in den letzten Jahren beachtetes Forschungsfeld handelt, bei dem noch viele Probleme unerschlossen sind. Der angemessene Ausgangspunkt umfassender Forschungen liegt in einer differenzierten Topographie der deutschen Freimaurerei im 18. Jahrhundert, in der annähernd zuverlässige quantifizierende Aussagen enthalten sind. Werke dieser Art existieren über Frankreich. Sie gelangen zu dem Ergebnis, daß es um die Mitte des 18. Jahrhunderts in Frankreich unter 27 Millionen Einwohnern ungefähr 3000 Akademiemitglieder und annähernd 20 000 Freimaurer gab. Der größte Teil dieser Freimaurer, rund

18 000, lebte in Paris bzw. in Provinzstädten, die eine Akademie beherbergten.[19] Daniel Roche faßte seine Forschungen im Hinblick auf die Sozialstruktur der »Sociétés de pensée« und die aufgeklärten Eliten im Frankreich des 18. Jahrhunderts wie folgt zusammen:

»Obwohl sie sich ... teilweise überschneiden, unterscheiden sich die beiden Assoziationsformen doch auch in ihrer Mitgliederstruktur: die enge Mitgliederbeschränkung der Akademien bestätigt die Geschlossenheit der Notabelnschicht, wobei sich adelige Lebenskunst und bürgerliche Weltbeherrschung verbinden; in den sozial offeneren Logen treffen sich dagegen auch Geschäftsleute und Gruppen, die bis dahin von den Institutionen der Bildung ausgeschlossen gewesen waren. Gerade in diesem letzten Punkt aber kommt die fundamentale Solidarität der Führungsschicht letztlich doch wieder zum Durchbruch, indem sich die durch Reichtum, Muße, Wissen und Macht Privilegierten in den vornehmen Logen sammeln. Insgesamt sind Logen und Akademien Stätten des sozialen Kompromisses. Ihre Stärke beruht einerseits in ihrer Fähigkeit, die aufsteigenden Talente zu absorbieren, andererseits in der Möglichkeit, die Konflikte der wirklichen Gesellschaft zu überspielen.«[20]

Über die Gesamtzahl der Logen in Deutschland liegen keine präzisen Angaben vor, doch vollzog sich die Ausbreitung auch hier ähnlich rasch wie in England oder Frankreich: In Frankreich wuchs die Zahl der Logen von ungefähr zweihundert im Jahre 1742 auf 497 im Jahre 1771. Kurz vor Ausbruch der Revolution existierten in Frankreich bereits 698 Logen, die stärkste Konzentration lag in Paris. In England, dem Mutterland der Freimaurerei, stieg die Zahl der Logen ebenfalls schnell: 1725 waren es noch 52, 1732 schon 109. Im Jahre 1814, also ungefähr ein Jahrhundert nach der offiziellen Gründung der Freimaurerei, gehörten zur Vereinigten Großloge von England 544 Logen, von denen in London selbst 140 residierten. Allerdings sind die tatsächlichen Zahlen in allen Fällen höher anzusetzen, da immer auch Logen bestanden, die nicht der Großloge angehörten, sog. Winkellogen, die kein Patent des Großmeisters einer Großloge aufwiesen.

Für Deutschland lassen sich Zahlen für einzelne Territorien angeben, die eine deutliche Zunahme der Logen in der zweiten Hälfte des 18. Jahrhunderts erkennen lassen.

In Hamburg, wo das Logenwesen aufgrund der Handelsbeziehungen mit England am frühesten Fuß fassen konnte, gab es Ende des 18. Jahrhunderts fünf Logen mit in der Regel steigender Mitgliederzahl. So begann die 1778 gegründete »Loge Friedrich zu den drei Balken« mit 18 Mitgliedern und hatte 1803 103 Logenbrüder. Zur Zeit der ersten amtlichen Volkszählung in Hamburg im Jahre 1811 waren unter den 132 000 Einwohnern 803 Freimaurer.

In Preußen entstanden mit Genehmigung Friedrichs des Großen, der schon als Kronprinz 1738 im Braunschweiger Gasthaus Korn Freimaurer geworden war und bald nach seinem Regierungsantritt am 4. Juli 1740 im *Journal de Berlin aux nouvelles politiques et littéraires* seine persönliche Protektion für die Freimaurerei öffentlich bekanntmachte, zwischen 1741 und 1781 43 Logen. Die Zahl der Mitglieder bedarf noch genauerer Erforschung. Exakte Daten liegen erst für das Jahr 1852 vor: Damals zählten die deutschen Freimaurerlogen insgesamt 21 607 Mitglieder.

Auch in Österreich breitete sich die Freimaurerei seit der 1742 erfolgten Logengründung in Wien schnell aus, obwohl Kaiserin Maria Theresia der Freimaurerei – anders als ihr Gemahl Franz und auch ihr Nachfolger Joseph II. – ablehnend gegenüberstand und sie 1766 und 1767 die Freimaurerei ausdrücklich, aber unwirksam verbot. Bis 1795 entstanden allein in Wien 14 Logen. 1785 wurde eine Große Landesloge von Österreich gegründet, zu der insgesamt 61 Logen des Habsburgerreichs gehörten. In dieser Zahl sind die außerdeutschen Territorien mit Ausnahme Ungarns inbegriffen.

Sind schon genaue und umfassende Zahlenangaben ein Desiderat, gilt das erst recht für eine sozialstatistische Analyse. Jede nähere Beschäftigung mit den Geheimgesellschaften des 18. Jahrhunderts führt bald zu der Feststellung, daß die meisten Mitglieder zugleich mehreren geheimen und öffentlichen Gesellschaften angehörten. Fast alle feststellbaren Illuminaten, Rosenkreuzer oder auch die Angehörigen höchst unterschiedlicher Vereinigungen wie der Berliner Mittwochsgesellschaft, des Darmstädter Klerikats und der Deutschen Union Bahrdts waren zugleich reguläre Freimaurer. Allerdings muß die unterschiedliche Art der Logen berücksichtigt werden, z. B. gehörte – soweit erkennbar – kein Mitglied der Mittwochsgesellschaft zu einer Loge »Strikter Observanz«.

Insgesamt beweist die Häufigkeit von Mehrfachmitgliedschaften wiederum den Zusammenhang der Geheimgesellschaften mit den übrigen Aufklärungsgesellschaften bis hin zu den gelehrten Akademien. Die Mehrfachmitgliedschaft ist ein Indiz verwandter aufgeklärter Zielsetzung, kaum minder aber der Beliebtheit geselliger Verbindungen in dieser Zeit. Sie erklärt sich außerdem aus der

Kurzlebigkeit vieler Geheimgesellschaften und mancher Logen. Ihre Zahl stieg sehr schnell an, sie bestanden aber oftmals nur kurze Zeit. Die Kenntnis der Geheimgesellschaften war also bei ihren Mitgliedern oft vielfältiger als die bloße Doppel- oder Mehrfachzugehörigkeit erkennen läßt. Bei bekannteren Persönlichkeiten wissen wir, daß sie im Laufe ihres Lebens nacheinander verschiedenen, manchmal höchst unterschiedlichen Geheimgesellschaften angehörten. Eine Analyse der gesamten Kommunikationsstruktur der Gelehrtenrepublik wäre notwendig, um Verbindungen und Überlappungen der einzelnen Gesellschaften und ihre Wirkung angemessen erfassen zu können.

Die Frage nach der Standeszugehörigkeit der Freimaurer erörterten schon die Aufklärer selbst. Das verwundert nicht, wollte doch die Freimaurerei in Übereinstimmung mit dem aufgeklärten Naturrecht und seinen menschenrechtlichen Postulaten für alle Menschen guten Willens, ohne Ansehen der Rasse, Religion oder des Standes offen sein. Dennoch nahm bereits Lessing die Realisierung des Gleichheitspostulats in den Logen kritisch unter die Lupe. In seinen berühmten Freimaurer-Gesprächen *Ernst und Falk* mokierte sich Ernst:

»Prinzen, Grafen, Herrn von, Officiere, Räthe... Kaufleute, Künstler – alle die schwärmen freylich ohne Unterschied des Standes in der Loge untereinander durch. – Aber in der That sind doch alle nur von einem Stande«, und der sei leider – wie es nicht in der publizierten, aber in der Urfassung von 1781 hieß – der Stand, »den Langeweile und Bedürfnis sich zu beschäftigen, zu einem Stande macht«.[21]

Hält man sich an die erkennbaren Fakten, ergibt sich zwar eine weitgehende Homogenität, doch handelt es sich nicht um eine Homogenität im Sinne der ständischen Gesellschaftsordnung des Ancien Régime. In den Logen trafen sich regierende Fürsten, Prinzen, hoher Adel und gehobene Bürgerliche aller Art, seien es nun höhere Staatsbedienstete, wohlhabende Kaufleute, Schriftsteller oder auch adlige Offiziere. So unterschiedlich ihr Stand war, stammten sie in der Regel alle aus der aufgeklärten Bildungsschicht, die sich gemeinsamen humanitären Idealen verpflichtet fühlte. Insofern wiesen die Freimaurer-Logen, sieht man sie vor dem Hintergrund des ständischen Absolutismus, Züge einer utopischen Gegenwelt auf. Auch der Blick auf die anderen Geheimgesellschaften bestätigt die Dominanz adliger und bürgerlicher

Oberschicht, wenngleich hier signifikante Unterschiede erkennbar sind.

Weishaupts Illuminatenorden, dessen Schwerpunkt in Bayern lag, hatte nach neueren Forschungen sechs- bis siebentausend Mitglieder. Sie stammten größtenteils aus der bürgerlichen und adligen Intelligenzschicht. Der Anteil der Gelehrten und der höheren Beamten war hoch, der ideelle Einfluß der Naturrechtsschule Wolffs prägend. In Bahrdts Deutscher Union dominierten noch eindeutiger die Gelehrten, unter den ungefähr 550 Mitgliedern befanden sich etwa sechzig Universitätsprofessoren sowie zahlreiche Schriftsteller und Publizisten, aber wohl kaum hochadlige Mitglieder wie in den Logen.

Die Zahl der Gold- und Rosenkreuzer des 18. Jahrhunderts, die ebenfalls überregional verbreitet waren und Schwerpunkte in Preußen, Süddeutschland, Wien und Schlesien hatten, ist nicht genau feststellbar, die im rosenkreuzerischen Hauptplan von 1777 genannte Zahl von 5856 Mitgliedern entspringt der Zahlenmystik des Ordens und ist fiktiv. Es spricht kaum etwas dafür, daß der Orden zahlenmäßig stärker gewesen ist als etwa die Illuminaten. Wie diese bemühten sich die Rosenkreuzer intensiv um Angehörige der sozialen, politischen und finanziellen Oberschicht. Der kleine bekannte Teil der Mitglieder läßt einen beträchtlichen Anteil des Adels, vor allem des Hochadels, erkennen. Aufgrund der Mitgliedschaft des preußischen Königs Friedrich Wilhelm II. und mehrerer preußischer Minister ist das nicht verwunderlich. Zu der im übrigen kostspieligen Mitgliedschaft entschloß sich, soweit erkennbar, auch eine große Zahl von Offizieren, Naturforschern und Ärzten.

Präzise Angaben sind in bezug auf die von 1783 bis 1800 in Berlin existierende Mittwochsgesellschaft möglich, da sie aufgrund ihrer Exklusivität nur 24 später bekanntgewordene Mitglieder hatte. Sie stammten so gut wie ausschließlich aus der bürgerlich-intellektuellen Oberschicht Preußens, ihre vier adligen Mitglieder waren neuadlig. Vor allem drei soziale Akzente sind deutlich: Hohe Beamte, führende Theologen und bekannte Publizisten gehörten der Gesellschaft an. Sie zählten alle zur Aufklärung und entstammten überwiegend der zwischen 1730 und 1745 geborenen Generation, die uns verschiedentlich schon begegnete. Die prominentesten Mitglieder der Mittwochsgesellschaft waren der Staatsminister von Struensee, die Oberkonsistorialräte Dietrich und Teller,

Mittwochs-gesellschaft

die beiden Herausgeber der *Berlinischen Monatsschrift*, Biester und Gedike, die beiden Hauptschöpfer des *Allgemeinen Landrechts*, Svarez und Klein, die Popularphilosophen Mendelssohn und Engel, der Diplomat und Protagonist der Judenemanzipation Dohm, schließlich der Verleger, Publizist und Schriftsteller Nicolai.

Ein für alle Geheimgesellschaften interessantes Problem liegt in der regionalen Unterschiedlichkeit von Logen und anderen geheimen Gesellschaften. Naturgemäß sind sie durch die jeweilige lokale Sozialstruktur bedingt; z. B. gehörten zur Freimaurerei in Hamburg nur wenige Adlige, aber um so mehr wohlhabende Kaufleute und sogar einige Handwerker. Demgegenüber ist in Residenzstädten der Adelsanteil höher, in Universitätsstädten der Professorenanteil. Doch unzweifelhaft dominierten in den Geheimgesellschaften die gleichen sozialen Schichten, die die jeweilige politisch-gesellschaftliche Öffentlichkeit prägten – Fürsten, Hochadel, adlige und bürgerliche hohe Beamte, bürgerliche Gelehrte und Publizisten. Die sich in den Geheimgesellschaften versammelnde Elite lebte also ein gesellschaftliches Doppelleben. In die ständische Gesellschaftsordnung waren viele ihrer Mitglieder voll eingegliedert und nahmen wie Könige und hohe Staatsbeamte sogar führende Stellungen ein. In den geheimen Vereinigungen huldigten sie indes dem Postulat sozialer Gleichheit.

Dies führt zum dritten Aspekt: In welchem Bedingungszusammenhang stand die innere Struktur der Orden zu ihrem gesellschaftlich-politischen Umfeld? Nimmt man einmal die Mittwochsgesellschaft aus, zeigt sich in formaler Hinsicht bei allen behandelten Geheimgesellschaften die Prägekraft der »Strikten Observanz«. Ob Freimaurer, Illuminaten oder Gold- und Rosenkreuzer – die prinzipielle Egalisierung ging einher mit einer inneren Hierarchisierung der Geheimgesellschaften. Die Geheimgesellschaften verwirklichten also keineswegs das Gleichheitspostulat, mit dem sie sich außerhalb der gesellschaftlichen Ordnung ansiedelten. Vielmehr ersetzten sie die durch Standesunterschiede charakterisierte Gesellschaftsordnung des Ançien Régime durch eine eigene, aus dem Ordenszweck resultierende Rangordnung. Auch in dieser Hinsicht setzte sich – allerdings durch die jeweilige Ordensideologie überhöht – das Doppelleben der Mitglieder fort. Die gesellschaftliche Welt der Ordensmitglieder war zweigeteilt in eine reale öffentliche und eine ideale geheime Sphäre, die durch eine Hierarchie des Wissens strukturiert wurde.

Als Geheimgesellschaften waren diese Vereinigungen innerhalb der Gesellschaft des 18. Jahrhunderts trotz ihrer personellen Einbindung in die politisch-kulturelle Elite, trotz ihrer modischen Attraktivität notwendig in einer Außenseiterposition; sie provozierte eine festere Struktur und begünstigte eine effektive Herrschaftspraxis innerhalb der Orden. Nur so konnten sie sich angesichts der vielen konkurrierenden Gesellschaften und Logen behaupten. Der äußere Zwang zur Geheimhaltung verstärkte sich naturgemäß, wenn politischer oder personeller Einfluß mittels der Geheimgesellschaften auf staatliche oder gesellschaftliche Institutionen beabsichtigt war, wie im Falle von Illuminaten, Rosenkreuzern, Deutscher Union, aber auch der Mittwochsgesellschaft. Das Geheimnis wurde folglich aus einem Schutzschild der Vereinigungen gegenüber Staat und Gesellschaft zum entscheidenden Mittel der Herrschaftsausübung im Innern, deren Voraussetzung die innere Hierarchisierung bildete.

So ist es bemerkenswert, wie sehr diese innere Struktur, die Funktion des Geheimnisses und die Herrschaftsausübung sogar in Geheimgesellschaften mit gegensätzlicher Zielsetzung übereinstimmten; z. B. findet sich diese Identität bei den radikalaufklärerischen Illuminaten und den antiaufklärerischen Rosenkreuzern. Teilwissen der unteren Grade, Hoffnung auf zunehmende Einweihung in das Wissen höherer Grade, absolute Verschwiegenheit nach außen und gegenüber den bekannten Mitbrüdern, Unbekanntheit der führenden Ordensbrüder sowie ihrer Absichten, blinder Gehorsam den jeweiligen Vorgesetzten gegenüber, ausgebautes Spitzelsystem, Glaube an Allwissenheit und Allmacht der Oberen: das alles kennzeichnet gleichermaßen die Freimaurer-Logen »Strikter Observanz«. Der oftmals phantastische Charakter der in Aussicht gestellten Kenntnisse, die Überzeugung, auf dem Weg zu einem Wissen zu sein, das dem normalen Mitbürger verborgen blieb, wurde für viele zum Attribut ihres Sozialprestiges. So konnte Biester 1785 an Garve schreiben: »Das Geheime ... erschweret wohl nicht, wie Sie glauben, den Zusammenhang der Glieder, sondern giebt der Gesellschaft noch mehr Bindendes ... es nahrt bei jedem den Stolz, mehr zu wissen, als die, welche draußen sind«.[22]

Die Geheimgesellschaften waren mehr oder weniger von humanitären Idealen wie Freiheit, Gleichheit und Brüderlichkeit ausge-

gangen. Sie begriffen die Verwirklichung dieser Ideale der frühen
Freimaurer-Logen als ein gesellschaftliches Ziel, das in der bestehenden politischen und sozialen Ordnung nicht realisiert wurde:
Und doch gelangten reformorientierte Freimaurer und Geheimgesellschaften schnell zu Organisationsformen, in denen Zwang,
Gehorsam, Disziplin und Geheimhaltung entschieden ausgeprägter waren als in der Ständegesellschaft des Absolutismus. Zur
Herrschaftstechnik gehörte zumindest bei Illuminaten und Rosenkreuzern die Einschüchterung der Mitglieder, die keine Geheimnisse vor ihren Oberen haben durften, die sich selbst hingegen mit
einem vollkommenen Geheimnis umgaben. Die »Abtötung der
Eigenheit«, die z. B. von den unteren Rängen der Rosenkreuzer
verlangt wurde, war folglich nicht nur in mystischer Askese
begründet, wie die Ordensoberen glauben machen wollten, sondern in ebensolchem Maß deren Herrschaftsinstrument.

Die Entmündigung ihrer Mitglieder und die Vormundschaft der
Ordensoberen korrespondierten einander. Das wurde den einfachen Mitgliedern dadurch erträglich gemacht, daß sie sich selbst als
Angehörige einer Elite verstehen konnten und durch den Aufstieg
innerhalb des Ordens dem inneren elitären Herrschaftszirkel
näher zu kommen glaubten. Auf frappierende Weise kehrte innerhalb der Geheimgesellschaften das Selbstverständnis der Obskuranten auch bei Aufklärern wieder: Auch die öffentlich agierenden
Aufklärer verstanden sich gegenüber dem breiten Publikum, das
der Aufklärung bedürftig sei, als Vormund; z. B. findet sich in dem
fiktiven Gespräch über *Freiheit und Eigentum,* das ein Mitglied der
von allem Obskurantentum weit entfernten Berliner Mittwochsgesellschaft – Ernst Ferdinand Klein – publizierte, der Satz, man
müsse das Volk erst allmählich an den Gebrauch der Freiheit
gewöhnen. Andererseits kritisierte der ebenfalls dieser Gesellschaft angehörende Nicolai den Dünkel der Schriftsteller und
Gelehrten, sich als Oberaufseher über zwanzig Millionen Bürger
aufzuspielen, die so lange als unaufgeklärt angesehen wurden, wie
sie nicht die Ansichten ihrer Aufklärer akzeptierten.

Wie verhielten sich nun die Intentionen dieser geheimgesellschaftlichen Elite zu den erreichten Wirkungen, welche Funktion
kam den Geheimgesellschaften dieser Zeit im Sinne ihrer zum Teil
aufgeklärten Initiatoren, aber auch in der spezifischen historischen
Realität zu?

Die Geheimgesellschaften wandelten sich seit ihrem freimaurerischen Ausgangspunkt erheblich. Die eingangs besprochene Funktion der Geheimgesellschaften im Rahmen aufgeklärter Assoziationsbildung in humanitärem oder gelehrtem Interesse gewann im Jahrzehnt vor der Französischen Revolution eine politische Dimension. Zwar verfolgten die Freimaurer-Logen ursprünglich keine unmittelbar politischen Ziele, doch hatte allein schon das erwähnte Postulat der Gleichheit einen antiständischen Effekt. Die bloße Existenz von Geheimgesellschaften, die nach anderen gesellschaftlichen Grundsätzen organisiert waren als die sie umgebende ständische Ordnung, wirkte auf die Dauer unterminierend. Das konfessionelle Toleranzprinzip, dem die Freimaurerei zum Durchbruch verhelfen wollte, widersprach jeder christlichen Orthodoxie, ganz zu schweigen von der religiösen Indifferenz, der die Freimaurer zumindest in den Augen der Katholischen Kirche vorarbeiteten. Das Spannungsverhältnis der Freimaurer zur Umwelt hatte also mehrere Dimensionen; die sich gegen die Freimaurerei richtenden päpstlichen Bullen belegen das ebenso wie frühe Verbote in manchen Staaten. Diese Gegnerschaften waren geradezu zwangsläufig, bildeten doch Staaten, Stände und Kirchen die *prinzipiellen* Angriffsziele der Freimaurerei.[23]

Im Zuge der seit den siebziger Jahren in Deutschland beginnenden Politisierung der öffentlichen Diskussion politisierten sich auch die Geheimgesellschaften, ohne deshalb schon auf den Umsturz hinzuarbeiten, wie viele Gegner befürchteten. Durch die geheimen Verbindungen, in denen ihre Mitglieder lernten, »dem Geiste der etablirten Verfassungen zu widerstehen … hatte … die Regsamkeit (der Schriftsteller) eine politische Wendung genommen«, konstatierte 1792 der konservative hannoversche Jurist und Publizist Ernst Brandes.[24] Aber auch bevor die Revolution im Nachbarland Frankreich das politische Bewußtsein schärfte, zeigten sich in mehreren der hier erwähnten Gesellschaften politische Absichten, mögen sie auch häufig noch unspezifisch formuliert gewesen sein. Programmatische Äußerungen waren aber in diesem Zusammenhang sekundär, bedeutsamer waren konkrete Aktionen.

So nahm Weishaupts Illuminatenorden in massiver Weise Einfluß auf Personalpolitik; zu seinen Zielen gehörte es, in einflußreichen Beamtenstellen, insbesondere als Berater der Fürsten, seine Anhänger zu placieren und sich über politische Vorgänge Informationen zu beschaffen. So erfolgreich seine Personalpolitik in diesem

Sinne auch war – wie sich insbesondere nach dem Verbot des Ordens zeigte, als zeitweilig eine Hatz auf einflußreiche Illuminaten einsetzte –, so wenig gelangen ihm direkte politische Erfolge. Andererseits blieben zahlreiche Anhänger Weishaupts, die nach Abflauen der Illuminatenhetze zum Teil wieder in hohe Ämter einrückten, durch seine Reformpläne geprägt, und auch an Montgelas, dem Schöpfer des modernen Bayern, ist die Mitgliedschaft im Illuminatenorden kaum spurlos vorübergegangen.[25]

Auch manche der Reformabsichten der Berliner Mittwochsgesellschaft erwiesen sich als realisierbar. Zwar trieben die in der Mittwochsgesellschaft zusammengeschlossenen Aufklärer nicht Personalpolitik nach der Art Weishaupts, doch besetzten sie selber mehr oder weniger einflußreiche Positionen und berieten z. B. eingehend über das wichtigste innenpolitische Reformvorhaben dieser Jahre, das 1794 in Kraft getretene *Allgemeine Landrecht*.[26]

Der als gegenaufklärerische Geheimgesellschaft gegründete Orden der Gold- und Rosenkreuzer erlangte kurzfristig den unmittelbarsten politischen Einfluß. Nach dem Tode Friedrichs des Großen 1786 übernahmen seine führenden Mitglieder bis Mitte der neunziger Jahre die Leitung der preußischen Innenpolitik: König Friedrich Wilhelm II. und seine wichtigsten Minister waren Rosenkreuzer. Die Methode, mit der der ehemalige Aufklärer Wöllner zur Durchsetzung kultur- und religionspolitischer Zwecke den möglicherweise von ihm geleiteten Rosenkreuzer-Orden als politischen Interessenverband zur Erlangung staatlicher Macht einsetzte, bewies ein hohes Maß an politischem Einfühlungsvermögen und wies – wie die Entwicklung anderer Geheimgesellschaften auch – auf die politische Vereinsbildung voraus.[27] Politische Gruppenbildung konnte sich in absolutistischen Staaten kaum in der Öffentlichkeit vollziehen.

Allerdings darf die Interpretation einiger der genannten Geheimgesellschaften als Vorläufer politischer Vereine nicht dazu verführen, die Geheimgesellschaften des 18. Jahrhunderts nur unter dem Aspekt späterer politischer Wirkung zu betrachten.[28] Die behandelten Typen sind zunächst auf spezifische Weise Symptom der gesellschaftlichen und kulturellen Krise in der zweiten Hälfte des 18. Jahrhunderts. Wenn irgendwo, dann wird in der Entwicklung der Aufklärungsgesellschaften die Dialektik der Aufklärung offenbar, die aus der Spannung zwischen aufgeklärtem Öffentlichkeitspostulat und Arkanpraxis resultierte. Die Modernisierungskrise des Aufgeklärten Absolutismus und seiner gesellschaftlichen und ideellen Grundlagen zeigte sich u. a. in der Krise aufgeklärten Assoziationswesens. Die Betätigung in Geheimgesellschaften hatte sich im Rosenkreuzer-Orden unter Fortführung aufgeklärter Assoziationsformen gegen die Aufklärer selbst ausgewirkt, die »Strikte Observanz« begünstigte auf dem Boden einer ehemals an den Idealen der Aufklärung orientierten Freimaurerei eine Renaissance des von den Aufklärern bekämpften Wunder- und Aberglaubens. Aufgeklärter Rationalismus hatte so manches emotionale Defizit herbeigeführt, das nun verschiedene Spielarten des Irrationalismus zu beseitigen versprachen.[29] Die Faszination des Arkanums wurzelte nicht zuletzt im Rationalismus der Aufklärung selbst, sie bildete, wie das »Werther-Fieber« der siebziger Jahre, wie die neue Wundergläubigkeit, aber auch die spätere Wiederentdeckung der Religiosität in der Romantik, eine Reaktion gegen den zuweilen platten Rationalismus der populär gewordenen Aufklärung.

Die Schutzfunktion der Geheimhaltung gegenüber staatlicher Allmacht, die aufgeklärte Geheimgesellschaften nach Aufhebung des Illuminatenordens 1784, insbesondere aber nach 1789, durchaus benötigten, hatte sich durch maßlosen Gebrauch abgenutzt und infolge der Übernahme durch Obskuranten und Gegenaufklärung diskreditiert. Die große Zahl der in den achtziger und neunziger Jahren ausgesprochenen Verbote geheimer Verbindungen verdeutlicht, wie sehr sich das Bewußtsein der Staatsführungen für die politische Gefährlichkeit solcher Verbindungen geschärft hatte: Der private »Freiraum«, den der Absolutismus gelassen hatte, indem er sich auf die Monopolisierung der öffentlichen Gewalt konzentrierte[30], tangierte eben dieses Gewaltmonopol. Zwar überschätzten die Regierungen im allgemeinen die politischen Möglichkeiten von Geheimgesellschaften in dieser Zeit[31], doch konnten sie den Geheimgesellschaften sowenig wie die Aufklärer mit der gleichen Unbefangenheit gegenübertreten wie die vorangegangene Generation. »Ehe dieser geheime Krebs vom Menschlichen Geschlechte nicht kann weggenommen werden, wird unmöglich Aufklärung können allgemein werden ...«, schrieb 1785 der Berliner Freimaurer Nicolai an den Wiener Freimaurer v. Gebler.[32] Auch Lessing äußerte in *Ernst und Falk* prinzipielle Einwände und befürchtete, daß die vom absolutistischen Staat betriebene Geheimhaltung, die die Logen reproduzierten, für deren innere Verfasssung fatale Folgen haben werde.[33] Seit der Mitte der achtziger Jahre reflektierten aufgeklärte Schriftsteller und ihre Gegner in zahlreichen Zeitschriften und Büchern die jahrzehntelange Erfahrung mit Geheimgesellschaften: Das Geheimnis wurde zum öffentlichen Problem.

2. Universitäten, Akademien und Lesegesellschaften

»Deutschland ist das Land der Doktoren und Professoren. Davon lehrt ein großer Theil ihren Zuhörern eine Menge Zeug das zu gar nichts zu brauchen ist«: So lautete eine nicht nur aus dem utilitaristischen Zeitgeist, sondern auch biographisch erklärbare Kritik an der Universitätsgelehrsamkeit in Nicolais *Leben und Meinungen Sempronius Gundiberts* (1798).[34] Aber nicht nur der polemische Berliner Autodidakt und gestandene Weltgelehrte Nicolai, sondern auch der Göttinger Professor der Philosophie Georg Christoph Lichtenberg ließ in seinen *Dienbare(n) Betrachtungen für junge Gelehrte in Deutschland, Hauptsächlich auf Universitäten* Kritisches über Universitätsgelehrsamkeit vernehmen:

»Sechs ganzer Jahre habe ich bei gesunder Vernunft auf einer berühmten Universität zugebracht, ich habe die ersten Schritte von mehr als hundert jungen Leuten gemessen, auf die man vorzüglich sah, unter diesen, ich wette wohl hundert gegen eins, werden keine zwei, vielleicht keiner den gelehrten Fond unseres Vaterlandes um einen Groschen bereichern.«[35]

Weniger polemisch als diese beiden für ihren scharfen Witz bekannten Autoren waren die meisten Mitglieder der Berliner »Mittwochsgesellschaft«, doch diskutierten auch sie immerhin die Möglichkeit,

»daß Universitäten in unserem Zeitalter entbehrlich wären, weil theils ihr Zweck auf andere und bessere Weise erreicht werden kann, theils mehr Uebels dadurch gestiftet werde als Gutes befördert werde, und daß, wenn sie doch ferner bestehen sollten, wenigstens die scholastische Einteilung in Facultäten und das Monopol, welches in jeder die Wissenschaft mit ihrer Lehre treibe, aufhören müsse«.

Diese vom Oberkonsistorialrat Wilhelm Abraham Teller formulierten Fragen nahm man zwar sehr ernst, sprach sich aber einstimmig für die Beibehaltung der Universitäten aus. Ebenso nachdrücklich forderte die Mittwochsgesellschaft jedoch ihre Reform.[36]

Die Kritik an den Universitäten durchzog das ganze 18. Jahrhundert, nachdem schon im späten 17. Jahrhundert wegweisende Frühaufklärer wie Leibniz und Pufendorf ihre Geringschätzung für die Universitäten nicht verborgen hatten. War auch die Forderung nach Reform der Universität so alt wie diese Institution selbst[37], gaben doch die Wissenschaftsauffassung der Aufklärer, ihr Nützlichkeitsdenken, ihre Ablehnung erstarrter Scholastik und überlebter Traditionen erneut Anlaß, sich über Ineffektivität, Statusdenken und zünftige Beschränktheiten zu beklagen. Hinzu kam, daß auch die durch keine andere Institution zu ersetzende Ausbildungsfunktion nur sehr mangelhaft erfüllt wurde, die Universitäten überfüllt waren mit einer Vielzahl von Studenten, die weniger am Studium als am freien Studentenleben interessiert waren. Klagen über Zuchtlosigkeit, Trunksucht, Schlägereien, Ausschreitungen waren an der Tagesordnung. Die überwiegend schlecht bezahlten Professoren waren auf Nebeneinkünfte angewiesen und mit Lehre vollkommen überlastet: im Durchschnitt lasen sie 20 bis 24 Stunden wöchentlich, die provinzielle Enge der Universitäten war in der Regel erschreckend. Kein Wunder, daß Gelehrte von europäischem Ruf wie Leibniz von dieser »Territorialisierung der Geistigkeit« (H. Schelsky) abgestoßen wurden.

Eine oft wiederholte Kritik richtete sich gegen die akademische Gerichtsbarkeit sowie die auf Abschließung bedachte Autonomie der Universitäten, die sich in dieser Hinsicht kaum von den Zünften unterschieden. Die Universität bildete in mehrfacher Hinsicht einen eigenen Ordo, der aus ihrer historischen Herkunft wie ihrer Stellung in der ständischen Gesellschaftsordnung erklärbar war, ihrem Selbstverständnis entsprach und in ihrer Selbstdarstellung bis in die Kleiderordnung hinein zum Ausdruck gebracht wurde. Dabei umfaßte der universitäre Kanon Sektoren, die sich im 18. Jahrhundert zunehmend auszugliedern begannen. So gehörte bis dahin zur Universität bzw. zu ihrem Einflußbereich[38] selbst die gelehrte Poesie. Bildete diese akademische Gesellschaft ihrerseits einen Stand, verstand sie sich wie die Freimaurer dem Anspruch nach als eine ständeungebundene Gemeinschaft, eine »Gelehrtenrepublik«. Gelehrte, Poeten, Künstler, Professoren bildeten folglich als eigener Stand eine »überständische oder ständefreie Gesellschaft eruditer Privilegierter«, lebten »als Gesellschaft an Universitäten, Höfen und Schulen« und bildeten eine Art eigener »Öffentlichkeit«.[39]

Nach der mittelalterlichen und der durch den aufsteigenden Territorialstaat seit dem 15. Jahrhundert und besonders der Reformation geprägten Gründungswelle setzte im Zeichen der Aufklärung seit Ende des 17. Jahrhunderts eine dritte Phase der Universitätsgründungen ein, die bis zu den Revolutionskriegen dauerte, bevor nach der Auflösung z. T. erst jüngerer Universitäten der Neuhumanismus zu Beginn des 19. Jahrhunderts einen erheblich modifizierten Universitätstypus einführte. Trotz verbreiteter Mißstände und an ihnen geübter aufgeklärter Kritik gehörte die Zeit zwischen dem Westfälischen Frieden und der Französischen Revolution zur »Blütezeit deutscher Universitätsgeschichte«.[40] Tatsächlich besaß die Aufklärung verschiedene, sich partiell überlappende Kommunikationsnetze: Nur einige schufen die Aufklärer selbst – z. B. die erwähnten Geheimgesellschaften oder die Lesegesellschaften –, andere – z. B. die Universitäten – wurden partiell durch sie umgeformt, beeinflußt oder auch erst in ihrem Sinn begründet. Und sogar die Akademien, so sehr sie im 17. und 18. Jahrhundert mit der Aufklärung verbunden waren, können ebenfalls nicht ausschließlich als aufgeklärte Institutionen angesehen werden. Der Grad der Beeinflussung durch aufgeklärte Prinzipien sagt zudem noch nichts über den Erfolg und die Funktionsfähigkeit aus. Ein generalisierendes Urteil über das Verhältnis der Aufklärung zu den um 1700 im Reich bestehenden insgesamt 22 protestantischen und 18 katholischen Universitäten führt in die Irre.

Allerdings existierten im 18. Jahrhundert Zentren deutscher Aufklärung, die keine Universität besaßen; so erhielten Berlin und München erst zu Beginn des 19. Jahrhunderts eigene Universitäten. Und auch Hamburg, wo die Aufklärung ebenfalls erhebliche Wirkung erlangte, besaß lediglich die Vorstufe für eine Universität, das 1613 gegründete Akademische Gymnasium und das seit 1764 existierende erfolgreiche »Allgemeine Vorlesungswesen«.[41] Und schließlich ist daran zu erinnern, daß die Klostergelehrsamkeit schon seit dem 17. Jahrhundert die katholische Aufklärung mit vorbereitete und im 18. Jahrhundert zu ihren Kristallisationspunkten zählte. Die aufgeklärte Geschichtsschreibung entwickelte sich in Klöstern, Universitäten und Akademien.[42]

Die wichtigsten der insgesamt vierzehn Universitätsgründungen zwischen 1648 und 1789 erfolgten mittelbar oder unmittelbar im Sinne aufgeklärter Wissenschaftsauffassung, obwohl die Motive damit noch nicht zureichend beschrieben sind. Diese Gründungen sind: Bamberg (1648), Duisburg (1655), Kiel (1665), Innsbruck (1673), Halle (1694), Breslau (1702), Fulda (1734), Göttingen (1737), Erlangen (1743), Bützow (1760), Münster (1773/1780), Stuttgart (1781), Lemberg (1784), Bonn (1777/1786). Die Motive der Universitätsgründer waren höchst unterschiedlich und vermengten sich meist: Sie konnten wirtschaftlicher Art sein, in dem noch barocken Wunsch fürstlicher Prachtentfaltung begründet liegen oder auch ganz konkreten Ausbildungsbedürfnissen der absoluten Monarchie dienen, da der frühmoderne Staat in wachsendem Maße funktional ausgebildete Staatsdiener benötigte. Der Wunsch nach solchen Ausbildungsstätten ging gelegentlich auch von den Landständen aus. Und schließlich gaben manchmal konfessionelle Gründe den Ausschlag, so im Falle der Universität Duisburg, die der Enkel des zum Calvinismus konvertierten Johann Sigismund, der Große Kurfürst Friedrich Wilhelm, 1654/55 begründete, um im höheren Bildungswesen des konfessionell uneinheitlichen Kurfürstentums Brandenburg einen Ausgleich zu schaffen: Duisburg war vor allem als Bildungsanstalt für reformierte Theologen vorgesehen. Diese Universität gewann für die Vermittlung besonders niederländischer und französischer Philosophie und Gelehrsamkeit Bedeutung und hatte mit J. Clauberg auch einen Vertreter des Cartesianismus.[43]

Ebenso konkreten staatlichen Interessen diente die Etablierung bestimmter neuer Fächer an den Universitäten, z. B. der Kameralistik. Hier verband sich das in der Aufklärung lebendige wissenschaftliche Interesse an einer rationalen Staatsverwaltung mit dem Ausbildungsinteresse der Monarchen, der zum Landesausbau und zur Verbesserung der staatlichen Infrastruktur in bezug auf Verwaltung, Gewerbe und Kultivierung geeignete Fachleute benötigte. Sollten solche Maßnahmen planmäßig und effektiv durchgeführt werden, mußten die theoretischen Fundamente erst geschaffen werden. Nicht zufällig entwickelte sich in dieser Zeit die »Policey- und Kameralwissenschaft«[44] und wurde an der Universität Halle 1723 der erste Lehrstuhl für Kameralwissenschaften errichtet – im selben Jahr, in dem Friedrich Wilhelm I. einen wesentlichen Teil seiner Verwaltungsreform durchführte. Schon 1727 wurde ein weiterer Lehrstuhl dieser Art an der Universität

Frankfurt/Oder installiert. Auch andere Territorialstaaten des Reiches folgten diesem Beispiel, nachdem schon der aus dem fränkischen Herzogenaurach stammende Staatsmann Veit Ludwig v. Seckendorff mit seinem zuerst 1656 erschienenen Werk *Teutscher Fürsten-Staat* für mehrere Generationen die Grundlage des staatswissenschaftlichen Unterrichts an deutschen Universitäten gelegt hatte.[45]

Einer der letzten großen Vertreter der aufgeklärten Verwaltungswissenschaft war der schon erwähnte Joseph v. Sonnenfels in Wien, dessen Hauptwerk die immer wieder aufgelegten dreibändigen *Grundsätze der Policey, Handlung und Finanz* (zuerst 1765) war, in denen sich ebenfalls die auf rationale Staatsverwaltung zielende aufgeklärte Verbindung von Theorie und Praxis kundtat.

Aus diesem Problemzusammenhang resultierte auch der nachhaltigste Einfluß, den die Universitäten im 18. Jahrhundert im Sinne der Aufklärung und mit Förderung der absoluten Monarchen ausübten und der noch an den preußischen Rechtsreformern, die das *Allgemeine Gesetzbuch* konzipiert hatten, nachweisbar ist: Die prägende Wirkung der Universität für mehrere Generationen juristisch und philosophisch im Sinne des aufgeklärten Naturrechts gebildeter führender Staatsbeamter. »Die soziologische Analyse der dynamischen Elite Kontinentaleuropas zwischen 1720 und 1789 zeigt, daß sie eine einheitliche, durch eine originelle Universitätsbildung charakterisierte Schicht bildet.« Die führenden Angehörigen dieser Schicht bildeten eine »wahre philosophische Sekte mit politischen Zielen«.[46] Mag diese Beurteilung der Wolffschen Form der Naturrechtslehre auch übertrieben sein[47], zumal diejenigen Angehörigen der »dynamischen Elite«, die keine juristische oder rechtsphilosophische Universitätsausbildung genossen hatten, zahlreich waren, steckt darin doch ein wahrer Kern. Und für den hier erörterten Zusammenhang geht es nicht allein um den Einfluß einer bestimmten Naturrechtslehre oder eines einzelnen Universitätslehrers, sondern um die Wirkung der juristischen Universitätsausbildung überhaupt. Zu ihr trug auch der Wolff-Konkurrent Thomasius bei, dessen Einfluß auf die Jurisprudenz und die aufgeklärte Popularphilosophie, wie bereits ausgeführt, zeitweilig den Wolffs überragte, obwohl er kein vergleichbar konsistentes und stringentes System besaß.

Schließlich gewannen auch Angehörige anderer Generationen von Universitätslehrern erhebliche Wirksamkeit, um nur zwei sehr unterschiedliche Beispiele zu nennen: Der noch nicht der Aufklärung im engeren Sinn zuzurechnende, aber in einem neuen antischolastischen, kritisch-induktiven Wissenschaftsverständnis forschende Polyhistor Hermann Conring spielte nach Althusius eine führende Rolle in der geistesgeschichtlich bedeutsamen Aristoteles-Rezeption des 17. Jahrhunderts. Er wurde seit 1632 Professor der Naturphilosophie und später auch der Medizin und Politik an der Universität Helmstedt.[48] Daneben wirkte er noch als königlicher Leibarzt sowie als Rat des Herzogs von Braunschweig-Wolfenbüttel und der dänischen Krone. Auf staunenswerte Weise verband dieser universale und ungemein produktive Gelehrte Theorie und Praxis. Er wies der Rechtsgeschichte in seinem Werk *De origine libri Germanici* (1643) ebenso neue Wege wie der Historie, dem Staats- und Völkerrecht, den Kameral- und Wirtschaftswissenschaften und der Statistik. Er forderte den freien wirtschaftlichen Wettbewerb, entwickelte eine historisch-kritische Editionstechnik innerhalb der Diplomatik, schrieb über theologische und medizinische ebenso wie über aktuelle politische Probleme seiner Zeit. Noch im Barock wurzelnd, führte sein Werk zur Aufklärung.[49]

Und ein Beispiel aus dem katholischen Deutschland: Der schon erwähnte Wolff-Schüler Ickstatt war nach dem Studium in Marburg und Mainz 1731 Professor des Staatsrechts in Würzburg geworden, wo er zugleich als Hofrat des Bischofs Friedrich Carl v. Schönborn fungierte. Seit 1741 unterrichtete er den wittelsbachischen Thronfolger im Reichsrecht. Nach weiteren Aufgaben im Reichsjustizwesen und umfangreicher publizistischer Tätigkeit kehrte er als Freiherr 1746 an die Universität zurück und wurde schließlich Reformator des bayerischen Schulwesens. Ickstatt scheute sich nicht, im Universitätsunterricht protestantische Lehrbücher zu verwenden und nahm dafür Konflikte mit seiner Kirche und vor allem den Juristen in Kauf. Ickstatt zählte zweifellos zu den führenden Persönlichkeiten der katholischen Aufklärung und ihrer Universitätsreform. Auch er verband als Verfechter des aufgeklärten Absolutismus auf eindrucksvolle Weise Theorie und Praxis und wirkte über bedeutende Schüler weiter: Die bekanntesten waren der Akademiegründer Lori und der Gründer des Illuminatenordens Weishaupt.[50]

Die Universitätsgründungen des 17. und des 18. Jahrhunderts[51], die am stärksten aufgeklärten Wissenschaftsauffassungen und zugleich den Interessen der Landesherren folgten, waren Halle, Göttingen und Bayreuth/Erlangen. Halle wurde sowohl in bezug auf die Statuten als auch die Berufung bedeutender Gelehrter, die ihnen gewährte Lehrfreiheit und religiöse Toleranz ein Vorbild, obwohl es nach der Gründungsphase durch den pietistischen Einfluß und die dann bald sich entwickelnden Querelen – unter anderem zwischen Wolff, Thomasius und Francke – an Elan einbüßte und nach der Gründung der hannoverschen Landesuniversität seine führende Stellung an die Göttinger Georgia Augusta abtreten mußte.[52] Erlangen, wohin die bayreuthische Universität aufgrund von Händeln der Studenten mit der Garnison schon nach eineinhalb Jahren 1743 verlegt wurde, blieb im 18. Jahrhundert an Bedeutung weit hinter Halle und Göttingen zurück, weil seine finanziellen Mittel äußerst begrenzt waren. Anders als an den dortigen Universitäten, wo die Zensur nur noch in eingeschränktem Maße an der Theologischen Fakultät galt, blieb sie in Erlangen erhalten, weil aufgrund der unmittelbaren Nachbarschaft zu katholischen Territorien dem Markgrafen diese »Sicherung« notwendig erschien.[53]

Bei allen drei Universitätsgründungen spielten die Schaffung von Ausbildungsplätzen der benötigten Theologen und Staatsdiener sowie ökonomische Motive die ausschlaggebende Rolle. In einer Zeit, in der das barocke Interesse an der Wissenschaft noch nicht erloschen war, das aufgeklärte sich aber zunehmend stärker bemerkbar machte, wurde überdies die Förderung der Wissenschaften nicht nur als Aufgabe landesherrlichen Eigeninteresses begriffen, sondern diente der fürstlichen Selbstdarstellung. Charakteristisch für die Theologenausbildung war durchgängig das Prinzip größerer konfessioneller Toleranz, an der den Landesherren in der Regel gelegen war, da sie das territorialstaatliche Interesse dem kirchlichen überordneten: Rationalisierungswille und Orientierung am Gemeinwohl zeigten sich auch hierin – und zugleich die Interessenkonvergenz von absoluter Monarchie und Aufklärung.

Die aufgeklärten protestantischen Theologen, die in manchen Territorialstaaten des Reichs erheblichen Einfluß auf die Schulpolitik im besonderen und die aufgeklärte Meinungsbildung im allgemeinen erlangten, wurden durch die Universität und die Betonung des Toleranzprinzips in den beiden Reformuniversitäten Halle und Göttingen nachhaltig geprägt.

Toleranz, Praxisbezug und anwendungsbezogenes Wissenschaftsverständnis bildeten aber nicht die einzigen Maximen. Hinzu trat der Wille der meist akademisch vorgebildeten fürstlichen Ratgeber, hochqualifizierte Gelehrte zu gewinnen. Dieses Ziel entsprang der Einsicht, daß Rang und Attraktivität einer Universität durch die Qualität ihrer Professoren bestimmt wird. Infolgedessen holte man nicht nur sofort einen Gelehrten wie Thomasius nach Halle, von dem man die Erfüllung der Absichten der Universitätsgründer erwarten konnte, sondern hob in Halle und Göttingen die Gehälter beträchtlich an.

Die Befreiung des Unterrichts aus scholastischen Traditionen, Verkürzung der Studiendauer, Straffung des Lehrstoffs und stärkere Forschungsaktivität der Professoren waren ebenso charakteristisch wie die schon in Halle erfolgende prinzipielle Gleichstellung mit den Theologieprofessoren, womit der Bedeutung der weltlichen Wissenschaften Rechnung getragen wurde. In der Gehaltshierarchie blieben dagegen Abstufungen zwischen den Disziplinen erhalten: Die höchste Besoldung erhielten die Juristen, gefolgt von den Theologen, Medizinern und Philosophen. Der Praxisbezug, den auch die Aufklärungspädagogen stets betonten, wurde in der Juristenfakultät institutionalisiert: Ihre Mitglieder beteiligten sich an der Spruchtätigkeit, und schließlich mußten Untergerichte Halles und der benachbarten Bezirke seit 1700 auf ausdrückliche Anweisung des Kurfürsten Rechtsgutachten von den Professoren einholen.[54] Sie blieben so in ständigem Kontakt mit der juristischen Praxis und waren folglich in der Lage, ihre Kenntnis der Rechtsprechung auch den Studenten zu vermitteln, wie es die Landesherren erwarteten. Seit dem 16. Jahrhundert hatte sich dieser Rekurs auf Gutachten der Juristenfakultät ständig intensiviert, bis er schließlich zur Verschleppung der Prozesse führte und in aufgeklärten Prozeßrechtsreformen eingeschränkt wurde.

Außer den Theologen, Juristen, Staatswissenschaftlern waren auch die Historiker der Reformuniversitäten, insbesondere Göttingens, wie oben deutlich geworden ist, auf unterschiedliche Weise und in unterschiedlichem Ausmaß Anhänger der Aufklärung: Allein die genannten Universitätsfächer gewannen ohne jeden Zweifel erhebliche Wirkung, indem sie aufgeklärte Fragestellungen, Denkmuster und Ziele an die studierende Jugend weitergaben, die sie ihrerseits später im beruflichen und gesellschaftlichen Leben praktizierte. Und auch Aufklärer, die wie Nicolai den Universitäten fernerstanden, erkannten das an; im *Leben Justus Möser's* betonte er 1797, die Universität Göttingen sei bereits um 1740 auf dem besten Wege gewesen, eine »hohe Schule der wirklichen Welt« zu werden.[55]

Den Geist der Aufklärung atmete auch eine zunächst zwischen Gymnasium und Universität angesiedelte höhere Lehranstalt ganz anderer Art, die sich später zur ersten Technischen Hochschule Deutschlands entwickelte: das 1745 auf Initiative Johann Friedrich Wilhelm Jerusalems, des braunschweigischen Hofpredigers und Erziehers des Erbprinzen, gegründete Collegium Carolinum in Braunschweig. Doch handelte es sich keineswegs um ein bloßes Technikum. Vielmehr bildete das technische und naturwissenschaftliche Lehrangebot im ganzen 18. Jahrhundert noch gegenüber den Humaniora eine Minderheit.[56] In Braunschweig wirkten folglich auch bekannte Aufklärer aus den Geisteswissenschaften, vor allem Johann Joachim Eschenburg, der seit 1777 den Lehrstuhl für Schöne Literatur und Philosophie innehatte und verschiedene Arbeiten zur Geschichte seiner Hochschule veröffentlichte, zuletzt den *Entwurf einer Geschichte des Collegii Carolini in Braunschweig,* die 1812 bei Nicolai in Berlin erschien. Aber nicht allein die Neugründungen öffneten sich der Aufklärung, sondern auch zahlreiche ältere Universitäten. Wolffs Berufung nach Marburg war dafür ebenso charakteristisch wie die Tatsache, daß bekannte andere Aufklärer an alten Universitäten lehrten. Schon einige Beispiele veranschaulichen dies: Kant unterrichtete an der Universität Königsberg, Gellert in Leipzig, der Begründer der modernen Altphilologie Friedrich August Wolf in Halle, Garve kurze Zeit in Leipzig, der Wolff-Schüler Alexander Gottlieb Baumgarten schließlich entwickelte an der Universität Frankfurt/Oder, die eine erhebliche, überregionale Ausstrahlung besaß, die philosophische Disziplin der Ästhetik.

Erlangten einige Universitäten und Hochschulen des protestantischen Deutschland für die Verbreitung der Aufklärung erhebliche Wirkung, gilt das ebenso für einige der katholischen Universitäten, die in ihrem Geist begründet oder reformiert wurden; erinnert sei an Salzburg, Würzburg, Mainz, Ingolstadt und die bereits erwähnten Neugründungen Bamberg, Münster und Bonn[57], obwohl letztere nicht lange Bestand hatte. Jedenfalls errang die durch den aufgeklärten Minister Kaspar Anton v. Belderbusch seit den siebziger Jahren vorbereitete und stufenweise bis 1786 definitiv errichtete Universität sofort eine prononcierte Stellung. Als Institution des aufgeklärten Reformkatholizismus provozierte sie den Widerstand der benachbarten, theologisch konservativen Kölner Universität und des päpstlichen Nuntius. Das verwundert nicht, war der in Bonn wirkende Kanonist Hedderich doch ein Schüler und Anhänger des Febronius. Auch andere Professoren der neuen kurfürstlichen Universität zählten zur Aufklärung, außer dem schon erwähnten radikalen Theologen Schneider etwa der kantianische Naturrechtler und Schiller-Freund Fischenich sowie der Chemiker Wurzer.[58]

Noch uneinheitlicher als der Grad an Aufklärung in den einzelnen Universitäten ist die Antwort auf die Frage nach der sozialgeschichtlichen Binnenstruktur der Universität und ihrer Funktion in der gesellschaftlichen Entwicklung. Nach dem Urteil von Norbert Elias bildete die Universität den bedeutendsten sozialen Ort der bürgerlichen Intelligenzschicht. Die Universität sei das »wichtigste Präge- und Ausstrahlungszentrum der deutschen Mittelstandskultur ... gewissermaßen das mittelständische Gegenzentrum des Hofes«.[59] Dies Urteil ist aber problematisch, berücksichtigt es doch nicht hinreichend die Tatsache der Unterschiedlichkeit der Universitäten, die Existenz der übrigen gelehrten und anderen Gesellschaften sowie der publizistischen Unternehmungen und schließlich der Aufklärungszentren ohne Universität.

Die Studenten des 17. und 18. Jahrhunderts entstammten keineswegs einem sozial homogenen Stand. So erhielten die berühmten juristischen Fakultäten im frühmodernen Staat erheblichen Zulauf aus adligen Schichten, die sich auf eine höhere Verwaltungslaufbahn vorbereiteten. Man hat sogar von einer »Aristokratisierung« der Universitäten in diesem Zeitraum gesprochen. Dieser Trend verstärkte sich, seitdem die Landesherren im Laufe des 18. Jahrhunderts zunehmend bestimmte Kriterien beruflicher Qualifikation als Einstellungsvoraussetzungen festlegten und eine Professionalisierung herbeiführten. Von der 1693 erfolgten Einführung einer Prüfung für die Besetzung von Ratsstellen beim brandenburgischen Hof- und Kammergericht in Berlin bis zur Bestimmung des ALR 1794 war es freilich ein weiter Weg. Dort hieß es: »Es soll niemanden ein Amt aufgetragen werden, der sich dazu nicht hinlänglich qualificirt, und Proben seiner Geschicklichkeit abgelegt hat.«[60]

Neben Studenten adliger Herkunft besuchten auch in größerem Ausmaß Bürgerliche, insbesondere höhere, wohlhabendere Schichten, die juristischen Fakultäten. Sie strebten ebenfalls den sozialen Aufstieg im landesherrlichen Verwaltungsdienst oder im Justizwesen an. Demgegenüber waren die Theologischen Fakultäten erheblich von unteren bürgerlichen und bäuerlichen Schichten frequentiert. Immerhin bot das Studium in diesen Fakultäten soziale Aufstiegsmöglichkeiten und verminderte mit der allmählichen Durchsetzung von Qualifikationskriterien für höhere landesherrliche Ämter die Wirkung einer ausschließlich geburtsständischen Privilegierung, obwohl der Adel in der höheren Verwaltung und im Militär weiterhin dominierte. Die Universität war also eine Institution, die – in Grenzen – soziale Mobilität begünstigte.[61]

Wie weit die »Aristokratisierung« in der sozialen Herkunft der Studenten insgesamt ging, ist noch nicht hinreichend erforscht, doch bestätigen vorläufige Einzelergebnisse diesen Tatbestand. So hat man eine »soziale Verengung« des Zugangs zum Universitätsstudium konstatiert, da die Zahl der von Gebühren befreiten Armen zurückging und andererseits ein – verglichen mit dem Bevölkerungsanteil – weit überproportionaler Anteil adliger Studenten zu verzeichnen war: In der »vornehmsten« Universität Göttingen stieg ihr Anteil bis zum Ende des 18. Jahrhunderts von 13 auf 18 %, in Erlangen erreichte er immerhin 12,7 %. Da auf der anderen Seite ungefähr die Hälfte der Studenten aus ihrerseits akademisch vorgebildeten bürgerlichen Schichten stammte, hat man von einer Selbstrekrutierung dieser »bildungsbürgerlichen« Schichten über die Universität gesprochen. Die nicht akademisch vorgebildeten »besitzbürgerlichen« Schichten erzielten demgegenüber nur einen Anteil von ungefähr 10 % an den Studierenden im letzten Jahrhundertdrittel. Bei ansteigender Bevölkerungszahl schrumpfte die der Studenten, so daß der Anteil der Studierenden im 18. Jahrhundert von 2,19 auf 0,75 % sank.[62]

Auch für die Ludwig-Maximilians-Universität Ingolstadt liegen genauere Untersuchungen vor, die diese Ergebnisse am Beispiel einer katholischen Universität bestätigen. So wurden die Stipendien reduziert und, wie in Preußen, Zulassungskriterien eingeführt, da auch Universitätsprofessoren immer wieder begründete Klagen über die völlig unzureichende Vorbildung der Studenten erhoben. Auch der Wandel der Philosophischen Fakultät aus ihrer vorwiegend propädeutischen Funktion zur Gleichberechtigung mit den anderen Fakultäten, der im frühen 19. Jahrhundert abgeschlossen war und in Reformuniversitäten wie Göttingen schon sehr früh angestrebt und erreicht wurde, zwang zu schärferen Eingangsvoraussetzungen. Keinem Zweifel unterliegt jedoch auch in Ingolstadt die Erhöhung des Anteils adliger Studenten gerade in der Juristischen Fakultät von einem Fünftel Ende des 17. auf mehr als ein Drittel am Ende des 18. Jahrhunderts. Und ebenso signifikant war zwischen 1780 und 1800 der starke Anteil der Kinder von Staatsbediensteten, der 18,2 % betrug. Insgesamt belief sich damals der »Anteil der durch Geburt und Studium privilegierten Schicht auf 61,3 %«.[63]

Allerdings bestanden in den einzelnen Fakultäten charakteristische Unterschiede. So war der Anteil von Studenten, die dem handwerklich-kaufmännischen oder dem bäuerlich-landwirtschaftlichen Milieu entstammten, in der Medizinischen Fakultät mit 38,3 % erheblich höher als in der Juristischen, wo er nur bei ungefähr 30 % lag. Die Theologische Fakultät erhielt den stärksten Zulauf von Studierenden aus unteren Sozialschichten. Das prononcierte Urteil Rainer A. Müllers lautet: Die bayerische Schul- und Hochschulpolitik orientierte sich

»in bezug auf Sozialstatus und Studienchance im Verlauf des 18. Jahrhunderts verstärkt an den Normen der ständischen Gesellschaft« und suchte »bei gleichzeitigem Ausbau des Bildungssystems auf der unteren Ebene die Attraktivität des Hochschulwesens einzudämmen ... Sozialer Aufstieg vollzog sich weitgehend im affirmierten Rahmen der staatlichen Bedarfsplanung; öffentliche Bildung und Erziehung dienten der Stabilisierung des hierarchischen Konzepts von Staat und Gesellschaft.«[64]

Wie weit dieses Urteil auch für andere Territorien des Alten Reiches verallgemeinerungsfähig ist, bleibt ebenso zu untersuchen wie der Zielkonflikt, der sich in diesem Fall aus aufgeklärter Zielsetzung und gesellschaftspolitischen Implikationen monarchischer Universitätspolitik ergeben mußte. Der überständische Anspruch des aufgeklärten Bildungs- und Wissenschaftsverständnisses stand solcher Universitätspolitik jedenfalls ebenso entgegen wie das landesherrliche Interesse in denjenigen Staaten, die, wie Preußen, einen erhöhten Bedarf an Universitätsabsolventen besaßen. Schließlich übernahmen die modernen Universitäten des 18. Jahrhunderts zunehmend Aufgaben und Stil der Gymnasien oder auch der adligen Ritterakademien und orientierten sich oftmals an quasi-höfischen Idealen[65]: Reiten, Fechten, Tanzen zählten zu den Unterrichtsfächern. In vielerlei Hinsicht entsprachen die universitären Verkehrsformen nicht den bürgerlichen Normen, die der größte Teil der Aufklärer vertrat. Auf der anderen Seite legte man Wert auf den Erwerb einer weltläufigen Bildung, die nicht im Äußerlichen verharrte. In einer Zeit, in der das Lateinische als dominierende Sprache an den Universitäten trotz gelegentlicher gegenteiliger Verordnungen mehr und mehr durch den muttersprachlichen Unterricht ersetzt wurde, erhielten die Vorlesungen des Göttinger Professors Christian Gottlieb Heyne, der zusammen mit seinem Vorgänger Geßner sowie Ernesti an der Universität Leipzig seit 1763 die Klassische Philologie als wissenschaftliche Disziplin begründet hatte und auf das neuhumanistische Bildungsideal vorauswies, großen Zulauf von Studenten aller Fakultäten: Achtzig bis hundert Hörer galten als normal, seine Privatissima über Homer und Pindar brachten es nach Angaben seines Schwiegersohns und Biographen, des Historikers Heeren, regelmäßig auf sechzig bis siebzig Teilnehmer[66]: Die meisten der bedeutenden neuhumanistischen Altphilologen und Vertreter der klassischen Altertumswissenschaft waren Schüler Heynes.

Trotz der notwendigen Einschränkung der Interpretation von Elias bleibt unbestreitbar: Die Universitäten boten der Aufklärung eine trotz aller Mängel funktionsfähige organisatorische Struktur, die für die Durchsetzung ihrer Wissenschaftsauffassung und die Vermittlung ihrer Prinzipien an die Studenten bedeutsam war. Freilich konnten auch die Gegner der Aufklärung die Möglichkeiten der Universitäten nutzen. Insgesamt aber bildete die für damalige Verhältnisse weitgehende Unabhängigkeit, Lehrfreiheit und materielle Sicherung an den Reformuniversitäten – mochte sie auch mit Ausnahme Halles und Göttingens ein vergleichsweise niedriges Niveau erreichen – eine wesentliche Basis für Theorie und Praxis der Aufklärung, die vor allem im protestantischen Deutschland eine enge Bindung dieser Schicht aufgeklärter Universitätsprofessoren an den reformwilligen absoluten Staat bewirkte; über die sich hieraus ergebenden Konsequenzen ist noch zu reden. Schließlich erlaubte die Universität eine Integration der aufgeklärten Professoren in die traditionelle Gelehrtenrepublik.

Nach neueren Berechnungen nahm die Gesamtzahl der Studenten an deutschen Universitäten zwischen 1650 und 1800 zwar zeitweilig erheblich zu, sank jedoch insgesamt in den letzten

Jahrzehnten des 18. Jahrhunderts ab. Die Schicht derjenigen, die auf der Universität mit aufgeklärten Prinzipien in Berührung kamen, wuchs also nicht; auch die aufgeklärten Reformuniversitäten oder die renommierte und stark besuchte Jenaer Universität machten hier keine Ausnahme. Allerdings dürfte der Grund nicht allein oder kaum in der Krise des Universitätswesens zu suchen sein, sondern in den Revolutionskriegen und der napoleonischen Herrschaft über zahlreiche deutsche Territorien: beides führte zu Universitätsschließungen. Im einzelnen lauten diese in fünfjährigen Durchschnitten erstellten Berechnungen: Um 1651/1655 waren an deutschen Universitäten 7806 Studenten immatrikuliert – 1701/1705 waren es 8807 Studierende, 1746/1750 8833. Der Tiefstand wurde vor den neuhumanistischen Gründungen in den Jahren 1806/1810 mit 5357 Immatrikulierten erreicht. Auch die Modelluniversität Göttingen, die in den dreißiger Jahren mit der damals beträchtlichen Zahl von 330 Studenten begonnen hatte, wuchs mit Ausnahme der Jahre des Siebenjährigen Krieges, in denen ein Einbruch zu verzeichnen war, bis auf 874 Studenten in den Jahren 1781/1785 an, sank aber während der Revolutionsära erheblich ab. Auf ihrem Höhepunkt während des 18. Jahrhunderts erreichte die Georgia Augusta hinter Halle die zweitgrößte Studentenzahl.[67] Vor allem Halle und Göttingen gewannen im 18. Jahrhundert erhöhte Anziehungskraft: Die beiden am nachhaltigsten durch die Aufklärung geprägten Universitäten bildeten während der frühen achtziger Jahre allein fast 31 % der deutschen Studenten (mit Ausnahme Österreichs) aus.

Dabei ist bemerkenswert, daß die Zahl der Theologiestudenten im 18. Jahrhundert keineswegs generell abnahm, sondern sich im Vergleich zum 17. Jahrhundert sogar erheblich steigerte. Mit einem knappen Drittel aller Studierenden erzielte das Fach die gleiche Frequenz wie Jurisprudenz, Staatswissenschaften und Ökonomie zusammen. Die Philosophische Fakultät folgte mit ungefähr 15 % vor den Medizinern mit etwa 10 %. Die Naturwissenschaften waren nur sehr schwach vertreten, ihr nennenswerter Anstieg begann erst im 19. Jahrhundert.[68]

Die Stärke der beiden Gruppen der sich für den Kirchen- bzw. den Staatsdienst qualifizierenden Studenten bestätigt die herausragende Bedeutung dieser Schichten für die Aufklärung sowie das landesherrliche Interesse, das in protestantischen Territorien nachhaltig der Ausbildung der Pfarrer galt, da sie zu Landeskirchen gehörten, deren »Summus episcopus« der Fürst war. Die Quanti-fizierung belegt an einem Einzelbeispiel die erwähnte Schwer-punktsetzung, eine amtliche Statistik zählte für die 1804 bestehen-den sieben preußischen Universitäten 1783 Studenten, davon studierten 868 die Rechte, 623 Theologie, 164 Medizin, 130 Philosophie und Mathematik, 82 Kameralwissenschaften, vier Ökonomie und zwei Kriegswissenschaft.[69]

Als der Berliner Aufklärer Engel 1802 die Reihe der Denkschrif-ten zur Gründung einer Berliner Universität eröffnete, wollte er über »die Vorteile, welche der Staat unmittelbar gewinnt, wenn er kenntnisreichere, aufgeklärtere, gewandtere Diener in allen Fä-chern ansetzen kann«, kein Wort verlieren, denn: »Sie springen von selbst in die Augen.«[70] Engel hob vor allem die Eignung des »schönen, industriösen, kunstreichen, veränderungsvollen Ber-lin« zur Beherbergung einer Universität hervor. Diese Stadt mit ihren »mannigfaltigsten Menschen-Klassen« würde den Studenten Schliff geben und ihnen Möglichkeiten eröffnen, die kleinere Städte nicht besäßen. Engel, dem »Philosophen für die Welt«, ging es darum, auch die Studenten mit der Welt bekanntzumachen und nicht auf die Stube des Gelehrten zu beschränken.

Wie Engel kritisierte auch Theodor Anton Heinrich Schmalz 1807 die bestehenden Universitäten, ihren Zunftgeist und ihre akademische Gerichtsbarkeit. Unstreitig sei das Bedürfnis des Staates nach einer wissenschaftlichen Bildungsanstalt, aber ebenso notwendig sei die Reorganisation der Wissenschaft. Bei der auch von ihm befürworteten Gründung einer Universität in Berlin sei es ratsam und nützlich, »alle Formen des alten Universitätswesens fallen zu lassen«, die neue Universität wollte er der Königlichen Akademie eingegliedert sehen. Die »größtmögliche Liberalität und Freiheit der geistigen Wirksamkeit« sowie die Beseitigung des Zunftgeistes unter den Studenten forderte nicht allein der Medizi-ner Christoph Wilhelm Hufeland in seiner Denkschrift, sondern nahezu alle übrigen Gutachter. Immer wieder faßten sie die Verbindung mit der Akademie ins Auge, in der sie offenbar manche ihrer Zielsetzungen besser aufgehoben fanden als in einer Universität.

Doch waren die Akademien keine Ausbildungsstätten: Albrecht v. Haller, 1751 bis 1753 erster Präsident der Göttinger Sozietät der Wissenschaften, vertrat die für ihre Gründung maßgebliche Wis-senschaftsauffassung, wenn er die Aufgabe der Akademie in der

Erfindung, die der Universität in der Belehrung sah.[71] Und auch
der Göttinger Universitätskurator v. Münchhausen, der zugleich
Vater der Akademie wurde, hatte 1733 in seinem Votum zur
Errichtung der Universität Göttingen die Forschung nicht zu den
Aufgaben der Universität gezählt.[72] Was Humboldts Universi-
tätsidee später zusammenfügte – Lehre und Forschung –, trennte
der im 17. und 18. Jahrhundert in unterschiedlichen Formen zum
Ausdruck kommende Akademiegedanke, in der die Wissenschaftsauffassung der Aufklärung ihre charakteristische institutionelle Gestalt gewann, obwohl der Akademiegedanke älter war. Er
wurzelte in der bereits dargestellten frühneuzeitlichen Wissenschaftsauffassung ebenso wie im barocken Repräsentationssinn:
Die Pflege der Wissenschaften und Künste gehörte zu den Aufgaben des Monarchen. Auch aus diesem Grund siedelte man die
Akademien meist in den Residenzstädten an, wo sie sichtbar in das
Bauensemble fürstlicher Selbstdarstellung eingebunden wurden.
Diese örtliche Verbindung erhöhte oft den Einfluß der Akademien, die z. B. zur Gutachtertätigkeit für die Regierung herangezogen wurden. Die Kehrseite bestand in einer starken Abhängigkeit vom Herrscher, die sich an der Geschichte vieler Akademien
ablesen läßt. Der erhebliche Wandel der Berliner Akademie im 18.
Jahrhundert dokumentiert exemplarisch diese Konstellation: Von
den zur Verfügung stehenden Haushaltmitteln bis zur Arbeits-
weise und Zusammensetzung blieb sie von den persönlichen
Interessen der Könige geprägt und oft auf problematische Weise
abhängig. Ähnliches galt für die Petersburger Akademie, auf die
Zarin Katharina II. direkten Einfluß nahm, für die ehrwürdige
Londoner Royal Society, in die König Georg III. autokratisch
eingriff, und schließlich die Bayerische Akademie der Wissenschaften in München, deren Belletristische Klasse Kurfürst Karl
Theodor 1785/86 im Zusammenhang mit der Illuminatenverfolgung auflöste.[73] Dennoch kam die Bindung an die monarchische
Obrigkeit und die Ansiedlung in den Residenzstädten den Akademien im allgemeinen zugute.

   Die ersten Akademiegründungen erfolgten im Zeichen des Hu-
manismus nach platonischem Vorbild in Italien[74]; zuerst 1470 in
Florenz die Academia Platonica. Im 16. und vor allem im 17.
Jahrhundert verstärkte sich in mehreren europäischen Ländern
dieser Impuls und führte zur Gründung der Académie Française in
Paris durch Richelieu sowie – zunächst als Gesellschaft von

Privatleuten – der Royal Society in London 1662, die fortab zu den berühmtesten europäischen Akademien zählten. Auf das italienische humanistische Vorbild, aber auch auf den Einfluß von Bacons *Nova Atlantis,* ging die älteste deutsche Akademiegründung zurück, die sich aber auf die Naturwissenschaften beschränkte und deutlich das von ihnen geprägte frühneuzeitliche Wissenschaftsverständnis erkennen ließ: Die 1652 durch den Schweinfurter Stadtphysikus Bausch gegründete Deutsche Akademie der Naturforscher, Leopoldina, die bis heute besteht und seit 1879 ihren Sitz in Halle hat, nachdem er sich ursprünglich nach dem Wohnort des jeweiligen Präsidenten richtete. In ihrer fachlichen Begrenzung bildete sie das Vorbild für den ebenfalls auf einzelne wissenschaftliche Disziplinen beschränkten Akademietypus, der im 17. und 18. Jahrhundert neben der universal ausgerichteten Bedeutung gewann.

Akademiegründungen des 18. Jahrhunderts waren außer der 1725 errichteten Akademie in St. Petersburg, die ebenfalls schon durch die Aufklärung mitgeprägt wurde, im deutschen Bereich im Jahre 1700 die Brandenburgische Societät der Wissenschaften zu Berlin, 1751 die Göttingische Gelehrte Gesellschaft, 1763 die durch den Kurfürsten Karl Theodor gegründete Mannheimer Akademie, 1759 die Churfürstlich baierische Akademie der Wissenschaften in München und die Fürstlich Jablonskische Gesellschaft in Leipzig, seit 1846 Königlich Sächsische Akademie der Wissenschaften. Daneben standen weitere Gründungen von geringerer Bedeutung oder eingeschränktem Wirkungskreis: Gottscheds Gesellschaft der freien Künste in Leipzig (1752), die Kaiserlich Franziszische Akademie zu Augsburg (1753), die Kurfürstlich Mainzische Akademie nützlicher Wissenschaften zu Erfurt (1754), die 1769 wie viele andere zunächst als private Sozietät gebildete, 1785 aber als staatliche Vereinigung anerkannte Böhmische Gesellschaft der Wissenschaften in Prag. Hinzu traten in ganz Europa während des 18. Jahrhunderts eine Reihe ökonomischer Societäten, die oft konkrete Aufgaben in der Agrarwissenschaft und Agrar- bzw. Gewerbeförderung wahrnehmen sollten, z. B. die 1765 in Hamburg gegründete Gesellschaft zur Beförderung der Künste und nützlichen Gewerbe, die auch als »Patriotische Gesellschaft« bezeichnet wird und damit auf einen weiteren Sozietätstypus der Aufklärung verweist.[75]

Daneben existieren weitere Akademiepläne, so daß zu Recht von einer »Akademiebewegung« gesprochen wird[76], zu der überdies diejenigen Gelehrten Gesellschaften zählen, die sich nicht zu Akademien entwickelten. In Wien z. B. entspann sich nach dem Scheitern von Leibniz' Akademieplan (1715) insbesondere in den vierziger Jahren eine intensive Diskussion über die Einrichtung einer Akademie, der aber kein Erfolg beschieden war. In die unmittelbare Vorgeschichte der bayerischen Akademiegründung gehören die Akademieprojekte der Benediktiner, die ebenfalls keinen dauerhaften Erfolg erzielten.[77] Diese Pläne zeigen insgesamt, welche Bedeutung der Akademiegedanke während des 18. Jahrhunderts auch in der Kulturpolitik des katholischen Deutschland besaß. Der erstrebte oder erreichte Rang der Akademien zeigte sich meist schon am Ruhm ihrer Präsidenten, für die neben dem erwähnten Haller beispielhaft Leibniz und Newton stehen: Leibniz wurde 1711 erster Präsident der von ihm entworfenen Berliner Akademie, Newton 1703 Präsident der Royal Society.

Seit dem 17. Jahrhundert wurden die großen Akademieprojekte zunehmend vom Grundsatz der Universalität geleitet. Die Universität als Ausbildungs- und Lehranstalt, die Akademie als Stätte der Forschung und der Erfindungen: Diese Gegenüberstellung Hallers übernahm auch ein so passionierter Universitätsprofessor wie Wolff.[78] Die hohe Lehrbelastung und der kritische Zustand vieler zeitgenössischer Universitäten bildeten den Hintergrund solcher Urteile. Hinzu kamen die Erstarrung des Lehrbetriebs in aristotelisch-scholastischen Formen, die meist auch die lutherisch-orthodoxen oder calvinistischen Universitäten beherrschten, und schließlich die Unmöglichkeit, größere Gemeinschaftsprojekte mehrerer Gelehrter innerhalb der damaligen Universitätsstruktur zu verwirklichen.

Die funktionale Trennung von Universität und Akademie, die in letzter Konsequenz zur Auslagerung der Forschung aus der Universität führen mußte, wurde aber trotz dieser Zielrichtung im deutschsprachigen Raum nicht so streng betrieben wie in Frankreich oder England. In Deutschland erhielt sich eine Mischform: Die Akademien errangen insgesamt keine ausschließende Superiorität in der Wissenschaft, die Reformuniversitäten des 18. Jahrhunderts, insbesondere Göttingen, konnten auf qualitativ und quantitativ bedeutende Forschungsleistungen verweisen. In Göttingen gingen überdies Universität und Akademie eine enge Verbindung ein, da beide im selben Geiste und nur geringem zeitlichen

Abstand gegründet wurden. Beide standen von Beginn an in einem organisatorischen und personellen Zusammenhang:

»In Münchhausens Planung ist die Societät ein Universitätsinstitut, freilich besonderer Art und ohne jedes Vorbild in den älteren Hochschulgründungen. Der Societät sollte ein ganz kleiner Ausschnitt aus dem Lehrkörper angehören, der in der gegenseitigen Anregung und Kontrolle der Societät wissenschaftlich arbeiten, forschen sollte.«

Das galt damals nicht als Aufgabe der Professoren.[79] Im Unterschied zu den Pariser, Londoner und anderen großen Akademien, die nur aus gelehrten Männern bestehe, sei die Göttinger Societät, so Heyne, eine »Verbindung von forschenden Mitgliedern und von Lehrenden, beyde nebeneinander, oder auch wohl in einer Person vereinigt«.[80] Allerdings hatte Heyne auch berichtet, nach Hallers Niederlegung der Präsidentschaft habe diese Verbindung doch Probleme heraufbeschworen, da »Neid und mißgünstige Blicke anfangs von andern Professoren auf die Societät fielen«.[81] An Akademien wie der Berliner und der Münchner war sowohl eine partielle personelle Identität als auch eine Konfrontation ausgeschlossen, weil hier keine Universitäten bestanden. Anders als in Göttingen, das nicht nur geographisch fern vom englischen Thron lag, entwickelte sich in diesen beiden Akademien von Beginn an eine enge Verbindung zum Hof.

Die Akademien des 17. und 18. Jahrhunderts profitierten in der Regel personell gerade von der Weigerung einer Reihe bedeutender Forscher, ein arbeitsaufwendiges Lehramt zu übernehmen, was inbesondere bei Naturwissenschaftlern und Mathematikern seit dem 17. Jahrhundert häufig vorkam. Zu diesen Gelehrten gehörten beispielsweise Tschirnhaus, Euler, Johann Heinrich Lambert, Lavoisier und Maupertuis. Vor allem Leibniz war ein engagierter Verfechter von Akademieplänen, die zwar immer wieder an barocke Projekteschmiederei erinnern, jedoch vor allem von der universalen Gelehrsamkeit ihres Schöpfers zeugen. Er war »der erste, der die Probleme der modernen Akademie bis in die letzten Folgerungen durchdachte«.[82] Zwar blieb den meisten der von Leibniz entworfenen Akademieplänen eine Realisierung versagt – z. B. in Dresden, St. Petersburg oder Wien –, in Berlin aber fand er die Unterstützung der Kurfürstin Sophie Charlotte. Zwar war dieser Plan in der dann verwirklichten Form neu, doch hatte bereits der Große Kurfürst im Geiste des Barock 1666/67 den Plan einer Universal-Universität, einer »Universitas Gentium, Scientiarum et Literarum« in Tangermünde an der Elbe erwogen. Dort sollten führende europäische Gelehrte – ohne Rücksicht auf ihre Konfession und mit materiellen Privilegien ausgestattet – aufgenommen werden, doch wurde dieser Plan, der auf den Schweden Johann Skytte zurückging, nicht verwirklicht.[83]

Leibniz' zahlreiche Briefe an die Kurfürstin Sophie Charlotte und den Hofprediger Jablonski sowie seine Denkschriften lassen die charakteristischen Ziele der deutschen Akademiegründungen seit 1700 klar hervortreten. Einen keineswegs nur auf landesherrliches Interesse abzielenden Zweck nannte Leibniz immer wieder: den praktischen Nutzen. Akademieforschung sollte verwertbar sein: »...man müste gleich Anfangs das Werck samt der Wissenschaft auf den Nuzen richten, und auf solche Specimina dencken, davon der hohe Urheber Ehre und das gemeine Wesen ein Mehrers zu erwarten Ursach habe«. Und kaum weniger bezeichnend war die Verbindung, die Leibniz zwischen anwendungsbezogener Forschung und Religion herstellte:

»Wäre demnach der Zweck theoriam cum praxi zu vereinigen«, könnte »dadurch die überschwengliche Ehre Gottes mehr ausgebreitet, und dessen Wunder besser als bisher erkannt, mithin die christliche Religion, auch gute Policey, Ordnung und Sitten theils bei heidnischen, theils noch rohen, oder wol gar barbarischen Völkern gepflanzet oder mehr ausgebreitet« werden.[84]

Leibniz dachte offenbar an alles. Seine Überlegungen lassen erkennen, welche Funktion den Akademien für die von Bacon angestrebte praktische Reform der Welt durch die Wissenschaft zukam: Sie bildeten einen Baustein im Entwurf der technisch-wissenschaftlichen Welt. Zugleich ihr organisatorisches Zentrum und Medium, dachte Leibniz ihnen eine Aufgabe zu, der die Universitäten tatsächlich nicht gerecht werden konnten. Die frühneuzeitliche Wissenschaftsauffassung, ohne die die Aufklärung nicht denkbar ist, fand in der Akademie augenfälligen Ausdruck, die Akademie wurde zum Ort des von Bacon über Leibniz ins 18. Jahrhundert und darüber hinaus führenden Wissenschaftsoptimismus. Repräsentierten die Enzyklopädien den Stolz des erreichten Wissensstandes, so die Akademien die bleibende Aufgabe, den immerwährenden Fortschritt des menschlichen Wissens zur Beherrschung der Welt und der Sicherung des gemeinen Nutzens zu garantieren. Schon aus diesem Grunde mußte dieser Akademietypus Universalität anstreben.

In dem Ziel einer »Generalreformation« der Welt berührten sich partiell höchst unterschiedliche ideengeschichtliche Ströme und organisatorische Formen. Der Schlüssel zu der auf den ersten Blick überraschenden Berührung von Akademien, Logen und Geheimgesellschaften findet sich in dieser Instrumentalisierung der Wissenschaft zur Reform der Welt: Die Wissenschaftsgläubigkeit der empirisch und rational verfahrenden Gelehrten sowie der irrationale Wissenschaftsmystizismus der späteren Gold- und Rosenkreuzer mit ihrer nur in zahlreichen Stufen erreichbaren vermeintlichen »Geheimwissenschaft« besaßen hier eine gemeinsame Pointe – so weit voneinander entfernt sie sonst auch waren. Und selbst ein Newton war von solcher Verbindung esoterischer und rationaler Wissenschaftsauffassung nicht frei.[85] Glauben und Wissen, um deren Trennung sich Generationen aufgeklärter Erkenntnistheoretiker bemüht hatten, flossen nicht erst gegen Ende des »Zeitalters der Aufklärung« in einer Weise ineinander, die zu wundergläubiger Esoterik abglitt und den Aufklärern ein Greuel war. Die Rezeption einer auf die Spitze getriebenen Wissenschaftsgläubigkeit konnte sich zuweilen gegenüber rationalen Motiven verselbständigen und in ihr Gegenteil umschlagen. Seit den siebziger Jahren des 18. Jahrhunderts stimulierte die Politisierung der Aufklärung verschiedentlich Versuche, auch Akademien mit Hilfe der Mitglieder von Geheimgesellschaften zu unterwandern. Gerade die Entstehung vieler Akademien aus privaten gelehrten Zirkeln begünstigte diesen Vorgang. Vor einem Abgleiten in Esoterik waren die Akademien jedoch sowohl durch ihren Praxisbezug als auch durch landesherrliche Aufsicht gefeit. Das Interesse der Landesherren an der Verwertbarkeit der dort betriebenen Forschung sicherte also nicht allein die Finanzierung.

Die Geschichte der Akademien zeigt im Einklang mit der oben dargestellten Wissenschaftsauffassung der Aufklärung, daß das Leitmotiv gesellschaftlich-staatlicher Nutzanwendung gelehrter Forschung in der Regel keineswegs eng ausgelegt wurde. So haben die Akademien neben topographischen und statistischen Erhebungen zur Vermessung und Bestandsaufnahme der Territorien im Hinblick auf geographische Gegebenheiten, Klima, Bevölkerungszahl sowie berufliche und einkommensmäßige Erfasssung der Einwohner auch wissenschaftliche Expeditionen durchgeführt, die oft weit über das eigene Territorium hinausführten. Die Akademien leiteten überdies eine Fülle großangelegter Gemein-

schaftsunternehmen in sehr verschiedenen Disziplinen in die
Wege, ihre Gliederung in Klassen bewirkte in der Regel, daß neben
naturwissenschaftlich-mathematischen auch historische und gei-
steswissenschaftliche Projekte nicht zu kurz kamen.[86] Auch hier
dienten großangelegte Editionen historischer Quellen oft einem
doppelten Zweck: der staats-, völker- und kirchenrechtlichen
Verwertung ebenso wie genuinen Interessen historischer Forschung. Und selbst die Schönen Künste fanden oftmals einen Platz
– auch dann, wenn sie nicht – wie in Paris und bis 1744 in Berlin –
eine eigene Sozietät der Literatur und Schönen Künste erhielten.
Schließlich gelang es den Akademikern immer wieder, in Form
von Preisaufgaben zentrale Probleme ethischer, geistiger, wissenschaftlicher oder sozialphilosophischer Art zur öffentlichen Diskussion zu stellen. An der Lösung solcher Aufgaben beteiligten
sich oft Autoren, die mit den eingesandten Schriften ihren Ruhm
begründeten.

Die Akademien waren normalerweise keine Stätten selbstgenüg-
samer und weltflüchtiger Gelehrsamkeit. Als Friedrich der Große
1744 zur Reorganisation der von seinem Vater bis zur Bedeutungs-
losigkeit vernachlässigten Berliner Akademie neue Statuten erließ,
kam diese ursprünglich von Leibniz formulierte integrative Aufgabenstellung in der Verbindung verschiedener landesherrlicher
Interessen, gemeinnütziger Absichten im Sinne naturrechtlicher
Gesellschaftstheorie sowie aufgeklärter wissenschaftlicher Zielsetzung erneut zum Ausdruck. Gegenüber der von Leibniz inspirierten »Generalinstruktion für die Societät der Wissenschaften« von
1700, die Kurfürst Friedrich III. im Jahr vor seiner Erhebung zum
König von Preußen erlassen hatte, zeigte sich indes eine charakteristische Differenz: Verband der Akademiegründer noch Wissenschaft, gesellschaftlichen Nutzen und Moral mit dem christlichen
Glauben, war davon bei Friedrich dem Großen nichts mehr zu
spüren.

In der Generalinstruktion von 1700 hieß es:

»Nachdem zu Ausbreitung der Ehre Gottes, auch zu Erhalt- und Fort-
pflantzung des rechten Glaubens, wahrer Gottesfurcht, guter Sitten, ja des
gantzen gemeinen Wollwesens in allerley Ständen höchst nöthig, daß die
Gemüther der Menschen durch gute Wissenschafften und nützliche Studien erleuchtet, zur Erkäntnüß und Bewunderung der Vollkommenheiten
der Wercke Gottes aufgemuntert, folglich zu dessen Liebe und Furcht als
der Quelle alles Guten angeführet, vom Müßiggang aber und Bösen

hingegen abgehalten, gebessert, und endlich bequem gemacht werden,
Gott und dem Vaterlande sowoll, als sich selbsten und denen Ihrigen, wie
auch anderen Nebenmenschen bestens zu dienen, so haben Wir unter
andern Unsern vielen und wichtigen Regierungssorgen Uns auch landesvä-
terlich angelegen seyn lassen, darauf zu sehen, wie die Studien befordert,
gute Wissenschafften, Nachrichtungen, Künste und Erfindungen erhalten,
vermehret, unterstützet, woll angewendet, auch nach Gelegenheit in
Unsern Landen eingeführet und fortgetrieben, dabeneben die Jugend woll
unterwiesen und aufgemuntert, taugliche Ingenia ausgesondert, gelehrte
Leute und gute Künstler herfürgesucht, herbeygebracht und durch Gna-
denbezeugungen angefrischet werden möchten, das Ihrige in allerley Arth
von Gelehrsamkeit, Experienzen, Künsten, Exercitien, Unternehmungen
und Verrichtungen zu gemeinem Besten und Landeszierde mit allem Fleiß
und Eifer beyzutragen.«[87]

Das klingt barock-umständlich und enthält doch auch zentrale
Ziele des durch die Aufklärung modifizierten Akademiegedan-
kens. Zu den in der Akademie zu pflegenden Disziplinen zählte
der Kurfürst vor allem Mathematik und Physik, die deutsche
Sprache sowie das »wichtige Werck der Historien, sonderlich der
teutschen Nation und Kirchen«.

Friedrich der Große begründete in seinem nüchternen Organisa-
tionserlaß von 1744 – der die 1700 gegründete Sozietät der
Wissenschaften mit der Nouvelle Société Littéraire zur Königlichen Academie der Wissenschaft vereinigte – zwar ebenfalls Sinn
und Nutzen der Akademie, aber in völlig säkularisierter Form:
Das Glück der Untertanen, die Wohlfahrt seiner Länder erfordere
die landesväterliche Vorsorge für »die Aufnahme, Verbesserung
und Ausbreitung der Wissenschafften und aller guten Künste, die
einem Volcke zum Nutzen und zur Ehre gereichen«. Die Akademie erhielt vier Klassen, und zwar für Physik und Mathematik – in
denen etwas abweichend von heutigen Klassifizierungen die Naturwissenschaften unter Einschluß der Naturgeschichte zusam-
mengefaßt wurden –, eine Philosophische Klasse, der neben der
Pflege klassischer philosophischer Disziplinen auch die des Naturrechts oblag, sowie eine Philologische Klasse. Zu ihren Aufgaben
zählten u. a. Literatur, Kirchen- und Profangeschichte, Alter-
tumskunde und Sprachen; auch Friedrich rechnete die Pflege der
deutschen Sprache zu den zentralen Aufgaben der Akademie.
Dieser Erlaß demonstrierte wieder einmal, welche Bedeutung der
Nationalsprache seit dem 17. Jahrhundert zunehmend beigemes-
sen wurde, obwohl gerade zu Zeiten Friedrichs die Berliner

Akademie mehr und mehr zur Domäne französischer Gelehrter wurde.

Die soziale Zusammensetzung der Mitglieder der meisten deutschen Akademien bedarf noch eingehender Erforschung, die denjenigen Ludwig Hammermayers über die Bayerische Akademie der Wissenschaften sowie von Daniel Roche über französische Akademien gleichkommen. Dabei sind die Minderheit besoldeter Mitglieder und die erheblich größere Zahl der unbesoldeten korrespondierenden Mitglieder zu unterscheiden. Entsprechend den Kriterien, die für die Berliner Akademie schon Kurfürst Friedrich III. 1700 formuliert hatte und die Friedrich II. in dieser Hinsicht 1744 wiederholte, konnten und sollten der Akademie auch ausländische Mitglieder angehören. Für das Berliner Beispiel gilt ebenso wie für die meisten anderen Akademien, daß nationale und konfessionelle Begrenzungen – faktisch aber zugunsten christlicher Konfessionen – der Mitgliedschaft ausgeschlossen werden sollten. Eine ständische Aufnahmeschranke war ebenfalls nicht vorgesehen, obwohl bereits die Generalinstruktion von 1700 zeigte, daß die Mitgliedschaft in der Akademie keineswegs nur gelehrter Arbeit galt, sondern auch als Ehrung gedacht war, an der oft ungelehrte Adlige erhebliches Interesse besaßen. Der Anspruch konfessioneller, nationaler und sozialer Offenheit der Akademien entsprach derjenigen der Logen und anderer Aufklärungsgesellschaften, obwohl die tatsächliche Zusammensetzung keineswegs immer dem Postulat Rechnung trug.

Die Präsidenten der Berliner Akademie zur Zeit der beiden ersten preußischen Könige waren Leibniz (bis 1716), Gundling (1718–1731), Fassmann (nur kurze Zeit April/Mai 1731), Jablonski (1733–1741): Sie alle waren bürgerlicher Herkunft, doch erreichten Leibniz und Gundling die Nobilitierung. Zu Protektoren der Akademie bestellten die Könige ausnahmslos adlige Staatsminister. Unter den Direktoren und sonstigen – insgesamt etwa 70 – ordentlichen einheimischen Mitgliedern befanden sich zwischen 1700 und 1740 nur wenige Adlige, die Mehrzahl hatte akademische Berufe, einige standen im direkten landesherrlichen oder kirchlichen Dienst: Professoren, Mediziner, Ingenieure, Pastoren und Kirchenräte, Astronomen waren etwas zahlreicher als andere, nur vereinzelt vertretene Berufsgruppen wie Gymnasialdirektoren oder Rittmeister. In diesen Jahren blieben die nichtpreußischen, bzw. nichtdeutschen ordentlichen Mitglieder eine Minderheit.

Unter den auswärtigen Mitgliedern – im Jahre 1739 handelte es sich um 116 – ragten einige führende Gelehrte ihrer Zeit heraus, unter den Deutschen Wolff und Gottsched, unter den Ausländern Maupertuis, Réaumur und die Basler Gebrüder Jakob und Johann Bernoulli, beides Mathematiker.[88]

Nach dem Tode von Maupertuis, der von 1746 bis 1759 die Präsidentschaft innehatte, ernannte Friedrich II. keinen Präsidenten mehr, sondern führte dieses Amt formell selber, allerdings unter enger Beratung, zunächst von 1763 bis 1783 durch den trotz intensiven Werbens in Paris bleibenden d'Alembert, dann für kurze Zeit durch Condorcet. Zwar nahm die Akademie auch in diesen Jahren einige deutschsprachige Mitglieder auf, doch gerieten sie anders als bis 1740 zunehmend in die Minderheit. Während der Präsidentschaft von Maupertuis erhielt die Akademie (1746–1750) 65 neue Mitglieder, darunter zwölf Deutsche; von 1764 bis 1786 berief die Akademie gemäß den persönlichen Wünschen des königlichen Präsidenten 27 neue Mitglieder, unter ihnen nur einen Deutschen. Die von den Akademiemitgliedern vorgeschlagene Aufnahme Gellerts wurde ebenso abgelehnt wie 1771 die Mendelssohns. Die Kooptation Mendelssohns lehnte der König ab, weil er Jude war, ein Beleg[89] für die inkonsequente Handhabung des konfessionellen Toleranzprinzips. Unter den ordentlichen Mitgliedern, deren Zahl beim Tode Friedrichs 1786 auf achtzehn abgesunken war, befanden sich fünf Deutsche, fünf Schweizer, vier preußische Hugenotten, drei Franzosen und ein Italiener, die Zugehörigkeit hervorragender Mitglieder lag ohnehin schon länger zurück. Während der Regierungszeit Friedrichs gehörten der Akademie im übrigen einige hochadelige Ehrenmitglieder – u. a. Zarin Katharina II. – an, deren Zahl sich aber von siebzehn auf sechs vermindert hatte.

Insgesamt überwogen im 18. Jahrhundert unter den ordentlichen Mitgliedern zweifelsfrei die aufgeklärten Gelehrten bürgerlicher Herkunft, während für die korrespondierende Zugehörigkeit in der Mehrzahl der Fälle der Rang bzw. Ruhm als Gelehrter den Ausschlag gab, aber des öftern auch eine Ehrung beabsichtigt war, deren Voraussetzung keine wissenschaftliche Leistung bildete. Ehrenmitglieder waren kaum je bürgerlicher Herkunft.

Infolge des mit der Akademie verbundenen Prestiges, das während der Regierungszeiten Friedrichs III. (I.) und Friedrichs des Großen in dem persönlichen Interesse des Herrschers, dem Rang der Protektoren und der Ehrenmitglieder zum Ausdruck kam, sowie schließlich der – wenn auch recht begrenzten – Chance zur Nobilitierung bildete die Akademie oft in Verbindung mit landesherrlichem Dienst und Beratertätigkeit vor allem für diejenigen Gelehrten, die aus akademisch vorgebildeten bürgerlichen Schichten stammten, einen Ort möglichen sozialen Aufstiegs. Neben dieser vertikalen sozialen Mobilität erwies sich auch die Berliner Akademie als Institution, die horizontale Mobilität über nationale Grenzen hinweg erheblich förderte. Das belegt nicht allein die hohe Zahl aus dem Ausland stammender aktiver Mitglieder, sondern ebenso der Wechsel von einer zur anderen deutschen oder außerdeutschen Akademie. Die Internationalität der aufgeklärten Gelehrtenrepublik trat eindrucksvoll hervor.

Die hier exemplarisch dargestellten Charakteristika der Berliner Akademie finden sich im wesentlichen auch bei den anderen vergleichbaren Akademien, z. B. bei der Münchner, deren erste Jahrzehnte von 1759 bis 1786 vorzüglich erforscht sind.[90] Im Vergleich zur Berliner Akademie fällt insbesondere der höhere Anteil von Theologen, Hofbeamten und meist beamteten Juristen sowie der Adligen ins Auge. Unter den insgesamt 181 Mitgliedern des ersten Jahrzehnts befanden sich 57 katholische und sieben protestantische Theologen sowie je 28 Hofbeamte und sonstige Beamte. Bei der Mehrzahl der katholischen Theologen handelte es sich um Ordensgeistliche (47). Insgesamt zeigt die Konfessionsstatistik unter Einbeziehung der Nichttheologen, in welchem Maße sich die Akademie des katholischen Bayern protestantischen Mitgliedern öffnete – auch dies ein Einfluß der Aufklärung: 124 Katholiken standen immerhin 57 Protestanten gegenüber.[91] Der Grundsatz der konfessionellen Toleranz wurde zweifelsfrei ernstgenommen, symptomatische Bedeutung besitzt ein Einzelbeispiel späterer Jahre: 1781 kooptierte die Bayerische Akademie den Berliner Aufklärer Nicolai in die Belletristische Klasse – einen scharfen Kritiker von Kirche und theologischem Dogmatismus, der gegen den Katholizismus noch stärker polemisierte als gegen die protestantische Orthodoxie, auf die er sich allerdings bis zu seiner süddeutschen Reise 1781 konzentriert hatte. Die Berliner Akademie nahm Nicolai übrigens erst ungefähr zwei Jahrzehnte später auf: 1799 als außerordentliches, erst 1804 im Alter von 71 Jahren als ordentliches Mitglied. Die Berliner Akademie wählte Kant (im Alter von 62 Jahren) erst fünf Jahre nach Erscheinen der

Kritik der reinen Vernunft 1786 zum auswärtigen Mitglied.

Im übrigen besaß auch die Bayerische Akademie eine Reihe bedeutender aufgeklärter Gelehrter. Eine wichtige Rolle spielten seit den siebziger Jahren die ehemaligen Mitglieder der 1773 aufgehobenen Societas Jesu, im zeitgenössischen Jargon »Exjesuiten« genannt.[92] Im Einklang mit der damaligen aufgeklärten »Jesuitenriecherei« wollten Lori u. a. diese Gruppe prinzipiell von der Akademie fernhalten, doch wurden bis 1777 insgesamt sieben ehemalige Jesuiten zu ordentlichen Mitgliedern der Akademie gewählt, an ihrer Spitze der Verfasser der von der kirchlichen Zensur als protestantenfreundlich und außerdem episkopalistisch verworfenen bedeutenden *Demonstratio Catholica* (1775) und des schon erwähnten *Anti-Kant*, Pater Stattler. Als Ingolstädter Professor der Dogmatik gewann er bereits 1771 mit einer Arbeit zur Hydrostatik die Preisaufgabe der Philosophischen Klasse. Zu den berühmten auswärtigen Mitgliedern gehörten schon vor der Aufnahme Nicolais Gottsched, Haller, der Fürstabt von St. Blasien, Martin Gerbert, der Berliner Akademie-Physiker Johann Albrecht Euler, Schlözer und der Pariser Mathematiker Joseph Aignan Sigaud de la Fond.

Waren die Anfänge der Göttinger Sozietät kümmerlich und die ersten Jahrzehnte oft genug trostlos[93], erlebten auch die Münchner und die Berliner Akademie verschiedentlich Krisen. Die Illuminatenverfolgung wurde für die Bayerische Akademie existenzbedrohend, nachdem sich herausgestellt hatte, daß sich die zielbewußte Personalpolitik des Illuminatenordens auch auf sie erstreckte.[94] Die Bayerische Akademie bot tatsächlich das Bild partieller Identität der Mitglieder, vor allem in den Schlüsselpositionen der Abteilungsdirektoren und der Vizepräsidenten. Der schon erwähnte Zusammenhang von Akademien und Geheimgesellschaften ist aber, vom Münchner Beispiel abgesehen, für den deutschen Bereich noch nicht hinreichend erforscht.

In der Berliner Akademie gelangten die Rosenkreuzer nach dem Tode Friedrichs des Großen zu keinerlei nennenswertem Einfluß: Zum Reorganisator der Berliner Akademie ernannte Friedrich Wilhelm II. nämlich den Staatsminister des verstorbenen Königs, Graf Hertzberg, der zum Kreis der Berliner Aufklärer zählte. Zwar wurde auch der führende Rosenkreuzer und neue Minister Wöllner Akademiemitglied, doch entwickelte er dort keine Aktivitäten. Vor allem aber brachte Hertzberg eine ganze Reihe führender Berliner Aufklärer in die Akademie: Ramler, Selle, Bode, Teller, Möhsen, Engel und den Botaniker Mayer, viele Jahre später dann noch den Königlichen Bibliothekar und Mitherausgeber der *Berlinischen Monatsschrift* Biester sowie Nicolai. Da auch der Hallenser Eberhard und der Breslauer Garve als auswärtige Mitglieder hinzutraten, stärkte dieser Personalschub die aufgeklärten Popularphilosophen in der Berliner Akademie außerordentlich und bewirkte eine enge personelle Verbindung mit der Mittwochsgesellschaft, der mehr als ein Drittel der in den letzten eineinhalb Jahrzehnten des 18. Jahrhunderts zugewählten Mitglieder angehörten.

Alle genannten Akademien erlebten noch andere durch innere und äußere Faktoren bedingte Krisen ihrer Arbeit, die oft genug zu jahrelanger Stagnation führten.[95] Es wäre deswegen verfehlt, die Akademien und Gelehrten Sozietäten – die keineswegs alle größere Bedeutung erlangten – im Sinn ihrer Zielsetzung grundsätzlich als einwandfrei arbeitende aufgeklärte Institutionen den im Niedergang befindlichen Universitäten des 18. Jahrhunderts gegenüberzustellen: Auch ohne den Sonderfall der effektiven Reformuniversität Göttingen – die viel besser funktionierte als die ihr angegliederte Akademie – war die Wirklichkeit in beiden Fällen komplexer: Sowenig die Universitäten im Sinne der Aufklärung generell versagten, sowenig erwiesen sich die Akademien als stets und dauerhaft erfolgreich. Eine zentrale Institution aufgeklärter Gelehrsamkeit und Meinungsbildung, einen Ort auch sozialer Mobilität bildeten die Akademien in vielen Fällen dennoch, zumal die seit der Mitte des 18. Jahrhunderts zahlreicher werdenden kleineren und fachlich begrenzteren Gelehrten Sozietäten, z. B. die Ökonomischen Gesellschaften, in sozialer Hinsicht das Spektrum erweiterten: In geringerem Maße prestigeträchtig, boten sie auch Angehörigen finanziell schlechter gestellter Bildungsschichten – etwa Lehrern, Predigern und Ärzten – eine gelehrte Kommunikationsstruktur. In unvergleichlich stärkerem Maße als die meisten anderen für die Aufklärung charakteristischen Organisationsformen bezogen diese Gesellschaften Handwerker, Kaufleute oder Bauern ein, da sie sich regelmäßig einer diesen Sozialgruppen entsprechenden fachbezogenen und anwendungsorientierten Aufgabenstellung widmeten. Anders als bei den Akademien, die durch Großprojekte, die Veröffentlichung ihrer Akademieschriften, Preisaufgaben sowie Zeitschriften – wie die bis heute erscheinenden *Göttingischen Gelehrten Anzeigen* – ihre Arbeit dokumentierten und immer wieder zum gelehrten Disput im Sinne des Stände und Staaten übergreifenden aufgeklärten Wissenschaftsverständnisses einluden, blieben die ökonomischen oder patriotischen Gesellschaften meist regional begrenzt. Doch erzielten sie gerade dadurch oftmals eine gesellschaftliche Breitenwirkung und griffen über den Kreis der Berufsgelehrten ebenso hinaus wie über die im übrigen kleine Gruppe ausschließlich prestigeinteressierter Ehrenmitglieder größerer Sozietäten.

Wie immer die Arbeit der Akademien im einzelnen zu bewerten ist, im Ganzen trugen auch sie wesentlich zur Institutionalisierung unabhängiger Forschung bei und boten Kants Wahlspruch »Sapere aude!« eine Heimstatt. Die Mitgliedschaft der Akademien und ihre Forschungen hatte Anteil an nahezu allen gelehrten und ideellen Diskursen der Zeit, und das heißt: an der Heterogenität der Aufklärung überhaupt. Viele – aber keineswegs alle – der erwähnten aufgeklärten Autoren waren Mitglieder der einen oder anderen Akademie, viele ihrer Publikationen entstanden mit ihrer Unterstützung, durch ihre öffentliche Anregung in den Preisfragen oder in ihrem geistigen Klima. Allein schon das Berliner Beispiel einer weitgehend durch Aufklärung geprägten Akademie demonstriert indes ihre Vielfalt: So wollte ihr Präsident Leibniz in der ersten Phase der Akademiegeschichte Glauben und Wissen in der Akademie verbinden. Nachdem während des Niedergangs der Akademie unter Friedrich Wilhelm I. mit Gundling sogar ein Historiker und Jurist zum Präsidenten berufen worden war, dominierte unter dem Einfluß Maupertuis' und vor allem Friedrichs des Großen zeitweise die mathematische und naturwissenschaftliche Forschung, hinter der die historischen Interessen zurücktraten: Anders als in Mannheim oder München spielte Territorialgeschichte oder Kirchengeschichte für die zahlreichen ausländischen Mitglieder keine nennenswerte Rolle mehr.

Die Berliner Aufklärung, eine der wirkungsmächtigsten Richtungen der norddeutschen protestantischen Aufklärung, blieb bis 1786 von den Arbeiten der Akademie weitestgehend ausgeschlossen – ihre Bedeutung und Verbreitung hinderte dies nicht. Nach 1786 gelangten die meisten ihrer führenden Vertreter in die Akademie – zu einem Zeitpunkt, als ihre Wirkung bereits abzunehmen begann und die Akademie das Hauptwerk ihres neuen Mitglieds Kant zu rezipieren begann.

Die Göttinger Akademie errang ihre bedeutendsten Leistungen im Bereich von Philologie und Geschichtsforschung – durch Mitglieder, die zugleich die führenden Vertreter ihres Fachs an der Georgia Augusta waren. Die Münchner Akademie schließlich stand unter starkem Einfluß der katholischen Theologen, deren Mehrzahl zu verschiedenen Richtungen der katholischen Aufklärung zählte. Sowohl naturwissenschaftliche als auch historische Forschungen wurden hier zeitweilig intensiv und erfolgreich betrieben.

Die grundlegende Untersuchung der historischen Forschung an den deutschen Akademien durch Andreas Kraus[96] hat sowohl deren Reichtum als auch ihre in der Tradition geistlicher und aufgeklärter Problemstellung liegenden Themen und Methoden differenziert hervortreten lassen. Die zukunftsweisende Bedeutung der Akademiearbeit für die Entwicklung der Geschichtswissenschaft im 19. Jahrhundert war nicht mehr zu verkennen. Die Akademieforschung besaß freilich bei aller zentralen Bedeutung in einer Reihe von Forschungsfeldern kein Monopol. Vielmehr resultierte das historische Denken der Aufklärung aus der Gesamtheit der innerhalb und außerhalb gelehrter oder belehrender Institutionen betriebenen Arbeit an der Geschichte.

Waren Universitäten und Akademien trotz ihrer unterschiedlichen Aufgabenstellung und der Zugehörigkeit nichtwissenschaftlicher Mitglieder gelehrte Institutionen, organisierten sich in den Lesegesellschaften weniger die Autoren als die Leser. Die Lesegesellschaften stellten den allgemeinsten, offensten und verbreitetsten Organisationstypus der Aufklärung dar, der aus diesem Grunde definitorisch nicht eindeutig abgrenzbar ist. Vorformen gemeinschaftlichen Lesens existierten schon während der ersten Jahrzehnte des 17. Jahrhunderts. 1695 berichtete Kaspar Stieler in seinem Buch über *Zeitungs Lust und Nutz* über adlige Pagen, die »an wohlgeordneten Höfen durch ihren ... Hofmeister in fleißiger Zeitungs-Lesung« in der Beschaffenheit der jetzigen Welt kundig gemacht würden, und beobachtete sogar bei einfacheren Leuten bei Hofe, daß sie sich an Zeitungen ergötzten.[97] Comenius hatte in seiner »Schola pansophica« zwischen 1650 und 1654 zwei Wochenstunden der gemeinsamen Zeitungslektüre vorbehalten, mit deren Hilfe er nicht nur die sprachlichen Fähigkeiten der Schüler verbessern, sondern auch politische und geographische Kenntnisse fördern wollte.[98] Gemeinschaftliche Lektüre zählte auch in pietistischen Zirkeln zunächst in Formen der Erbauungslektüre zum üblichen Tun. Die Zahl der bekannten deutschen Lesegesellschaften im weiteren Sinne lag nach neueren Schätzungen in der zweiten Hälfte des 18. Jahrhunderts bei mehr als 500, möglicherweise – wie regionale Untersuchungen am Beispiel Norddeutschlands vermuten lassen – noch beträchtlich höher.[99] Allerdings waren sie häufig kurzlebig. Die rasche Ausbreitung der Lesegesellschaften im letzten Drittel des 18. Jahrhunderts ist gleichermaßen Ausdruck der noch darzustellenden Lesewut dieser Jahrzehnte wie Konsequenz des aufgeklärten Geselligkeitsbedürfnisses.

Lesegesellschaften im engeren Sinne entstanden aus Zusammenschlüssen zu verbilligten Abonnements von Zeitschriften. Allein hieraus wird deutlich, daß die Lesezirkel anfänglich weitere soziale Schichten ansprachen, für die der Umfang der Lektüre auch oder sogar in erster Linie eine Kostenfrage bildete, da Bücher und Zeitschriften vergleichsweise teuer und öffentliche Bibliotheken selten waren: Die früheste Form des Lesezirkels ist deshalb als »Umlaufgesellschaft« bezeichnet worden. Dieser Frühform folgten Lesebibliotheken und im letzten Jahrhundertdrittel vor allem in größeren Städten, in geringerem Maße aber auch auf dem Lande, Lesekabinette mit eigenen Räumen für Lektüre und Unterhaltung, in denen auch Getränke gereicht wurden.[100]

Die Lesegesellschaften sind symptomatisch für die Verbreitung des Lesens über den Kreis der Theologen und Gelehrten hinaus, aber ebenso für die Wendung von bloßer Rezeption des Gelesenen zu seiner aktiven Diskussion und der sich mit ihr vollziehenden gemeinschaftlichen Meinungsbildung. Zweifellos bilden die Lesegesellschaften also ein weiteres bedeutsames, zu ihrer Popularisierung beitragendes Kommunikationsnetz der Aufklärung, das dem gelehrten Diskurs gesellschaftliche Resonanz verschaffte und darüber hinaus eine vergleichsweise breite Rezeption differierender intellektueller und literarischer Zeittendenzen sicherte, da die Lesegesellschaften den verschiedenen individuellen Interessen ihrer Mitglieder Rechnung tragen mußten.

Die Zahl der derzeit nachgewiesenen Neugründungen, die vor 1760 bei nur fünf lagen, wuchs rapide: Von 1770 bis 1780 waren es 50, von 1780 bis 1790 170 und zwischen 1790 und 1800 sogar 200. Allein in Bremen bestanden 1791 36 Lesegesellschaften unterschiedlicher Größe und fachlicher Ausrichtung.[101] Zu Beginn der neunziger Jahre galten Lesegesellschaften offenbar als derart selbstverständlich, daß Georg Friedrich Rebmann in seinen *Briefen über Erlangen* (1792) den Mangel an Lesebibliotheken rügte und ihn dafür verantwortlich machte, daß die Unterhaltung für einen Mann von einiger Bildung in Erlanger Gasthöfen »äußerst maussade« sei. Durch Lesebibliotheken würden »doch immer unter dem Mittelstand viele nützliche Kenntnisse verbreitet ... Würden nicht noch einige Journale circuliren so wäre in diesem Stück völliger Mangel vorhanden«.[102]

Die Lesegesellschaften stellten in ihrer ausgebildeten Form keineswegs mehr lockere Assoziationen dar, sondern regelten mit Hilfe genau einzuhaltender Statuten das Verhalten der Mitglieder, untersagten z. B. das Tabakrauchen ebenso wie »anstößige« Gespräche über die Religion, die guten Sitten und den Staat. Sie waren also weder in ihrer Form noch ihrer Zielsetzung trotz ausgeprägten Interesses an politischen Fragen normalerweise politische oder oppositionelle Organisationen. Doch gab es hier, wie bei Bahrdts Deutscher Union bereits deutlich geworden ist, Ausnahmen. Ähnliches gilt für eine Mainzer Lesegesellschaft, von deren zwischen 1782 und 1787 ungefähr 170 Mitgliedern etwa ein Drittel später zum sog. Mainzer Jakobinerclub zählte.[103]

Die Aufnahme in die Lesegesellschaften kannte zwar im Prinzip keine ständische Beschränkung auf Adlige, Kleriker oder Bürgerliche, doch begegnen immer wieder soziale Grenzen, die bereits die Beispiele anderer aufgeklärter Vergesellschaftungsformen charakterisierten. Voraussetzung für das Interesse an einer Lesegesellschaft ebenso wie für die Aufnahme, die die Statuten genau regelten, bildete zwangsläufig die Lesefähigkeit, die noch um 1800 maximal 25 bis 40 % der Bevölkerung besaßen. Doch machte nur ein Bruchteil von seinen Lesekenntnissen ausgiebigen Gebrauch. Eine weitere Einschränkung der Zugehörigkeit bildeten die Mitgliedsbeiträge: Von Lesegesellschaft zu Lesegesellschaft unterschiedlich, waren sie zuweilen so hoch, daß sie sich nur wohlhabendere Schichten leisten konnten – von der ursprünglichen Intention verbilligter Beschaffung von Lektüre blieb also oft nicht viel übrig. Insgesamt dominierten in den Lesegesellschaften bürgerliche Bildungsschichten, in nicht wenigen Angehörige der finanzkräftigen bürgerlichen Oberschicht. Innerhalb der Lesegesellschaften galt das Prinzip der Gleichheit aller Mitglieder, auch wenn sie aus unterschiedlichen Sozialgruppen, Schichten oder

Ständen stammten. Die dieser »geniun bürgerlichen Assoziations-
form der Lesegesellschaften« angehörenden Adligen, meist Beamte
der landesherrlichen Verwaltung, erhielten keine Ausnahmestel-
lung. Allerdings demonstrierte ein Ulmer Beispiel eine umgekehr-
te soziale Abschließungstendenz: Die von Ulmer Partriziern 1789
gegründete Lesegesellschaft sah sich seit 1799 dem Ansturm
Bürgerlicher ausgesetzt: Sie setzten ihre Aufnahme durch, doch
zogen sich die Patrizier daraufhin zurück.[104]

In der Regel waren die Lesegesellschaften aber Organisationen,
in denen sich Angehörige verschiedener Konfessionen, Stände und
Berufe unter dem Signum der Bildung und dem Postulat der
Gleichheit zusammenfanden. Ausgeschlossen blieben Frauen und
Studierende – die auch in den übrigen bisher genannten Assoziationsformen keinen Platz fanden. Erst spät öffneten sich manche
der die Geselligkeit über die Diskussion des Gelesenen stellenden
Zirkel den Frauen, die im übrigen wie die Studenten und unteren
bürgerlichen Schichten zunehmend die sich aus Lesegesellschaften
entwickelten Leihbibliotheken frequentierten.[105] Erst die Salons
erkannten um 1800 in Deutschland die Frauen als gleichwertige
oder sogar inspirierende und prägende Mitglieder an, nachdem es
schon seit dem 17. Jahrhundert in Frankreich Salons meist hochad-
liger Damen gegeben hatte.[106] In der Schweiz existierten schon in
den vierziger Jahren des 18. Jahrhunderts drei studentische Lesegesellschaften, für deutsche Universitätsstädte müßte dies noch
erforscht werden. In Erlangen existierte z. B. ein Club in der Art
einer Lesegesellschaft, zu dem Studierende Zutritt besaßen und
dessen Mitgliedsbeiträge äußerst gering waren.[107]

Die soziale Zusammensetzung der Lesegesellschaften hing stark
von lokalen bzw. regionalen Besonderheiten ab: In Residenzstädten bildeten landesherrliche Beamte meist die stärkste Gruppe, in
Garnisonsstädten zählten zahlreiche Offiziere zu den Mitgliedern
und bildeten gelegentlich sogar die Mehrheit. In Regensburg, wo
der Reichstag als ständiger Gesandtenkongreß – der »Immerwäh-
rende Reichstag« – zusammentrat und ein Bischof residierte,
besuchten in erster Linie Diplomaten, einige Domherren und
Klostergeistliche sowie Mitglieder des städtischen Magistrats die
Lesegesellschaft.[108] In Lübeck, wo mehrere Lesegesellschaften
bestanden – im Jahre 1791 erwähnte ein zeitgenössischer Bericht
sechs bis acht – und wo sich die 1789 gegründete »Litterarische
Gesellschaft« 1793 in die »Gesellschaft zu Beförderung gemein-

nütziger Thätigkeit« verwandelte, gehörten neben Juristen, Geistlichen, Lehrern und Ärzten in zunehmender Zahl auch Kaufleute und seit Ende des 18. Jahrhunderts der letztgenannten Gesellschaft sogar Handwerker an, so daß von einer erheblichen Erweiterung des sozialen Spektrums gesprochen werden kann.[109] Die erwähnte Mainzer Lesegesellschaft indes wies einen erheblich größeren Adelsanteil auf als die meisten anderen Gesellschaften: Von den Mitte der achtziger Jahre feststellbaren 161 Mitgliedern zählten zwölf zu den adligen Diplomaten, 35 zu den Adligen im Dienst des Kurerzbischofs, zwölf zu den höheren Offizieren adliger Herkunft, 19 zum höheren, meist adligen Klerus. Insgesamt bildeten also die Mitglieder adliger Herkunft die Mehrheit. Die größten bürgerlichen Gruppen in dieser Gesellschaft stellten die Beamten mit 19 und die Universitätsprofessoren mit 16 Angehörigen.[110]

Die Statuten der Aschaffenburger Lesegesellschaft kannten vergleichsweise restriktive soziale Aufnahmekriterien und kennzeichnen überdies die lokale Beschränktheit aller Lesegesellschaften – die im klaren Gegensatz zu der lokale, territoriale und staatliche Grenzen überschreitenden Offenheit von Akademien und Universitäten stand.

Verschiedene Lesegesellschaften versammelten sich mit einem festen Programm oder mischten vergleichsweise lockere Formen der Zusammenkunft mit strenger gegliederten. So berichtete 1798 Wolf Davidsohn in seinen *Briefen über Berlin* über die dortige Lesegesellschaft des Professors Feßler, die einen höheren Zweck habe als bloß Essen und Trinken: Sie versammele sich jeden Mittwoch, die Sitzungen seien

»eingeteilt in gesetzförmige und gesetzfreie. In den gesetzförmigen werden Abhandlungen aus dem Gebiete der Philosophie, Ästhetik, Geschichte usw. vorgelesen, in den gesetzfreien werden Schauspiele, Gedichte vorgelesen, Musik aufgeführt und so weiter. Es darf nicht gespielt, auch kein Tabak geraucht werden. Die Sitzung dauert bis 8 Uhr, dann wird ein mäßiges Abendbrot gegessen und nachher ein fröhliches Lied gesungen. Die Aufnahme der Mitglieder wird durch Stimmensammlung bestimmt. Wer viele Stimmen wider sich hat, wird nicht aufgenommen... bei einer Gesellschaft, die einen Geist atmet, nur nach einem Zwecke strebt, müssen auch alle Mitglieder sich freundschaftlich die Hand bieten und keiner den anderen mit scheelen Augen ansehen«.[111]

In dieser Gesellschaft waren auch Damen zugelassen, was auch für eine weitere von Davidsohn erwähnte Berliner Gesellschaft galt, in der hohe Beamte und Gelehrte dominierten und die sich wissenschaftlicher Lektüre und Diskussion widmete. Allerdings besaßen die Damen kein Stimmrecht.

Ähnlich verhielt es sich mit dem Montagsclub, in dem sich zahlreiche führende Berliner Aufklärer trafen, die z. T. auch der Mittwochsgesellschaft und überdies seit 1786 der Berliner Akademie angehörten: Diese Mitgliedschaft belegt erneut die partielle personelle Identität gelehrter Institutionen, geheimer und öffentlich bekannter Gesellschaften. Die wichtigsten Teilnehmer des 1749 durch Pastor Schulteß gegründeten Montagsclubs waren neben bereits mehrfach erwähnten Aufklärern wie Biester, Gedike, Spalding, Nicolai, Zöllner, Engel, Ramler, Sulzer, v. Gerlach, der Professor Hermbstädt, der Musiker Quantz, der Leiter der Singakademie Zelter, der Bildhauer und Graphiker Schadow, der Museumsdirektor von Olfers. Zeitweise beteiligten sich außerdem Lessing, Abbt und bis 1792 Wöllner an dieser erlesenen Runde. Neben Schriftstellern und Gelehrten stellten höhere Beamte den größten Anteil im Montagsclub. Zweck der Vereinigung war die Pflege einer »freien heiteren Conversation«. Aufgrund der vergleichsweise hohen Zahl renommierter Teilnehmer und der häufigen Anwesenheit bekannter auswärtiger Gelehrter zählte der Montagsclub, dem niemals mehr als 24 Mitglieder angehören durften, zu den exklusiven Gesellschaften, die auf großen Zulauf keinen Wert legten.[112] So schrieb Davidsohn: Man verbringe dort seine Zeit sehr angenehm und unterhaltend, »nur riecht es hier und da nach Pedanterie. Urbanität, Leichtigkeit, Konversation, mit einem Wort, was der Engländer good humour nennt, ist der deutschen Gelehrten ihre Sache nicht«.[113]

In der *Berlinischen Monatsschrift* berichtete 1784 ein ungenannter Verfasser, in Berlin gebe es eine »Menge von geschlossenen Gesellschaften«, die »großen Einfluß auf die Bildung der Sitten und des Charakters und selbst auf politische Verfassung« haben. »Denken Sie an die Klubs der Engländer und an die cercles der Genfer, um sich zu überzeugen, daß Verbindungen dieser Art in freien Staaten mit unter die Mittel zu antidespotischen Gesinnungen gehören«. Die Namen und Formen dieser Berliner Clubs seien unterschiedlich, in einige komme man täglich, in andere wöchentlich, in manche dürfe man nur Auswärtige mitbringen, in andere auch Einheimische: »Es wird gesprochen, geschwatzt, gegessen, wohl auch vorgelesen; man findet Zeitungen, Journale, Schach-

spiel, Billard, Karten...« Gerade für den Fremden seien diese
Gesellschaften angenehm und bequem, da man dort die angese-
hensten Männer treffe, die wichtigsten Neuigkeiten höre und den
»Geist der darüber gefällten Reflexionen« bemerke.[114]

Gesellschaften dieser Art – mit den Lesegesellschaften verwandt,
aber nicht identisch – dienten im zeitgenössischen Verständnis
neben anderem der politischen Meinungsbildung, sie ermöglich-
ten es, überregionale Kontakte zu pflegen, sie bildeten eine
Kommunikationsbörse für Einheimische und Reisende. Sie
erlaubten das informelle Gespräch derjenigen, die sich in verschiedenen anderen formalisierten Institutionen oder Gesellschaften
betätigten, und förderten damit zweifellos die Vergesellschaftung
aufgeklärter Normen und Ziele, auch wenn ihr Hauptzweck nicht
in der gemeinsamen Lektüre bestand.

Die Lektüre der Lesegesellschaften ist inzwischen gut erforscht:
Sie läßt ein außerordentliches Interesse an politischen Journalen
und gelehrten Zeitschriften erkennen. Die stärksten Einzelgrup-
pen, die Marlies Prüsener aus der Analyse von 493 Zeitschriften
erschlossen hat, entstammen der historisch-politischen Thematik
(19%, zu denen noch 4,3% im engeren Sinne gelehrter historischer Werke hinzukamen), allgemeinwissenschaftlichen Themen
(13,2%), der Literatur (11,2%), der Unterhaltung (9,7%) sowie
der Theologie (6,7%). Insgesamt umfaßte die Gruppe aktueller,
allgemeinbildender oder informierender lokaler Zeitschriften
37,3%, die der Unterhaltung einschließlich Literatur und Kunst
25,4%, die der gelehrten Journale aller Fachrichtungen 37,3%.
Die dargestellten zentralen Themenfelder des aufgeklärten Diskurses kehren also im wesentlichen in der Rezeption durch die
literaten Bildungsschichten – bei denen die Gelehrten im engeren
Sinne nicht dominierten – wieder.

Ein ähnliches Bild bietet die allerdings auf schmalerer Basis
beruhende Auswertung der Buchbestände. Enzyklopädien, fach-
spezifische Nachschlagewerke, Reiseschilderungen, allgemeinbil-
dende historische Literatur, vor allem Biographien demonstrieren
den Wissensdurst des Zeitalters; die Häufung der Berichte über die
Amerikanische und Französische Revolution zeigt ein über den
lokalen Rahmen weit hinausführendes aktuelles politisches Interesse. Belletristik trat demgegenüber zurück[115] – ob diese Vertei-
lung allerdings ausschließlich als Bestreben nach bürgerlicher
Emanzipation erklärbar ist, erscheint angesichts des erheblichen

literarischen Interesses der Zeit fraglich. Ebensogut könnte die literarische Lektüre aufgrund größerer Verbreitung und geringeren Preises individuell beschafft und ausgeliehen worden sein.

Die sich hier andeutende, heute gängige funktionale Deutung der Lesegesellschaften bedürfte weiterer Diskussion. Zwar ist unbestreitbar, daß die Lesegesellschaften ein »Medium sozialer Kommunikation« waren, doch ob sie deshalb schon »in der Emanzipationsphase bürgerlicher Gesellschaften ganz wesentlich zur soziopolitischen Bewußtseinsbildung der aufsteigenden Schichten beigetragen haben« oder gar »speziell den bürgerlichen Bildungsschichten« dazu verholfen haben, »sich als soziale Elite zu konstituieren und zum prägenden Kern der modernen Gesellschaftsbildung zu werden«[116], ist fraglich: Diese Interpretation überschätzt möglicherweise die Lesegesellschaften im Kontext anderer Assoziationsformen und Institutionen, sie überschätzt vermutlich die Zielgerichtetheit der politischen Absichten, und sie erklärt nicht hinreichend, warum sich die adligen Schichten, die Diplomaten, Domherren, hohen Beamten und Offiziere soziokulturell und gesellschaftspolitisch zum Vehikel der »bürgerlichen Emanzipation« haben machen lassen. Diese Einwände gelten auch für analoge Interpretationen der Geheimgesellschaften, so instruktiv sie auch sind.[117] Die Frage nach dem sozialgeschichtlichen Ort der Aufklärung ist deshalb im Zusammenhang wieder aufzunehmen.

Schließlich: Die Neugier auf die Lektüre, der um Aufklärung bemühte Wissensdurst, der sich eben nicht allein auf aktuelle Themen, sondern ebensosehr auf die Gelehrsamkeit erstreckte, verband die Bildungsschichten, bevor er sie politisch und gesellschaftlich trennte.

3. Das »tintenklecksende Saeculum« und die »Leserevolution«: Zeitschriften, Bücher und ihre Leser

Die Lesegesellschaften waren das faßbare Konzentrat des Lesepublikums. Aufklärung benötigte das gedruckte Wort: Der Buchmarkt bildete aus diesem Grunde die allgemeinste und zentrale Organisationsbasis der Aufklärung, den Marktplatz der Ideen und Meinungen. Seine Struktur entsprach dem intellektuell-gelehrten Diskurs der Aufklärer: Nichts stand fest, weder der Wert eines Buches, noch sein Erfolg. Viele Bücher erschienen zu keinem anderen Zweck, als den Inhalt eines anderen zu bestreiten. Der Buchmarkt bot der Kritik ebenso Gastrecht wie der Vernunft, der aufgeklärten Polemik ebenso wie der Esoterik. Ohne Buch hätte sich keiner der bisher behandelten Diskurse so entwickelt, wie es historisch der Fall war: die Ideen nicht und nicht die Organisationen. So schön und tief vieles gedacht war – ohne Leser wäre es konsequenzlos verpufft. Der Buchmarkt stellte einen der wesentlichen Indikatoren für die Rezeption der Aufklärung in der Bevölkerung dar. Das 18. Jahrhundert war, wie Schiller zu Recht bemerkte, ein »tintenklecksendes Saeculum« – man schrieb und schrieb und schrieb: Briefe, Bücher, Aufsätze, Pamphlete und natürlich Kritiken, immer wieder Kritiken, schließlich die Tagesliteratur von der schnell verderblichen Ware aktueller Zeitung, wie man die Nachricht auch nannte, bis zu schwergewichtigen gelehrten Werken, von denen die Rede war – und auch Schund. Zwei Tendenzen kennzeichneten die Buchproduktion des 17. und 18. Jahrhunderts: Die eine führte von der Bibel zu Kants *Kritik der reinen Vernunft*, die andere vom Erbauungsbuch zum Trivialroman. Wurde das Lesen auf der einen Seite intellektualisiert, so auf der anderen demokratisiert, popularisiert, trivialisiert.

Über das Ausmaß des Analphabetentums im vorrevolutionären Europa existieren lediglich mehr oder weniger fundierte Schätzungen: Sie stimmen darin überein, daß die Mehrzahl der Europäer gegen Ende des 18. Jahrhunderts nicht lesen konnte, obwohl die Zahl der Lesekundigen ständig wuchs. Im Durchschnitt des 18. Jahrhunderts galten nach neueren Forschungen 10% der erwachsenen Deutschen als lesefähig. Die zunehmende Tendenz läßt sich an einigen Stichjahren ablesen: 1770 konnten vermutlich 15% lesen, 1800 schon 25%, 1830 bereits 40%. Einige Schätzungen gehen von einer höheren Lesefähigkeit aus, der Trend bleibt derselbe. Ob diese Lesekundigen gut oder mühelos lasen, ob Kant und Lessing oder Kirchenlieder, ist damit noch nicht gesagt. Von den um 1800 ungefähr 24,5 Millionen Deutschen umfaßte aber das eigentliche Lesepublikum kaum 1%.[118] Nicolai schätzte 1773 die Zahl der Gelehrten und Autoren auf 20 000 – und niemand besaß damals wohl einen besseren Überblick über den Buchmarkt und seine Adressaten. Das Verhältnis von Schreibenden und Lesenden charakterisierte der Berliner Aufklärer mit beißendem Spott:

»Der Stand der Schriftsteller beziehet sich in Deutschland beinahe bloß auf sich selber, oder auf den gelehrten Stand. Sehr selten ist bei uns ein

Gelehrter ein Homme de Lettres. Ein Gelehrter ist bei uns ein Theologe, ein Jurist, ein Mediziner, ein Philosoph, ein Professor, ein Magister, ein Direktor, ein Rektor ... und er schreibt auch nur für seine Zuhörer und seine Untergebenen ... Die zwanzig Millionen Ungelehrte vergelten den 20 000 Gelehrten Verachtung mit Vergessenheit.«[119]

Die Lesefähigkeit nahm während des 18. Jahrhunderts und besonders seit dem letzten Drittel rapide zu, allerdings dürfte es beträchtliche regionale Unterschiede gegeben haben, insbesondere ein Stadt-Land-Gefälle. Vor allem in kleineren Dörfern blieben die Schulverhältnisse in der Regel miserabel. Das fiel um so mehr ins Gewicht, als um 1800 noch mehr als vier Fünftel der Bevölkerung auf dem Lande lebten. Die Verbesserung der Ausbildung vollzog sich erst langsam. Nachdem die Reformatoren einen allgemeinen Volksunterricht gefordert hatten, erließen im Laufe des 16. und 17. Jahrhunderts in erster Linie protestantische Landesherren Schulordnungen. Die Anordnung allgemeiner Schulpflicht, die zuerst 1642 in Sachsen-Gotha erfolgte, und die pädagogischen Bemühungen der Pietisten blieben vereinzelte Ansätze, bis die aufgeklärte Reformpädagogik im letzten Drittel des 18. Jahrhunderts mehr und mehr zum staatlichen Programm territorialstaatlicher Schulpolitik im aufgeklärten Absolutismus wurde und damit die Grundlage für die Institutionalisierung allgemeiner Volksbildung im 19. Jahrhundert geschaffen wurde.[120]

Die Verbesserung der Lesefähigkeit ist also auch als allmähliche Realisierung aufgeklärter Forderungen anzusehen und ihrerseits Ausdruck der Verbindung dieses Ziels mit dem monarchischstaatlichen Interesse. Zweifellos spielte hierfür das Nützlichkeitsprinzip eine wesentliche Rolle, und ebenso bedeutsam war der Wunsch der absoluten Herrscher nach umfassender Regelung aller gesellschaftlichen Sektoren, auf die sich monarchische Politik erstreckte. Auch hier dokumentierten statistische Erhebungen und organisatorische Konsequenzen das neue schulpolitische Interesse. König Friedrich Wilhelm II. richtete in Preußen 1787 ein Ober-Schulkollegium als zentrale Unterrichtsbehörde ein und ließ zugleich eine Statistik über den Zustand des Schulwesens erarbeiten, die schon gegen Ende des 18. Jahrhunderts aktualisiert wurde.[121] Die Übertragung des Schulwesens in staatliche anstelle kirchlicher Zuständigkeit durch das ALR von 1794 bedeutete einen entscheidenden schulpolitischen Wandel.

Der wachsenden Lesefähigkeit korrespondierte schon im

18. Jahrhundert der Lesehunger, der sich nicht auf die oberen Stände beschränkte, sondern auch diejenigen Schichten einbezog, die durch ihre Herrschaften mit Lektüre in Berührung kamen, z. B. die Dienstboten[122], die damals 10 bis 20% der Stadtbevölkerung ausmachten. So erklärte schon Georg Friedrich Rebmann in seinen *Kosmopolitischen Wanderungen durch einen Teil Deutschlands* (1793): »das Publikum, dessen Stimme zwar nicht in kritischer, aber in ökonomischer Hinsicht über unsere Schriftsteller richtet, besteht aus Friseuren, Kammerjungfern, Bedienten, Kaufmannsdienern und dergleichen, die man in unseren Lesebibliotheken zu Dutzenden antrifft«.[123]

Freilich wird man den von Friedrich Schlegel in den *Athenäumsfragmenten* 1798 geprägten Begriff der »Leserevolution«, den moderne Darstellungen übernommen haben, relativieren müssen. Wie bereits bei der Darstellung der Lesegesellschaften deutlich geworden ist, gab es schon im späten 17. Jahrhundert unverkennbar Regungen eines sich steigernden Leseinteresses, das sich allerdings im letzten Drittel des 18. Jahrhunderts noch erheblich intensivierte. Die wachsende Bedeutung der muttersprachlichen Bildung, die eingangs als ein Konstituens nationaler Aufklärungsbewegungen erkennbar wurde, bildete die Bedingung der Möglichkeit dieser Ausdehnung des Lesens. Jedenfalls verbreitete sich das Leseinteresse in einem Maße, daß kritische Zeitgenossen in den neunziger Jahren – in Wiederaufnahme der schon in Zedlers *Universal-Lexikon* 1733 angeprangerten »Bücher-Sucht«, die ebenso eine Krankheit sei wie die Wassersucht – sogar von »Lesesucht« sprachen und Nutzen und Nachteil des Lesens meinten gegeneinander abwägen zu müssen. Dohm erklärte 1796:

»Unser Bürger und Bauer liest unstreitig mehr, als die nächste Generation vor ihm und dieß ist noch einiger Zunahme fähig. Aber Lage und Bedürfnis werden hier schon immer ein gewisses Maß halten. Der gemeine Mann wird zu allen Zeiten nur wenig lesen und ich nehme keinen Anstand zu sagen – er muß nur wenig lesen.«[124]

Es gab Autoren, deren Zurückhaltung gegen die Lesewut der Zeitgenossen in direkte Kritik umschlug. Zu ihnen zählte Johann Rudolph Gottlieb Beyer, der 1795 in einer Schrift *Über das Bücherlesen* vorschlug, die Lesesucht zu bremsen: Sie halte von der Arbeit ab, mache für das wirkliche Leben untauglich, führe zu Sinnlichkeit und Weichlichkeit, bringe falsche oder unausgereifte Ideen in Umlauf und sei schließlich politisch gefährlich.[125]

Die Gegenposition bezog ein radikaler Aufklärer wie Johann Adam Bergk, der 1799 die rhetorische Frage stellte: »Was giebt es nun für ein zweckmäßigeres Mittel, unseren Geist auszubilden, als das Bücherlesen? Wo finden wir einen so reichen und so mannichfaltigen Stoff, unsere Kräfte zu üben und unser Interesse für das *Selbstdenken* einzuflößen, als in gedanklichen Büchern?«[126] Bergk und andere Aufklärer machten sich weniger Sorgen über das Viellesen als über die Art der Lektüre; nicht in der Vielzahl aufgeklärter Autoren sahen sie ein Problem, sondern in der zunehmenden Produktion und Verbreitung von Trivialliteratur, der der Bildungswert bestritten wurde und die ihrerseits eine Verselbständigung des Publikumsgeschmacks im Medium der Aufklärung darstellte. Trotzdem gelangte Rebmann zu dem wohl für die meisten Aufklärer zutreffenden Schluß:

»Im ganzen, glaub' ich, hat die *Menschheit* durch die zur Mode gewordene Lesesucht auch der niederen Stände gewonnen. Mögen die Kenntnisse, die der Mittelstand und der gemeine Mann daraus schöpft, immerhin meist oberflächlich und zum Teil schief sein; so ist doch dadurch eine gewisse enzyklopädische, praktische, populäre Behandlung mancher zu wissen nötigen und nützlichen Dinge aufgekommen, die sonst in großen schwerfälligen Quartanten und Folianten versteckt blieben.«[127]

Als Condorcet 1794 seinen *Esquisse d'un tableau historique des progrès de l'esprit humain* schrieb, bezeichnete er als achte Epoche diejenige »Von der Erfindung des Buchdrucks bis zu der Zeit, in der Wissenschaft und Philosophie sich vom Joch der Autorität freimachten«. Ganz in Übereinstimmung mit anderen Aufklärern, z. B. mit Schlözer, betonte Condorcet den epochemachenden Charakter der Erfindung der Buchdruckerkunst für die Entwicklung der Aufklärung.

»Da die vervielfachten Drucke sich mit großer Schnelligkeit verbreiteten, erlangten die Tatsachen und Entdeckungen nicht nur größere Publizität, sie erlangten diese Publizität auch in kürzerer Zeit. Die Aufklärung wurde zum Objekt eines lebhaften umfassenden Handels.«[128]

Tatsächlich war die Buchproduktion schon in den Jahren vor dem Dreißigjährigen Krieg angestiegen, bevor sie sich während der nächsten Jahrzehnte unter seinem Einfluß stark verminderte. Seit dem Ende des 17. Jahrhunderts aber wuchs sie unaufhörlich und in immer größerem Ausmaß. Schätzungen zufolge kann man für die Zeit von 1700 bis 1800 von ungefähr 175 000 deutschsprachigen

Veröffentlichungen ausgehen, die zu zwei Dritteln nach 1760[129] erschienen. Das *Magazin des Buch- und Kunsthandels* nannte für die Jahre 1780 bis 1782 rund 15 000 lieferbare deutschsprachige Titel. Schon für das Jahr 1769 nahm Nicolai mehr als 1300 Neuerscheinungen an, und diese Zahl wird durch andere Quellen bestätigt.[130] Die Zahl der jährlichen deutschsprachigen Neuerscheinungen wuchs ständig, sie betrug um 1775 ungefähr 2000, 1783 3000, 1790 3560 und 1805 bereits 4180. Entsprechenden Umfang nahm die Rezeption in den Rezensionszeitschriften an: Nicolais *Allgemeine Deutsche Bibliothek* rezensierte zwischen 1765 und 1811 ungefähr 80 000 Bücher.[131]

Außer der quantitativen Entwicklung der Buchproduktion ist auch eine sektorale Erfassung instruktiv. Zwischen 1740 und 1800 verminderte sich der Prozentsatz der in lateinischer Sprache veröffentlichten Werke von 27,7 auf knapp 4%. Allerdings war dies in starkem Maße ein Ergebnis der letzten eineinhalb Jahrzehnte des 18. Jahrhunderts, betrug doch nach den Berechnungen Reinhard Wittmanns noch 1780 bis 1782 dieser Anteil 17,3%, da ein beträchtlicher Teil der juristischen, medizinischen und sonstigen gelehrten Veröffentlichungen, darunter die meisten der Universitäts- und Schulschriften, in Latein erschien. Trotz dieser Verzögerung ist die Bedeutung der Volkssprache, die schließlich eine der entscheidenden Voraussetzungen für den starken Anstieg der Buchproduktion bildete, unverkennbar.

Schon Johann Goldfriedrich hat in seiner großen *Geschichte des deutschen Buchhandels* zwei Rubriken unterschieden: eine bis 1740 relativ konstant bleibende und eine stark veränderliche Gruppe von Sachgebieten. Zu der konstanten Gruppe zählten: Jurisprudenz, Medizin, Geschichte und Musik. Ihre Anteile verschoben sich zwischen 1625 und 1735 nur unwesentlich. Der Anteil der Geschichte an der deutschen Buchproduktion erreichte 1625 12% und lag nach einer Kurvenbewegung bis 1735 bei knapp 19%. Die veränderliche Gruppe bestand aus den Fächern Theologie, Philosophie im weitesten Sinne und Poesie. Dabei verminderte sich der Anteil der Theologie von 45,8% im Jahre 1625 auf 40,5% 1735.

Doch sind die Veränderungen in diesem Zeitraum noch bei weitem nicht so signifikant wie für die folgenden Jahrzehnte: Zwischen 1735 und 1800 sank die Jurisprudenz von 8,5% auf 3,5%. Ebenfalls verminderten sich die Anteile von Medizin und

Geschichte. Im Falle der Geschichte nahm der Anteil von 18,7 % im Jahre 1735 auf 15,7 % im Jahre 1800 ab. Besonders bemerkenswert aber sind die Veränderungen in den Fächern Theologie, Philosophie und Poesie im Zeitalter der Aufklärung: Bis zum Jahre 1800 verminderte sich der Anteil der Theologie weiter bis auf 6 %. Umgekehrt verlief die Entwicklung der philosophischen Literatur, die sich zwischen 1735 und 1800 nahezu auf 40 % verdoppelte. Ein noch rasanteres Anwachsen zeigte die Poesie: 1735 betrug der Anteil der poetischen Literatur nur 3,6 %, 1750 erreichte sie schon 8,7 %, was eine Verdoppelung innerhalb von 15 Jahren bedeutet; bis zum Jahre 1800 jedoch wuchs der Anteil poetischer Schriften an der Buchproduktion auf 27,3 %. Mit anderen Worten: Im Jahre 1800 bestanden die Neuerscheinungen zum größten Teil aus philosophischen und poetischen Werken, die insgesamt nahezu zwei Drittel der Buchproduktion umfaßten. Damit wird ebenfalls die These des geringen Interesses an Belletristik in den Lesegesellschaften relativiert.

Bezeichnenderweise gewannen auch andere, sehr praktisch orientierte Wissensbereiche an Bedeutung. So steigerte sich etwa der Anteil derjenigen Literatur, die sich mit Landwirtschaft bzw. dem Gewerbe befaßte, von nur 1 % im Jahre 1740 auf 8 % im Jahre 1800. Also auch hier wieder: Der Nutzen der Literatur spielte für die Buchproduktion eine erhebliche Rolle. Und so verdoppelte sich selbst die Zahl der praktischen Hausbücher von ungefähr 1 % auf über 2 %. Ähnliches läßt sich für andere Bücher sagen, denen man einen praktischen Nutzen zumaß, etwa für die pädagogische Literatur, die von 1740 bis 1800 von gut 0,5 % auf 4 % wuchs, oder auch die staatswissenschaftliche Literatur, deren Anteil an der Buchproduktion von 1,3 auf 3,6 % stieg.[132]

Insgesamt ging der prozentuale Anteil – weniger die absolute Zahl – der theologischen Bücher oder, im strengen Sinne, Gelehrtenliteratur zurück. Demgegenüber wuchs der Teil der Buchproduktion, der einem praktischen Nutzen oder auch der Unterhaltung bzw. im allgemeinsten Sinne der philosophischen Belehrung diente. Als Gesamtergebnis bleibt festzuhalten: Die Buchproduktion im Zeitalter der Aufklärung ist entscheidend durch Säkularisierung charakterisiert. Dabei muß man in thematischer Hinsicht feststellen, daß sich die philosophischen Schriften häufig auf Probleme der gesellschaftlichen Moral bezogen und man aus diesem Grunde auch von populärmoralischer Literatur gesprochen hat.

Die Auflagenhöhe ist wie die anderen Zahlenangaben aus der Buchproduktion nur schätzbar. Doch sind auch die Näherungswerte aussagekräftig genug.[133] Im Durchschnitt erzielte während der achtziger Jahre ein Buch im günstigsten Fall kaum mehr als eine Auflagenhöhe von 600 Exemplaren. Für nicht belletristische Werke war das sogar die Obergrenze. Noch für den Anfang des 19. Jahrhunderts muß davon ausgegangen werden, daß die Erstauflage von Büchern, die gute Erfolgsaussichten hatten, kaum mehr als 3000 bis 4000 Stück betrug.

Allerdings gibt es auch hier Ausnahmen. Zu ihnen gehören Volksbücher, Erbauungsschriften und Gebetsbücher, die noch am Ende des 18. Jahrhunderts erhebliche Auflagenhöhen erreichten. So gelang es etwa dem Nürnberger Verlagsbuchhändler Benjamin Schmolke, mit einem Gebetsbuch in diesen Jahrzehnten einen Absatz von 30000 Exemplaren zu erzielen. Einen riesigen Erfolg errang Rochows Lesebuch *Der Kinderfreund* (1776), von dem im 18. Jahrhundert mehr als 100000 Exemplare gedruckt wurden. Noch weit übertroffen wurde diese Zahl von einem weiteren Bestseller der aufgeklärten Volkspädagogik, von Rudolf Zacharias Beckers *Noth- und Hilfsbüchlein für Bauersleute* (2 Bde., 1778/1788)[134], das bis 1811 eine Auflage von einer Million Exemplaren erreichte und damit das weltliche Buch mit der größten Verbreitung überhaupt wurde. Ein erfolgreicher Sonderfall, an dem sich der Wandel ablesen läßt, war der *Messias* von Klopstock. Er bildete deswegen einen Sonderfall, weil es sich hier um ein Werk handelte, das zwischen Poesie und Erbauungsliteratur lag und das sowohl die Gebildeten als auch die Leser von theologischer Erbauungsliteratur anzog. Eines der erfolgreichsten Bücher der Aufklärung war Nicolais Roman *Das Leben und die Meinungen des Herrn Magister Sebaldus Nothanker*, der zwischen 1773 und 1776 in drei Teilen erschien. Von diesem Buch wurden in vier Auflagen 12000 Exemplare gedruckt, und es erlebte darüber hinaus mehrere unberechtigte Nachdrucke sowie fingierte Fortsetzungen. Das Buch wurde im übrigen auch ins Englische, Französische, Holländische, Schwedische und Dänische übersetzt. Allerdings muß man feststellen, daß eine solche Auflagenhöhe auch für sehr erfolgreiche Werke extrem gewesen ist. So brachten es z.B. die Goethe-Schillerschen *Xenien*, ein immerhin äußerst erfolgreiches Werk, »nur« auf eine Auflage von 3000 Exemplaren – am Ende des 18.

Jahrhunderts die Zahl eines ausgesprochenen Bestsellers.

An Nicolais Roman ist abzulesen, welche Themen damals besonders interessierten: Es handelte sich in diesem Roman um eine Auseinandersetzung mit verschiedenen theologischen Strömungen, insbesondere um eine Kritik an Pietisten und protestantischen Orthodoxen. Die Darstellungsmittel von Ironie und Satire, die Verschlüsselung von sonst sehr bekannten Zeitgenossen, die die Lektüre zu einem beliebten Ratespiel machten, die Portraits, die mehr oder weniger unverschlüsselt in dem Roman enthalten waren – das alles war für die Leser offensichtlich sehr interessant. Hinzu kam, daß der Roman in drei Teilen erschien, sozusagen als Fortsetzungsroman, ein Verfahren, das damals schon die »Moralischen Wochenschriften« entwickelten. Die Fortsetzung eines Artikels in einer Serie über mehrere Nummern sichert bis heute von vornherein einen gewissen Leserkreis. Hinzu kam der erfolgversprechende Trick, daß der Autor Nicolai an bekannte Romane und deren Personen anknüpfte, in diesem Fall etwa an Laurence Sternes *Tristram Shandy* oder an den Erfolgsroman Moritz August von Thümmels, *Wilhelmine, oder der vermählte Pedant* (1764).

Von Interesse ist schließlich auch die Zahl der Verleger: In den siebziger Jahren standen 200 bis 220 Verlagsbuchhändler im »Dienst der Aufklärung und der Wissenschaften«, die in einem Zeitraum von zehn Jahren insgesamt etwa 22 Millionen Exemplare produziert haben dürften. Und ebenso nahm die Zahl der offiziell als Autoren geführten Personen zu: Johann Georg Meusels Nachschlagewerk *Das gelehrte Teutschland oder Lexicon der jetzt lebenden teutschen Schriftsteller* (1772) zählte über 3000, schon die 2. Auflage von 1776 nannte 4306 lebende Schriftsteller, rund zehn Jahre später dürften es bereits 6000 gewesen sein.[135]

Eine derjenigen literarischen Gattungen, die als Diskussionsform der Aufklärung und als Medium ihrer Popularisierung eine zentrale Rolle spielten, bildeten die Periodika. So wuchs die Zahl der Literaturzeitschriften, aber auch der Zeitschriften zu gelehrten oder anderen Themen im 18. Jahrhundert enorm.

Nach Joachim Kirchner entwickelte sich die Zahl der deutschsprachigen literarischen Zeitschriften wie folgt: 1740: 31 Titel, 1750: 26, 1760: 34, 1770: 25, 1780: 96, 1790: 111 Titel.[136] Insgesamt erschienen nach Kirchner in diesem Zeitraum 323 literarische Zeitschriften, darunter 99 Theaterzeitschriften, 30 literarisch-kritische Zeitschriften und 45 Zeitschriften mit literaturwissenschaftlichem Charakter. Obwohl die Übergänge zwischen den Zeitschriften fließend sind und die Rubrizierung anfechtbar ist, bietet sie doch Anhaltspunkte. Viele Rezensionszeitschriften besaßen einen eher populären Charakter und zählten doch zur gelehrten Literatur. Zahlreiche historisch-politische Zeitschriften brachten sowohl gelehrte als auch bloß unterhaltende Artikel. Fließend sind die Übergänge auch im Hinblick auf Gestaltung und Erscheinungsweise. Unter Zeitschriften können sowohl frühe Formen der Presse, also Tageszeitungen vergleichbar, verstanden werden, selbst wenn sie in dieser Zeit noch nicht täglich erschienen, als auch Wochen- oder Monatszeitschriften.

Entscheidend für diesen Zusammenhang ist, in welcher Weise die Zeitschriften als ein zentrales Medium der Aufklärung während des 18. Jahrhunderts an Boden gewannen. Vorläufer solcher Zeitschriften finden sich bereits im 17. Jahrhundert. Manche von ihnen zeigen alle Merkmale, die auch die späteren Aufklärerzeitschriften des 18. Jahrhunderts auszeichnen. Zu nennen ist hier z. B. das seit 1665 von dem Pariser Parlamentsrat Denys de Sallo herausgegebene *Journal des Sçavans,* das u. a. über naturwissenschaftliche Versuche und Entdeckungen sowie über gelehrte Werke und Akademien berichtete. Dieses französische Journal erhielt seit 1665 in den *Philosophical Transactions* der Londoner Royal Society und in dem seit 1668 in Rom publizierten *Giornale de' Letterati* von Francesco Nazzari schnell Nachahmer.[137] In Deutschland folgten seit 1682 die in lateinischer Sprache durch den Leipziger Professor der Moral und der Praktischen Philosophie Otto Mencke veröffentlichten *Acta Eruditorum,* von denen bis zu ihrer Einstellung im Jahre 1782 117 Bände erschienen. Auch Menckes Werk konzentrierte sich auf die Besprechung gelehrter Neuerscheinungen, einschließlich fremdsprachiger Werke. Vielfalt der Themen, Rang der Mitarbeiter, weite Wirksamkeit machten die *Acta Eruditorum* für Generationen zum Vorbild, ohne daß dies die erste oder einzige Fachzeitschrift im deutschsprachigen Raum gewesen wäre.

Zwei Jahre nach Mencke begann seit 1684 Bayle in Amsterdam seine *Nouvelles de la République des Lettres* (bis 1718, 56 Bde.) herauszugeben, und seit 1688 publizierte Thomasius seine schon erwähnte erste deutschsprachige Rezensionszeitschrift, die berühmten *Monatsgespräche.* Thomasius erwähnte sowohl das *Journal des Sçavans* als auch die *Acta Eruditorum* und Bayles neue

Zeitschrift, die wegen der vielfältigen mutigen und gelehrten Themen sowie ihrer subtilen und durchdringenden Schreibart großen Ruhm verdiene. An Bayles Vorbild orientierten sich denn auch Thomasius' witzig-gelehrte Dispute, deren Ziel die nützliche Information über wissenschaftliche Novitäten, aber auch die Ingangsetzung eines gelehrten Gesprächs bildete: Er wollte »die gelehrte Welt ... belustigen und Nutzen ... schaffen«.[138] Auch wenn Thomasius später seine Kritik milderte, sein Konzept modifizierte und den unterhaltenden Aspekt zurücktreten ließ, hatte er doch die Richtung gewiesen. Nur die wenigsten gelehrten Journale erhielten sich in Deutschland einstweilen Thomasius' Streitbarkeit und Spottlust, dafür wurden sie regelmäßiger in der Anlage und gelehrter im Ton. Zu den zahlreichen Rezensionszeitschriften des 18. Jahrhunderts zählten seit 1715 die Leipziger *Neuen Zeitungen von den gelehrten Sachen,* seit 1739 die *Göttingischen Zeitungen von den gelehrten Sachen* und insbesondere seit 1765 Nicolais *Allgemeine Deutsche Bibliothek,* die im Laufe von viereinhalb Jahrzehnten auf insgesamt 264 Bände anwuchs und insgesamt 433 Mitarbeiter im gesamten deutschsprachigen Raum aufweisen konnte – eine »Rezensionsanstalt« riesigen Ausmaßes und von weithin gefürchtetem dezidiert aufklärerischem Urteil.[139]

Neben den Typus aufgeklärter Rezensionsorgane traten schon in der ersten Hälfte des 18. Jahrhunderts im In- und Ausland eine Fülle weiterer Journale von oft normbildender Wirkung auf das Publikum. Zu den berühmtesten Zeitschriften gehörten die englischen Vorbilder der deutschen »Moralischen Wochenschriften«, vor allem die drei großen Zeitschriften von Joseph Addison und Richard Steele: *The Tattler* (1709–1711), *The Spectator* (1711–1712, 1714) und *The Guardian* (1713). Hier veröffentlichten führende Vertreter der damaligen englischen Literatur, die literarische Kritik verstanden die Autoren als Teil der gesamten Menschenbildung, wofür die Essays von Pope und die satirischen Beiträge von Swift exemplarisch sind.

Die charakteristische Überzeugung, Literatur sei für das moralische Leben der Menschen und die Ausbildung ihrer bürgerlichen Tugenden nützlich, beeinflußte die »Moralischen Wochenschriften«. Sie erschienen im wesentlichen zwischen 1720 und 1770, insbesondere in den Jahren 1740 bis 1760 – vereinzelte, gattungsverwandte Blätter auch noch bis in die neunziger Jahre. Im deutschsprachigen Bereich dürfte es während des 18. Jahrhunderts ungefähr 110 Periodika dieser Art gegeben haben, wobei mindestens zweimonatiges Erscheinen dieser oft recht kurzlebigen Organe zugrunde gelegt ist. Die »Moralischen Wochenschriften« erschienen schwerpunktmäßig in protestantischen Gegenden, vor allem in Bürgerstädten, im katholischen Deutschland kamen sie erst mit Verspätung und in weitaus geringerer Zahl seit den sechziger Jahren auf. Bezeichnend sind oft allein die Titel. So gab der Nürnberger Christoph König seit 1785 eine Zeitschrift heraus, die die Überschrift trug: *Freund der Aufklärung und Menschenglückseligkeit. Eine Monatsschrift für denkende Leserinnen aus allen Religionen und Ständen.* Zu den bekanntesten »Moralischen Wochenschriften« zählte Gottscheds *Der Biedermann* (1727–1729), *Die vernünftigen Tadlerinnen* (1725/1726), der Hamburger *Patriot* (1724–1726, 1728–1729), der als einzige Zeitschrift dieser Art zeitweise eine den englischen Vorbildern vergleichbare Spitzenauflage erreichte, die in einem Fall sogar 6000 betragen haben soll. Aber auch mit den für die beste Zeit angenommenen 3000 bis 4000 Lesern lag er weit über den üblichen Auflagenhöhen der »Moralischen Wochenschriften«, die auf wenige hundert Exemplare geschätzt werden und wohl oft noch darunter lagen. Matthias Claudius' *Wandsbeker Bote* erzielte z. B. im Jahre 1772 nur eine Auflage von 400.[140]

Die Auflagenzahlen sind auch bei den anderen Zeitschriftentypen als Indiz für ihre Wirksamkeit von Bedeutung. Neben den gelehrten erlangten in den letzten drei Jahrzehnten des 18. Jahrhunderts vor allem die politischen Journale Bedeutung. Erreichte Nicolais *Allgemeine deutsche Bibliothek* um 1777 mit 2548 verkauften Exemplaren ihre Spitzenauflage, betrug ihr Schnitt in den guten Jahren bis ungefähr 1790 etwa 2000 Exemplare – ein Absatz, den die gegen Ende des 18. Jahrhunderts erfolgreichste Rezensionszeitschrift – die seit 1785 in Jena erscheinende *Allgemeine Literatur-Zeitung* – ebenfalls erbrachte. Führende Aufklärungszeitschriften – wie z. B. Wielands in Anlehnung an den Pariser *Mercure de France* in Weimar herausgegebener *Teutscher Merkur* – verloren auch zwischen der Mitte der siebziger und der neunziger Jahre einen Teil ihrer Auflage. Wielands Zeitschrift z. B. ging von 2000 auf 1000 zurück. Andererseits erzielte das bedeutendste politische Journal der späten Aufklärung, Schlözers zwischen 1783 und 1794 publizierte *Stats-Anzeigen*, zeitweise eine Auflage von 4000 Exemplaren.

In den Aufklärungszeitschriften wurde der öffentlichen Kritik zunächst auf dem Gebiet der Gelehrsamkeit ein Forum geschaffen.[141] Jedoch hatte das Zeitschriftenwesen der Zeit weiterwirkende Bedeutung, indem diese Journale von literarischer zu politischer Öffentlichkeit hinführten. Dies läßt sich nicht zuletzt an den Erscheinungsdaten von Zeitschriften ablesen, bei denen sich diese Tendenz abzeichnete. Sie alle wurden seit den siebziger und achtziger Jahren publiziert: Neben Wielands *Merkur* (1773 ff.) sind Schubarts *Teutsche Chronik* (1774 ff.), die *Berlinische Monatsschrift* (1783 ff.), Schlözers *Briefwechsel, meist politischen und historischen Inhalts* (1776 ff.) und vor allem seine anschließenden *Stats-Anzeigen* hervorzuheben. Gerade Schlözer hat die deutsche Publizistik durch vorsichtige, aber zielstrebige Politisierung der bürgerlichen Leser zu einer politischen Macht erhoben.[142]

Auch die unpolitischen Journale erlangten also eine politische Funktion; durch Aufklärung und Information der Bevölkerung, durch ihren Beitrag zur Schaffung eines Publikums, durch Kritik, schließlich durch Normbildung für bürgerliche Schichten schufen sie die Voraussetzungen einer möglichen Politisierung. Sie trugen zudem zur Verbesserung der wirtschaftlichen Situation der Schriftsteller bei. Grundlage für die Wirkung der Zeitschriften bildete das verbreitete Interesse an ihnen, es zeigt sich außer in ihrer Auflagenhöhe daran, daß eine große Anzahl zum festen Bestand der Lesegesellschaften gehörte.[143] Ohne Publizistik war »Öffentlichkeit« nicht denkbar. Insofern war die Entwicklung von der geschriebenen Korrespondenz bis zur politischen Tageszeitung mit der Entstehung von Öffentlichkeit untrennbar verbunden; beide bedingten einander.

V. Gelehrtenrepublik in der ständischen Gesellschaft des Absolutismus

1. Von der literarischen zur politischen Öffentlichkeit

Die prinzipielle Voraussetzung für die Wirksamkeit der Zeitschriften wie der gesamten aufgeklärten Buchproduktion überhaupt war die Preßfreiheit. Diese von allen Aufklärern nachdrücklich vertretene Forderung hatte zwei Adressaten: Staat und Kirche. Auf das Problem der Preßfreiheit – damals noch auf die Gesamtheit aller Druckschriften bezogen – konzentrierte sich in den deutschen Staaten die Öffentlichkeitsforderung der Aufklärer. Die politische Brisanz dieser Forderung zeigte sich nicht zuletzt in der Reaktion der Regenten weltlicher und geistlicher Provenienz.

Erstmals 1774 von Schubart gefordert, erhoben bald auch andere Autoren das Postulat der Preßfreiheit. So schrieb z. B. Nicolai 1777: »Ein jeder Gelehrter, dem das Wohl seines Vaterlandes, die Erleuchtung seiner Zeiten, am Herzen liegt, widersetze sich... unwissenden Censoren, wenn ihre Richtergewalt durch den Mißbrauch, den sie davon machen, in Tyrannei ausartet.«[1] Immer wieder betonte Nicolai den »unersetzlichen Schaden«, den etwa die Zensur »dem Fortschreiten freymüthiger Denkungsart in Österreich« zugefügt habe. Auch nachdem die Zensur seit dem Amtsantritt van Swietens als Präsident der Bücherzensurkommission und seit der Regierungsübernahme durch Joseph II. sehr viel gelinder geworden sei, handele es sich immer noch um ein Übel.[2] Mit der österreichischen Zensur hatte Nicolai selbst zu kämpfen, als die *Allgemeine Deutsche Bibliothek* (ADB) 1778 verboten wurde. Aber nicht nur Nicolai, dem als Verleger, Buchhändler und Publizist schon aus beruflichen und finanziellen Gründen – worauf seine Forderungen aber nicht reduzierbar sind – an der Preßfreiheit gelegen war, kämpfte um dieses Recht. Auch Wieland sprach sich im *Teutschen Merkur* 1785 in einer für die Grundüberzeugung der Aufklärung und ihr historisches Selbstverständnis bezeichnenden Weise für Pressefreiheit aus:

»*Freiheit der Presse* ist Angelegenheit und Interesse des ganzen Menschengeschlechtes. Ihr haben wir hauptsächlich die gegenwärtige Stufe von Cultur und Erleuchtung, worauf der größere Theil der europäischen

Völker steht, zu verdanken. Man raube uns diese Freiheit, so wird das Licht, dessen wir uns gegenwärtig erfreuen, bald wieder verschwinden; Unwissenheit wird bald wieder in Dummheit ausarten und Dummheit uns wieder dem Aberglauben und dem Despotismus preisgeben.« »Freiheit der Presse ist nur darum ein *Recht für Schriftsteller,* weil sie ein *Recht der Menschheit* oder, wenn man will, ein Recht policirter Nationen ist.«[3]

In nuce zeigt sich hier nicht nur, welche Bedeutung die Aufklärer der Presse zumaßen, sondern überdies deren Platz im Gesamtkontext der anthropologisch-menschenrechtlichen Begründung der Aufklärung. Wie gering dabei der tatsächliche Spielraum war, verdeutlichen u. a. die Auffassungen über die Meinungsfreiheit in Preußen zu Zeiten des großen Friedrich. Hatte noch Lessing 1769 an Nicolai geschrieben[4], die Berlinische Freiheit reduziere sich darauf, gegen die Religion soviel Sottisen zu Markte tragen zu dürfen, wie man nur wolle, gab es häufiger noch wohlmeinende Äußerungen zu diesem Thema. Rebmann zum Beispiel, sonst ein radikaler Kritiker des Absolutismus, schrieb 1793 über die Kritik an Friedrich II.: »Mich kränkt es, daß man dabei gewöhnlich vergißt, die Freiheit in Anschlag zu bringen, welche jeder Gelehrte in Preußens Staaten zu Friedrichs Zeiten genoß, über jeden Gegenstand frei reden und schreiben zu dürfen.«[5]

Wirkliche Pressefreiheit bestand jedoch damals weder in Preußen noch anderswo; noch 1784 untersagte Friedrich II. jede öffentliche Kritik an Hof, Verwaltung usw. Gerade daran zeigt sich, daß direkte *politische* Kritik nicht möglich war. Biester hatte 1785 in der *Berlinischen Monatsschrift* in seinem Brief an Garve die Situation zutreffend beschrieben: »Indeß weiß ich schon von selbst, daß es mir nicht ziemt, laut über die Handlungen der Fürsten, wie etwa über die Schriften der Gelehrten, zu urtheilen; und Sie und alle Welt wissen, daß jeder Schriftsteller in Deutschland unter *Censur* schreibt.«[6] Der Aufsatz, den Klein 1784 in der *Berlinischen Monatsschrift* unter dem Titel *Ueber Denk- und Drukfreiheit. An Fürsten, Minister und Schriftsteller* veröffentlichte, widersprach Biesters Aussage nur scheinbar. In Wahrheit verdeutlichte er die Verschärfung der Pressezensur in Deutschland in den Jahren vor der Französischen Revolution. Äußerst geschickt kompilierte er Zitate des jungen Friedrich, zum Beispiel aus dem *Antimachiavell,* über Denk- und Druckfreiheit, ihre naturrechtliche Begründung und ihren Nutzen für den Staat. Diesen König hielt er den deutschen Fürsten als Beispiel vor, aber nicht nur ihnen, sondern auch dem alt gewordenen Friedrich selbst: Indem er die Aussagen des jungen überschwenglich lobte, maß er ihn an dessen eigenen Maximen, ohne dies auszusprechen. So zitierte er Friedrich II.: »Was mich betrifft, so wünsche ich ein edles, kühnes, freidenkendes Volk zu beherrschen, ein Volk, das Macht und Freiheit hätte, zu denken und zu handeln, zu schreiben und zu sprechen.«[7] Alles solle in seinen Staaten »frei und öffentlich gelehrt werden können, was nicht geradezu wider den Staat, die guten Sitten und die allgemeine Religion streitet«. Klein fragte die Fürsten, wann sie ihren Völkern »die Freiheit geben, worauf sie von Geburt an unveräußerliche Ansprüche haben: Die Freiheit zu denken und ihre Gedanken mitzuteilen?«[8] Klein betonte ausdrücklich, die Freiheit zu öffentlicher Kritik hemme keineswegs die Subordination, die »die Seele des ganzen preußischen Staats« sei, vielmehr sei »die Freiheit laut zu denken … die sicherste Schutzwehr des preußischen Staats«. Die abschließenden Ermahnungen Kleins an die Adresse der Schriftsteller, von der Druckfreiheit keinen unbehutsamen Gebrauch zu machen, und sein Hinweis: »Nicht jede Wahrheit ist zu allen Zeiten, und unter allen Umständen gleich nützlich«, verweisen ebenso auf die reale Situation, wie seine Forderung: »Streift nicht die Personen, sondern trefft die Sache.«

Da Friedrich II. aber in anderen als politischen Fragen die Bevormundung der Presse ablehnte und auch konkurrierende Blätter befürwortete, ergab sich daraus für die Presse ein gewisser Spielraum. Deutlich wurde das, als nach seinem Tode die Edikte[9] des Ministeriums Wöllner drastische Beschränkungen auferlegten (Zensuredikt vom 19. Dezember 1788). Da es unter dem Einfluß der jüngeren Rosenkreuzer zum Religionsedikt vom 9. Juli 1788 kam, war theologische Kritik besonders betroffen. So wurde Kant gemaßregelt und die *Allgemeine Deutsche Bibliothek*, obwohl ihr Herausgeber den Mitarbeitern zur Zurückhaltung in theologischer und politischer Kritik geraten hatte, durch königliche Verfügung vom 17. April 1794 »als ein gefährliches Buch gegen die christliche Religion in Meinen Staaten verboten«.[10] Die ADB, von Nicolai 1792 an einen nicht in Preußen ansässigen Verleger verkauft, damit ihr kritischer Charakter erhalten werden konnte, teilte zeitweise das Verbot mit anderen Zeitschriften, z. B. der *Allgemeinen Literatur-Zeitung*.

Nach der Französischen Revolution verstärkte sich in den mei-

sten deutschen Territorien die Pressezensur weiter.[11] Die Buchhändler kämpften gegen die Zensur unter Hinweis auf wirtschaftliche Einbußen. Schon 1783 hatte Nicolai eine wohl zutreffende
Beschreibung der Situation gegeben; er beklagte nicht nur, daß in
Deutschland zuweilen Fesseln und Kerker auf »freymüthige Bemerkungen gefolgt sind«, sondern auch die allgemeine »Meinung
der meisten unserer Zeitgenossen, welche an dem Herkommen
fest halten, und wahrhaftig noch keinen Sinn dafür haben, daß
über alle Gegenstände frei und ohne Umschweife dürfe räsonniret
werden«.[12]

Allerdings wurde die Zensur häufiger auch wieder rückgängig
gemacht. Nach heftigem Protest hob etwa Friedrich Wilhelm II.
nach Vortrag von Svarez im Staatsrat am 23. März 1795 das Verbot
der ADB auf. Hieß es im Antrag der Kurmärkischen Kammer
unter anderem: »Es scheint uns kein richtiger Weg zu sein, die
Nationen durch Unwissenheit zu Ordnung und Gehorsam führen
zu wollen«, enthielt die königliche Verordnung die einschränken-
de Bemerkung, das Verbot sei »ad interim, und bloß unter der
ausdrücklichen Bedingung wieder aufzuheben, daß künftig in
keiner einzigen Abhandlung das Mindeste gegen die christliche
Religion oder den Staat und die guten Sitten, weder direkte noch
indirekte enthalten sein müsse«.[13] Aber auch Jahre später hatte sich
die Situation noch nicht grundlegend verbessert: »Es scheint
zuweilen als wäre diese Freiheit in Deutschland da, ... aber
wirklich ist dem nicht so.«[14]

Die Zusammenarbeit der Aufklärer mit dem Absolutismus fand
dort ihre Grenzen, wo die essentiellen Elemente ihrer Praxis
bedroht waren. Gerade in diesen Tagen erwies sich, daß die
Aufklärung in Deutschland selbst bei den weniger politisch ambi-
tionierten Vertretern sich nicht generell auf unpolitische Betrachtungen beschränkte, wenn ihre ideellen und materiellen Grundlagen bedroht waren. Absolutistische Staaten und Kirchen begriffen
die Herausforderung sehr wohl, wie ihre Reaktionen belegen,
zumal Denkfreiheit und Preßfreiheit die Entstehung einer »öffentlichen Meinung« im Gefolge hatten. Die politische Virulenz der
Forderungen nach Preßfreiheit war offenkundig, wenn sich auch
die Denkfreiheit oder, um mit Schillers *Don Carlos* zu reden, die
»Gedankenfreiheit« (1787) zunächst in der bloßen Möglichkeit
öffentlichen Räsonnements erschöpfte.

Die politische Konsequenz jedoch wurde von den Aufklärern,

vor allem den radikaleren, ebenfalls formuliert. So schrieb Knigge 1795 mit warnendem Unterton unter der Überschrift *Offenheit über politische Gegenstände*: »Sobald man ... anfängt, sich an diesem letzten Schatten von politischer Freiheit zu vergreifen, entsteht Murren und Meuterei. Das Verbotene fängt an, in vermehrtem Reize zu erscheinen; man verbindet sich heimlich gegen die ungerechten Einschränkungen.«[15] Und Schubart kritisierte bereits 1776 in der *Teutschen Chronik*: »Die Großen verschließen sich im Kabinett wie in ein Pandämonium und niemand weiß, was sie drin ratschlagen.«[16]

Hier wird ersichtlich, inwiefern die Entstehung einer gelehrten Öffentlichkeit zur Polarisierung von öffentlicher Meinung und absolutistischem Staat führte.[17] Die gelehrten Diskussionen erstreckten sich seit Ende der siebziger Jahre zunehmend auf politisches Gebiet; die sich in den achtziger Jahren verschärfende Zensur beschleunigte diesen Prozeß, wie andererseits die Ausweitung der Diskussionen die Reaktion der Staaten mitbestimmte. Wie direkt die Öffentlichkeitsforderungen den Staat berührten, wird an der Kritik Schlözers erkennbar, der nicht nur allgemein Mißbräuche im öffentlichen Leben – vor allem auf dem Gebiet der Rechtsprechung – angriff, sondern Öffentlichkeit der Staatsgeschäfte und Preßfreiheit als geeignete Therapie zur Beseitigung solcher Mängel ansah.[18]

Darüber hinaus verlangte er 1790 ganz konkret die Offenlegung des Staatshaushalts[19]; in Frankreich führte Necker mit seinem *Rechenschaftsbericht* diese Öffentlichkeit herbei, wodurch dem Absolutismus ein schwerer Stoß versetzt wurde, obwohl seine Angaben alles andere als korrekt waren. 1785 sprach Nicolai vom »Schutz der *Publicität*, welche diejenigen, die ihr Spiel in Geheim treiben, so sehr zu verhindern suchen, und die doch, wie es offenbar ist, in Deutschland schon seit kurzem so viel Nutzen gestiftet hat«. »Publicität scheuen die Unterdrücker am meisten, und suchen sie zu hindern.«[20]

Den Erfolg der Aufklärung sahen ihre Protagonisten nicht zuletzt deshalb vorzeitig gefährdet, weil die Öffentlichkeit, die es der bürgerlichen Gesellschaft ermöglichen sollte, zu einem politischen Faktor zu werden, in Deutschland noch nicht hergestellt war. Sie betonten immer wieder, die Zahl der Aufklärer und der Aufgeklärten sei zu gering, Aufklärung aber könne nur durch Verbreiterung der Basis erfolgreich sein. Nur dann konnte Öffentlichkeit als öffentliche Meinung mehr sein als eine Gruppe von Privatleuten, nur dann konnten sie im Namen des Gemeinwohls beanspruchen, Einblick in die Staatsgeschäfte zu erhalten, das heißt nach deren Veröffentlichung durch Kritik Rationalität der Politik erreichen. Öffentlichkeit wurde vom Staat gefordert, indem sie selbst sich dem Staat entgegensetzte. Die Privatsphäre außerhalb des Staates entwickelte sich zur Öffentlichkeit gegen den Staat.[21] Durch diese Entgegensetzung wurde die Frage virulent, *wen* der Staat dann noch repräsentiert. Andrerseits lief die Aufklärung Gefahr, sich selbst für die öffentliche Meinung zu halten. Die Konsequenz lag nahe, Rationalität durch Ideologie auszuhöhlen. Diese Entwicklung konnte politisch erst dann bedeutsam werden, wenn es der Aufklärung gelang, dem absoluten Staat direkte politische Macht zu entwinden. In Deutschland war das nicht der Fall[22], insofern fehlte hier auch der politische Ertrag, die »öffentliche Gewalt zur Legitimation vor der öffentlichen Meinung zu zwingen«.[23]

Jenseits solcher politischen Wirkung galt: Die Forderung nach Öffentlichkeit entsprach vor ihrer politischen Konsequenz dem aufklärerischen Denken, das Deutlichkeit, Verständlichkeit und Wendung zum Publikum anstrebte. Aufklärung war prinzipiell auf Öffentlichkeit angewiesen. Einem jedermann zugänglichen Publikum, dessen Einheit auf der rechtlichen Gleichstellung seiner Mitglieder beruhte, gebührte als Urteilsinstanz Beachtung: an der öffentlichen Meinung sollten auch die Fürsten nicht vorbeigehen. Die populäre Tendenz der Aufklärung hatte Volksbewegungen, die sich nicht auf bestimmte Stände beschränkten, erst möglich gemacht. Die Erziehungsbemühungen der Aufklärer waren, wie erwähnt, besonders auch auf das »Volk« gerichtet. Reform von oben galt als nutzlos, wenn nicht die Aufklärung die »unteren Schichten« erreichte und bei ihnen begann.[24]

Wie beurteilte die aufgeklärte Staatstheorie die Wirkung der Pressefreiheit auf den Staat? Ein Beispiel bietet Svarez, der Nutzen und Schaden für den Staat gegeneinander abwog, wenn er zwischen der Gewissens- und Glaubensfreiheit einerseits und der Pressefreiheit andererseits unterschied.

»Durch Bücher können ... Begriffe, Meinungen und Grundsätze in einen unglaublich schnellen Umlauf gebracht werden ... Man kann daher, was auch die Verteidiger einer uneingeschränkten Pressefreiheit dagegen einwänden mögen, dem Staat unmöglich das Recht versagen, durch Verhinderung des Drucks und der Verbreitung schädlicher Schriften den für ihn und seine Bürger daraus zu besorgenden Gefahren möglichst vorzubeugen, und dies geschieht vornehmlich durch Zensurgesetze.«

Allerdings riet Svarez im gleichen Atemzuge zur Vorsicht: »Es gibt aber vielleicht keine Klasse der Polizeigesetze, die bei ihrer Abfassung und Anwendung einen höheren Grad von Vorsicht und Behutsamkeit erfordern als diese.«[25]

Die Tatsache, daß Svarez die Möglichkeiten der Zensur sehr stark eingrenzen wollte und zudem ihre Vernünftigkeit nur für Ausnahmefälle zugestand, folgte nicht zuletzt aus dem Idealbild des aufgeklärten Absolutismus. In diesem Idealbild hatte die aufgeklärte Kritik ihren Platz. Ausgehend von den möglichen Irrtümern und der Fehlerhaftigkeit auch staatlicher Gesetze, bemerkte Svarez: »Dem Staat widerfährt also eine Wohltat, wenn der denkende und unparteiische Schriftsteller den Regenten und seine Ministres aufmerksam auf solche Fehler machen darf.«

Aber auch bei radikaleren Aufklärern in Deutschland hatte Öffentlichkeit einen anderen Charakter als in England: Sie war nicht, auch nicht ansatzweise, politische Realität, sondern zunächst formales Postulat und Negation der bestehenden nichtöffentlichen Kabinettsregierung. Es fehlte vor allem an einer dem Herrscher entgegengesetzten Repräsentation, für die nach Art des englischen Parlaments Öffentlichkeit mitkonstituierend war. Öffentlichkeit konnte lediglich tendenziell eine dem Staat entgegengesetzte Kategorie der bürgerlichen Gesellschaft sein. Für den deutschen »Normalfall« bis in die neunziger Jahre des 18. Jahrhunderts war sie eine Kombination mehrerer Elemente, zu denen öffentliche Kritik durch Druckerzeugnissse aller Art sowie der Appell an ein Publikum gehörten, das sich im Wechselspiel von Autor und Leserschaft durch Kritik und Diskussion erst herstellte. Die Freiheit öffentlicher Meinungsäußerung sollte die Möglichkeit bieten, Fehler und Vorurteile zu beseitigen und aufgeklärte Maximen zu verbreiten: Insofern bestand Aufklärung im Offenlegen von Mißständen in allen Bereichen des gesellschaftlichen Lebens, handelte es sich nun um Literatur, Theologie, soziale Fragen, und – in Grenzen – im Bereich des Staates und nicht zuletzt im Schulwesen; denn in ihm lag die Zukunft der Aufklärung.

Die Frage, wer denn diese »öffentliche Meinung« sei und wodurch ihr Richteramt legitimiert werde, stellten nur wenige Autoren, besonders unmißverständlich Wieland: In seinen *Gesprächen unter vier Augen* (1798) findet sich ein Abschnitt, betitelt »Über die öffentliche Meinung«.[26] Wieland erkannte die mögliche Polarität von »öffentlicher Meinung« und herrschender Gewalt; in seinen in Form eines Gesprächs abgefaßten Darlegungen, die bezeichnenderweise ausdrücklich an vielen Stellen auf die Französische Revolution Bezug nahmen, hieß es:

»Die Menschheit ist in der Laufbahn, die ihr die Natur angewiesen hat, binnen etlichen Jahrtausenden merklich vorwärts geschritten. Zehen, zwanzig, dreißig Millionen Menschen *in einem* Staate lassen sich nicht länger als ebenso viele *moralische Nullen* behandeln. Immerhin mag der größere Theil dieser Million in gewissem Sinne als *unmündig* anzusehen sein; aber sie haben den *allgemeinen Menschenverstand* zum *Vormund*, und man darf darauf rechnen, daß in Sachen, die das Wohl oder Weh der unendlich größeren Mehrheit unmittelbar betreffen, der *Ausspruch dieses Vormunds* auch die *öffentliche Meinung* ist.«

Die beiden Gesprächspartner fanden kein Beispiel in der Geschichte, in dem »die öffentliche Meinung ungestraft wäre verachtet worden«, und gelangten zu dem Schluß, jeder »Ausspruch der Vernunft ... *sollte* die Kraft eines Gesetzes haben und *wird* sie auch sicher erhalten, sobald er sich als die Meinung der Majorität ankündigt«. Das Schlußwort des Diskussionspartners lautete: »Das wird sich im neunzehnten Jahrhundert ausweisen.«

Wieland vertraute auf die Kraft der Vernunft, die als Vormund der öffentlichen Meinung fungierte, bis diese selbst Ausdruck der Vernunft sein würde. Er entwickelte ein klares Bewußtsein der politischen Konsequenz des Faktors »öffentliche Meinung«, die schließlich nach langer Entwicklung als Repräsentantin der bei einer Majorität der Menschen zur Herrschaft gelangten Vernunft die Gesetzgebung bestimmen werde.

Der Verfall des absolutistischen Staates war für ihn nur eine Frage der Zeit, die bald gelöst werde. Die politische Funktionalisierung der »Öffentlichkeit« war bei den deutschen Aufklärern unterschiedlich weit vorangetrieben, die Französische Revolution wirkte jedenfalls als Katalysator. Gleichermaßen erschien eine »aufgeklärte Minderheit« als Führungsschicht in der »kommissarischen« Vertretung der öffentlichen Meinung: So appellierte Nicolai zahllose Male an den »unpartheyischen« oder den »aufgeklärten« Teil des Publikums, dem allein er Urteilskraft zubilligte, so sprach Wieland offen vom »Vormund«, der durch die »Vernunft« legitimiert sei, und erklärte unmißverständlich, was ihn veranlaßt habe, die »unteren Klassen« vorerst bevormunden zu lassen:

»Wenn ich der untersten Classe unter jedem policirten Volke keinen *activen Antheil* an der öffentlichen Meinung einräume, so geschieht es nicht sowohl aus Mißtrauen gegen ihren Menschenverstand, als aus Rücksicht auf ihren Stand in der bürgerlichen Gesellschaft, der diesen von Mangel und Arbeit gedrückten Menschen weder Muße noch Gelegenheit läßt, sich um Dinge, die ihre körperlichen Bedürfnisse nicht zunächst angehen, zu bekümmern.«

Wieland betonte aber, daß sich in bezug auf den Stand der Aufklärung in allen Klassen nicht wenige fänden, die zur öffentlichen Meinung in Widerspruch stünden. Das Problem der Öffentlichkeit mündete hier in das der sozialen Basis der Aufklärung sowie in die Interpretation der sozialen Wirklichkeit. Der Fortschritt der Aufklärung bedurfte der Verbreiterung ihrer gesellschaftlichen Rezeption.

2. Wie bürgerlich war die Aufklärung,
wie aufgeklärt der Bürger?

Die Selbsteinschätzung der aufgeklärten Elite differierte ebenso wie ihre Aussagen darüber, in welchem Ausmaß Volksaufklärung wünschenswert und notwendig sei. Die soziale Aufschlüsselung derjenigen Gruppierungen, die in Klöstern, Universitäten, Akademien, Lesegesellschaften und im Staatsdienst als Produzenten und Konsumenten der aufgeklärten Literatur wirkten, demonstriert, daß die Aufklärung in der ständischen Gesellschaftsordnung des Absolutismus keinen festen Platz besaß. Die Abgrenzungsproblematik beschränkte sich nicht allein auf das Verhältnis der Aufklärung zu den unteren Schichten, sondern erstreckte sich – obwohl auf andere Weise – ebenfalls auf das Verhältnis zu den höheren Ständen, zu Klerus und Adel.
 Der gesellschaftspolitische Anspruch und das soziale Selbstverständnis der Aufklärung sind einfacher bestimmbar als ihre soziale Realität – jedoch bilden beide keinen bloßen Gegensatz. Die Aufklärung entwickelte sich in der ständischen Gesellschaft, wies aber zugleich über sie hinaus; sie reflektierte die ideelle Unterminierung dieser Gesellschaft und wurde zugleich zum sozialphilosophischen und publizistischen Medium ihrer Auflösung – Ausdruck und Movens des gesellschaftlichen Wandels. Die Aufklärung zählte zu den Ursachen der zunehmenden gesellschaftlichen

Pluralisierung, die überdies in ihrer eigenen gesellschaftlichen Heterogenität deutlich wurde. Sie blieb schließlich auch in bezug auf ihren gesellschaftlichen Ort ein transitorisches Phänomen. Sie entdeckte gesellschaftspolitisch eine Fülle von Problemen und gab Antworten – doch eine neue allseits akzeptierte soziale Normativität konnte die Aufklärung nicht entwickeln, wirkte doch das von ihr freigesetzte kritische Potential fort – über die Aufklärung hinaus, aber auch gegen sie.

Innerhalb und außerhalb der marxistischen Geschichtswissenschaft wird oft die doppelte These vertreten, die Aufklärung sei die Emanzipationsideologie des aufsteigenden Bürgertums gewesen, das in Deutschland aber infolge des Dreißigjährigen Krieges vergleichsweise schwach gewesen sei; die Aufklärung sei deshalb hier im ganzen weniger radikal als in anderen westeuropäischen Staaten. Diese Thesen verweisen auf wichtige Probleme – allerdings eher im Sinne der Frage als der definitiven Antwort. Die vorliegenden empirischen Befunde sind viel differenzierter und laden zu weiteren Forschungen ein – während solch dekretierende Etiketten nicht weiterführen.

Grundsätzlich war die Aufklärung intentional eine ständetranszendierende gesellschaftliche Bewegung. Zwar finden sich immer wieder Abgrenzungen gegen die unteren Schichten oder auch Polemik gegen die Höfe – im Prinzip aber galt für das aufgeklärte Selbstverständnis: »Verständige und ehrliche Leute gehören zusammen *ohne Rücksicht* auf Stand, auf Religion, und auf andere Nebensachen.«[27] Zwar gehörte nicht jeder dazu, doch sollte im Prinzip jeder dazu gehören können: Dieser umfassende gesellschaftliche Anspruch der Aufklärung muß in jedem Fall ernst genommen werden. Ebenso bedeutsam ist die zeitgenössische Verwendung des Begriffs »bürgerliche Gesellschaft« im 17. und 18. Jahrhundert: Es handelte sich nicht um einen sozialständisch definierten Terminus, sondern zunächst um eine Entgegensetzung zum fiktiven natürlichen Zustand[28] und dann als Gegenbegriff zu der als begrenzt beurteilten höfisch-ständischen Gesellschaftsordnung der absoluten Monarchien. Erst im 19. Jahrhundert gewann die sozial einengende Definition im klassenmäßigen Sinn des Bürgertums an Bedeutung – und auch das oft nur im Sinne einer Zielvorstellung.

Die Mehrzahl der Aufklärer verband das Postulat der natürlichen Gleichheit aller Menschen mit der Anerkennung ihrer faktischen gesellschaftlichen Ungleichheit, die sie in der Regel als zwangsläufig ansahen. Die Akzeptierung einer funktional verstandenen Differenzierung der Gesellschaft wurde aus der naturrechtlichen Vertragstheorie abgeleitet. So bemerkte der Göttinger Historiker und Jurist Pütter in seiner Schrift *Über den Unterschied der Stände, besonders des hohen und niedern Adels in Teutschland* (1795):

»Beym Übergange eines Volkes aus seinem natürlichen Zustande in eine bürgerliche Gesellschaft zeigt sich gleich eine wesentliche Ungleichheit zwischen denen, welchen die Ausübung der höchsten Gewalt anvertrauet ist, als regierenden oder obrigkeitlichen Personen und allen übrigen, die bloß als Unterthanen und Privatpersonen nur gehorsam zu befolgen haben, was von wegen der höchsten Gewalt befohlen wird. Doch auch diese Ungleichheit läßt sich noch denken, ohne daß eine Verschiedenheit der Geburtsstände nothwendig damit verbunden ist.«[29]

Die Rechtsstellung wurde oft unter Rückgriff auf das Eigentum oder zumindest eine beruflich bedingte Unabhängigkeit als Voraussetzung für die Ausübung aller bürgerlichen Rechte definiert. So formulierte Möser: »Überall und in jeder gesellschaftlichen Verbindung, es sei zum Handel oder zur gemeinschaftlichen Verteidigung, liegt außer der Menschheit eine dem Zwecke angemessene Aktie oder *Wahre* zum Grunde, die einer besitzen muß, um Genosse zu sein.«[30]

Ein Teil der bürgerlichen Rechte konnte aber gemäß der Definition der bürgerlichen Gesellschaft im ALR von 1794 auch in jeweiliger ständischer Begrenzung ausgeübt werden: »Die bürgerliche Gesellschaft besteht aus mehrern kleinern, durch Natur oder Gesetz, oder durch beyde zugleich, verbundnen Gesellschaften und Ständen.«[31] Für Svarez war die bürgerliche Gesellschaft ein Zweckverband zur Sicherung von Freiheit, Eigentum und sonstigen Individualrechten »durch die vereinigten Kräfte aller«.[32] Kant entwickelte eine Rechtstheorie der bürgerlichen Gesellschaft, die auf folgenden drei Prinzipien beruhte:

erstens der »*Freiheit* jedes Gliedes der Sozietät, als *Menschen*«;

zweitens der »*Gleichheit* desselben mit jedem anderen, als *Untertan*«;

drittens der »*Selbständigkeit* jedes Gliedes eines gemeinen Wesens, als *Bürgers*«.[33]

In seiner *Allgemeinen Geschichte in weltbürgerlicher Absicht* nannte Kant die »*Erreichung einer allgemein das Recht verwalten-*

den bürgerlichen Gesellschaft« das »größte Problem für die Menschengattung, zu dessen Auflösung die Natur« den Menschen zwinge.

Wie die Aufklärer die bürgerliche Gesellschaft schließlich als umfassende allgemeine Gesellschaftsform der des Hofes gegenüberstellten, betrachteten sie die nicht höfisch gebundenen Sozialgruppen als die allgemeineren, stärker dem Gemeinwohl verpflichteten Stände. Die Bürgerlichen galten als Glieder dieser Gesellschaft und zugleich als Sachwalter ihres allgemeinen, über Stände und Konfessionen hinausgreifenden Anspruchs. Das Ziel lautete: Entgrenzung einer vom Prinzip her statischen, geburtsständisch definierten Sozialstruktur. So fest die aufgeklärten Assoziationsformen oft auch strukturiert wurden, auch sie sollten grundsätzlich größeren kollektiven Einheiten dienen: Menschheit, Nation, Gesellschaft – das Verbindende wurde gesucht, nicht das Trennende; die Suche nach der »natürlichen« Religion belegte das ebenso wie der aufgeklärte Kosmopolitismus, der sich nicht zuletzt in der Internationalität des aufgeklärten Diskurses und der internationalen Zusammensetzung der Akademien zeigte. Die Aufklärer überschritten Länder- und Epochengrenzen. Das fand auch praktisch Ausdruck in der damaligen Hochschätzung der Reisebeschreibungen: mehr als 10 000 Titel dieser Art wurden im 18. Jahrhundert veröffentlicht.

Innerhalb der Gelehrtenrepublik zählte ständische Herkunft so wenig wie in den Freimaurerlogen. Die gemeinsame Gesinnung und die Bildung verband in allen aufgeklärten Assoziationsformen Mitglieder unterschiedlicher Stände: Adlige, Bürgerliche, Geistliche trafen sich in ihnen, sie überschritten in begrenzten Assoziationsformen die ständischen Schranken der sie umgebenden Umwelt, in der sie paradoxerweise oft selbst eine führende Rolle spielten.

Jenseits dieser allgemeinen Zielsetzungen bedarf die regionale Heterogenität des alten Reiches der Berücksichtigung für die soziale Ortung der Aufklärung: Der Sonderfall bildete hier die Regel, die differenzierte Konfessions- und Sozialstruktur prägte auch die kulturelle Szenerie. Der kulturelle Raum hatte indes mehr Gemeinsamkeiten als der politische, doch eine einheitliche Nationalkultur konnte es aufgrund dieser Differenziertheit im 17. und 18. Jahrhundert nicht geben. Sosehr die politischen und gesellschaftlichen Erfahrungen der Aufklärer differierten, so verschie-

den waren ihre politischen Ziele und Handlungen. Im Spannungsverhältnis zu dieser Realität standen der übergreifende kulturelle
Anspruch und die Kommunikationsnetze der Aufklärer, die ge-
samtdeutsch und europäisch waren, aber sich in vielfältigen Bezügen bewegten, die sich nicht im Brennglas einer Hauptstadt wie
Paris oder London bündelten: Die deutschen Aufklärer beklagten
das immer wieder und deuteten selbst die partielle Kleinräumigkeit
der deutschen Aufklärung mit dieser politischen Situation des
alten Reiches. Um so bedeutender blieben für die Entwicklung der
Aufklärung diejenigen Kommunikationsstrukturen, die nicht regional begrenzt waren: Akademien, Universitäten, Freimaurerorden.

Die sozialen Träger der Aufklärung und ihre Adressaten konnten
also in den deutschen Regionen trotz mancher Gemeinsamkeiten
keineswegs identisch sein.[34] Das gilt vor allem für »das« Bürgertum, bei dem es sich um einen ausgesprochen heterogenen sozialen
Stand handelte. So wenig auf den Begriff »bürgerlich« zur sozialen
Ortsbestimmung der deutschen Aufklärung verzichtet werden
kann, so unerläßlich ist die Differenzierung des Begriffes und so
notwendig ist es auch, auf eine vordergründige soziale Identifikation der Aufklärung zu verzichten. Bürgerliche dominierten in der
deutschen Aufklärung, aber sie monopolisierten sie nicht.

Innerhalb des Dritten Standes gab es breite Schichten, die weder
als »aufgeklärt« gelten konnten noch durch die Aufklärung an-
sprechbar waren. Das Bürgertum der alten Stadtrepubliken, wie
die freien Reichsstädte im 18. Jahrhundert oft genannt wurden,
unterschied sich im sozialen Status, in seiner sozialen Mentalität
und seiner verfassungspolitischen Stellung sowohl vom Bürgertum der Hansestädte als auch der Residenzstädte.[35] Das galt für die
jeweilige bürgerliche Oberschicht, in geringerem Maße aber auch
für die kleinbürgerlichen Schichten, die noch weitgehend in die
Sozialstruktur des »Ganzen Hauses« integriert und sowohl durch
die jeweilige Stadtverfassung als auch die Zunftverfassung sozial
in die ständische Gesellschaft eingebunden blieben. Charakteristische Unterschiede für die soziale Mobilität und das soziale
Normensystem resultierten schließlich aus der Zugehörigkeit zu
verschiedenen ökonomischen Sektoren, z. B. Handwerk oder
Handel. Das gilt insbesondere für die im Geldhandel Tätigen, aber
auch für die Kaufleute der Hansestädte, die in der Regel weltoffe-
ner und mobiler waren als die Handwerker.

Bedeutsam für die soziale Konstituierung der Aufklärung wurde in den Territorialstaaten die allmähliche Herausbildung einer neuen Schicht von »Bürgerlichen«, die sich von den differierenden Formen alten Stadtbürgertums in spezifischer Weise unterschied.[36] Eine Verbindung der neuen Bürgerlichen mit dem alten Stadtbürgertum kam aufgrund der Unterschiedlichkeit beider Schichten nicht in Frage: Weder das soziale Interesse noch die politisch-ideologischen Ziele, noch das Normensystem beider stimmten überein. Wie wenig das durch die Zunftverfassung beeinflußte Wirtschaftsverhalten mit den ökonomischen Vorstellungen der aufgeklärten Bürgerlichen übereinstimmte, das zeigt anschaulich die Kritik der Aufklärung an den sozialökonomischen Verhältnissen der Reichsstädte, aber auch der Widerstand der Zünfte gegen die verschiedenen Anläufe der Landesherren und der Reichsgesetzgebung zur Reform des Zunftwesens.[37]

Die neuen Bürgerlichen, zu denen Staatsbedienstete, Gelehrte, Schriftsteller, Verleger zählten, hatten im überkommenen sozialen Gefüge keinen eindeutig fixierten Platz, ihre Dynamik sprengte langfristig die Statik der ständischen Ordnung. Auf die wachsende Gruppe der Beamten war der absolute Staat angewiesen, diese Schicht, die auch den Bürgerlichen begrenzte Aufstiegschancen bot, stand in einem unmittelbaren Verhältnis zum Absolutismus, der ihrer zum Aufbau einer leistungsfähigen Verwaltung und eines effektiven Besteuerungssystems bedurfte und mit dessen Hilfe die landständischen Lokalverwaltungen erst überlagert, dann zunehmend durch die Zentralverwaltungen entmachtet wurden. Dieser Prozeß, der schon seit dem letzten Drittel des 17. Jahrhunderts in Vorformen erkennbar ist und durch die Regierung Friedrich Wilhelms I. einen Höhepunkt erreichte[38], entsprang zwar nicht der Aufklärung, doch korrespondierte er ihren Intentionen: der Rationalisierung der Herrschaft z. B., der antiständischen politischen Zielsetzung, schließlich der erhöhten sozialen Mobilität. Auch in anderen sozial-ökonomischen Sektoren, im Bankwesen etwa und in der Technologie der textilverarbeitenden Manufakturen, benötigte der absolute Staat Bürger, die innovatorische Aktivität entfalteten.[39] Diese partielle Modernisierung bezweckte die Vermehrung der Bevölkerung sowie die Steigerung der Wirtschaftskraft und des Steueraufkommens, um die militär- und außenpolitischen Ziele zu erreichen, die der gesamtstaatlichen Integration, der Sicherung des territorialen Besitzstandes und seiner Vergrößerung dienten.

Die vom Absolutismus intendierte zweckgebundene Modernisierung in Teilbereichen bewirkte jedoch mittel- und langfristig eine Erosion des sozialen Gefüges und der Verfassungsstruktur, die in politischer und sozialer Hinsicht die Aufklärung zum Erben des Absolutismus werden ließ, nachdem beide ein Stück Weges gemeinsam zurückgelegt hatten: Die exemplarische Analyse der sozialen Trägerschichten der Aufklärung und die Analyse ihrer politischen Aktivitäten verdeutlichen diese Folgen.

Die soziale Herkunft der Autoren eines der führenden Journale der Aufklärung, der *Berlinischen Monatsschrift*[40], ist aussagekräftig, obwohl sie nicht im strengen Sinn als repräsentativ gelten kann. Von den ungefähr dreihundert Autoren waren rund 45 adliger Herkunft: Dieser Prozentsatz (15 %) machte ein Vielfaches des adligen Anteils an der Bevölkerung aus. Der Klerus stellte ungefähr zwanzig höhere Geistliche und dreißig Pfarrer bzw. Prediger. Auch der Theologenanteil ist also mit ungefähr 17 % beachtlich, wobei bedacht werden muß, daß sich bei der stärksten Autorengruppe, den Universitäts- und Gymnasialprofessoren, Rektoren und sonstigen Schulmännern, weitere Theologen befunden haben dürften. Die Gelehrten im weiteren Sinne stellten mehr als achtzig der Autoren, also fast 27 %. Zu den Mitarbeitern zählten sechzig höhere und höchste Staatsbeamte, mit einem Anteil von etwa 20 % bildeten sie die zweitstärkste soziale Gruppierung. Insgesamt wurde die Hälfte der Beiträger aus der Staatskasse besoldet, zumal auch noch zehn Offiziere für das Journal schrieben. Alle anderen sozialen Gruppen außer den Gelehrten, Beamten, Geistlichen, Adligen und Offizieren waren nur vereinzelt vertreten und machten insgesamt nur 20 % der Autoren aus. Allein zwei Gruppen erreichten erwähnenswerte Anteile: Die sieben Kaufleute, unter denen Buchhändler und Bankiers waren[41], sowie die Gruppe der »freien« Schriftsteller, die keinen anderen Hauptberuf hatten: Sie stellten etwa zehn bis fünfzehn Autoren. Diese Gruppierung ist besonders bemerkenswert, weil ihr vergleichsweise geringer Anteil den hohen Integrationsgrad der aufgeklärten Autoren der *Berlinischen Monatsschrift* in öffentliche Ämter bestätigt.

Die Autoren der *Berlinischen Monatsschrift,* die zu einem Viertel in Berlin ansässig waren, stammten also überwiegend aus der gebildeten bürgerlichen Oberschicht, zum geringeren, doch nen-

nenswerten Teil aus geistlichen und adligen Kreisen. Eine starke
materielle Bindung an den preußischen Staat war signifikant. Die
Autoren gehörten zur Schicht der Etablierten aus Staat und
Gesellschaft, sowohl die junge als auch die ältere Generation war
kaum vertreten.[42] Angehörige wirtschaftlicher Berufe aus Handwerk, Landwirtschaft und sonstigen Sektoren zählten – mit Ausnahme des Handels – nur selten zu den aktiven Propagandisten der
Aufklärung. Dieser Tatbestand ist bemerkenswert, da nur die
Hälfte der Autoren Hauptberufe hatten, die im weiteren Sinne
etwas mit Schriftstellerei oder Wissenschaft zu tun hatten. Unter
den Autoren der Monatsschrift waren, soweit das feststellbar ist,
zehn Juden und fünf – meist adlige – Frauen. Beide Zahlen sind
zwar niedrig, doch indizieren sie prinzipiell einen Fortschritt
gegenüber dem vorher üblichen Ausschluß von solchen Unternehmungen.[43] Der niedrige Anteil der Juden war auch durch ihren
geringen Bevölkerungsanteil bedingt.

Diese soziographische Skizze über die Autoren der *Berlinischen
Monatsschrift* kann als exemplarisch für die Trägerschicht der
preußischen Aufklärung gelten, insofern sie durch weitere empirische Befunde bestätigt wird: Eine Analyse der 433 Mitarbeiter an
Nicolais *Allgemeiner Deutscher Bibliothek* weist einen in der
sozialen Zusammensetzung ähnlichen Autorenkreis auf. Auch das
Pränumeraten-Verzeichnis von Nicolais *Beschreibung einer Reise
durch Deutschland und die Schweiz im Jahre 1781*, in dem sich
1783 ungefähr achthundert – nach dem Erscheinen des ersten
Bandes etwa doppelt soviel – Namen finden, stützt diese Beurteilung, wobei aber schon der Leserkreis einbezogen ist.

Diese Befunde können durch weitere sozialstatistische Erhebungen bestätigt werden, sie bekräftigen die bei der Analyse der
Aufklärungsgesellschaften, der Akademien, Universitäten und
Lesegesellschaften, aber auch der Darstellung der Leserschichten
gewonnenen Ergebnisse. Die integrierende Rolle der Bildung und
die angestrebte soziale Exterritorialität sind ebenso unübersehbar
wie die Tatsache, daß die neuen Trägerschichten der Aufklärung
oft genug mit dem frühmodernen Territorialstaat verbunden
waren.

Unverkennbar demonstrierte die starke Beteiligung vor allem
protestantischer, aber auch katholischer Geistlicher an der Aufklärung, daß die alten Vermittler von Wissen, Bildung und moralischen Normen oft zu den wesentlichsten Propagandisten der

Aufklärung zählten. Denn neben dem gedruckten Wort behielt das gesprochene Wort im 18. Jahrhundert seine Bedeutung, die Kanzel konnte durchaus zum »Katheder der Aufklärung«[44] werden. Die Pfarrer erreichten soziale Schichten, die für Gelehrte und Schriftsteller unerreichbar blieben. Wie auch in England, wo sich der Protestantismus mit der zeitgenössischen Literatur verband[45], spielten die aufgeklärten Geistlichen eine führende Rolle – sei es im reformfreudigen protestantischen Berliner Oberkonsistorium und der dortigen Mittwochsgesellschaft, sei es in der katholisch geprägten Bayerischen Akademie der Wissenschaften in München.

Die Theologen mußten sich allerdings mit Gegnern in den eigenen Reihen auseinandersetzen und stießen überdies oft genug auf Unverständnis der Gläubigen. Und das galt für pietistische und orthodoxe Widerstände in protestantischen Regionen nicht weniger als für katholische Landstriche, in denen aufgeklärte Priester Formen der Volksfrömmigkeit beseitigen wollten, die sie als Aberglauben bewerteten. Vom »Pöbel« kam, liest man in zeitgenössischen Schriften immer wieder, starker Widerstand gegen die aufgeklärten Modernisierungstendenzen, und das nicht nur in bezug auf die Religion. Das Denken und Handeln der unteren und mittleren Schichten war unbezweifelbar in viel größerem Maße traditionsgeleitet als das der kulturellen Oberschicht. Soziale, ideelle Identifikation und Normen blieben, wie z.B. an den Handwerkern – an Meistern und Gesellen – zu beobachten ist, stärker den überkommenen Lebens- und Arbeitsformen verhaftet.[46]

Die kulturellen Oberschichten hingegen antizipierten soziales und in geringerem Maße politisches Verhalten, das den übrigen Zeitgenossen weit voraus war; sie hatten Ziele, die erst seit der Revolution in Frankreich und seit den Reformen des frühen 19. Jahrhunderts in Deutschland allmählich und oft nur partiell erreicht werden konnten. Diese kulturelle Elite war sich ihres Wertes bewußt: Auch die auf Publikumswirksamkeit, Verbreitung ihrer sozialen Basis, soziale Emanzipation und rechtliche Gleichstellung der Stände hinarbeitenden Aufklärer verstanden sich unverhohlen als Vormund des »großen Haufens«. Postulierte Mündigkeit aller Bürger ging auf diese Weise mit der faktischen Unmündigkeit ihrer überwältigenden Mehrheit einher, die Aufklärer machten sich gegenüber den Fürsten zum Sprecher des Großteils der Bevölkerung, wie an den Ausführungen Wielands deutlich geworden ist.

3. Bewirkte Aufklärung Revolution oder Reform?

Auch den deutschen Aufklärern wurde der Unterschied der Stände mehr und mehr zum Problem, insbesondere wenn er ohne rational nachvollziehbare funktionale gesellschaftliche Begründung blieb und soziale oder ökonomische Privilegierung gegen die humanitären Prinzipien der Aufklärung und ihr gesellschaftliches Normensystem verstieß. Nachdem Rousseau 1755 über den Ursprung der Ungleichheit unter den Menschen räsoniert und 1762 seinen *Contrat social* verfaßt hatte, verband der schottische Rechtshistoriker Millar – Schüler von Hume und Smith – mit seinen zuerst 1772 publizierten *Observations concerning the distinction of ranks in society* wieder Herrschafts- und Gesellschaftstheorie in einem gleichermaßen historischen wie soziologischen Zugriff. Er untersuchte ebenso intensiv die Sklaverei wie den sich in Herrschaftsformen umsetzenden »natürlichen Fortschritt vom Nichtwissen zum Wissen, von rohen Bräuchen zu kultivierten Sitten«.[47] Millars Erkentnisse besaßen einen konkreten Bezug auf die politische und gesellschaftliche Situation des damaligen England und der nordamerikanischen Kolonien, doch argumentierte er kaum minder prinzipiell im Sinne der Aufklärung, wenn er Kultur, Herrschaft, Gesellschaft und Wirtschaft miteinander verband.

Millars Werk wurde 1798 auch ins Deutsche übersetzt – zu einem Zeitpunkt, als die Diskussion über die Französische Revolution noch anhielt und die deutschen Aufklärer Konsequenzen für ihre Gesellschafts- und Staatsphilosophie aus dem grundstürzenden Ereignis im Nachbarland zogen. Die Diskussion wurde überdies stimuliert durch die Reflexion der gesellschaftlichen Situation des Dritten Standes im absolutistischen Herrschaftssystem durch den Abbé Sieyes. Gerade seine holzschnittartig verfahrende Argumentation erhöhte seine Schlagkraft: Was ist der Dritte Stand? Er umfaßt 98 % der Bevölkerung, aber politisch ist er nichts. Doch muß er alles werden, denn in Wahrheit ist er die Nation[48]: Der Sozialcharakter wurde so zum Nationalcharakter erklärt, und das konnte auch außerhalb Frankreichs nicht ohne Wirkung bleiben, so groß die Unterschiede im übrigen sein mochten.

Der Anküpfungspunkt war gegeben, hatten doch die deutschen Literaten zunehmend die höfische Kultur attackiert: Die bürgerlichen Aufklärer beurteilten sie als bloß äußerlichen Glanz, dem es an wahrem inneren Wert fehle. Der an den Höfen üblichen

Verwendung der französischen Sprache setzten sie den allmählich verfeinerten und zum Programm erhobenen Gebrauch der deutschen Sprache entgegen. Seit der Mitte des 18. Jahrhunderts nahm dieses auf die eigene nationale Kultur und Geschichte bezogene Selbstbewußtsein ständig zu. Die »Moralischen Wochenschriften«, die bürgerlichen Trauerspiele, die bürgerlichen Romane stellten dem Hofleben in wachsendem Maße eigene moralische Werte entgegen – Werte, die als natürlich und vernünftig empfunden wurden, zu denen edle Wahrheitsliebe, Echtheit, Arbeitsamkeit, erworbenes Verdienst, Aufrichtigkeit und Redlichkeit[49] gehörten. Diese Werte spielte man polemisch gegen das Hofleben aus, für das allein »Politur« maßgebend und das vom Müßiggang beherrscht sei. Eine solche gesellschaftliche Normsetzung entsprang aus der Besinnung auf bürgerliche Wertmaßstäbe, doch war ihr Geltungsanspruch überständisch: Auch Könige und Adlige konnten ihnen gerecht werden – aber eben nicht durch Geburt, sondern eigene Leistung. Und so war es keineswegs zufällig, daß auch adlige Aufklärer derartige Normen propagierten. Knigge z. B. schrieb:

»Ehret alle nützlichen Stände und leidet nicht, daß sich gewisse Classen privilegirt glauben, durch Hochmuth, Unwissenheit und Müßiggang sich über fleißige und bessere Menschen zu erheben! Verbannet auf immer den Wahn, daß Verdienst, persönliche Vorzüge und das Recht auf Ehrenstellen und Staatsbedienungen vererbt und angebohren werden können!«[50]

Und selbst der politisch konservativere Möser erklärte 1765 seinem Freund Abbt ohne Umschweife: »Wir Unadliche haben lange genug unter der Vermuthung gestanden, daß wir von helotischer Herkunfft wären. Allein, das soll nicht mehr seyn.«[51]

Arbeit und Kultur – in ihnen galt nicht Herkunft, sondern eigene Leistung und Verdienst: Sie sollten die Maßstäbe bilden, nach denen der individuelle Rang in der Gesellschaft bestimmt wurde. Konsequent erklärte Kant, aus der Idee der Gleichheit der Menschen im gemeinen Wesen als Untertanen gehe die Formel hervor, jedes Glied des Gemeinwesens

»muß zu jeder Stufe eines Standes in demselben (die einem Untertan zukommen kann) gelangen dürfen, wozu ihn sein Talent, sein Fleiß und sein Glück hinbringen können; und es dürfen ihm seine Mituntertanen durch ein *erbliches* Prärogativ (als Privilegiaten für einen gewissen Stand) nicht im Wege stehen, um ihn und seine Nachkommen unter demselben ewig niederzuhalten.«[52]

Diese Maximen stellten indes nicht die Realität der ständischen Gesellschaft dar, sondern zielten auf ihre Beseitigung: Das würde nach Kants Meinung der Fortschritt des Menschengeschlechts in Zukunft bewirken.

»Die Klagen, daß Aufklärung Revolutionen hervorbringe, sind so ungestüm und so allgemein, daß es nicht unnütz erscheint, eine Untersuchung über Wahrheit und Rechtmäßigkeit derselben anzustellen«: Diese Aufgabe wollte Bergk 1795 in der *Deutschen Monatsschrift* lösen.[53] In dem einleitend definierten Sinne Kants bestimmte auch Bergk die Aufklärung als den *»freie(n) selbsttätige(n) Gebrauch aller unserer Anlagen und Kräfte im Denken und Tun«*. In diesem allgemeinen Sinn konnte Aufklärung also gegenüber der Tradition revolutionär wirken, akzeptierte der aufgeklärte »Selbstdenker« Bestehendes doch nur dann, wenn er es für vernünftig hielt. Die geburtsständische Privilegierung und unaufgeklärte absolute Herrschaft hielten die Aufklärer nicht für vernünftig – also gingen sie dagegen an. Das Ergebnis wertete Bergk als zwangsläufig:

»Steht ... eine Nation auf der Stufe der moralischen Aufklärung, urteilt sie ungescheut und furchtlos nach allgemein geltenden Gesetzen über Recht und Unrecht, so erfolgt bei fortdauernden Kränkungen der Menschenrechte eine Revolution ... Sie kann aber vermieden werden, wenn die Verfassung mit der moralischen Aufklärung gleichen Schritt hält, die Regierung immer auf den allgemeinen Willen der Nation achtet und ihn vollzieht, nicht frech und unbesonnen in Beleidigungen gegen das Recht fortfährt, sondern den Geist der Zeit kennt, ihn zu regieren und zu gebrauchen weiß.«[54]

In diesem Sinne forderte auch Knigge 1792: »Reichet also selbst die Hände zur nöthigen Verbesserung, Ihr Regenten! weil es noch Zeit ist!«[55] Und die *Berlinische Monatsschrift* sah schon 1785, also vier Jahre vor Ausbruch der Französischen Revolution, den neuen »Weg zur Unsterblichkeit der Fürsten« darin, »das Volk zur Theilnehmung an den öffentlichen Geschäften stufenweise (zu) gewöhnen, und Männer zu bilden suchen, welche fähig wären, als Repräsentanten das Wohl der Nation zu besorgen ... Die beste Voraussetzung wäre, wenn der Fürst dem Volke die Wahl seiner Vorgesetzten überließe.«[56]

Tatsächlich bestand unter den Aufklärern keine Einigkeit in der Beurteilung der Revolution. Einig waren sie sich indes in den politischen Forderungen an die Fürsten, die aus ihren grundlegenden Zielsetzungen resultierten. Das Publikum diente den Aufklärern zugleich als Resonanzboden dieser Wünsche sowie als Legitimation ihres gesellschafts- und verfassungspolitischen Anspruchs, bürgerliche Rechte durchzusetzen, die Herrschaft selbst in ein System vernünftiger Zwecke einzubinden und darüber hinaus politische Mitsprache der mündigen Bürger im Staat zu erreichen. Wie weit diese Forderungen gingen, war im einzelnen unterschiedlich, doch sind sie schon Jahre vor der Revolution auch in gemäßigten Richtungen der deutschen Aufklärer nachweisbar. Die Revolution verstärkte seit 1789 diese in den siebziger Jahren einsetzende Politisierung, schuf sie aber nicht erst. Verhinderte die Zensur direkte politische Kritik, so bedienten sich die Aufklärer vielfältiger und virtuos gehandhabter Formen indirekter Kritik.[57] Ein angemessener Begriff des Politischen im 18. Jahrhundert muß sowohl den Anspruch der Aufklärer, die Grundsätze der Vernunft öffentlich auf die Gegenstände der Gesetzgebung und des Regierungshandelns anzuwenden, als auch die politische Funktionalisierung der »Gelehrtenrepublik« und ihrer öffentlichen Diskussion berücksichtigen. Das Ziel dieser Aufklärer war es, die Regenten zur Legitimierung ihrer Herrschaft nach den Grundsätzen der Vernunft zu zwingen, wie zuvor die Kirche gezwungen werden sollte, die Religion nach den Prinzipien aufgeklärter Vernunft zu rechtfertigen.

Der Begriff des Politischen im späteren 18. Jahrhundert wird verfehlt, wenn die gesetzlich ermöglichte oder vom König tolerierte Beteiligung der Bürger an den öffentlichen Angelegenheiten als konstituierendes Kriterium dient. Unter diesem Aspekt bildete nahezu ausschließlich das Regierungshandeln der Fürsten Politik. Gilt kurzschlüssige Pragmatik nicht als Maßstab, wird erkennbar, in welchem Maße die Aufklärung mittel- und langfristig zur Gestaltung des gesellschaftlichen und staatlichen Lebens beitrug. Verfassungsrechtliche Norm und Herrschaftsanspruch des Absolutismus sind zwar im 18. Jahrhundert noch ausschlaggebend für politische Entscheidung und Wirkung, reichen aber zur Konstituierung des Politischen in dieser Zeit keineswegs aus. Vielmehr erlaubt eine perspektivische Definition des Politik-Begriffs für diese Epoche[58] die Erfassung der politischen Intentionen, der aufgeklärten Ziele und Methoden, vor allem aber der Wirkungen, die ihrerseits von der Kommunikationsstruktur abhängig waren, die durch das Spannungsverhältnis von Aufklärern, Publikum und

Herrscher geschaffen wurde. Infolge seiner partiellen Übereinstimmung mit der Aufklärung und seines vergleichsweise modernen Verständnisses für das Phänomen der Öffentlichkeit ist das Preußen Friedrichs II. besonders geeignet, die Spezifik des Politischen in dieser Zeit erkennbar werden zu lassen.

Unerläßlicher Bestandteil dieses perspektivischen Politikverständnisses ist der Vergleich mit der Entwicklung im Nachbarland Frankreich, die zur Revolution führte. Jedoch verengt die Dogmatisierung dieser Revolution – implizit werden Revolution, Aufklärung und Politik dann identifiziert – den Blick.[59] Revolution war eine der möglichen Konseqenzen der Aufklärung, Reform eine andere. Die Aufklärung revolutionierte das Denken, hatte soziale Implikationen und politische Wirkungen, sie zielte auf ein neues Staats- und Gesellschaftsverständnis, aber in ihrem Ursprung nicht auf gewaltsame Aktionen. Ob es zu solchen kam, hing von den spezifischen Umständen ab.

Die Heterogenität der gesellschaftlichen, politischen und ökonomischen Strukturen, der völlig unterschiedliche Zuschnitt der deutschen Staatenwelt verhinderten von vornherein die Entstehung eines einheitlichen politischen Aktionsraums in einer Zeit, in der sich das politische Nationalbewußtsein im Gefolge der Französischen Revolution und Napoleons Herrschaft über große Teile Europas noch nicht entwickelt hatte. Überdies machte die starke Bindung eines erheblichen Teils einflußreicher Aufklärer an die territorialstaatliche Gewalt und ihre politische Differenziertheit revolutionäre Aktivitäten eher unwahrscheinlich. Die Reformbereitschaft der Staaten, in denen die Aufklärer selbst erheblichen Einfluß gewonnen hatten, wirkte ebenfalls der politischen Radikalisierung entgegen oder schränkte sie zumindest ein. Die reformerische Staatspraxis der aufgeklärt-absoluten Monarchien Österreichs und Preußens, aber auch von Stadtstaaten wie Hamburg[60] oder kleiner Fürstentümer wie Hohenlohe[61], ließen bei einem Großteil der Aufklärer die Überzeugung wachsen, die absolute Monarchie sei schrittweise reformierbar, der Fortschritt der Aufklärung sei ohnehin nicht aufzuhalten. Die großen und kleinen Reformwerke des aufgeklärten Absolutismus, z. B. im Justizwesen, in der Verwaltung, im Schulwesen, die Förderung von Akademien, sowie schließlich vereinzelte Erfolge auch in bezug auf die postulierte konfessionelle Toleranz, die die Aufklärer bei den Monarchen besser aufgehoben fanden als bei den Kirchen, lieferten immer wieder Exempel dieses Reformpotentials, das eine Revolution in den Augen vieler Aufklärer überflüssig machte. Ein besonders spektakuläres Beispiel bot in den achtziger Jahren Preußen.

Im Frühjahr 1784 faßte der preußische König auf Vorschlag seines Großkanzlers Carmer einen Beschluß, der für einen absoluten Herrscher revolutionär anmutet: Er stellte den Entwurf zum *Allgemeinen Gesetzbuch für die preußischen Staaten* abschnittsweise zur öffentlichen Diskussion. Zwar kam es nicht zu einer »Volksbefragung«, wie einige Jahre später im vorrevolutionären Frankreich, als die Stände seit Beginn des Jahres 1789 in den *Cahiers de doléances* ihre Beschwerden und Wünsche formulierten. Vielmehr sollten sich in Preußen nur Rechsgelehrte, »praktische Weltweise« und Rechtsphilosophen zu konkret genannten Problemen äußern.[62] Einige Monate nach dieser spektakulären Maßnahme Friedrichs II. bezeichnete es das führende Diskussionsorgan der preußischen Aufklärung unter Hinweis auf die Diskussion über das Gesetzbuch als einen der größten Vorzüge der preußischen Länder, »daß daselbst wichtige Materien, auch solche, die in Staats- und Regierungsgeschäfte einschlagen, ziemlich frei behandelt werden, selbst von einer Seite, die den angenommenen Grundsätzen des Staates gerade zu widersprechen scheint.«[63] Der anonyme Autor forderte ein Jahr später im selben Journal weit mehr als eine Diskussion des Entwurfs durch Sachverständige, sondern meinte, die »Privatrechte der Bürger (müßten) durch ein bürgerliches Gesetzbuch festgestellet, und die Nation selbst zur Prüfung desselben aufgefordert werden«.[64] Kant war scheinbar bescheidener geblieben, als er in seinem berühmten Aufsatz öffentlichen und privaten Vernunftgebrauch unterschieden und den öffentlichen Gebrauch der Vernunft zunächst nur den Gelehrten zugestanden hatte.[65]

Wie ist die Zulassung öffentlicher Diskussion über eins der wichtigsten Reformvorhaben des preußischen Staates gegen Ende der Regierungszeit Friedrichs II. zu interpretieren? Beweist dieser Vorgang die aufgeklärte Gesinnung des Königs oder handelt es sich um ein geschicktes Manöver, um die »öffentliche Meinung« auf seine Seite zu bringen? Die Antwort auf diese Frage trifft das Wesen der preußischen Aufklärung ebenso wie die Beurteilung des aufgeklärten Absolutismus: So umstritten seine Deutung bis heute geblieben ist[66], so unterschiedlich müssen die Interpretationen des hier zur Debatte stehenden Vorgangs ausfallen.[67]

Die Einholung von Gutachten und Auskünften wurde durch ein Preisausschreiben ergänzt.[68] Dieser Zusammenhang ist für die Beurteilung wichtig, denn das Verfahren erinnert stark an die Preisausschreiben der Akademien im 18. Jahrhundert, insofern ist die Interpretation keineswegs abwegig, aufgeklärte Vernunftgläubigkeit, der zufolge der »Wettbewerb freier Geister die Wahrheit an den Tag bringen werde«[69], habe hier Pate gestanden. Wie stark die Gegnerschaft der Stände gegen das *Allgemeine Gesetzbuch* damals war, verdeutlichte allein die Polemik Friedrich August Ludwig v. d. Marwitz', der es mit dem Wort »Gleichheitskodex« charakterisierte.[70] Zweifelsfrei schlugen die Aufklärer in den Auseinandersetzungen um das *Allgemeine Gesetzbuch* eine ihrer wichtigsten Schlachten, ging es doch um die gesetzliche Verankerung »natürlicher« Rechte, um das Verbot königlicher »Machtsprüche« in Rechtsstreitigkeiten, um die Konstitutionalisierung der Herrschaft und schließlich um die Aufweichung der ständischen Gesellschaftsordnung, d. h. um »soziale Machtpositionen« (H. Hattenhauer).

Hatte der König aus machtpolitischen Gründen die öffentliche Unterstützung der Aufklärer nötig, um das Gesetzbuch durchsetzen zu können? Diese Interpretation geht zu weit und berücksichtigt überdies nicht die Position des Königs in den gesellschaftlichen Auseinandersetzungen, in denen er die bürgerlich-aufgeklärte Forderung nach Rechtsgleichheit und Abschaffung adliger Privilegien keineswegs unterstützte. Das zeigte sich selbst in Fragen, wo er aufgeklärte Forderungen bejahte, etwa in der Forderung, die Lage der leibeigenen Bauern in den östlichen Provinzen Preußens grundlegend zu verbessern: Friedrichs diesbezügliche Weisung von 1763 wurde aus staatspolitisch begründeter Rücksicht auf den Adel nur in den königlichen Domänen durchgeführt, die von ihm selber kritisierte Leibeigenschaft der Bauern blieb in den Gutsherrschaften des Adels bestehen.[71]

Zweifellos aber war die Ermöglichung öffentlicher Diskussion über den Entwurf des Gesetzbuchs ein spektakuläres Indiz für die veränderte Stellung des absoluten Herrschers zu seinen Untertanen im allgemeinen und zur »öffentlichen Meinung« im besonderen. Der König zählte zur damals noch kleinen Schar derjenigen Regenten, welche die wachsende Bedeutung der öffentlichen Meinung erkannten: Durch eigene Schriften und durch Auftragsarbeiten versuchte er, auf die öffentliche Diskussion einzuwirken. Dabei beschränkte er sich keineswegs auf die preußische Innenpolitik, sondern suchte in gleicher Weise seine außenpolitischen Interessen publizistisch zu vertreten, z. B. bei den Gründungsverhandlungen zum Deutschen Fürstenbund von 1785, für die Dohm 1783 eine propagandistische Auftragsarbeit verfaßt hatte.

Die Zulassung öffentlicher Diskussion über staatliche Gesetzgebung besaß zwei weitere Aspekte:

Erstens: Auch der König blieb – welche praktischen Konsequenzen das auch im einzelnen gehabt haben mag – von der Aufklärung geprägt. Das Selbstverständnis des Herrschers wies insofern neben fortbestehenden Gemeinsamkeiten doch auch erhebliche Modifikationen zu dem seiner Vorgänger, insbesondere zu seinem Vater Friedrich Wilhelm I., auf.

Zweitens: In den absoluten Staaten Europas war allein schon die Information der Öffentlichkeit über Interna staatlicher Politik singulär, von partieller Mitbestimmung der Bevölkerung konnte schon gar keine Rede sein.

Wieweit Friedrich II. die Konsequenzen überblickte, die eine öffentliche Diskussion über staatliche Gesetzgebung haben würde, ist schwer entscheidbar. Jedenfalls knüpfte die *Berlinische Monatsschrift* unmittelbar an die Ankündigung öffentlicher Diskussion über das *Allgemeine Gesetzbuch* an, als sie bereits ein Jahr später, 1785, Forderungen erhob, die weit über die Verfassungsstruktur Preußens im 18. Jahrhundert hinauswiesen:

»Will ein Fürst seinen Gesetzen ... eine ungewöhnliche Dauer verschaffen, so muß er dem Staate eine Verfassung geben, wodurch es seinen Nachfolgern unmöglich wird, die von ihm eingeführten Gesetze willkührlich abzuändern. Er muß bewirken, daß von nun an keine Gesetze anders, als mit Einwilligung des gesammten Staats gegeben werden können; mit einem Worte, er muß den Staat in eine Republik verwandeln, in welcher das Haupt der regierenden Familie den bloßen Vorsitz hat.«

Den Einwand, »Freiheit ... müsse nicht geschenkt, sondern erkämpft werden«, wies der Autor zwar zurück, sprach ihm aber eine gewisse Berechtigung nicht ab: »Nur als Beweise einer edeln Freiheitsliebe können bürgerliche Unruhen Werth haben.«[72]

Schon vor 1789 propagierten also preußische Aufklärer eine »Revolution von oben« und bedienten sich schon vor Wieland und Knigge der Warnung, ohne diese Reformen bestehe Revolutionsgefahr. Diese Argumentation zielte nicht zuletzt auf das Eigeninteresse der Fürsten. Es ist beachtlich, wie weit innerhalb der Aufklärung die politischen Forderungen reichten, kaum weniger beachtlich ist es, daß sie in der preußischen Hauptstadt publiziert werden konnten. Politisches Räsonnement dieser Art war unter doppelter Voraussetzung im spätfriderizianischen Preußen möglich: Die Meinungsäußerungen mußten relativ abstrakt bleiben und sich negativer Bemerkungen über den König enthalten, sie blieben außerdem ohne *unmittelbare* politische Wirkung. Deshalb konnte Kant unter Anspielung auf Friedrich formulieren: »Nur derjenige, der, selbst aufgeklärt, sich nicht vor Schatten fürchtet, zugleich aber ein wohldiszipliniertes zahlreiches Heer zum Bürgen der öffentlichen Ruhe zur Hand hat, – kann das sagen, was ein Freistaat nicht wagen darf: *räsonniert, so viel ihr wollt, und worüber ihr wollt; nur gehorcht!*«[73], ein Satz über das Preußen der achtziger Jahre, wie er konzentrierter wohl kaum sein konnte.

Die Mehrzahl der preußischen Aufklärer wünschte aufgrund der hier beispielhaft dargestellten politischen und gesellschaftlichen Voraussetzungen Reform, nicht aber Revolution. Das galt auch für die Jahre nach 1789. Diese Beurteilung gilt ebenfalls für die überwiegende Zahl der deutschen Aufklärer in anderen Territorien. Doch sind Differenzierungen notwendig: Die Skepsis galt oft nicht der Revolution generell und keineswegs allen Zielen der Revolution in Frankreich. Die liberale Anfangsphase wurde meist sogar begrüßt und die Reformunfähigkeit des französischen Absolutismus als Ursache der Revolution angesehen. Zu den überwiegend die Revolution ablehnenden Aufklärern zählten auffallend viele Historiker, deren Denken eher evolutionistisch war – unter ihnen Möser, Schlözer, Spittler, Nicolai, v. Müller. Neben diesen existierte eine zweite Gruppe zumindest zeitweise engagierter Revolutionsanhänger, von denen ebenso signifikant viele durch ein geschichtsphilosophisches Denken geprägt wurden, dessen Grundzüge am Beispiel Kants begegneten: neben Kant selbst u. a. Herder, Schiller, Erhard und die nicht mehr zur Aufklärung zählenden Fichte und Schelling. Revolutionsbegeistert waren außerdem zahlreiche radikale Aufklärer wie Rebmann, Campe, Knigge, Schubart und Wieland. Auch die Revolutionsanhänger bildeten jedoch keine völlig homogene Richtung. Viele von ihnen hielten zwar die Revolution im absolutistischen Frankreich für notwendig, aber nicht in reformfähigen Staaten des aufgeklärten Absolutismus. Nach 1792/93 wandte sich ein Teil der Revolutionsfreunde ab, nachdem die Terrorphase der Revolution, ihre »dérapage«[74], begann. Und schließlich ist eine dritte Gruppe zu nennen: die unbeirrbaren Revolutionäre, die meist auch in Deutschland die Revolution für notwendig hielten. Diese Richtung umfaßte mehrere hundert Personen: die sog. deutschen »Jakobiner«, die die »Mainzer Republik« errichteten und in Georg Forster ihren berühmtesten Protagonisten fanden.[75] Diese sog. »Jakobiner« – besser: Republikaner! – beschränkten sich meist nicht auf ein Räsonnement, sondern versuchten ihre Überzeugungen in revolutionäre Taten umzusetzen, sei es in Deutschland, sei es in Paris.

Die Erfahrung der Revolution im Nachbarland Frankreich schärfte zweifelsfrei das politische Bewußtsein der deutschen Aufklärer, drängte sie aber nur selten zu stärkerer Aktivität. Die seit 1789 zunehmend Kontur gewinnenden politischen Strömungen resultierten aus der Konfrontation von Aufklärung und Revolution, seien sie nun dezidiert demokratisch, frühliberal oder konservativ – die Revolution blieb als Traum oder Trauma gegenwärtig.[76] Die Aufklärung eröffnete beide Wege in die Moderne, den der Reform und den der Revolution: Die widersprüchliche Offenheit der Moderne ist die der Aufklärung.

I.

1 Berlinische Monatsschrift II, 1783, 516 (künftig zit.: BM). – Zum Kontext N. Hinske Hg., Was ist Aufklärung?, XXXVII ff. Vollständige Titelangaben in der Auswahlbibliographie.

2 BM IV, 1784, 193–95.

3 A. Pope, Essay on Man, in: Collected Poems, Hg. B. Dobrée, London 1956, 189.

4 Zit. nach B. Groethuysen, Entstehung der bürgerlichen Welt- und Lebensanschauung I, 157.

5 BM IV, 1784, 481.

6 Ebd., 484.

7 Ebd., 492.

8 I. Kant, Kritik der reinen Vernunft, Hg. R. Schmidt, 1956, 7 (Vorr. A XI Anm., zit. KrV).

9 Athenäum III, 1800, 340 (F. Schlegel).

10 Vgl. Zedler, Großes vollständiges Universal-Lexikon aller Wissenschaften u. Künste VI, 1733, 1661 f.; J. u. W. Grimm, Deutsches Wörterbuch, ND 1984, XI, 2334 ff.

11 Zit. K. Röttgers, Kritik, in: O. Brunner u. a. Hg., Geschichtliche Grundbegriffe III, Stuttgart 1972 ff., 659.

12 Cassirer, Aufklärung, 275.

13 G. E. Lessing, Sämtliche Schriften, Hg. K. Lachmann, 3. A. Hg. F. Muncker, IX, Stuttgart 1893, 183.

14 Lessing, Eine Duplik (1778), in: ebd., XIII, 23 f.

15 F. Nicolai, Beschreibung einer Reise durch Deutschland u. die Schweiz im Jahre 1781, Berlin 1783–96, VI, 399 (zit. RB).

16 C. M. Wieland, Ein paar Goldkörner aus Maculatur oder Sechs Antworten auf sechs Fragen (April 1789), in: Wieland's Werke, Hg. H. Düntzer, Berlin o. J., XXXII, 194.

17 Hinske, XVIII.

18 Ebd., XIX.

19 BM IV, 1784, 491.

20 I. Kant, Werke, Hg. W. Weischedel, Darmstadt 1968, V, 260, 263.

21 F. Schiller, Über die ästhetische Erziehung des Menschen in einer Reihe von Briefen, in: Sämtliche Werke, Hg. G. Fricke u. H. G. Göpfert, München 1967[4], V, 591 (8. Brief).

22 Th. W. Adorno u. M. Horkheimer, Dialektik, 9.

23 Friedrich der Große, De la littérature allemande, Darmstadt 1969, 137.

24 Ebd., 111.

25 J. Möser, Über die deutsche Sprache u. Literatur, ebd., 180.

26 Vgl. die Verteidigung der Wieland-Übersetzung durch Lessing in der Hamburger Dramaturgie, in: Schriften IX, 245.

27 Die erste klassizistische Übertragung Shakespeares ins Deutsche erfolgte 1741 durch den preußischen Gesandten v. Borck (Julius Caesar): vgl. F. Gundolf, Shakespeare u. der deutsche Geist, Berlin 1922, 110 f.

28 Ebd., 107.

29 Kant, Prolegomena, in: Werke V, 118 f.

30 Vgl. auch J. G. Schottelius 1612–1676. Ein Teutscher Gelehrter am Wolfenbütteler Hof (Ausstellungskataloge der Herzog August Bibliothek Nr. 18), Wolfenbüttel 1977.

31 G. W. Leibniz, Unvorgreifliche Gedanken, Hg. U. Pörksen, Stuttgart 1983, 17, 21.

32 Leibniz, Ermahnung an die Deutschen (1682/83), ebd., 61.

33 Ebd., 63.

34 Ebd., 71.

35 C. Thomasius, Von der Nachahmung der Franzosen (1687/1701), in: Friedrich der Große, De la littérature, 206.

36 Ebd., 207.

37 S. u. Kap. IV, 3.

38 F. Schalk, Die europäische Aufklärung, in: Propyläen Weltgeschichte, VII, 2, 469.

39 Vgl. die Leibniz-Zitate oben Anm. 33.

40 F. Schalk, Aufklärung, in: Historisches Wörterbuch der Philosophie I, 620 f., ders., Zur Semantik von »Aufklärung« in Frankreich, in: ders., Studien, 323 ff.

41 H. Stuke, Aufklärung, in: Geschichtliche Grundbegriffe I, 247. Diese Abhandlung ist für die Begriffsgeschichte der Aufklärung grundlegend, vgl. 243–342.

42 G. Arnold, Die erste Liebe Der Gemeinen JESU Christi…, (1696), in: G. A. in Auswahl, Hg. E. Seeberg, München 1934, 37.

43 G. Arnold, Unpartheyische Kirchen- u. Ketzerhistorie, Vom Anfang des Neuen Testaments Bis auf das Jahr Christi 1688, Ausg. Franckfurt am Mayn 1729, I, 26 (Punkt 10).

44 G. Arnolds Beantwortung der Cyprianischen Beschuldigungen wider seine Person, in: Seeberg Hg., 140.

45 E. Winter, Frühaufklärung, 74.

46 Vgl. N. Hammerstein, S. Pufendorf, in: Stolleis, Staatsdenker, 174–197, insbes. 177–189; sowie H. Medick, Naturzustand, 40 ff. Zum Ganzen auch unten Kap. III, 4.

47 Hammerstein, 180, sowie H. Denzer, Moralphilosophie u. Naturrecht bei S. Pufendorf, München 1972.

48 Hammerstein, 195.

49 Über ihn: E. Winter Hg., E. W. Tschirnhaus.

50 G. Mann, Der europäische Geist, 362.

51 Fontenelle, Éloge de Leibniz, in: Œuvres choisies, Hg. P. Chambry, Paris. o. J., 100, dt. Auszug auch in: G. Mann, Anm. 50.

52 Encyclopédie, Hg. Diderot u. D'Alembert, IX, Neufchâtel 1765, 379.

53 G. W. Leibniz, Theodizee, Übers. A. Buchenau, Hamburg 1968², 1.

54 Ebd., 4.

55 Ebd., 5. Von der Vernunft als etwas Göttlichem sprach auch Luther: Disputatio de homine, in: G. Ebeling, Lutherstudien II, Tübingen 1977, 15 ff., hier 16.

56 M. Buhr u. G. Klaus Hg., Philosophisches Wörterbuch, Berlin 1970, I, 150 f. (Art. Aufklärung).

57 Marx-Engels, Werke, Hg. Institut für Marxismus-Leninismus (= MEW), Berlin 1970, 1, 550.

58 Buhr u. Klaus I, 150.

59 G. W. F. Hegel, Phänomenologie des Geistes. Hg. J. Hoffmeister, Hamburg 1952⁶, 424 ff.

60 G. W. F. Hegel, Glauben u. Wissen, in: Werke, Hg. E. Moldenhauer u. K. M. Michel, Frankfurt 1970, II, 292.

61 Hegel, Vorlesungen zur Geschichte der Philosophie, in: Werke XX, 310.

62 Ebd., 312 f.

63 E. Donnert, Zur Methodologie der Aufklärung, zit. in: H. Möller, Interpretation der Aufklärung, in: ZHF 4. 1977, 447.

64 E. Engelberg, Zu methodologischen Problemen, zit. ebd., 451.

65 F. Schnabel, Deutsche Geschichte im 19. Jahrhundert, IV, Freiburg 1937, 13.

66 Vgl. dazu W. Krauss, Fontenelle u. die Aufklärung, München 1969; sowie F. Schalk, Bayle u. die Querelle des Anciens et des Modernes, in: ders., Studien, 280–91.

67 Vgl. F. Venturi, Italy and the Enlightenment, Hg. S. Woolf, London 1972; C. Dipper, Politischer Reformismus u. begrifflicher Wandel. Tübingen 1976.

68 Zur Kritik vgl. Möller, Interpretation.

69 F. Nicolai, Das Leben u. die Meinungen des Herrn Magisters Sebaldus Nothanker, Hg. F. Brüggemann, Darmstadt 1967, 146, 147.

70 J. L. Lewald, Über Volksaufklärung, ihre Grenzen u. Vorteile, in: Z. Batscha, Aufklärung u. Gedankenfreiheit, Frankfurt 1977, 337 f.

II.

1 J. u. W. Grimm, Deutsches Wörterbuch, XIII, 1830.

2 J. J. Engel's Schriften, I u. II, Berlin 1801.

3 C. Garve, Popularphilosophische Schriften, Hg. K. Wölfel, Stuttgart 1974, II, 1041, 1060, 1063.

4 P. Hazard, Herrschaft, 546.

5 Gellerts Werke, Hg. F. Behrend, Berlin o. J., II, 168.

6 Kant, KrV, A XVII f.

7 Garve, II, 1056.

8 Vgl. Cassirer, Aufklärung, 28.

9 R. Descartes, Discours de la Méthode, Hg. L. Gäbe, Hamburg 1960, 3; die nächsten Zitate: ebd., 13, 31, 33.

10 W. Windelband, Lehrbuch der Geschichte der Philosophie, Hg. H. Heimsoeth, Tübingen 1957[15], 336.

11 F. Bacon, Neues Organ der Wissenschaften, Hg. A. T. Brück, 1830/ ND Darmstadt 1974, 26; die nächsten Zitate: ebd., 32 ff., 45, 22, 74 f.

12 F. Bacon, Über die Wahrheit, in: Essays, Hg. L. L. Schücking, Wiesbaden o. J., 5.

13 F. Bacon, Neu-Atlantis, in: Der utopische Staat, Hg. K. J. Heinisch, Reinbek 1966, 175.

14 G. Bruno, Von der Ursache, dem Prinzip u. dem Einen. Hg. P. R. Blum, Hamburg 1977[5], 105 f. (5. Dialog).

15 H. A. Korff, Geist der Goethezeit, II, Leipzig 1962[6], 14–70.

16 B. de Spinoza, Theologisch-politischer Traktat, Hg. G. Gawlick, Hamburg 1976, 67 f., 65.

17 G. W. Leibniz, Betrachtungen über die Erkenntnis, die Wahrheit u. die Ideen (1684), in: Hauptschriften zur Grundlegung der Philosophie, Hg. E. Cassirer, Hamburg 1966[3], I, 28.

18 Leibniz, Die Vernunftprinzipien der Natur u. der Gnade (1714), in: ebd., II, 428 f., die Zit. 429 f.

19 Leibniz, Theodizee, 33, 34.

20 J. Locke, Über den menschlichen Verstand, Übers. T. Schultze, Leipzig o. J. (1897), II, 210.

21 G. W. Leibniz, Neue Abhandlungen über den menschlichen Verstand, Übers. E. Cassirer, Hamburg 1971[4], 38.

22 D. Hume, Eine Untersuchung über den menschlichen Verstand, Hg. H. Herring, Stuttgart 1971, 19, 21.

23 Kant, Prolegomena, 115 (A 7, 8).

24 Vgl. die Erläuterung des Humeschen Schlüsselbegriffs »perception« in: Hume, Untersuchung, 208.

25 Ebd., 39, 41, 43.

26 Ebd., 133 f.

27 Vgl. M. Wundt, Die deutsche Schulphilosophie, 123.

28 C. Thomasius, Außübung Der Vernunfft-Lehre. Erstes Hauptstück, in: W. Killy Hg., 18. Jahrhundert, I, 9.

29 C. Thomasius, Von der Vernunfft-Lehre insonderheit, in: Geschichte der Philosophie, V: Rationalismus, Hg. R. Specht, Stuttgart 1984[2], 326.

30 Wundt, Schulphilosophie, 124.

31 C. Wolffs eigene Lebensbeschreibung, Hg. H. Wuttke, Leipzig 1841; zum Hintergrund: H. Schöffler, Deutsches Geistesleben zwischen Reformation u. Aufklärung, Frankfurt 1974³, insbes. 184 ff.

32 Wundt, Schulphilosophie, 317 ff.

33 C. Wolff, Lebensbeschreibung, 146.

34 Ebd., 189 ff. sowie K. Vorländer, Philosophie der Neuzeit. Die Aufklärung (Geschichte der Philosophie, V), Bearb. H. Knittermeyer, Reinbek 1975, 85.

35 Vorländer, 86.

36 C. Wolff, Vernünfftige Gedancken von den Kräfften des menschlichen Verstandes, Ausg. Halle 1713, Vorrede.

37 Zum Ganzen vgl. W. Weischedel, Der Gott der Philosophen I, Darmstadt 1971, §§ 23–37.

38 Kant, KrV, Vorrede B XXXV/XXXVI.

39 C. Wolff, Vernünfftige Gedancken von Gott, der Welt u. der Seele des Menschen, Franckfurt 1738⁷, 1 Kapitel §§ 1, 2.

40 C. Wolff, Vernünfftige Gedancken von der Menschen Thun und Lassen, Franckfurt 1736⁵, I. Teil, 1. Capitel § 53.

41 Schöffler, Geistesleben, 196; die nächsten Zitate: ebd., 197, 199.

42 Cassirer, Aufklärung, 124, das folgende Zitat: 129.

43 Kant's Briefwechsel I, 1747–1788, (= Kants Gesammelte Schriften, Hg. Königlich Preuß. Akademie der Wissenschaften X, 2. Abt.), Berlin 1922², 131.

44 J. L. d'Alembert, Einleitung zur Enzyklopädie (1751), Hg. E. Köhler, Hamburg 1975², 157.

45 K. P. Moritz, Vorschlag zu einem Magazin einer Erfahrungs-Seelenkunde, in: Gnothi sauton oder Magazin zur Erfahrungsseelenkunde als eine Lesebuch für Gelehrte u. Ungelehrte, I–X, Berlin 1783–1793/ ND Hg. A. Bennholdt-Thomsen u. A. Guzzoni, Lindau 1978, I, 4 f.

46 Nicolai, RB II, 389.

47 Möller, Aufklärung in Preußen, 57 f.

48 Kant, KrV, B 1, B 3.

49 Nicolai, RB XI, 206.

50 Kant's Briefwechsel I, 129–35, die Zit. 129 f.

51 Kant, KrV, B 3 (Einl.), B 19.

52 E. Cassirer, Kants Leben u. Lehre, Darmstadt 1977³, 155 f.

53 Kant, KrV, B VI (Vorrede), B 3, 4 (Einleitung), u. Cassirer, Kant, 156.

54 Kant, KrV, B 25 (Einleitung).

55 Ebd., B XXII/XXIII (Vorrede); die nächsten Zitate: B XXX, B XXV, B XXV, B XXVI.

56 Ebd., A 406 ff., B 433 ff. (2. Buch, 2. Hauptstück), A 636, A 641.

57 Vgl. zum Ganzen A. Gulyga, I. Kant. Übers. S. Bielfeld, Frankfurt 1981, 152–59.

58 Kant, Kritik der praktischen Vernunft, Hg. K. Vorländer, Hamburg 1959[10], 152 (zit. KprV); ebd., 151 f.

59 Cassirer, Aufklärung, 180.

60 Voltaire, Aus dem Philosophischen Wörterbuch, Hg. K. Stierle, Frankfurt 1967, 90, 92.

61 P. Th. d'Holbach, System der Natur oder von den Gesetzen der physischen u. der moralischen Welt, Berlin 1960, 472.

62 T. Besterman, Voltaire, München 1971, 370 ff.

63 M. Mendelssohns gesammelte Schriften. Hg. G. B. Mendelssohn, V, Leipzig 1844, 341 f.

64 H. A. Korff, Voltaire im literarischen Deutschland des XVIII. Jahrhunderts, I, Heidelberg 1917, 318.

65 J. Möser, Schreiben an den Herrn Vikar in Savoyen, abzugeben bei Herrn J. J. Rousseau, in: J. M., Deutsche Staatskunst u. Nationalerziehung, Hg. P. Klassen, Leipzig o. J., 98.

66 Cassirer, Aufklärung, 181.

67 B. Pascal, Über die Religion u. über einige andere Gegenstände (Pensées), Hg. E. Wasmuth, Heidelberg 1972, 7, 251 (Fragment 556).

68 Voltaire, Philosophische Briefe, in: V., Erzählungen-Dialoge-Streitschriften, Hg. M. Fontius, III, Berlin 1981, 135 f. (25. Brief), 145.

69 J. J. Rousseau, Discours sur l'Origine de l'Inégalité parmi les Hommes (1755), in: Schriften zur Kulturkritik, Hg. K. Weigand, Hamburg 1971[2], 110.

70 Vgl. Cassirer, Aufklärung, 208–12; zur Funktion der »religion civile« vgl. Rousseau, Der Gesellschaftsvertrag, Hg. H. Weinstock, Stuttgart 1958, 181 ff. (4. Buch, 8. Kap.). Dazu M. Forschner, Rousseau, Freiburg 1977, 168 ff.

71 Bestermann, Voltaire, 300 ff; vgl. ebd., 305.

72 Ebd., 303; das vorhergehende (Original) Zit. bei: Korff, Voltaire, I, 217.

73 Vgl. ebd., 215 ff. Zum Gesamtproblem auch: P. Brockmeier u.a. Hg., Voltaire u. Deutschland, Stuttgart 1978, mit einer Reihe instruktiver Einzelstudien. Speziell: W. Mönch, Voltaire u. Friedrich d. Gr., Stuttgart 1943.

74 Goethe, Dichtung u. Wahrheit, in: Werke, Hamburger Ausgabe, 9, Hamburg 1967[6], 30 f. Der Bericht insges. 29–31.

75 J. G. Herder, Ideen zur Philosophie der Geschichte der Menschheit, Hg. H. Stolpe, Berlin 1965, I, 28.

76 Cassirer, Aufklärung, 215 ff.

77 K. Scholder, Grundzüge, 313.

78 K. Barth, Die protestantische Theologie, I, 76.

79 C. Hinrichs, Der Hallische Pietismus als politisch-soziale Reformbewegung des 18. Jahrhunderts, in: ders., Preußen als historisches Problem, Hg. G. Oestreich, Berlin 1964, 172.

80 Vgl. inges.: C. Hinrichs, Preußentum u. Pietismus, Göttingen 1971;
K. Deppermann, Der hallesche Pietismus u. der preußische Staat
unter Friedrich III. (I.), Göttingen 1961; P. Baumgart, Zinzendorf als
Wegbereiter historischen Denkens, Lübeck 1960; R. Rürup, J. J.
Moser, Pietismus u. Reform, Wiesbaden 1965; H. Lehmann, Pietis-
mus u. weltliche Ordnung in Württemberg vom 17. bis zum 20.
Jahrhundert, Stuttgart 1969; M. Schmidt, Pietismus, Stuttgart 1978².

81 Hirsch, II, 411.

82 Vgl. ebd., 413; F. W. Kantzenbach, Protestantisches Christentum,
210 ff. sowie J. C. Edelmann, Selbstbiographie (1752), ND Stuttgart.

83 Text in: W. Philipp Hg., Zeitalter der Aufklärung, 211–18, das Zit.
211 f.

84 K. L. Reinhold, Schriften zur Religionskritik u. Aufklärung 1782–
1784, Hg. Z. Batscha, Bremen 1977, 399, 405.

85 Philipp, Einleitung, LXXVI ff.

86 Textauszug in: Philipp, 143–52, das Zit. 149.

87 Zur Entwicklung der Neologie: K. Aner, Theologie der Lessingzeit;
Hirsch IV, 3-119, zu einigen Vertretern Möller, Aufklärung in
Preußen, 175 ff.

88 Vgl. Barth, Protestantische Theologie I, 141.

89 Kant, KrV A 633.

90 Locke, Verstand, II, 404 f., 407, 411.

91 J. H. Jung-Stilling, Lebensgeschichte, Hg. G. A. Benrath, Darmstadt
1976, 621.

92 Vgl. insges. A. Schweitzer, Geschichte der Leben-Jesu-Forschung,
Tübingen 1984⁹, 56 ff., 69 ff., 88 ff.

93 H. S. Reimarus, Apologie oder Schutzschrift für die vernünftigen
Verehrer Gottes, Hg. G. Alexander, Frankfurt 1972, z. B.: I, 183 ff.;
II, 177 ff., 521 ff. Vgl. dazu Hirsch, IV, 146.

94 Im folgenden zit. nach Lessings Fassung, in: Sämtliche Schriften, Hg.
Lachmann-Muncker, XII, Leipzig 1897, 358, 397 ff.

95 Ebd., 426. – Dazu Hirsch, IV, 147: »In der sorgfältigen Entwicklung
und Begründung des *geschichtlichen Wandels, der vom ersten zum
zweiten System, oder auch vom Zwecke Jesu zu dem seiner Jünger
führt, liegt die Haupt*kraft des reimarischen Angriffs.«

96 Vgl. Vorbericht des Hg. G. Alexander in: Reimarus, Apologie.

97 Lessing, Sämtliche Schriften XVIII, Leipzig 1907, 101 f.

98 Lessing, Über den Beweis des Geistes u. der Kraft (1777), in: ebd.,
XIII, Leipzig 1897, 5.

99 Scholder, Grundzüge, 308 ff.

100 Vgl. Schnabel, Deutsche Geschichte IV, 3 ff., insbes. 10 ff. und insges.
H. Jedin Hg., HKiG, V, insbes. 2. Teil, 1. u. 2. Abschn.

101 S. Merkle, Die katholische Beurteilung des Aufklärungszeitalters, in:
Reden und Aufsätze, 366.

314

102 W. Müller, in: HKiG V, 598 ff., insbes. 600.

103 Schnabel, IV, 11.

104 Vgl. G. Rückert, Eusebius Amort u. das bayerische Geistesleben im 18. Jahrhundert, München 1956.

105 Anm. 103 sowie Merkle, 388.

106 Vgl. G. Pfeilschifter, F. Nicolais Briefwechsel mit St. Blasien, München 1935, 94, passim.

107 E. Schneider, Die wahre Aufklärung (1790), in: G. Funke Hg., Aufklärung, 103.

108 Merkle, 373.

109 Zit. ebd., 412.

110 Zur Ekklesiologie vgl. P. Schäfer, Kirche u. Vernunft. Die Kirche in der katholischen Theologie der Aufklärungszeit, München 1974.

111 Vgl. E. Kovács Hg., Katholische Aufklärung, darin u. a. der Aufsatz von B. Plongeron, Was ist Katholische Aufklärung?, 11 ff.; L. A. Veit, Das Aufklärungsschrifttum des 18. Jahrhunderts u. die deutsche Kirche, Köln 1937; H. Graßl u. a., Barock u. Aufklärung, München 1972.

112 Zur Aufklärung in fränkischen Bistümern material- und aspektreich: B. Goy, Aufklärung u. Volksfrömmigkeit in den Bistümern Würzburg u. Bamberg, Würzburg 1968; stärker auf die gelehrten theologischen Aspekte zielt K. J. Lesch, Neuorientierung der Theologie im 18. Jahrhundert in Würzburg u. Bamberg, Würzburg 1978. Aufschlußreich sind auch die Zeitschrifen des Benediktinerklosters Banz, vgl. W. Forster, Die kirchliche Aufklärung bei den Benediktinern der Abtei Banz im Spiegel ihrer von 1772 bis 1798 herausgegebenen Zeitschrift, in: Studien u. Mitteilungen zur Geschichte des Benediktinerordens, LXIII, 1951, 172–233; LXIV, 1952, 110–233: »Die fränkischen Zuschauer…« (1772/73); »Litteratur des katholischen Deutschland…« (1775/88); Litterarisches Magazin für Katholiken u. deren Freunde« (1792/98).

113 Vgl. insges. A. Kraus, Geschichte Bayerns, München 1983, 334 ff.

114 Ebd., 342. Vgl. über die bayerische Aufklärung insges. 330–53.

115 Vgl. R. van Dülmen, Propst F. Töpsl u. das Augustinerchorherrenstift Polling, Kallmünz 1967; A. Kraus, P. R. Zirngibl von St. Emmeram in Regensburg, ein Historiker der Alten Akademie, in: Studien u. Mitt. z. Gesch. des Benediktinerordens LXVI, 1956, 61–151, LXVII, 1957, 30–203; L. Hammermayer, Salzburg u. Bayern im 18. Jahrhundert, in Mitt. d. Ges. für Salzburger Landeskunde, CXX/CXXI, 1980, 1981, 129–218; zusammenfassend mit reichen Lit.-Angaben: L. Hammermayer, Die Aufklärung in Wissenschaft u. Gesellschaft, in: M. Spindler Hg., Handbuch der Bayerischen Geschichte, II, München 1977, 985–1033. R. v. Dülmen, Zum Strukturwandel der Aufklärung in Bayern, in: Zs. f. Bayer. Landesgesch. XXXVI/2, 1973, 662–79.

116 Vgl. Hammermayer, Geschichte der bayerischen Akademie; Kraus, Geschichte Bayerns, 338.

117 Vgl. A. Hanschmidt, Die erste münstersche Universität 1773/80–1818, in: Die Universität Münster 1780–1980, Hg. H. Dollinger, Münster 1980, 3–28, insbes. 7 ff.; E. Hegel, Die katholische Theologie in Münster, ebd. 253 ff.

118 Vgl. W. Müller, in: HKiG V, 579 ff.

119 Vergleichend und zusammenfassend: H. Raab u. L. Cognet, in: HKiG V, 353 ff., 409 ff., 477 ff.

120 H. Raab, Geistige Entwicklungen u. historische Ereignisse im Vorfeld der Säkularisation, in: A. Rauscher Hg., Säkularisierung u. Säkularisation vor 1800, München 1976, 9–42, das Zit. 38.

121 Vgl. Anm. 119 sowie P. Herrsche, Der Spätjansenismus in Österreich, Wien 1977; ders., in: Kovács, 180 ff.

122 E. Hegel, Die katholische Kirche unter dem Einfluß der Aufklärung des 18. Jahrhunderts, Opladen 1975.

123 E. Winter, Der Josefinismus, Berlin 1962, 34 ff.; L. Bodi, Tauwetter in Wien, 39 ff.; K. H. Osterloh, J. v. Sonnenfels u. die österreichische Reformbewegung im Zeitalter des aufgeklärten Absolutismus, Berlin 1970.

124 Vgl. stellvertretend: Nicolai, RB III, 362 f., passim, K. Epstein, Ursprünge, 187 ff.; Möller, Aufklärung in Preußen, 110, 113.

125 Hegel, Katholische Kirche, 7.

126 K. E. Motsch, Matern Reuss. Ein Beitrag zur Geschichte des Frühkantianismus an katholischen Hochschulen, Diss. Freiburg 1932.

127 Vgl. L. Boehm, Das Hochschulwesen in seiner organisatorischen Entwicklung, in: Spindler Hg., II, 815–38, hier. 831; zur Sonderstellung der Exjesuiten in der Bayerischen Akademie: Hammermayer, Geschichte II, 106 ff.

128 Zit. bei M. Braubach, Die erste Bonner Universität u. ihre Professoren, Bonn 1947, 68. Dort auch eine gründliche Darstellung der Auseinandersetzungen um die Aufklärung im Rheinland. Eine Fülle höchst instruktiver Quellen zur Lage der katholischen Aufklärung im Rheinland in den achtziger und frühen neunziger Jahren des 18. Jahrhunderts enthält: J. Hansen Hg., Quellen zur Geschichte des Rheinlandes im Zeitalter der Französischen Revolution 1780–1801, I, Bonn 1931; II, ebd. 1933.

129 Allgemeine Deutsche Bibliothek LXXVIII, 1788, 587.

130 Journal VI, 1789, 2, 406 f., zit. bei M. Braubach, Die kirchliche Aufklärung, 658. Braubachs grundlegende Analyse und abwägende Beurteilung ist insbes. zu diesem Problemkreis heranzuziehen.

131 Vgl. Text in: M. Kayserling, M. Mendelssohn, ND Hildesheim 1972, 411 ff.; vgl. auch Mendelssohn, Morgenstunden, oder Vorlesungen über das Dasein Gottes, in: Ges. Schriften II, 233 ff.

132 P. Bayle, Spinoza, in: Spinoza – Lebensbeschreibungen u. Gespräche, Hg. C. Gebhard, ND Hamburg 1977, 44.

133 P. Bayle, Historisches u. Critisches Wörterbuch, Übers. J. C. Gottsched, IV, Leipzig 1744/ND Hildesheim 1978, 260.

134 P. Bayle, Spinoza, 48, 44 f.

135 S. oben. Vgl. insgesamt auch: K. Gründer u. W. Schmidt-Biggemann Hg., Spinoza in der Frühzeit seiner religiösen Wirkung, Heidelberg 1984.

136 Spinoza, Theologisch-politischer Traktat, 69 f.

137 S. Maimon, Versuch einer neuen Logik oder Theorie des Denkens, Hg. B. C. Engel, Berlin 1912, Vorrede XX.

138 Salomon Maimons Lebensgeschichte, Hg. K. P. Moritz, Neu Hg. Z. Batscha, Frankfurt 1984, 183.

139 Ebd., 185; vgl. ebd., 188.

140 Vgl. G. Lottes, Aufklärung u. jüdische Identität, in: H. J. Müllenbrock Hg., Europäische Aufklärung II, 313–326.

141 Vgl. die Texte in: F. H. Jacobi, Werke (1819), Hg. F. Roth u. F. Köppen, IV, ND Darmstadt 1979. Zum Hintergrund: E. Schmidt, Lessing, II, Berlin 1923⁴, 465 ff.

142 Berlin 1781/1783, ND Hildesheim 1973. Dazu H. Möller, Aufklärung, Judenemanzipation u. Staat. Ursprung u. Wirkung von Dohms Schrift »Über die bürgerliche Verbesserung der Juden«, in: W. Grab Hg., Deutsche Aufklärung u. Judenemanzipation, 119 ff.

143 In: Kayserling, 285, zur zwiespältigen Reaktion ebd., 288 ff.

144 Mendelssohn, Ges. Schriften, III, Leipzig 1843, 311, auch 319, sowie: An die Freunde Lessings, ebd., 13.

145 Mendelssohn, Betrachtungen über Bonnet's Palingenesie, ebd., 164.

146 Mendelssohn, Jerusalem, ebd., 321.

147 Kayserling, 495 (Anhang Nr. 9).

148 Mendelssohn, Jerusalem, 297.

149 Zu seiner Deutung des Judentums vgl. auch: Grundartikel des Judenthums, in: Kayserling, 565 ff. (Anhang Nr. 57).

150 Vgl. J. Allerhand, Das Judentum in der Aufklärung, Stuttgart 1980.

151 Vgl. oben, sowie Lottes, Aufklärung u. jüdische Identität, 314 ff.

152 F. Nicolai, Nekrolog auf Moses Mendelssohn, zit. bei Möller, Aufklärung in Preußen, 160 f.

153 Kant, Briefwechsel, I, 344 ff., das Zit. 347.

154 Mendelssohn, Ges. Schriften, II, Leipzig 1843, 72. Vgl. insges. Hinske, Hg., Ich handle mit Vernunft.

155 Vgl. die Berichte in: J. F. Marmontel, Erinnerungen an Philosophen u. Aktricen. Übers. I. Nickel, Leipzig 1980, 474 ff., 478. M. schrieb, in kurzer Zeit seien in Europa 40 000 Exemplare im Umlauf gewesen: 481. Der Originaltitel des Werkes lautete: »Mémoires d'un père pour servir à l'instruction de ses enfants« (1800–1805).

156 Bearb. u. kom. Text in: M. v. Geismar, I, 2. Heft, 3–144.; vgl.
F. Nicolai, Gedächtnisschrift auf J. A. Eberhard, Berlin 1810, dazu
Möller, Aufklärung in Preußen, 178 ff.
157 Nicolai, Gedächtnisschrift, 15.

III.

1 C. Wolff, Vernünftige Gedanken von Gott, 195 (Ausg. 1720).
2 C. Wolff, Vernünftige Geanken von dem gesellschaftlichen Leben der
Menschen u. insonderheit dem Gemeinen Wesen (1721), ND Frankfurt 1971, 246.
3 E. W. Tschirnhaus, Gründliche Anleitung zu nützlichen Wissenschaften, in: R. Specht Hg., Rationalismus, 223.
4 Thomas von Aquin, Compendium Theologiae, Hg. R. Tannhof,
Heidelberg 1963, 11.
5 Vgl. etwa C. Thomasius, Discours, in: Deutsche Schriften, Hg. P.
v. Düffel, Stuttgart 1970, 15 f.
6 Tschirnhaus, Anleitung, 223.
7 S. u. Kap. III, 2.
8 Vgl. d'Alembert, Discours, 177, 172.
9 Vgl. Grimm, Deutsches Wörterbuch, XXX, 781 ff., insbes. 788 ff.
10 d'Alembert, Discours, 171.
11 Campe, V, 179. Vgl. auch Grimm, XXIV, 1222 ff.
12 Vgl. Möller, Aufklärung in Preußen, 343 passim; sowie philosophiegeschichtlich: W. Schneiders, Aufklärung und Vorurteilskritik, Stuttgart 1983.
13 Zum Problem: Angermann, Staat u. Gesellschaft; F. Jonas, Geschichte der Soziologie I, Reinbek 1968, 11 ff.
14 Ed. G. Truc, Paris 1961, I, 103 ff. (23. Buch). – Zu Süßmilch jetzt:
W. Neugebauer, J. P. Süßmilch. Geistliches Amt u. Wissenschaft im
friderizianischen Berlin, in: H. J. Reichhardt Hg., Berlin in Geschichte u. Gegenwart. Jb. d. Landesarchivs Berlin, Berlin 1985, 33–68.
15 Vgl. Möller, Landeskunde u. Zeitkritik, 117–20.
16 Vgl. Hazard, Krise, 357 ff.; Valjavec, Geschichte, 272 ff.
17 Vgl. Fontenelle, Œuvres Choisies, 29.
18 Hazard, Krise, 354.
19 Fontenelle, 32.
20 Anders C. Wolff, Probe einer Anwendung der Naturlehre auf die
natürliche Gottes-Gelahrtheit (1736), Textauszug in: Philipp, 36:
»Weil aber die Werke der Natur die göttlichen Vollkommenheiten wie
in einem Spiegel vorgestellt darlegen, so kann es wohl geschehen, daß,
wenn wir dieselben untersuchen, die Begriffe einigermaßen deutlich
werden.«

21 Pope, Poems, 122.

22 Vgl. Hazard, Krise, 364.

23 d'Alembert, Discours, 44, 39.

24 Vgl. insbes. P. Mathias, Wer entfesselte Prometheus? Naturwissenschaft u. technischer Wandel 1600–1800, in: A. E. Musson, Wissenschaft, 83–112, sowie Ch. C. Gillispie, Die Naturgeschichte der Industrie, ebd. 137–52.

25 S. o.; vgl. zum Ganzen auch A. Koyré, Von der geschlossenen Welt zum unendlichen Universum, Frankfurt 1969, der den Weg Nikolaus von Kues, Kopernikus u. a. bis zu Newton, Leibniz und Berkeley analysiert. – Vgl. auch d'Alembert, Discours, 146 ff.; Voltaire, Philosophische Briefe, 69 ff. (14. Brief); 99 ff. (17. Brief, 2. Anhang).

26 Vgl. zu Euler: Cassirer, Erkenntnisproblem II, 472 ff., 501 ff.; zu Kant und Euler insbes. 632 ff.

27 Der Index operum L. Euleri, Berlin 1896, zählt 28 selbständig publizierte Schriften und 768 Abhandlungen.

28 Vgl. A. Kleinert, Mathematik u. anorganische Naturwissenschaften, in: Vierhaus Hg., Wissenschaften, 223.

29 Voltaire, Philosophische Briefe, 70 (14. Brief).

30 Das Vorstehende nach Kleinert, 225 ff., das Laplace-Zitat ebd., 227.

31 In: Werke I, 229.

32 Ebd., 235. Zum Ganzen auch: F. Kaulbach, I. Kant, Berlin 1969, 36 ff.

33 Historisches Wörterbuch der Philosophie, Hg. J. Ritter u. a., I, Darmstadt 1971, 623.

34 Zur Wirkung vgl. W. Lepenies, Ende der Naturgeschichte, 161.

35 D. Diderot, Gedanken zur Interpretation der Natur. Philosophische Grundsätze über Materie u. Bewegung, Übers. Th. Lücke, Leipzig 1976, 27; vgl. ebd., 38, 40.

36 Vgl. ebd., 43, auch ebd., 38 f.

37 Vgl. J. v. Stackelberg, Diderot, München 1983, 10: »Voltaire plus Rousseau gleich Diderot« sei keine schlechte Formel; vgl. auch die Diderot-Interpretationen von H. Dieckmann, in: Studien; insges. immer noch das gelehrte Werk von K. Rosenkranz, Diderots Leben u. Werke I-II, ND Aalen 1964.

38 Cassirer, Aufklärung, 120.

39 D. Diderot, Erzählungen u. Gespräche, Übers. K. Scheinfuß, Frankfurt 1981, 394, 391.

40 Vgl. F. Schalk, Enzyklopädie, in: Historisches Wörterbuch der Philosophie II, 1972, 574. Diese Angaben beziehen sich auf die Erstausgabe.

41 Vgl. d'Alembert, Discours, 137 ff. Diderot, Prospekt der Enzyklopädie (1750), in: D. Diderot, Enzyklopädie, Hg. R.-R. Wuthenow, München 1969, 41.

42 Ebd., 73.

43 Vgl. Schalk, in: Hist. Wörterbuch der Phil. II, 575 ff.

44 Vgl. Bayle, Historisches u. Critisches Wörterbuch, I, Vorrede zur ersten Ausg. II.

45 Diderot, Prospekt, 38. – Auf die Existenz einer scholastischen Dialektik ging Diderot bezeichnenderweise nicht ein.

46 Vgl. G. W. F. Hegel, Enzyklopädie der philosophischen Wissenschaften, (1830), Werke VIII-X.

47 Vgl. G. Sauder, Bayle-Rezeption in der deutschen Aufklärung, in: DVjs, IL, 1975 (Sonderheft 18. Jahrhundert), 83–104. Vgl. insges. auch: P. Rétat, Le Dictionnaire de Bayle et la lutte philosophique au XVIIIᵉ siècle, Paris 1971.

48 Vgl. F. Schalk, Die Wirkung der Diderotschen Enzyklopädie in Deutschland, in: ders., Studien 221 ff. – Nach Abschluß des Ms. erschien: J. Voss, Verbreitung, Rezeption u. Nachwirkung der Encyclopédie in Deutschland, in: G. Sauder u. J. Schlobach, Aufklärungen. Frankreich und Deutschland im 18. Jahrhundert, Heidelberg 1985, 183–91. Voss plant für 1987 eine größere Dokumentation zu diesem Thema.

49 Vgl. R. Mortier, Diderot, 119; sowie insges. mit ihm übereinstimmend, aber mit eingehenderen zusätzlichen instruktiven Erkenntnissen: grundlegend u. a.: J. Lough, Essays on the *Encyclopédie* of Diderot and D'Alembert, London, 1968; A. M. Wilson, Diderot, New York 1957/1972; J. Proust, Diderot et l'Encyclopédie, Paris 1967; sowie R. Darnton, The Business of Enlightenment: A Publishing History of the ›Encyclopédie‹, 1775–1780, Cambridge/Mass. 1979, der den Akzent auf die Untersuchung der späteren Ausgaben legt, da die erste französische Ausgabe auch in Frankreich nicht sehr verbreitet war, obwohl sie für den Kampf um die Preßfreiheit und die Durchsetzung der radikaleren Aufklärung im Frankreich der Mitte des 18. Jahrhunderts eine Schlüsselrolle spielte und deshalb sich die ältere Lit. z. T. auf diese Aspekte konzentriert. – Zusammenfassend jetzt Darnton, Neue Aspekte zur Geschichte der *Encyclopédie*, in: Gumbrecht u. a. Hg., Sozialgeschichte II, 34–65, hier: 57, 65. – Dort auch weitere wichtige Lit., v. a. die Arbeiten von G. B. Watts.

50 Mortier, 414 f. – Vgl. auch Friedrich der Große, Mein lieber Marquis! Sein Briefwechsel mit Jean-Baptiste d'Argens während des Siebenjährigen Krieges, Hg. H. Schumann, Zürich 1985, 171.

51 Schalk, in: Studien, 222.

52 Friedrich der Große, Marquis!, 171 ff.

53 Ebd., 195. Am 13. 12. 1761 schrieb der König, Frankreich habe eigentlich nur drei Tragiker gehabt: Racine, Crébillon und Voltaire, ebd., 305 f. Zu Friedrichs Orientierung am philosophischen Enzyklopädismus von P. Bayle vgl. den Brief vom 9. 7. 1761, ebd., 290.

54 Briefe Friedrichs des Großen, Hg. Max Hein, Berlin 1914, II, 243 f.
55 Das ist gegen die Interpretation von Mortier einzuwenden.
56 Gespräche Friedrichs des Großen, Hg. F. v. Oppeln-Bronikowski u. G. B. Volz, Berlin 1919, 131 ff.
57 Friedrich der Große, Gespräche mit Henri de Catt, Hg. W. Schüßler, ND München 1981, 344.
58 So schrieb Friedrich am 3. 12. 1779 an d'Alembert, er verwechsele doch einen d'Alembert nicht mit Diderot, Rousseau und den sog. Philosophen, die eine Schmach der Literatur seien (gemeint waren Holbach, Grimm und andere radikalere Aufklärer), Briefe II, 239.
59 Die Werke Friedrichs des Großen, Hg. von G. B. Volz, I–X, Berlin 1913–1914, hier: VIII, 298 f.
60 Briefe Friedrichs des Großen, II, 239; vgl. auch Schalk, in: Studien 222 f.
61 In: Werke, Hamburger Ausgabe XIV, 1971[4], 215.
62 P. Raabe, Gelehrte Nachschlagewerke im 18. Jahrhundert, in: ders., Bücherlust u. Lesefreuden. Beiträge zur Geschichte des Buchwesens im 18. u. frühen 19. Jahrhundert, Stuttgart 1984, 90.
63 Vgl. W. Krauss, Zur Periodisierung der Aufklärung, in: ders. u. H. Mayer Hg., Grundpositionen der französischen Aufklärung, Berlin 1955, VII ff., insbes. XII ff. Allerdings bezieht sich Krauss hier allgemein auf die Verschärfung der Polemik und Kritik. K. Griewank, Der neuzeitliche Revolutionsbegriff, ND Frankfurt 1973, insbes. 143–95, analysiert eingehend die noch lange, z. B. bis zu Voltaire vorherrschende Verwendung des Begriffs im Sinne einer Revolution der Geister und setzt die Politisierung im engeren modernen Sinne als Wirkung der Ereignisse von 1789 an sowie von früheren politischen Konnotationen seit dem 17. Jahrhundert eindeutig ab. Vgl. als zeitgenöss. Text F. de Volney, Die Ruinen oder Betrachtungen über die Revolutionen der Reiche. Vorrede von G. Forster (1792), Hg. G. Mensching, Frankfurt 1977 (das frz. Original erschien 1791). Zu Deutschland vgl. neben Griewank, 175 ff.: Valjavec, Entstehung der politischen Strömungen; W. Krauss, Revolutionsbereitschaft, in: Perspektiven u. Probleme, 172 ff., R. Koselleck, Revolution I, IV–VIII, in: Geschichtliche Grundbegriffe V, 1984, insbes. 706–25, wo die verschiedenen Bezugsfelder herausgearbeitet werden, und 725 ff. Zur Rezeption in Deutschland nach 1789. Grundsätzlich vgl. auch Koselleck, Historische Kriterien des neuzeitlichen Revolutionsbegriffs, in: ders., Vergangene Zukunft. Zur Semantik geschichtlicher Zeiten, Frankfurt 1979, 67 ff.
64 J. G. Herder, Journal meiner Reise im Jahre 1769, Hg. K. Mommsen u. a., Stuttgart 1976, 91.
65 Goethe, Dichtung u. Wahrheit, 487.
66 J. G. Herder, Briefe. Gesamtausg. 1763–1803. Hg. Nationale For-

schungs- und Gedenkstätte der klass. dt. Lit. in Weimar (Goethe- und Schiller-Archiv), I, Bearb. W. Dobbek u. G. Arnold, Weimar 1977, 170, vgl. auch 165.

67 Herders Werke, Hg. H. Düntzer, Berlin o. J. XXI, 202.

68 Wie z. B. ·Mortier, 133, und Wuthenow, Einleitung zu Diderot, Enzyklopädie, 31, meinen.

69 Vgl. Raabe, 104.

70 Vgl. Mortier, 139, sowie insges.: J. Mondot, W. L. Wekhrlin – Glanz und Elend eines Publizistenlebens am Ende des 18. Jahrhunderts, in: Jb. d. Historischen Vereins für Mittelfranken LXXXXI, 1982/83, 115–128. Vgl. jetzt: J. Mondot, W. L. Wekhrlin. Un publiciste des lumières, I–II, Bordeaux 1986

71 D. Jenisch, Geist u. Charakter des achtzehnten Jahrhunderts, politisch, moralisch, ästhetisch u. wissenschaftlich betrachtet, I–III, Berlin 1800/1801, das Zit. I, S. XIII und 280 ff.

72 P. Ariès, Geschichte der Kindheit, Frankfurt 1976², 92 ff., insbes. 107 f.

73 J. J. Rousseau, Emile oder über die Erziehung, Hg. M. Rang, Stuttgart 1980, 107.

74 Ebd.

75 In: Rousseau, Schriften zur Kulturkritik, 301/303.

76 Rousseau an Voltaire, 10. 9. 1755, ebd., 311.

77 Wolff, Vern. Gedanken vom gesellschaftl. Leben, Vorrede; J. A. Eberhard, Sittenlehre der Vernunft, Berlin 1781, 2 f. Vgl. ebd., 3 ff.

78 Valjavec, Geschichte der Aufklärung, 259 ff.

79 Vgl. Nicolai, RB VIII, 127; ebd., I, 288 ff.; ebd., IX, 93–96.

80 Vgl. Möller, Aufklärung in Preußen, 53.

81 Hinrichs, Hallischer Pietismus, 181. Natürlich spielte diese Maxime eine erhebliche Rolle für die u. a. in Halle erfolgende Ausbildung höherer Beamter in Preußen und die Förderung, die Halle v. a. z. Zt. Friedrich Wilhelms I. erfuhr; vgl. ders., Preußentum, 352.

82 Vgl. E. Gloria, Der Pietismus als Förderer der Volksbildung u. sein Einfluß auf die preußische Volksschule, Osterwieck 1933.

83 Kant, Nachricht von der Einrichtung seiner Vorlesungen, 1765–1766, in: Werke II, 908.

84 Kant, in: Königsberger Zeitung, zit. bei Biedermann, II, 2, 385 Anm.

85 F. E. v. Rochow, Der Kinderfreund. Ein Lesebuch zum Gebrauch in Landschulen, Brandenburg und Leipzig 1776, ND Dortmund 1979, Vorbericht.

86 Goethe, Dichtung u. Wahrheit, 35.

87 J. Locke, Gedanken über Erziehung, Stuttgart 1980, 191 ff.

88 Vgl. insges. H.-H. Ewers Hg., Kinder- u. Jugendliteratur der Aufklärung, Stuttgart 1980, dort auch ausführl. Lit.-Angaben. Hierzu: Einleitung d. Hg., 10 ff.

89 Vgl. Martens, Botschaft der Tugend, sowie unten Kap. IV, 3.

90 Vgl. Möller, Wie aufgeklärt war Preußen?; P. Schwartz, Der erste
Kulturkampf in Preußen um Kirche u. Schule (1788–1798), Berlin
1925; M. Philippson, Geschichte des preußischen Staatswesens, I,
Leipzig 1880, 210 f.; sowie Anm. 91, 92; Möller, Gold- u. Rosenkreuzer, in: Reinalter, Freimaurer u. Geheimbünde, 199 ff., insbes. 219 ff.

91 K. E. Jeismann, Das preußische Gymnasium in Staat u. Gesellschaft.
Die Entstehung des Gymnasiums als Schule des Staates u. der
Gebildeten 1787–1817, Stuttgart 1974, 26.

92 Jetzt grundlegend: W. Neugebauer, Absolutistischer Staat u. Schulwirklichkeit, hier 108.

93 Zit. nach R. Vierhaus, Bildung, in: Geschichtliche Grundbegriffe, I,
514; vgl. insges. auch das materialreiche Buch von H. König, Nationalerziehung.

94 Zit. bei Vierhaus, Bildung, 513.

95 Kant, Über Pädagogik (1803), in: Werke, X, 695 ff., die Zit. 697, 699.

96 Ebd., 704.

97 Wieland, Über Rechte u. Pflichten der Schriftsteller, in: Werke,
XXIII, 173.

98 In: Sämtliche Schriften XIII, 416; ebd., 435.

99 R. Koselleck, Geschichte, in: Geschichtliche Grundbegriffe II, Stuttgart 1975, 593.

100 A. Augustinus, Vom Gottesstaat (De civitate dei), Hg. C. Andresen,
Neuaufl. I–II, München 1978. Zum Ganzen: A. Dempf, Sacrum
Imperium. Geschichts- u. Staatsphilosophie des Mittelalters u. der
Renaissance, Darmstadt 1962³, zu Augustin insbes. 116 ff., zur
Herkunft der Zwei-Reiche-Lehre bei Tyconius 121 ff.; insges. zur
ma. Geschichtstheologie auch: A. Funkenstein, Heilsplan u. natürli-
che Entwicklung. Formen der Gegenwartsbestimmung im Ge-
schichtsdenken des hohen Mittelalters, München 1965.

101 Vgl. H. Kuhn, Das Altertum u. die moderne Geschichtsphilosophie,
in: H. Oppermann Hg., Humanismus, Darmstadt 1977, 33 ff.;
G. Scholtz, Geschichte, in: Hist. Wörterbuch der Philosophie, III,
353.

102 N. Machiavelli, Politische Betrachtungen über die alte u. die italienische Geschichte, Hg. E. Faul, Köln 1965² (Discorsi), 4.

103 K. Kluxen, Politik u. menschliche Existenz bei Machiavelli, Stuttgart
1967, 91. Insges. auch: G. Sasso, N. Machiavelli. Geschichte seines
politischen Denkens, Stuttgart 1965, insbes. 217 ff. über die Discorsi.

104 Scholtz, Geschichte, 353.

105 d'Alembert, Discours, 63.

106 Vgl. ebd., 91–97.

107 S. o. Kap. II, 1.

108 Bacon, Neues Organ, 77 (Aphorismus 98).

109 Vgl. W. Conze, Leibniz als Historiker, 1951; sowie Leibniz, Neue Abhandlungen, 639 f. und insges. Kap. XXI.

110 Leibniz, Hauptschriften II, 75.

111 Kant, Werke, Akademie-Textausgabe, VII, ND Berlin 1968, 28.

112 Leibniz, Neue Betrachtungen, 566, sowie insges. 563–569. Die nächsten Zitate ebd., 568 ff.

113 Descartes, Discours, 8 ff., hier 11, 13.

114 Hazard, Krise, 62.

115 P. Szondi, Einführung in die literarische Hermeneutik, Hg. J. Bollack u. H. Stierlin, Frankfurt 1975, 7–191.

116 Neudruck 1985, vgl. insges. über ihn die Einl. von R. Koselleck, sowie ders.: Standortbindung u. Parteilichkeit, in: Vergangene Zukunft, insbes. 184 ff.

117 Spinoza, Theologisch-politischer Traktat, 70.

118 Vgl. L. Cognet, in: Jedin Hg., HKiG, V, 112, dort auch weitere Lit. Insges. K. Scholder, Ursprünge u. Probleme der Bibelkritik im 17. Jahrhundert, München 1966.

119 Zit. bei Scholtz, Geschichte, 356; vgl. auch Thomasius, Einleitung zu der Vernunfft-Lehre (1691), Textauszug in: Rationalismus, Hg. R. Specht, 321–326.

120 Cognet, 113 f.

121 Vgl. B. Neveu, Mabillon et l'historiographie gallicane vers 1700: Erudition ecclésiastique et recherche historique au XVIIᵉ siècle, in: Hammer u. Voss Hg., Historische Forschung, 27 ff.; P. Gasnault, Les Travaux d'érudition des Mauristes au XVIIIᵉ siècle, ebd., 102 ff.

122 Kraus, ebd., 452 (Diskussionsbeitrag).

123 L. Hammermayer, Die Forschungszentren der deutschen Benediktiner u. ihre Vorhaben, ebd., 123 f.

124 A. Kraus, Die benediktinische Geschichtsschreibung im neuzeitlichen Bayern, in: Studien u. Mitteilungen des Benediktiner-Ordens LXXX, 1969, 205–229.

125 Hammermayer, Forschungszentren, 142, 165 ff.

126 Zur Germania Sacra vgl.: G. Pfeilschifter, Die St. Blasianische Germania Sacra, Kempten 1921.

127 E. Fueter, Geschichte der neueren Historiographie, München 1911, 250.

128 G. Arnold, Unpartheyische Kirchen- u. Ketzerhistorie, Vorrede, Punkt 1; vgl. ebd., Punkt 27.

129 H. Möller, F. Nicolai als Historiker, in: B. Fabian Hg., F. Nicolai 1733–1811. Essays zum 250. Geburtstag, Berlin 1983, 156.

130 G. Arnold, Kirchen- u. Ketzerhistorie, Vorrede, Punkt 29; vgl. ebd., Punkt 39.

131 Ebd., Punkt 40.

132 Ebd., Allgemeine Anmerkungen, 1.

133 F. Nicolai, Einige Bemerkungen über den Ursprung u. die Geschichte der Rosenkreuzer u. Freymaurer, Veranlaßt durch die sog. historisch-kritische Untersuchung des Herrn Hofraths Buhle über diesen Gegenstand, Berlin 1806, 27 (zit. Anti-Buhle).

134 Zur Entwicklung des Ciceronischen Topos: R. Koselleck, Historia Magistra Vitae, in: Vergangene Zukunft, 38 ff.

135 Möller, Aufklärung in Preußen, 363.

136 Nicolai, Anti-Buhle, 7.

137 Kommentierter Textauszug in: P. Meinhold, Geschichte der kirchlichen Historiographie, I–II, Freiburg 1967; hier: II, 14.

138 Polybios, Geschichte, Hg. H. Drexler, II, Zürich 1963, 811 (Abschn. XII, 25 b).

139 Ebd. 813–816, 828 f. (XII, 25 e, g und 28).

140 Vgl. zum Ganzen: Meinecke, Entstehung des Historismus; Fueter, 342; J. Streisand, Geschichtliches Denken; A. Kraus, Vernunft u. Geschichte, 34–38; Möller, Aufklärung in Preußen, 485 ff.

141 Text in: Meinhold II, 23; die nächsten Zitate: ebd., 23, 19, 21.

142 J. Möser, Osnabrückische Geschichte, in: Sämtliche Werke. Hist.-krit. Ausg. Hg. v. d. Akademie der Wissenschaften zu Göttingen, XII–XIII, Oldenburg 1964–1971, hier: XII, 2, 41.

143 Ebd. XIII, 46. – Zu Möser: L. Bäte, J. M., Frankfurt 1961; W. F. Sheldon, The Intellectual Development of J. M. The Growth of a German Patriot, Osnabrück 1970; V. Sellin, J. M., in: H.-U. Wehler Hg., Deutsche Historiker IX, Göttingen 1982, 23–41.

144 Voltaire, Lettre à M. L.'Abbé Dubos, 30. 10. 1738, in: Œuvres historiques, Hg. R. Pomeau, Paris 1957, 605–06. Dt. Auszug in der Textsammlung von F. Stern Hg., Geschichte u. Geschichtsschreibung, München 1966, 42 f.

145 Œuvres de Voltaire, Hg. M. Beuchot, LIV, Paris 1831, 24. Vgl. auch die Remarques sur l'histoire, sowie die Nouvelles considérations sur l'histoire, in: Voltaire, Œuvres historiques, 41 ff., 46 ff.

146 Allgemeine Deutsche Bibliothek, XXI, 2, 1774, 367–96. Das Zit.: 375 f.

147 Vgl. zur zeitgenössischen Kritik an Voltaire: H. A. Korff, Voltaire, I, 341 ff., 353.

148 An T. Abbt, 26.6. 1765, in: J. Möser, Briefe, Hg. E. Beins u. W. Pleister, Hannover 1939, 189/190.

149 Möser, Osnabrückische Geschichte, Werke XII, 1, 43.

150 Vgl. Freymüthige Anmerkungen über des Ritters von Zimmermann Fragmente über Friedrich den Großen von einigen brandenburgischen Patrioten, Berlin 1791/1792, 30 ff.

151 Zimmermann an Nicolai, 19. 3. 1788, zit. bei Möller, Nicolai als Historiker, 145.

152 F. Nicolai, Versuch über die Beschuldigungen, welche dem Tempel-

herrenorden gemacht worden. Nebst einem Anhange über das Entstehen der Freymaurergesellschaft, Berlin 1782, II, 122.

153 Ebd., I, Anhang, 165 f.; vgl. Möller, Nicolai als Historiker, 151.

154 Vgl. über ihn: N. Hammerstein, Jus u. Historie, 352–56.

155 J. C. Gatterer, Abriß der Universalhistorie nach ihrem gesamten Umfange von der Erschaffung der Welt bis auf unsere Zeiten, I, Göttingen 1765, 19. – Zu Gatterer: Hammerstein, Jus, 357 ff.; P. H. Reill, J. C. Gatterer, in: H.-U. Wehler Hg., Deutsche Historiker VI, Göttingen 1980, 7–22.

156 München 1794, I, Vorrede.

157 Vgl. E. Winter Hg., A. L. v. Schlözer u. Rußland, Berlin 1961; insges.: G. Schilfert, A. L. v. S., in: J. Streisand, Die deutsche Geschichtswissenschaft vom Beginn des 19. Jahrhunderts bis zur Reichseinigung von oben, Berlin 1969², 81–92; U. A. J. Becher, A. L. v. S., in: Wehler Hg., Deutsche Historiker VII, 7–23.

158 So etwa Fueter. 371 f. Wegen seines Materialreichtums insges. immer noch wertvoll F. X. v. Wegele, Geschichte der Deutschen Historiographie seit dem Auftreten des Humanismus, München 1885. – Zu den Universitäten: v. a. Hammerstein, Jus.

159 Vgl. stellvertretend: P. Fuchs, Palatinatus Illustratus. Die historische Forschung an der Kurpfälzischen Akademie der Wissenschaften, Mannheim 1963; A. Kraus, Die historische Forschung an der churbayerischen Akademie der Wissenschaften 1759–1806, München 1959; sowie grundlegend: ders., Vernunft u. Geschichte; neuere Zusammenfassung: ders., Die Geschichtswissenschaften an den deutschen Akademien des 18. Jahrhunderts, in: Hammer u. Voss, 236–259.

160 Vgl. M. I. Schmidt, Geschichte der Deutschen, I, Ausg. Mannheim 1783, Vorrede, 1 ff.

161 Ebd., XI, Mannheim 1784, 63–137. – Vgl. auch Fueter, 376; H. Ritter v. Srbik, Geist u. Geschichte vom deutschen Humanismus bis zur Gegenwart, I, München 1964³, 131 f.

162 M. I. Schmidt, I, Vorrede, 10/11.

163 Es gab allerdings auch Ausnahmen. Vgl. Möller, Aufklärung in Preußen, 323.

164 Fueter, 378 f.

165 L. T. Spittler, Grundriss der Geschichte der christlichen Kirche, Göttingen 1785², 2 f. (Textauszug bei Meinhold II, 95); insges. zu Spittler: J. Grolle, Landesgeschichte in der deutschen Spätaufklärung. L. T. Spittler 1752–1810, Göttingen 1963; P. H. Reill, L. T. S., in: H.-U. Wehler Hg., Deutsche Historiker IX, Göttingen 1982, 42–60.

166 J. L. d'Alembert, in: Montesquieu, Größe u. Niedergang Roms, Hg. L. Schuckert, Frankfurt 1980, XXVII.

167 Vgl. zu den Deutungen: A. Demandt, Der Fall Roms. Die Auflösung des römischen Reiches im Urteil der Nachwelt, München 1984.

168 M. Schlenke, Anfänge wissenschaftlicher Geschichtsschreibung in Großbritannien im 18. Jahrhundert, in: Hammer u. Voss, 314–333, hier 317. Dort auch weitere Lit.

169 Vgl. die dort in Anm. 10 genannten Arbeiten von M. Schlenke über Robertson, sowie ebd. 327 f., 330 ff.

170 Göttingen 1811, Vorrede, III, V.

171 Ebd., XI. – Zu Heeren: H. Seier, A. H. L. H., in: H.-U. Wehler Hg., Deutsche Historiker IX, 61–80.

172 Vgl. Biedermann, II, 2, 3.

173 A. L. Schlözer, Vorstellung seiner Universalhistorie, Göttingen 1772, 79; das nächste Zitat: ebd., 98.

174 Ebd., 25–31; die nächsten Zitate: ebd., 21 f., 33, 74 ff., 77.

175 Vgl. insges. Möller, Aufklärung in Preußen, 478 ff.

176 Vgl. d'Alembert, in: Montesquieu, Größe u. Niedergang, XXVII, s. u. A 192.

177 Frankfurter Gelehrte Anzeigen 1772, Hg. H.-D. Dahnke u. P. Müller, Leipzig 1971, 203–07 (LX; 28. 7. 1772).

178 Schlözer, Vorstellung der Universal-Historie, 2. veränderte Auflage, Göttingen 1775, 223.

179 I. Iselin, Über die Geschichte der Menschheit. Neueste mit dem Leben des Verfassers vermehrte Auflage, o. O. 1791, I, Einl. XXXV. – Über ihn: U. Im Hof, Isaak Iselin u. Spätaufklärung, Bern 1967.

180 Kant, Über den Gemeinspruch: Das mag in der Theorie richtig sein, taugt aber nicht für die Praxis (1793), in: Werke. Akademie-Textausgabe VIII, ND Berlin 1968, 308 f.

181 Nicolai, Nothanker, 153.

182 Nicolai, RB, XI, 249.

183 Diese Abschnitte z. T. nach Möller, Nicolai als Historiker, 160–64.

184 K. Löwith, Weltgeschichte u. Heilsgeschehen.

185 Kant, Streit der Fakultäten, 79 ff. (1798).

186 Kant, Idee zu einer allgemeinen Geschichte in weltbürgerlicher Absicht (1784), in: Werke, Akademie-Textausgabe VIII, 29.

187 F. Nicolai, Über meine gelehrte Bildung, über meine Kenntniß der kritischen Philosophie u. meine Schriften dieselbe betreffend, u. über die Herren Kant, Erhard u. Fichte, Berlin 1799, 94–101.

188 Nicolai, RB, XI, 201; die nächsten Zitate: ebd., VII, Anhang 11; XI, 219 ff.

189 Vgl. Kraus, Vernunft und Geschichte, 38; Löwith, Weltgeschichte, 95 ff.

190 Nicolai, RB XI, 221.

191 Kant, Idee zu einer allgemeinen Geschichte, 30; das nächste Zitat ebd., 27.

192 Nicolai, Voltaire der Reformator, (Anm. 146), 376. – »La philosophie de l'histoire« lautet der Titel einer kleinen Schrift, die Voltaire 1765

verfaßte und unter der Überschrift »Introduction« 1769 seinem »Essai sur les moeurs et l'esprit des nations« voranstellte. Gegen Voltaire richtete sich 1774 Herder, Auch eine Philosophie der Geschichte der Menschheit. Beytrag zu vielen Beyträgen des Jahrhunderts. Hier ironisierte er den inflationären Gebrauch der Begriffe philosophische Kritik, Philosophie der Geschichte usw. im 18. Jahrhundert, in: Werke, Hg. H. Düntzer XXI, 143. – Zum Philosophiebegriff vgl. W. Schneiders, Der Philosophiebegriff des philosophischen Zeitalters, in: Vierhaus Hg., Wissenschaften, 85–92. – Zur Entgegensetzung von Philosophie und Geschichte im Denken Wolffs: Cassirer, Aufklärung 306 ff.: Gegenstand der Philosophie seien für Wolff die »Gründe«; Gegenstand der Historie die »Tatsachen«. Allerdings schloß die pragmatische Methode eine solch normative Entgegensetzung aus. Vgl. zu diesem Problem auch Kraus, Vernunft u. Geschichte, 45.

193 Für die Verwendung des Revolutionsbegriffs s. o. Anm. 63. Generell gilt für diesen Kontext, daß der Revolutionsbegriff bis 1789 verschiedene Konnotationen besaß und sich noch über 1789 hinaus immer wieder Beispiele für einen nicht-politischen Gebrauch finden. Zu Kant auch: P. Burg, Kant u. d. Französische Revolution, Berlin 1974.

194 Kant, Streit 88. Vgl. aber auch die Einschränkung ebd., 86: Ein Volk, das eine monarchische Konstitution besitze, habe nicht das Recht, sie abzuändern.

195 Vgl. etwa Nicolai, Leben u. Meynungen Sempronius Gundibert's, eines deutschen Philosophen, Berlin 1798, 234–45.

196 Nicolai, Über den Gebrauch der falschen Haare u. Perrucken in alten u. neuen Zeiten, Berlin 1801, 122.

197 Kant, Streit, 88; vgl. ders., Über den Gemeinspruch, 310.

198 Kant, Streit, 85 f.

199 Ebd., 85.

200 Vgl. K. Marx, Zur Kritik der Hegelschen Rechtsphilosophie (1844) in: Die Frühschriften. Hg. S. Landshut, Stuttgart 1964², 207–24, hier 223; sowie Die deutsche Ideologie (1845–1846), ebd., 339–485, hier 367, 395, 398.

201 G. Vico, Die neue Wissenschaft über die gemeinschaftliche Natur der Völker (1744), Hg. E. Auerbach, Reinbek 1966, 59 f.

202 Vgl. J. G. Droysen, Historik, Darmstadt 1960⁴, 25.

203 W. Dilthey, Der Aufbau der geschichtlichen Welt in den Geisteswissenschaften, Hg. M. Riedel, Frankfurt 1970; J. Wach, Das Verstehen. Grundzüge einer Geschichte der hermeneutischen Theorie im 19. Jahrhundert, 3 Bde., Tübingen 1926–1933.

204 Gadamer, 1965², 162 ff., 172 ff. – Schleiermacher-Text in: H.-G. Gadamer u. G. Boehm, Seminar: Philosophische Hermeneutik, Frankfurt 1976, 131–165.

205 Vgl. E. Auerbach, Vico u. Herder, in: Ges. Aufsätze zur romanischen Philologie, Bern 1967, 222–31; Koselleck, Geschichte, Geschichten u. formale Zeitstrukturen, in: Vergangene Zukunft, 130–43.

206 Auerbach, Vico, sowie insges. das Vico-Kapitel von Meinecke, Entstehung des Historismus, (1946²), 53 ff.

207 Herder, Briefe zu Beförderung der Humanität, in: Werke, Hg. H. Düntzer XIII, 579 (10. Sammlung Nr. 115).

208 Vgl. Löwith, Weltgeschichte, 109 ff.; F. Fellmann, Das Vico-Axiom: Der Mensch macht die Geschichte, Freiburg 1976; vgl. Vico, Neue Wissenschaft, 7 f.

209 Ebd., 226 f.

210 Ebd., 183 ff.

211 Dazu ohne Nennung Vicos: L. Strauss, Naturrecht u. Geschichte, ND Frankfurt 1977, 10 ff.

212 Vico, Neue Wissenschaft, 186.

213 Texte in: F. Hartung Hg., Die Entwicklung der Menschen- u. Bürgerrechte von 1776 bis zur Gegenwart, Göttingen 1954²; G. Oestreich, Geschichte der Menschenrechte u. Grundfreiheiten im Umriß, Berlin 1968; sowie insges. G. Birtsch Hg., Grund- u. Freiheitsrechte im Wandel von Gesellschaft u. Geschichte, Göttingen 1981. Vgl. auch noch G. Jellinek, Die Erklärung der Menschen- und Bürgerrechte, Leipzig 1904.

214 H. Grotius, De jure belli ac Pacis. Libri tres: Drei Bücher vom Recht des Krieges u. des Friedens, Paris 1625. Hg. W. Schätzel, Tübingen 1950, 33 (Vorrede, Abschn. 8 u. 9).

215 Ebd., 33 (Abschn. 11).

216 Ebd., Vorrede von Thomasius, 1.

217 T. Hobbes, Leviathan oder Stoff, Form u. Gewalt eines kirchlichen u. bürgerlichen Staates, Hg. I. Fetscher, Frankfurt 1984, 95/96.

218 Hobbes, Vom Menschen. Vom Bürger, Hg. G. Gawlick, Hamburg 1959, 129 (De cive 5. Kap.).

219 Ebd., 137 (De cive 6. Kap.).

220 Ebd., 205 (De cive 13. Kap.). Vgl. dazu C. B. Macpherson, Die politische Theorie des Besitzindividualismus, Frankfurt 1967, der darauf abzielt, Hobbes' politische Theorie aus der Entstehung einer Markt- und Eigentümergesellschaft in England zu erklären. Vgl. 21–125. Zur Auseinandersetzung mit der Hobbes-Forschung ebd., 21 ff. Allein das Modell einer Eigentumsmarktgesellschaft entspricht nach Macpherson den Anforderungen der Hobbesschen Gesellschaft, ebd. 76. – Eine andere Interpretationsrichtung, die gleichermaßen der klassischen politischen Theoriegeschichte wie C. Schmitt verpflichtet ist, enthält der Sammelband: R. Koselleck u. R. Schnur Hg., Hobbes-Forschungen, Berlin 1969. Vgl. auch Koselleck, Kritik u. Krise, 18–31, der Hobbes' Theorie als Antwort der Vernunft auf die Pluralisie-

rung der Konfessionen erklärt und die Aufklärung im »apolitischen Innenraum« des Staates wurzeln läßt. – Hier wie bei anderen der erwähnten Autoren muß die spezifische Deutungsgeschichte und -problematik hinter der Gesamtinterpretation im Sinne des Vorworts zurücktreten, was im übrigen auch durch die Umfangsbeschränkung des Bandes erzwungen ist.

221 Zu Machiavelli die in Anm. 102, 103 angegebene Lit. Dazu die klassische Interpretation von Meinecke, Idee der Staatsräson, insbes. 29 ff., sowie neuestens H. Münkler, Machiavelli. Die Begründung des politischen Denkens der Neuzeit aus der Krise der Republik Florenz, Frankfurt 1982. H.-J. Diesner, Die virtù der Principi bei Machiavelli, in: ZHF 12. 1985, 385–428.

222 Friedrich der Große, Werke II, 14.

223 J. Bodin, Über den Staat, Hg. G. Niedhart, Stuttgart 1976, 19 f. (1. Buch, 8. Kap.).

224 Ebd., 24.

225 J. Locke, Über die Regierung (The second Treatise of Government), Hg. P. C. Mayer-Tasch, Stuttgart 1974, 4 f.

226 Ebd., 6 f. Vgl. dazu W. Euchner über die Abweichung Lockes vom traditionellen Naturrecht in: Einleitung zu J. L., Zwei Abhandlungen über die Regierung. Hg. W. Euchner, Frankfurt 1977, 16. Insges. auch: ders., Naturrecht u. Politik bei John Locke, Frankfurt 1969; Macpherson, Besitzindividualismus, 219 ff., insbes. 268 ff., sowie Medick, Naturzustand, 64 f.

227 Locke, Regierung, 67, 114, 118, 121.

228 So treffend K. Kluxen, J. Locke. Vom ständischen zum bürgerlichen Widerstandsrecht, in: P. Alter u. a. Hg., Geschichte u. politisches Handeln. Gedenkschrift T. Schieder, Stuttgart 1985, 13–48, das Zit. 13 f. Vgl. zusammenfassend zum Hintergrund mit weiterer Lit.: P. Wende, Probleme der englischen Revolution, Darmstadt 1980.

229 Vgl. zum Hintergrund: R. Mousnier, Ein Königsmord in Frankreich, Berlin 1970, sowie zum Zusammenhang von Religion und politischer Theorie: G. Oestreich, Die Idee des religiösen Bundes u. die Lehre vom Staatsvertrag, in: Geist u. Gestalt des frühmodernen Staates, Berlin 1969, 157–178, zu den Monarchomachen insbes. 167 ff. – Für das 17. Jh. in Frankreich: K. Malettke, Opposition u. Konspiration unter Ludwig XIV., Göttingen 1976, insbes. 23–136 zu den antiabsolutistischen Traktaten sowie dem Befürwortern des Abs., die ihrerseits eine Beschränkung der herrscherlichen Macht diskutierten.

230 Wolff, Vernünftige Gedanken vom gesellschaftlichen Leben (1721), 169.

231 Ebd., 168 f.

232 Ebd., 170.

233 Ebd., 469.

234 Ebd. – Vgl. C. Wolff, Grundsätze des Natur- und Völkerrechts, Halle 1754, 27.

235 Vgl. Malettke, Opposition.

236 Instruktion Friedrich Wilhelms für seinen Nachfolger (1722) in: R. Dietrich Hg., Politische Testamente der Hohenzollern, München 1981, 100–24, das Zit. 103.

237 Friedrich der Große, Kritik des »Systems der Natur« (1770), in: Werke VII, 258 ff., das Zit. 268.

238 Vgl. insgesamt: F. Wieacker, Privatrechtsgeschichte der Neuzeit, Göttingen 1967², 249 ff., insbes. 322 ff., und speziell zu Preußen jetzt: E. Hellmuth, Naturrechtsphilosophie.

239 Svarez, Vorträge über Recht u. Staat, Hg. H. Conrad u. G. Kleinheyer, Köln 1960, 229.

240 Ebd., 245 f., 251, 635 f.

241 Dafür: H. Conrad, Die geistigen Grundlagen des Allgemeinen Landrechts für die Preußischen Staaten von 1794, Köln 1958; und modifiziert: Möller, Aufklärung in Preußen, 524 ff. Dagegen: G. Birtsch, Zum konstitutionellen Charakter des preußischen Allgemeinen Landrechts von 1794, in: K. Kluxen u. W. J. Mommsen Hg., Politische Ideologien u. nationalstaatliche Ordnung. Fs. T. Schieder z. 60. Geb., München 1968, 97–115. Vgl. auch Hellmuth, Naturrechtsphilosophie, 256, passim.

242 So Birtsch, Konstitutioneller Charakter, 102.

243 Svarez, Vorträge, 13.

244 E. F. Klein, Grundsätze, Halle 1797, 251 (§ 488).

245 Ebd., (§ 490); die nächsten Zitate: ebd., 277 (§§ 538, 539); ebd., 280 f. (§ 547).

246 Vgl. oben Anm. 63.

247 Klein, Freyheit u. Eigenthum, Berlin 1790, Vorrede III.

248 Klein, in: Kurze Aufsätze über verschiedene Gegenstände, Halle 1797, 55.

249 Vgl. insges. Valjavec, Politische Strömungen.

250 J. A. Schlettwein, Rechte der Menschheit, Gießen 1784, 450 f., 463 f.

251 Kant, Über den Gemeinspruch, 304. Kant setzte sich hier explizit mit Hobbes auseinander.

252 Vgl. zur zeitlichen Differenzierung und zum Geltungsbereich des Begriffs – der sich in Anlehnung an das englische »Common weal, common wealth« im 18. Jahrhundert verbreitete (vgl. Grimm, Deutsches Wörterbuch, V, 3271) – H. Maier, Staats- u. Verwaltungslehre, 59 ff., 99 ff., passim. Vgl. auch R. Herzog, Gemeinwohl, in: Hist. Wb. der Philosophie III (1974), 248–258: Sowohl in der »Encyclopédie« als auch im ALR von 1794 wird das Gemeinwohl als gesellschaftliche und politische Maxime formuliert (ALR, Einl. §§ 73–75 passim), Wolff u. a. rekurrieren ständig auf sie. Allerdings begegnet der Topos

bereits in der ma. Scholastik als »bonum commune« und fand bei Thomas von Aquin seine wesentliche Ausprägung.

253 Vgl. W. Berges, Die Fürstenspiegel des hohen u. späteren Mittelalters, Stuttgart 1952²; S. Skalweit, Das Herrscherbild des 17. Jahrhunderts, in: W. Hubatsch Hg., Absolutismus, 248–267. R. A. Müller, Die deutschen Fürstenspiegel des 17. Jahrhunderts, in: HZ 240. 1985, 571–97.

254 Engel, Schriften, III, Vorrede, IV–VI; ebd., 1 (Agathon nach Voss).

255 ALR Einleitung II, §§ 82, 83, sowie Anm. 241.

256 Hammerstein, Jus, 375; vgl. auch ebd., 376.

257 In: Werke XXI, 158.

258 Herder, Ideen zur Philosophie der Geschichte der Menschheit, Hg. H. Stolpe, Berlin 1965, I, 368, 370.

259 Vgl. Herder, Humanitätsbriefe, in: Werke XIII, 123–129 (§. Sammlung, 27.–29. Brief). Dazu H. A. Korff, Geist der Goethezeit, II, Leipzig 1962², 11 ff. – Das Verhältnis Herders zur Aufklärung ist außerordentlich komplex und kann in diesem Rahmen nicht dargestellt werden. Vgl. noch immer die große Biographie von R. Haym, Herder, ND I–II, Berlin 1958; spezieller: Adler, Herder u. die deutsche Aufklärung. – Ein noch schwierigeres Problem stellt in dieser Hinsicht Johann Georg Hamann – der »Magus des Nordens« – dar, den viele Aufklärer schlicht als Irrationalisten einstuften; vgl. über ihn: R. Unger, Hamann u. die Aufklärung, I–II, Darmstadt 1968⁴.

260 Nicolai, Sempronius Gundibert, 291.

IV.

1 Kant, Über den Gemeinspruch, 305.

2 Vgl. zur Begriffsgeschichte von »Öffentlichkeit« Koselleck, Kritik; Habermas, Strukturwandel.

3 A. Freiherr v. Knigge, Über den Umgang mit Menschen, Hannover 1788, II, 166.

4 BM IV, 1785, 33 f.

5 Vgl. im Ganzen die Beiträge in den Sammelbänden: H. Reinalter Hg., Freimaurerei u. Geheimbünde; P. C. Ludz Hg., Geheime Gesellschaften, Heidelberg 1979; R. v. Dülmen, Geheimbund der Illuminaten; Möller, Aufklärung in Preußen, 238–246; Hammermayer, Zur Geschichte der europ. Freimaurerei; Agethen, Geheimbund.

6 Vgl. dazu den grundlegenden Aufsatz von G. Oestreich, Strukturprobleme des europäischen Absolutismus, in: ders., Geist u. Gestalt, 179–200; jetzt auch den Sammelband von E. Hinrichs Hg., Absolutismus, Frankfurt 1986.

7 Zit. bei E. Lennhoff, Die Freimaurerei, Zürich 1932, 68 f.

8 Vgl. zu Frankreich D. Roche, Le siècle des lumières en province. Académiens et académiciens provinciaux, 1680–1789, Paris 1978, I–II, sowie unten.

9 P. E. Schramm, Neun Generationen, Göttingen 1963, I, 289.

10 Vgl. H. Möller, Die Bruderschaft der Gold- u. Rosenkreuzer, in: Reinalter Hg., 199–239.

11 v. Dülmen, Geheimbund der Illuminaten; Hammermayer, Illuminaten in Bayern, in: Wittelsbach u. Bayern III/1: Krone u. Verfassung. König Max I. Joseph u. der neue Staat., Hg. H. Glaser, München 1980, 146–73. Dort auch weitere Lit.; H. Graßl, Aufbruch zur Romantik. Bayerns Beitrag zur deutschen Geistesgeschichte 1765–1785, München 1968, der auch zu Anm. 10 heranzuziehen ist.

12 Lennhoff, 101.

13 Zit. nach Valjavec, Strömungen, 279.

14 L. Hammermayer, Der Wilhelmsbader Freimaurer-Konvent von 1782, Heidelberg 1980.

15 Vgl. zum Mesmerismus: R. Darnton, Der Mesmerismus u. das Ende der Aufklärung in Frankreich, Frankfurt 1986; zum Werther-Fieber und zur Reaktion der Aufklärer: Möller, Aufklärung in Preußen, 121 ff.

16 Bahrdts Ansichten und Ziele kommen nicht nur in seiner Autobiographie »Geschichte seines Lebens« (1790/1791) und den vorhergehenden Schilderungen seines Gefängnisaufenthalts (1790) zum Ausdruck, sondern auch in seinem »Handbuch der Moral für den Bürgerstand«, Tübingen 1789. Zu seinen theologischen Positionen s. o. – Über ihn und seine geheimgesellschaftlichen Aktivitäten vgl. die verschiedenen Darstellungen von G. Mühlpfordt: K. F. Bahrdts Weg zum Radikaldemokraten, in: Jb. d. Instituts f. Deutsche Geschichte der Universität Tel Aviv 10. 1981, 29–70; Radikale Aufklärung u. nationale Leseorganisation, in: Dann Hg., Lesegesellschaften, 103–22.; Europarepublik im Duodezformat. Die internationale Geheimgesellschaft »Union«…, in: H. Reinalter Hg., 319–64.

17 ALR II, 20, § 185.

18 Vgl. Möller, Aufklärung in Preußen, 230–38.

19 Vgl. Anm. 8 sowie stellvertretend: D. Ligou, La francmaçonnerie française au XVIII siècle. Position des problèmes et état des questions, in: L'information historique, mai–juin 1964, 98–110; ders., Sur l'histoire de la franc-maçonnerie, in: Le XVIIIe siècle, 192, 61–77; ders., Histoire des Francmaçons en France, Toulouse 1981.

20 D. Roche, Die »Sociétés de pensée« und die aufgeklärten Eliten des 18. Jahrhunderts in Frankreich, in: Gumbrecht u. a. Hg., Sozialgeschichte I, 77–115, hier 115.

21 Lessing, Sämtliche Schriften XIII, Leipzig 1897, 397 f. u. 398 Anm. 1.

22 In BM VI, 1785, 81; vgl. auch Biester, in: BM, VII, 1786, 30–66; 31 ff.
über Geheime Gesellschaften. Vgl. zum Ganzen: Möller, Gold- u.
Rosenkreuzer, 214. Vgl. auch zur Struktur geheimer Gesellschaften
grundlegend: G. Simmel, Soziologie, Berlin 1968⁵, 557–604, hier 274;
Agethen, Geheimbund, 127 ff.; N. Schindler, Der Geheimbund der
Illuminaten: Aufklärung, Geheimnis u. Politik, in: Reinalter Hg.,
284–318; L. Hölscher, Öffentlichkeit u. Geheimnis. Eine begriffsgeschichtliche Untersuchung zur Entstehung der Öffentlichkeit in der
frühen Neuzeit, Stuttgart 1979.
23 So Koselleck, Kritik, 69 f.
24 Die Entstehung republikanisch-demokratischer Literaturströmungen
in Deutschland, in: J. Garber Hg., Kritik der Revolution, 1–27, wo
eine scharfe Kritik an der Aufklärung geübt wird – auch an gemäßigte-
ren Vertretern wie Schlözer; über Geheime Gesellschaften ebd., 21 ff.,
das Zit. 26. Brandes geht im übrigen dem Zusammenhang von
öffentlicher Kritik und Geheimen Verbindungen nach.
25 Vgl. E. Weis, Montgelas, 33 ff., passim.
26 Vgl. Möller, Aufklärung in Preußen, 230 ff., 235.
27 Vgl. T. Nipperdey, Verein als soziale Struktur in Deutschland im
späten 18. und frühen 19. Jahrhundert, in: ders., Gesellschaft, Kultur,
Theorie, Göttingen 1976, 174–205; O. Dann, Die Anfänge politischer
Vereinsbildung in Deutschland, in: FS. W. Conze, Stuttgart 1976,
197–232. W. Hardtwig, Strukturmerkmale u. Entwicklungstenden-
zen des Vereinswesens in Deutschland 1789–1848, in: O. Dann Hg.,
Vereinswesen u. bürgerliche Gesellschaft in Deutschland, München
1984, 11–50.
28 Die kausale und phänomenologische Analyse ist für die hier behandelte Thematik um so wichtiger, als die Aufklärungsgesellschaften sich
nicht kontinuierlich zu politischen Vereinen oder gar Parteien entwik-
kelt haben.
29 Vgl. außer den in Anm. 10 u. 15 genannten Untersuchungen v. a. das
mentalitätsgeschichtlich hochinteressante Werk von H. Brunschwig,
Gesellschaft u. Romantik in Preußen im 18. Jahrhundert, Frankfurt
1975, sowie Graßl, Aufbruch.
30 Insofern entspricht die Interpretation von Habermas, Strukturwandel, 46 f. nicht der politischen Realität.
31 Vgl. dazu, ebenfalls stark abstrahiert, Koselleck, Kritik; vgl. zu den
beiden zuletzt genannten Werken auch Möller, Aufklärung in Preußen, 315, Anm. 216; 240, Anm. 35.
32 In: R. M. Werner Hg., Aus dem Josephinischen Wien. Gebler's und
Nicolai's Briefwechsel 1771–1786, Berlin 1888, 399.
33 Vgl. Lessing, Ernst u. Falk, 398, 399.
34 Sempronius Gundibert, 101. Die folgende Darstellung weicht insofern von manchen neueren Untersuchungen ab, als sie die Universitä-

ten, die z. T. Zentren der deutschen Gelehrtenaufklärung bildeten, gegenüber spezifisch aufgeklärten Vergesellschaftungsformen wie den Lesegesellschaften in ihrer Bedeutung für die Aufklärung höher einschätzt. Freilich waren die Universitäten nicht einfach Institutionen der Aufklärung, vielmehr verbanden sie Traditionalität und Modernität. Ihre Bedeutung prägt in charakteristischer Weise die deutsche Aufklärung und bildete ein Konstituens ihrer Differenz gegenüber Frankreich.

35 In: Schriften und Briefe, Hg. W. Promies, Darmstadt 1972, III, 508.

36 Vgl. A. Stölzel, Die Berliner Mittwochsgesellschaft über Aufhebung oder Reform der Universitäten (1795), in: Forsch. z. Brandenburgischen u. Preußischen Geschichte 2. 1889, 201–22.

37 Vgl. H. Schelsky, Einsamkeit u. Freiheit. Idee und Gestalt der deutschen Universität und ihrer Reformen, Reinbek 1963, 19 ff., 31 ff., insbes. 37 ff.

38 Vgl. H.-H. Krummacher, Universität u. Literatur im 17. Jahrhundert, in: A. Schöne Hg., Stadt – Schule – Universität – Buchwesen u. die deutsche Literatur im 17. Jahrhundert, München 1976, 313 ff.

39 N. Hammerstein, Zur Geschichte und Bedeutung der Universitäten im Heiligen Römischen Reich deutscher Nation, in: HZ 241. 1985, 287–328, das Zit. 308. Dieser Aufsatz ist grundsätzlich zur folgenden Thematik heranzuziehen.

40 N. Hammerstein, Die Universitätsgründungen im Zeitalter der Aufklärung, in: P. Baumgart u. N. Hammerstein Hg., Beiträge zu Problemen deutscher Universitätsgründungen der frühen Neuzeit, Nendeln 1978, 263–98, hier 263.

41 Vgl. insges.: Schramm, Neun Generationen, I, 163 ff., Kopitzsch, Grundzüge, 260 ff. zur Bildungsgeschichte Hamburgs.

42 S. o., Kap. III, 3.

43 F. Paulsen, Geschichte des gelehrten Unterrichts, Leipzig 1919³, I, 532.

44 Vgl. vor allem: Maier, Staats- u. Verwaltungslehre.

45 Vgl. M. Stolleis, V. L. v. Seckendorff, in: ders. Hg., Staatsdenker, 148–173.

46 So M. Thomann, Die Bedeutung der Rechtsphilosophie C. Wolffs in der juristischen u. politischen Praxis des 18. Jahrhunderts, in: H. Thieme u. a., Humanismus u. Naturrecht in Berlin–Brandenburg–Preussen, Berlin 1979, 127.

47 Zur Wirkung Wolffs an den Universitäten jetzt kritisch gegenüber der herrschenden Beurteilung: N. Hammerstein, C. Wolff u. die Universitäten, in: Schneiders Hg., C. Wolff, 266 ff.

48 Vgl. H. Dreitzel, Protestantischer Aristotelismus u. absoluter Staat. Die ›Politica‹ des Henning Arsinaeus 1575–1663, Wiesbaden 1970, bes. 27 ff.; P. Baumgart, Universitäten im konfessionellen Zeialter:

Würzburg u. Helmstädt, in: ders. u. Hammerstein Hg., 191 ff., und über die Gründung der Universität Helmstedt, ebd., 217 ff.

49 D. Willoweit, H. Conring, in: Stolleis Hg., Staatsdenker, 129–147.

50 Über Ickstatt und seine Wirkung als Universitätsreformer: N. Hammerstein, Aufklärung u. katholisches Reich, 33–131.

51 Vgl. insgesamt Paulsen, I, 465 ff.; oben, Anm. 40, sowie N. Hammerstein, Die deutschen Universitäten im Zeitalter der Aufklärung, in: ZHF 10. 1983, 73–90. Knappe Übersichten in L. Boehm u. R. A. Müller, Universitäten u. Hochschulen in Deutschland, Österreich und der Schweiz, Düsseldorf 1983.

52 Exemplarisch W. Schrader, Geschichte der Friedrichs-Universität zu Halle, I–II, Berlin 1894; G. v. Selle, Die Georg-August-Universität zu Göttingen 1737–1937, Göttingen 1937; M. Steinmetz u. a., Geschichte der Universität Jena, 1548/58–1958, Jena 1958.

53 Vgl. A. Wendehorst, Die Friderico-Alexandrina in der deutschen Universitätsgeschichte, in: ders. u. G. Pfeiffer Hg., Erlangen. Geschichte der Stadt in Darstellung u. Bilddokumenten, München 1984, 75–83, sowie die weiteren universitätsgeschichtlichen Beiträge dieses Bandes, insbes. 65 ff., 84 ff.

54 Hammerstein, in: Beiträge, 273 f.

55 Nicolai, 12.

56 Vgl. die Tabelle in: F. Meyen, Bremer Beiträger am Collegium Carolinum in Braunschweig, Braunschweig 1962, 22.

57 S. o., Kap. II, 2.

58 Vgl. M. Braubach, Die erste Bonner Universität; ders., Kleine Geschichte der Universität Bonn 1818–1968, Bonn 1968, 7 ff.

59 N. Elias, Über den Prozeß der Zivilisation, Bern 1969², I, 28 f. – Außerordentlich aufschlußreich für die im Zeichen der katholischen Aufklärung im Rheinland stehende Gründungs- und Frühgeschichte der Universität Bonn sind die in Hansen Hg., Quellen I, abgedruckten Dokumente. Vgl. etwa die Rede des Universitätskurators Freiherr F. W. Spiegel zum Diesenberg über die Vorzüge der territorialstaatlichen Verfassung Deutschlands (478 ff.) oder die Verlautbarungen des Kurfürsten Max Franz über Aufklärung und Universität.

60 II, 10 §70. H.-W. Prahl, Sozialgeschichte des Hochschulwesens, München 1978, 162 ff.; W. Bleek, Von der Kameralausbildung zum Juristenprivileg. Studium, Prüfung und Ausbildung der höheren Beamten des allgemeinen Verwaltungsdienstes in Deutschland im 18. Jahrhundert, Berlin 1972.

61 Prahl, bes. 166, und in bezug auf die Möglichkeit sozialen Aufstiegs positiver H. Gerth, Sozialgeschichtliche Lage.

62 Vgl. K. H. Jarausch, Deutsche Studenten 1800–1970, Frankfurt 1984, 16 ff.

63 R. A. Müller, Sozialstatus u. Studienchance, 139.

64 Ebd., 140.

65 Vgl. dazu grundsätzlich: N. Conrads, Ritterakademien in der frühen Neuzeit, Göttingen 1982; sowie R. A. Müller, Universität u. Adel, Berlin 1974; Paulsen I, 599.

66 Ebd., II, 37 und insges. 36–43.

67 Zahlen nach den Tabellen bei Prahl, 371 ff.

68 Ebd., 368. – Allerdings sind die Mathematiker und Naturwissenschaftler in den Zahlen der Philosophischen Fakultät enthalten.

69 Tabellen bei O. Behre, Geschichte der Statistik in Brandenburg-Preußen, ND Vaduz 1979, 298 f., 311.

70 Die Denkschrift von Engel, in: W. Weischedel Hg., Idee u. Wirklichkeit einer Universität. Dokumente zur Geschichte der Friedrich-Wilhelms-Universität zu Berlin, Berlin 1960, I, 6. Dort auch weitere Denkschriften aus der Zeit um 1800. Vgl. folgende Zit.: 11 ff., 16 ff.

71 Zit. bei Hammermeyer, Akademiebewegung, 6. Zu Haller: R. Toellner, Entstehung u. Programm der Göttinger Gelehrten Gesellschaft unter besonderer Berücksichtigung des Hallerschen Wissenschaftsbegriffs, in: F. Hartmann u. R. Vierhaus Hg., Der Akademiegedanke im 17. u. 18. Jahrhundert, Wolfenbüttel 1977, 97 ff.

72 Text in: Killy Hg., 18. Jahrhundert, II, 1033 f.

73 Hammermayer, Bayerische Akademie, II, 336.

74 Vgl. P. O. Kristeller, Die platonische Akademie von Florenz, in: Humanismus u. Renaissance II, Hg. E. Keßler, München 1976, 101–114; sowie A. Buck, Die humanistischen Akademien in Italien, in: Hartmann u. Vierhaus Hg., Akademiegedanke, 12–26.

75 Vgl. die Aufstellung bei U. Im Hof, Das gesellige Jahrhundert. Gesellschaft u. Gesellschaften im Zeitalter der Aufklärung, München 1982, 259–63, dort auch weitere Lit.

76 Vgl. ebd., 112 ff.; Hammermayer, Akademiebewegung, sowie Anm. 71, 73.

77 Hammermayer, Bayerische Akademie I, 4–26.

78 Vgl. Wolff, Vern. Gedanken vom geselligen Leben, 234.

79 R. Smend, Die Göttinger Gesellschaft der Wissenschaften, in: ders., Staatsrechtliche Abhandlungen, Berlin 1968², 424 f.

80 Text in: Killy Hg., 18. Jahrhundert, II, 1043. Vgl. auch das Urteil F. A. Wolfs, zit. bei A. Harnack, Geschichte der Königlich Preussischen Akademie der Wissenschaften zu Berlin, I, Berlin 1900, I, 2, 566.

81 In: Killy Hg., 18. Jahrhundert, II, 1044.

82 So Hammermayer, Bayerische Akademie, I, 3.

83 E. Opgenoorth, Friedrich Wilhelm. Der Große Kurfürst von Brandenburg, Göttingen 1978, II, 60 f.

84 Leibniz, Denkschrift vom 24/26. 3. 1700, in: A. Harnack, II, Nr. 30a, S. 76.

85 Vgl. J. V. Andreae, Christianapolis, Hg. W. Biesterfeld, Stuttgart 1975; C. Hinrichs, Die Idee des geistigen Mittelpunktes Europas im 17. u. 18. Jahrhundert, in: ders., Preußen als hist. Problem, 265 f.; F. Wagner, I. Newton im Zwielicht zwischen Mythos u. Forschung, Freiburg 1976; Hammermayer, Bayer. Akademie, II, 339 f.; R. van Dülmen, Die Utopie einer christlichen Gesellschaft. J. V. Andreae, Stuttgart 1978.

86 S. o. Kap. III, 3, sowie: A. Kraus, Die naturwissenschaftliche Forschung an der Bayerischen Akademie der Wissenschaften im Zeitalter der Aufklärung, München 1978.

87 Text in: Harnack, II, 103; die folgenden Zitate: ebd., 107, 263.

88 Vgl. die Tabelle in Harnack I, 1, 242–244.

89 Ebd., 470, Anm. 1 sowie die übrigen Listen: 465–479.

90 Hammermayer, Bayer. Akademie, I–II, sowie die verschiedenen zit. Arbeiten von A. Kraus.

91 Hammermayer, Bayer. Akademie, I, 368 f.; II, 95 ff., 99 ff.

92 Vgl. dazu ebd., II, 106, sowie oben, Kap. II, Anm. 127.

93 Smend, 425 ff.

94 Vgl. Hammermayer, Bayer. Akademie, II, 339 ff.; das Verz. ebd., 352.

95 Ebd., II, 125 ff.

96 Vernunft u. Geschichte.

97 K. Stieler, Zeitungs Lust u. Nutz, ND der Originalausg. von 1695, Hg. G. Hagelweide, Bremen 1969, 79.

98 M. Welke, Gemeinsame Lektüre u. frühe Formen von Gruppenbildungen im 17. u. 18. Jahrhundert: Zeitunglesen in Deutschland, in: Dann Hg., Lesegesellschaften, 29–54, hier 33.

99 M. Stützel-Prüsener, Die deutschen Lesegesellschaften im Zeitalter der Aufklärung, ebd., 71–86, hier 80 passim. Vgl. auch Kopitzsch, Grundzüge, 401 ff., 573 ff., 740 ff., 754 ff., der von deutlich höheren Zahlen ausgeht.

100 M. Prüsener, Lesegesellschaften im 18. Jahrhundert, in: Börsenblatt für den Deutschen Buchhandel XXVIII. 1972, 189–301 (Frankfurter Ausg., X, 4. 2. 1972), 195 f.; zusammenfassend unter Berücksichtigung seitdem gewonnener Forschungsergebnisse: Prüsener-Stützel in: Dann, 73; vgl. auch Im Hof, Jahrhundert, 123–34; F. Kopitzsch, in: AfS 23. 1983, 13. – Im übrigen weichen zeitgenöss. Berichte von Prüseners Bemerkung ab, es habe keine öffentlichen Bibliotheken gegeben, u. a. F. Nicolai, Beschreibung der Königl. Residenzstädte Berlin und Potsdam, 1786³, II, 767 f.

101 Vgl. die Tabelle bei Prüsener (1981), 74; Im Hof, Jahrhundert, 127.

102 G. F. Rebmann, Briefe über Erlangen (1792). Faksimile mit Nachwort von E. Schubert, Erlangen 1984, 141.

103 F. G. Dreyfus, Sociétés et mentalités à Mayence dans la seconde moitié du XVIIIᵉ siècle, Paris 1968, 497–504.

104 Vgl. Prüsener-Stützel (1981), 78.
105 Ebd., 79 und dies., (1972), 264 ff.
106 Vgl. Möller, Aufklärung in Preußen, 233 ff.
107 Rebmann, Erlangen, 83 f.
108 Prüsener (1972), 197.
109 Kopitzsch, Lesegesellschaften im Rahmen einer Bürgerrepublik. Zur
    Aufklärung in Lübeck, in: Dann Hg., Lesegesellschaften, 87–102.
110 Dreyfus, 499 ff. u. Tabelle ebd., 500.
111 Text in: Berliner Leben 1648–1806. Erinnerungen u. Berichte, Hg.
    R. Glatzer, Berlin 1956, 327.
112 Vgl. Möller, Aufklärung in Preußen, 229.
113 Davidsohn, 327.
114 Über Berlin. Von einem Fremden, in: BM, III, 1784, 142–144, das Zit.
    143 f. (10. Brief). Der Verf. war möglicherweise der Mithg. F. Gedike.
115 Prüsener-Stützel (1981), 80 f. Auch über das politische Interesse der
    Bonner Lesegesellschaft gab es 1789 Berichte, vgl. Hansen Hg.,
    Quellen I, 723 ff.
116 So Dann, Einleitung, in: Lesegesellschaften, 22 f.
117 Vgl. insbes. v. Dülmen, Aufklärungsgesellschaften.
118 Vgl. die Untersuchungen von R. Engelsing, Zur Sozialgeschichte;
    ders., Analphabetentum u. Lektüre, sowie ders., Der Bürger als
    Leser. Lesergeschichte in Deutschland 1500–1800, Stuttgart 1974;
    R. Schenda, Volk ohne Buch. Diese Arbeiten haben erheblich weiter
    geführt als angesichts der schwierigen und bruchstückhaften Material-
    grundlage zu erwarten war. Für andere europäische Länder existieren
    vergleichbare, zum Teil umfassendere Forschungen: vgl. insbes.
    F. Furet u. J. Ozouf, Lire et écrire. L'alphabetisation des Français de
    Calvin à Jules Ferry, I–II, Paris 1977; L. Stone, Literacy and Educa-
    tion in England 1640–1900, in: Past and Present 42. 1969, 69–139. Die
    Alphabetisierung der Gesellschaft bewirkte eine zunehmende Buch-
    produktion, die ihrerseits ein Element der Verschriftlichung der
    Gesellschaft bildete, vgl. die methodisch anregenden, an der französi-
    schen Forschung orientierten Überlegungen der Hg. in: Gumbrecht
    u. a. Hg., Sozialgeschichte I, 3 ff., zu dem hier angesprochenen
    »Akkulturations- und Bildungsvorgang«, insbes. 5 ff. – Vgl. zur
    Geschichte des Buches: L. Febvre u. H.-J. Martin, L'apparition du
    livre, Paris 1971.
119 Nicolai, Nothanker, 72.
120 Vgl. exemplarisch: Neugebauer, Absolutistischer Staat.
121 Behre, Statistik, 306 f.
122 Engelsing, Dienstbotenlektüre im 18. u. 19. Jahrhundert, in: Zur
    Sozialgeschichte, 180–224, 297 ff.
123 A. G. F. Rebmann, Kosmopolitische Wanderungen durch einen Teil
    Deutschlands, Hg. H. Voegt, Frankfurt 1968, 54.

124 Dohm, Über Volkskalender u. Volksschriften überhaupt, Leipzig 1796.
125 Vgl. Schenda, 60.
126 Zit. ebd., 58; vgl. insges. ebd., 57 ff.
127 Rebmann, Kosmopolitische Wanderungen, 54.
128 Condorcet, Entwurf einer historischen Darstellung der Fortschritte des menschlichen Geistes, Hg. W. Alff, Frankfurt 1976, 123.
129 Engelsing, Analphabetentum, 53 ff.
130 Vgl. J. Goldfriedrich, Geschichte des deutschen Buchhandels vom Beginn der klassischen Literaturperiode bis zum Beginn der Fremd-herrschaft (1740–1804), Leipzig 1909, 248.
131 Vgl. F. Ost, F. Nicolais Allgemeine Deutsche Bibliothek, ND Nendeln 1967, 36.
132 Vgl. die statistischen Materialien bei Kiesel u. Münch, 200 ff.
133 Vgl. die buchgeschichtlichen Kapitel in H. G. Göpfert, Vom Autor zum Leser. Beiträge zur Geschichte des Buchwesens, München 1977, insbes. 9–85, sowie P. Raabe, Bücherlust, zu methodischen Fragen v. a. 1 ff., insbes. auch: Buchproduktion u. Lesepublikum, ebd., 61 ff.
134 Dazu R. Siegert, Aufklärung u. Volkslektüre. Exemplarisch darge-stellt an R. Z. Becker und seinem ›Noth-Hülfsbüchlein‹, Frankfurt 1978.
135 Vgl. Göpfert, 37, 47 ff.; Raabe, 56, 59.
136 J. Kirchner, Das deutsche Zeitschriftenwesen, seine Geschichte u. seine Probleme, 2 Bde., Wiesbaden 1958/1962².
137 K. Schottenloher u. J. Binkowski, Flugblatt und Zeitung I, München 1985, 303; Wilke, Literarische Zeitschriften I, 42 ff.
138 Thomasius, Monatsgespräche I, 1699/ND Frankfurt 1972, 226 f., 235.
139 Vgl. Möller, Aufklärung in Preußen, 199 ff.
140 Vgl. das Standardwerk von Martens, Botschaft der Tugend, 162 ff., 111 ff.
141 Das Folgende nach Möller, Aufklärung in Preußen, 207 f.
142 So Valjavec, Strömungen, 100.
143 Z. B. lagen in der Hamburger Harmonie um 1800 47 deutsche, 8 französische und zwei englische Journale aus (Habermas, Struktur-wandel, 85). In bezug auf die anderen größeren Lesegesellschaften gelten ähnliche Feststellungen.

V.

1 F. Nicolai in der Vorrede zur ADB XXXII, 1777, XII. – Dieser Abschnitt stark gekürzt nach Möller, Aufklärung in Preußen, 208–25. Vgl. außerdem Kiesel u. Münch, Gesellschaft u. Literatur; sowie Valjavec, Strömungen.
2 RB, III, 362 f. u. ö.

3 C. M. Wieland, Über die Rechte u. Pflichten der Schriftsteller, in
   Absicht Ihrer Nachrichten u. Urtheile über Nationen, Regierungen u.
   andere öffentliche Gegenstände, in: Werke, XXXIII, 171 f., (zuerst
   im »Teutschen Merkur«, III, 193 ff. mit etwas abweichendem Titel).
4 Lessing am 25. August 1769 an Nicolai, in: G. E. Lessing, Sämtliche
   Schriften, XVII, Leipzig 1904, 298.
5 Rebmann, Kosmopolitische Wanderungen, 121.
6 J. E. Biester, Antwort an Herrn Prof. Garve, in: BM, VI, 1785, 84.
7 BM, III, 1784, 316. Zur Verfasserschaft Kleins vgl. Hinske Hg., Was
   ist Aufklärung?, 517.
8 E. F. Klein, Ueber Denk- und Drukfreiheit, in: BM, III, 1784, 323;
   die folgenden Zitate ebd., 326, 329.
9 Zu den Edikten Wöllners vgl. Valjavec, Strömungen, 374 ff.; ders.,
   Das Woellnersche Religionsedikt u. seine geschichtliche Bedeutung,
   in: HJb 72. 1953, 386 ff.; K. Epstein, Ursprünge des Konservativismus, 169–82.
10 Zit. bei Ost, Nicolais Allg. Deutsche Bibliothek, 87. Mit gleicher
   Begründung erfolgten 1794 Verbote der ADB in Jülich, Kleve, Berg.
11 Vgl. Valjavec, Strömungen, 312–20. 1791 stand in Bayern u. a. die
   »Kritik der reinen Vernunft« auf dem Index. Lockerung der Zensur in
   Bayern 1799, in Preußen seit 1797. J. Grolle, Landesgeschichte, 66,
   erwähnt das Verbot von Schlözers Stats-Anzeigen 1794 und zitiert
   eine Aussage von 1797, in der es heißt, in Göttingen werde nicht mehr
   so frei geschrieben wie früher. Auch die BM verlegte ihren Druckort
   (nach Jena).
12 RB I, Vorrede XII. »Aktenstücke zur Geschichte der preußischen
   Censur- und Preß-Verhältnisse unter dem Minister Wöllner, mitge-
   theilt von F. Kapp«, in: Archiv für Geschichte des deutschen Buchhandels 5. 1880, 270. Auch E. F. Klein verwies in seinem Aufsatz
   »Ueber Denk- und Drukfreiheit«, in: BM III, 1784, 324, auf ökonomische Gründe: »Was ihr in eurem Lande nicht drukken lassen wollt,
   bereichert einen Verleger in der Nachbarschaft auf eure Kosten.«
13 Aktenstücke zur Geschichte der preußischen Censur- u. Presse/ver-
   hältnisse, in: Archiv f. d. Geschichte d. dt. Buchhandels 5. 1880, 286.
14 F. Nicolai, Leben J. Möser's, in: J. Möser's sämmtliche Werke, Hg.
   B. R. Abeken, Berlin 1844, X, 46.
15 A. Frh. v. Knigge in: Von deutscher Republik 1775–1795, II: Theoretische Grundlagen, Hg. J. Hermand, Frankfurt 1968, 56 f. Ähnlich
   äußerte er sich 1792 in »Josephs v. Wurmbrand... politisches Glau-
   bensbekenntniß, mit Hinsicht auf die französische Revolution und
   deren Folgen«, Hg. G. Steiner, Frankfurt 1968, 108. Diese Meinung
   deckt sich mit der Nicolais (Ueber meine gelehrte Bildung, 243).
16 C. F. D. Schubart, Werke, Hg. U. Wertheim u. H. Böhm, Berlin
   1965³, 75.

17 Vgl. dazu J. Habermas, Strukturwandel, 63: »Die Etablierung einer Sphäre der Kritik an der öffentlichen Gewalt vollzieht sich als Umfunktionierung der schon mit Einrichtungen des Publikums und Plattformen der Diskussion ausgestatteten literarischen Öffentlichkeit.«

18 Briefwechsel, meist politischen u. historischen Inhalts, V, 1779, zit. bei Valjavec, Strömungen 103. Vgl. auch U. A. J. Becher, Politische Gesellschaft: Studien zur Genese bürgerlicher Öffentlichkeit in Deutschland, Göttingen 1978, 129 ff.

19 Stats-Anzeigen, XIV (1790), H. 54, 241, zit. bei Valjavec, Strömungen, 404; Becher, 185 ff.

20 Nicolai, RB, VI, Vorrede, XV f.; ebd., 683; vgl. auch ebd., I, 227 u. III, 226, 239.

21 »Die Aufklärung nimmt ihren Siegeszug im gleichen Maße als sie den privaten Innenraum zur Öffentlichkeit ausweitet« (Koselleck, Kritik, 41). Den »privaten Innenraum« hatte der absolutistische Staat seit dem 17. Jahrhundert nach Kosellecks Interpretation dem Bürger prinzipiell belassen.

22 Das England des 18.Jahrhunderts bildete in mehrfacher Hinsicht eine Ausnahme, dies gilt sowohl für die beginnende kapitalistische Produktionsweise in Zusammenhang mit der »industriellen Revolution«, die Entwicklung der Ständeversammlung zum Parlament und die Parteibildung. – In Frankreich entsteht zwar (früher als in Deutschland) um die Mitte des 18. Jahrhunderts ein politisch räsonierendes Publikum (J. Habermas, Strukturwandel, 27), doch herrschte auch hier theoretisch ein uneingeschränktes Machtmonopol des Königs, welches zeitweise eher durch eine ständische Reaktion und die Noblesse de robe als die Aufklärer bedroht schien.

23 So Habermas, 36. Er bemerkt, die »Dimension der Polemik, innerhalb derer Öffentlichkeit während des 18. Jahrhunderts zu politischer Wirkung gelangt, wurde während der beiden vorausgehenden Jahrhunderte, in der staatsrechtlichen Kontroverse um das Prinzip absoluter Herrschaft schon entfaltet«, ebd., 64.

24 Nicolai, RB, IV, 642 ff. u. ö.

25 Svarez, Vorträge, 491; das folgende Zitat ebd., 494.

26 Wieland's Werke, XXXIII, 416 ff. Die folgenden Zitate ebd., 435 f., 421.

27 Nicolai, zit. bei Möller, Aufklärung in Preußen, 246.

28 Svarez, Vorträge, 64 f.

29 J. S. Pütter, Über den Unterschied der Stände, besonders des hohen u. niedern Adels in Teutschland, Göttingen, 1795, 13.

30 J. Möser, Recht d. Menschheit, in: ders., Werke. Hist.-Krit. Ausg., IX, 140.

31 ALR I, § 2. Vgl. dazu R. Koselleck, Preußen zwischen Reform u.

Revolution. Allgemeines Landrecht, Verwaltung und soziale Bewegung von 1791–1848, Stuttgart 1967, 53 ff.

32 Svarez, Vorträge, 64 f.

33 Kant, Gemeinspruch, 290.

34 Das folgende nach Möller, Wie aufgeklärt war Preußen?, 178 ff.

35 Vgl. H. Möller, Aufklärung in Preußen, 268 ff.; ders., Landeskunde
u. Zeitkritik 120 ff.; ältere Fallstudien: Bruford, Kultur u. Gesellschaft; F. Herre, Das Augsburger Bürgertum im Zeitalter der Aufklärung; I. Batorí, Die Reichsstadt Augsburg im 18. Jahrhundert,
Göttingen 1969; ein neueres Beispiel: H. E. Bödeker, Strukturen der
Aufklärungsgesellschaft in der Residenzstadt Kassel, in: Mentalitäten
u. Lebensverhältnisse. R. Vierhaus zum 60. Geburtstag, Göttingen
1982, 55–76. Keinesfalls darf der Begriff »Bürger, bürgerlich« sozial-
statistisch verkürzt interpretiert werden. Er besaß immer intentionale
Dimensionen. Vgl. zur Begriffsgeschichte: M. Riedel, Bürger, in:
Geschichtl. Grundbegriffe I, 672–725, insbes. 678 ff., zur Aufklärung
insbes. 683 ff.

36 Vgl. zum Ganzen schon P. E. Schramm, Hamburg, Deutschland u.
die Welt, München 1943, 36 f., sowie Gerth, Bürgerliche Intelligenz.
Vgl. jetzt auch: R. Vierhaus Hg., Bürger u. Bürgerlichkeit im Zeitalter
der Aufklärung, Heidelberg 1981.

37 Vgl. allg. H. Proesler, Das gesamtdeutsche Handwerk im Spiegel der
Reichsgesetzgebung 1530–1806, Berlin 1954. Stellvertretend: K. H.
Kaufhold, Das Handwerk der Stadt Hildesheim im 18. Jahrhundert,
Göttingen 1968. Zuletzt exemplarisch P. Fleischmann, Das Bauhand-
werk in Nürnberg vom 14. bis zum 18. Jahrhundert, Nürnberg 1985,
sowie ders., Interdisziplinäre Handwerksgeschichte?, in: ZHF 12.
1985, 339–56.

38 Zusammenfassende kritische Sichtung der Lit. bei W. Neugebauer,
Zur neueren Deutung der preuß. Verwaltung im 17. u. 18. Jahrhundert, in: Jb. für d. Geschichte Mittel- u. Ostdeutschlands 26. 1977,
86 ff. Zu speziellen Fragen: H. Möller, Ämterkäuflichkeit in Brandenburg-Preußen im 17. und 18. Jahrhundert; in: Soziale Mobilität im
frühmodernen Staat: Bürgertum u. Ämterwesen, Hg. K. Malettke,
Berlin 1980, 156–176. – Vgl. ferner Politisches Testament von 1752,
in: Werke Friedrichs d. Gr., VII, Berlin 1912, 146; auch G. Heinrich,
Der Adel in Brandenburg-Preußen, in: Deutscher Adel 1555–1740,
Hg. H. Rößler, Darmstadt 1965, 259–314, sowie G. Birtsch, Zur
sozialen u. politischen Rolle des deutschen, vornehmlich des preußischen Adels am Ende des 18. Jahrhunderts, in: Der Adel vor der
Revolution, Hg. R. Vierhaus, Göttingen 1971, 77–95.

39 Zuletzt S. Jersch-Wenzel, Juden u. ›Franzosen‹ in der Wirtschaft des
Raumes Berlin/Brandenburg, Berlin 1978.

40 H. Möller, Aufklärung in Preußen, 252 ff.

41 Unter den Autoren war nur ein Handwerksmeister, der Goethe-Freund K. F. Zelter, der spätere Leiter der Singakademie und Professor der Musik. Vgl. über die Schriftsteller: Haferkorn, in: Lutz Hg., 113–275.

42 Die überwiegende Zahl der führenden preußischen Aufklärer dieser Jahre war in den dreißiger und vierziger Jahren geboren.

43 Die Beteiligung der Juden und Frauen am geistigen Leben setzte sich in den romantischen Berliner Salons um 1800 verstärkt fort; vgl. K. Hillebrand, Die Berliner Gesellschaft 1789–1815, in: ders, Unbekannte Essays, Hg. H. Uhde-Bernays, Bern 1955, 13–81 u. Möller, Aufklärung in Preußen, 233 ff.; zum folgenden ebd., 254, Anm. 79.

44 W. Schütz, Die Kanzel als Katheder der Aufklärung, in: Wolfenbütteler Studien I, 1974, Hg. G. Schulz, 137–71.

45 Vgl. H. Schöffler, Protestantismus u. Literatur. Neue Wege der engl. Literatur im 18. Jahrhundert, Göttingen 1958².

46 Vgl. R. Wissell, Des alten Handwerks Recht und Gewohnheit, Hg. E. Schraepler, Berlin 1971/1986, bisher 4 Bde.; W. Fischer und R. Stadelmann, Die Bildungswelt des deutschen Handwerkers um 1800, Berlin 1955; M. Stürmer Hg., Herbst des alten Handwerks, München 1979; H. Hoffmann, Handwerk und Manufaktur in Preußen 1769, Berlin 1969, und Anm. 37.

47 J. Millar, Vom Ursprung des Unterschieds in den Rangordnungen und Ständen der Gesellschaft, Frankfurt 1967, 49 f.; vgl. ebd., 214, und zum Ganzen Medick, Naturzustand, 134 ff.

48 E. J. Sieyes, Politische Schriften 1788–1790, Hg. E. Schmitt u. R. Reichardt, Darmstadt 1975.

49 Vgl. etwa statt vieler: A. Hennings, Vorurtheilsfreie Gedanken über Adelsgeist und Aristokratism (1792), ND Kronberg 1977, 4.

50 Knigge, Wurmbrand, 106.

51 Möser, Briefe, 197.

52 Kant, Gemeinspruch, 292.

53 A. Bergk, Bewirkt die Aufklärung Revolutionen? auch in Z. Batscha, Hg., Aufklärung u. Gedankenfreiheit, 206 ff., das Zitat 206.

54 Ebd., 210 ff.

55 Knigge, Wurmbrand, 105.

56 BM, V, 1785, 242; vgl. auch Klein, Freyheit, 212.

57 Vgl. Möller, Aufklärung in Preußen, 533 ff.; das folgende teilweise nach ders., Wie aufgeklärt war Preußen?, 186 ff.

58 Grundsätzlich dazu C. Schmitt, Der Begriff des Politischen, Berlin 1963; R. Smend, Politisches Erlebnis u. Staatsdenken seit dem 18. Jahrhundert, jetzt in: ders., Staatsrechtliche Abhandlungen, 346–62; H. Plessner, Macht u. menschliche Natur, in: ders., Zwischen Philosophie u. Gesellschaft, Bern 1953, 241–317; Koselleck, Kritik, 170, Anm. 93 a; Möller, Aufklärung in Preußen. 518 ff.

59 Vgl. H. Möller, Die Interpretation der Aufklärung in der marxistisch-leninistischen Geschichtsschreibung, 438–72, insbes. 461 f.

60 Vgl. umfassend Kopitzsch, Grundzüge.

61 W. Fischer, Das Fürstentum Hohenlohe im Zeitalter der Aufklärung.

62 So der Großkanzler von Carmer am 24. März 1784, abgedr. in: C. Eggers, Sammlung von Urkunden u. Aktenstücken zur Geschichte der neuen Preußischen Gesetzgebung, Kiel 1794, 82.

63 E. v. K., Ueber die neue preußische Justizverfasssung, in: BM, III, 1784, 521 f. (Sigle ist nicht zu entschlüsseln).

64 BM, V, 1785, 242.

65 Kant, Was ist Aufklärung?, BM, IV, 1784, 484 f. Zur Interpretation dieser Stelle heranzuziehen: Klein, Ueber Denk- u. Drukfreiheit, 312–330; sowie Hinske, Hg., Was ist Aufklärung?, XLVI ff.

66 Vgl. K. O. v. Aretin Hg., Der aufgeklärte Absolutismus, Köln 1974; I. Mittenzwei, Theorie u. Praxis des aufgeklärten Absolutismus in Brandenburg-Preußen, in: Jb. für Geschichte 1972, 53–106; V. Sellin, Friedrich d. Gr. u. d. aufgeklärte Absolutismus, in: Fs. Conze, 83–112; Möller, Aufklärung in Preußen, 518 ff.

67 Kritisch: U. J. Heuer, Allg. Landrecht u. Klassenkampf, Berlin 1960, 152 ff., u. Mittenzwei, Theorie, 94 f.; positiv: H. Thieme, Die preußische Kodifikation, in: Zs. d. Savigny-Stiftung f. Rechtsgesch./Germ. Abt. 57. 1937, insbes. 403. Vgl. auch H. Hattenhauer Hg., Einführung zu: Allg. Landrecht für die Preußischen Staaten von 1794, Frankfurt 1970, 21 f.

68 Es gab drei Gruppen von Adressaten: bekannte Staatsrechtler und Publizisten wie Pütter und Schlözer, die man direkt aufforderte, spezielle Sachkenner, z. B. für das Verlagsrecht Friedrich Nicolai, sowie die Teilnehmer des Preisausschreibens, in der Regel Rechtsgelehrte und höhere Justizbeamte.

69 So Wieacker, Privatrechtsgeschichte, 325.

70 Zit. bei Hattenhauer, 24.

71 Vgl. Möller, Aufklärung in Preußen, 259 f.

72 Neuer Weg zur Unsterblichkeit, 241.

73 Kant, Was ist Aufklärung?, 493.

74 F. Furet u. D. Richet, La Révolution Française, Paris 1973[2], 125 ff.

75 Vgl. H. Scheel, Süddeutsche Jakobiner, Berlin 1962; O. Büsch u. W. Grab Hg., Die demokratische Bewegung in Mitteleuropa im ausgehenden 18. u. frühen 19. Jahrhundert, Berlin 1980 (dort die verschiedenen Positionen mit Lit.). Zusammenfassend jetzt W. Grab, Ein Volk muß seine Freiheit selbst erobern. Zur Geschichte der deutschen Jakobiner, Frankfurt 1985. Vgl. auch Möller, Aufklärung in Preußen, 575–591.

76 Vgl. Möller, L. v. Steins Interpretation der Französischen Revolution von 1789, in: Der Staat 18. 1979, 521–48.

Weitere Literatur sowie die zitierten Primärtexte finden sich in den Anmerkungen.

I. Textsammlungen

Aufklärung – Erläuterungen zur deutschen Literatur, Berlin 1971[3]

E. Bahr Hg., Was ist Aufklärung?, Stuttgart 1974

Z. Batscha u. J. Garber Hg., Von der ständischen zur bürgerlichen Gesellschaft, Frankfurt 1981

Z. Batscha Hg., Aufklärung und Gedankenfreiheit, Frankfurt 1977

M. Beyer-Fröhlich, Höhe u. Krise der Aufklärung, ND Darmstadt 1970

Bibliothek der deutschen Aufklärer des 18. Jahrhunderts, Hg. M. v. Geismar, ND I–II, Darmstadt 1963

L. G. Crocker Hg., The Age of Enlightenment, New York 1969

Die Französische Revolution im Spiegel der deutschen Literatur, Hg. C. Träger u. F. Schaefer, Leipzig 1975

G. Funke, Die Aufklärung, Stuttgart 1963

L. Gall u. R. Koch Hg., Der europäische Liberalismus im 19. Jahrhundert, I-IV, Frankfurt 1981

J. Garber Hg., Kritik der Revolution. Theorien des deutschen Frühkonservativismus, I, Kronberg 1976

Geschichte der Philosophie in Text und Darstellung, Hg. R. Bubner, IV: Empirismus, Hg. G. Gawlick, Stuttgart 1980; V: Rationalismus, Hg. R. Specht, Stuttgart 1979

J. Godechot, La pensée révolutionnaire en France et en Europe 1780–1799, Paris 1964

J. Hermand, Von deutscher Republik 1775–1795, I–II, Frankfurt 1968

N. Hinske Hg., Was ist Aufklärung?, Darmstadt 1973

W. Killy, Zeichen der Zeit, Ein deutsches Lesebuch, I, Frankfurt 1962

W. Killy Hg., 18. Jahrhundert: Texte u. Zeugnisse, I–II, München 1983

W. Krauss, Die französische Aufklärung im Spiegel der deutschen Literatur, Berlin 1963

W. Philipp, Das Zeitalter der Aufklärung, Bremen 1963

II. Wichtige Darstellungen

E. Adler, Herder u. die deutsche Aufklärung, Wien 1969

Th. W. Adorno u. M. Horkheimer, Dialektik der Aufklärung, ND Lichtenstein 1955

M. Agethen, Geheimbund u. Utopie, München 1984

A. Altmann, M. Mendelssohns Frühschriften zur Metaphysik, Tübingen 1969

A. Altmann, M. Mendelssohn. A Biographical Study, University of Alabama 1973

M. S. Anderson, Historians and Eighteenth Century Europe 1715–1789, Oxford 1979

K. Aner, Theologie der Lessingzeit (1929), ND Hildesheim 1964

E. Angermann, Das Auseinandertreten von Staat u. Gesellschaft im Denken des 18. Jahrhunderts, in: Zs. f. Politik NF 10. 1963, 89–101

K. O. v. Aretin Hg., Der Aufgeklärte Absolutismus, Köln 1974

Von der Aufklärung zur Romantik. Geistige Strömungen in München, Hg. Bayerische Staatsbibliothek, Regensburg 1984

A. Baeumler, Das Irrationalitätsproblem in der Ästhetik u. Logik des 18. Jahrhunderts bis zur Kritik der Urteilskraft, Darmstadt 1981

L. Balet u. F. Gerhard, Die Verbürgerlichung der deutschen Kunst, Literatur und Musik im 18. Jahrhundert (1936), ND Frankfurt 1974

K. Barth, Die protestantische Theologie im 19. Jahrhundert, ND Bd. I, Hamburg 1975

P. F. Barton, Maurer, Mysten, Moralisten. Wien 1982

Ders., Erzieher, Erzähler, Evergeten. Ein Beitrag zur politischen Geschichte, Geistes- u. Kirchengeschichte Schlesiens u. Preußens 1786/88–1796, Wien 1980

G. Barudio, Das Zeitalter des Absolutismus und der Aufklärung 1648–1779, Frankfurt 1981

C. L. Becker, Der Gottesstaat der Philosophen, Würzburg 1946

C. B. A. Behrens, Society, Government and the Enlightenment, London 1985

K. Biedermann, Deutschland im 18. Jahrhundert, Bd. I–IV, Leipzig 1880, ND Aalen 1969^2

F. Bluche, Le despotisme éclairé, Paris 1969

H. Blumenberg, Die Legitimität der Neuzeit, Frankfurt 1966

L. Bodi, Tauwetter in Wien. Zur Prosa der österreichischen Aufklärung 1781–1795, Frankfurt 1977

F. Borkenau, Der Übergang vom feudalen zum bürgerlichen Weltbild (1934), ND Darmstadt 1971

M. Braubach, Die kirchliche Aufklärung im katholischen Deutschland im Spiegel des »Journal von und für Deutschland« (1784–1792), in: Diplomatie und geistiges Leben im 17. u. 18. Jahrhundert, Bonn 1969, 563–659

W. H. Bruford, Die gesellschaftlichen Grundlagen der Goethezeit, ND Berlin 1975

Ders., Kultur u. Gesellschaft im klassischen Weimar 1775–1806, Göttingen 1966.

P. Burg, Der Aufgeklärte Absolutismus – Strukturen eines widersprüchlichen Herrschaftssystems, in: Informationen für den Geschichts- und Gemeinschaftskundelehrer 29. 1985, 13–22

Ch. Bürger u. a. Hg., Aufklärung u. literarische Öffentlichkeit, Frankfurt 1980

E. Cassirer, Das Erkenntnisproblem in der Philosophie und Wissenschaft der neueren Zeit, I–IV, ND Darmstadt 1974

Ders., Die Philosophie der Aufklärung, Tübingen 1932[2]

P. Chaunu, La civilisation de l'Europe des Lumières, Paris 1971

A. Chitnis, The Scottish Enlightenment, London 1976

O. Dann Hg., Lesegesellschaften u. bürgerliche Emanzipation, München 1981

M. Devèze, L'Europe et le monde à la fin du XVIIIe siècle, Paris 1970

H. Dieckmann, Studien zur europäischen Aufklärung, München 1974

W. Dilthey, Studien zur Geschichte des deutschen Geistes (= Ges. Schriften III), Göttingen 1969[4]

R. van Dülmen, Die Aufklärungsgesellschaften in Deutschland als Forschungsproblem, in: Francia 5. 1977, 252–75

Ders., Der Geheimbund der Illuminaten, Stuttgart 1977

R. Engelsing, Analphabetentum und Lektüre, Stuttgart 1973

Ders., Zur Sozialgeschichte deutscher Mittel- und Unterschichten, Göttingen 1973

K. Epstein, Die Ursprünge des Konservatismus in Deutschland, Berlin 1973

E. Ermatinger, Deutsche Kultur im Zeitalter der Aufklärung, 1935

L. Fertig, Die Hofmeister. Ein Beitrag zur Geschichte des Lehrerstandes und der bürgerlichen Intelligenz, Stuttgart 1979

I. Fetscher, Rousseaus politische Philosophie, Frankfurt 1975[3]

W. Fischer, Das Fürstentum Hohenlohe im Zeitalter der Aufklärung, Tübingen 1958

P. Gay, The Enlightenment, I–II, London 1973

H. Gerth, Die sozialgeschichtliche Lage der bürgerlichen Intelligenz um die Wende des 18. Jahrhunderts (1936), ND Göttingen 1976

H. A. Glaser Hg., Deutsche Literatur. Eine Sozialgeschichte, IV (1740–1786), V (1786–1815), Reinbek 1980

L. Goldmann, Der christliche Bürger u. die Aufklärung, Neuwied 1971

W. Grab Hg., Deutsche Aufklärung u. Judenemanzipation. Jahrbuch des Instituts für deutsche Geschichte, Beiheft 3, Tel Aviv 1979

P. Grappin Hg., L'Allemagne des Lumières. Periodiques, Correspondances, Témoignages, Paris 1982

M. Greschat Hg., Die Aufklärung, Stuttgart 1983

R. Grimminger Hg., Deutsche Aufklärung bis zur Französischen Revolution 1680–1789, I–II, München 1980

B. Groethuysen, Die Entstehung der bürgerlichen Welt- und Lebensanschauung in Frankreich, I–II (1927/30), ND Hildesheim 1973

E. K. Grotegut/G. F. Leneaux, Das Zeitalter der Aufklärung (Bibliographie), Bern 1974

R. Gruenter Hg., Leser u. Lesen im 18. Jahrhundert, Heidelberg 1977

G. Grünthal, Presse et Censure dans la Prusse de Frédéric II, in: L'Alle-magne des lumières, Hg. P. Grappin, Paris 1982, 25–42

H. R. Guggisberg Hg., Religiöse Toleranz, Stuttgart 1984

H. U. Gumbrecht u. a. Hg., Sozialgeschichte der Aufklärung in Frank-reich, I–II, München 1981

J. Habermas, Strukturwandel der Öffentlichkeit, Neuwied 1973[3]

K. Hammer u. J. Voss Hg., Historische Forschung im 18. Jahrhundert, Bonn 1976

L. Hammermayer, Aufklärung im katholischen Deutschland des 18. Jahr-hunderts. Werk u. Wirken von A. Gordon (1712–1751), in: Jb. d. Inst. f. dt. Gesch. d. Universität Tel-Aviv 4. 1975, 53–110.

Ders., Akademiebewegung u. Wissenschaftsorganisation während der zweiten Hälfte des 18. Jahrhunderts, in: Wissenschaftspolitik in Mittel-und Osteuropa, Hg. E. Amburger, Berlin 1976, 1–84

Ders., Geschichte der Bayerischen Akademie der Wissenschaften, (1769–1786), bisher I–II, München 1983

Ders., Zur Geschichte der europäischen Freimaurerei und Geheimgesell-schaften im 18. Jahrhundert, in: Beförderer der Aufklärung in Mittel-und Osteuropa, Hg. E. v. Balázs u. a., Berlin 1979, 9–68

N. Hammerstein, Aufklärung u. katholisches Reich, Berlin 1977

Ders., Jus u. Historie, Göttingen 1972

N. Hampson, The Enlightenment, Harmondsworth 1968

F. Hartmann u. R. Vierhaus Hg., Der Akademiegedanke im 17. u. 18. Jahrhundert, Wolfenbüttel 1977

R. Haym, Herder, I–II, Berlin 1958[2]

P. Hazard, Die Herrschaft der Vernunft, Hamburg o. J. (1949)

Ders., Die Krise des europäischen Geistes, 1680–1715, Hamburg 1939

E. Heimpel-Michel, Die Aufklärung, Langensalza 1928

G. Heinrich, Die Geisteswissenschaften an der brandenburgischen Landesuniversität Frankfurt/Oder um 1800, in: Kleist-Jahrbuch, Hg. H. J. Kreutzer, Berlin 1983, 71–97

E. Hellmuth, Naturrechtsphilosophie u. bürokratischer Werthorizont, Göttingen 1985

F. Herre, Das Augsburger Bürgertum im Zeitalter der Aufklärung, Augs-burg 1951

H. Hettner, Geschichte der deutschen Literatur im 18. Jahrhundert, I–II, Hg. G. Erler, Berlin 1961

W. Hinck Hg., Europäische Aufklärung I, Frankfurt 1974

E. Hinrichs Hg., Absolutismus, Frankfurt 1986

N. Hinske Hg., Ich handle mit Vernunft. M. Mendelssohn und die deut-sche Aufklärung, Hamburg 1981

E. Hirsch, Geschichte der neueren evangelischen Theologie I–V, Gütersloh 1968[4]

P. Hocks u. P. Schmidt, Literarische u. politische Zeitschriften (1789–1805), Stuttgart 1975

W. Hubatsch Hg., Absolutismus, Darmstadt 1973

J. Jacobs, Prosa der Aufklärung, München 1976

H. Jedin Hg., Handbuch der Kirchengeschichte V: Die Kirche im Zeitalter des Absolutismus und der Aufklärung, ND Freiburg–Basel–Wien 1985

G. Kaiser, Aufklärung, Empfindsamkeit, Sturm u. Drang, München 1976²

Ders., Pietismus u. Patriotismus im literarischen Deutschland, Frankfurt 1973²

F. W. Kantzenbach, Protestantisches Christentum im Zeitalter der Aufklärung, Gütersloh 1965

H. Kiesel u. P. Münch, Gesellschaft und Literatur im 18. Jahrhundert, München 1977

G. Klingenstein, Staatsverwaltung u. kirchliche Autorität im 18. Jahrhundert, München 1970

H. König, Zur Geschichte der Nationalerziehung in Deutschland im letzten Drittel des 18. Jahrhunderts, Berlin 1960

P. Kondylis, Die Aufklärung im Rahmen des neuzeitlichen Rationalismus, Stuttgart 1981

F. Kopitzsch Hg., Aufklärung, Absolutismus u. Bürgertum in Deutschland, München 1976

Ders., Die Aufklärung in Deutschland. Zu ihren Leistungen, Grenzen und Wirkungen, in: AfS 23. 1983, 1–21

Ders., Grundzüge einer Sozialgeschichte der Aufklärung in Hamburg und Altona, I–II, Hamburg 1982

R. Koselleck, Kritik u. Krise, ND Frankfurt 1973

E. Kovács Hg., Katholische Aufklärung u. Josephinismus, München 1979

A. Kraus, Vernunft u. Geschichte, Freiburg 1963

W. Krauss, Perspektiven und Probleme. Zur französischen u. deutschen Aufklärung, Neuwied 1965

Ders., Studien zur deutschen u. französischen Aufklärung, Berlin 1963

L. Krieger, The German Idea of Freedom, Chicago 1972²

Ders., Kings and Philosophers 1689–1789, London 1971²

H. Küntzel, Essay u. Aufklärung, München 1969

H. Lehmann, Das Zeitalter des Absolutismus, Stuttgart 1980

Lessing u. die Zeit der Aufklärung, Göttingen 1968

W. Lepenies, Das Ende der Naturgeschichte, Frankfurt 1978²

K. Löwith, Weltgeschichte u. Heilsgeschehen, Stuttgart 1967⁵

G. Lottes, Aufklärung u. konservatives Denken. Studien zur Frühgeschichte des Konservativismus in Frankreich und England, Habil. Schrift Erlangen 1984

Ders., Politische Aufklärung u. plebejisches Publikum, München–Wien 1979

H. Lübbe, Die Einheit von Naturgeschichte u. Kulturgeschichte, in:

Jahrbuch der Universität Düsseldorf 1980/81, 297–310

Ders., Säkularisierung, Freiburg 1975²

B. Lutz Hg., Deutsches Bürgertum u. literarische Intelligenz 1750–1800, Stuttgart 1974

H. Maier, Die ältere deutsche Staats- u. Verwaltungslehre, München 1980²

E. Manheim, Aufklärung u. öffentliche Meinung, Hg. N. Schindler, ND Stuttgart 1979

G. Mann, Der europäische Geist im späten 17. Jahrhundert, in: Propyläen-Weltgeschichte Hg. v. G. Mann u. A. Heuss, VII/1, Frankfurt 1976, 349–84

D. Marshall, Eighteenth Century England, Harlow 1982

W. Martens, Die Botschaft der Tugend, Stuttgart 1971²

H. Medick, Naturzustand u. Naturgeschichte der bürgerlichen Gesellschaft. Die Ursprünge der bürgerlichen Sozialtheorie als Geschichtsphilosophie u. Sozialwissenschaft bei S. Pufendorf, J. Locke u. A. Smith, Göttingen 1973

F. Mehring, Die Lessing-Legende, ND Frankfurt 1974

F. Meinecke, Die Entstehung des Historismus, Stuttgart 1965⁴

Ders., Die Idee der Staatsräson in der neueren Geschichte, München 1963

Ders., Weltbürgertum u. Nationalstaat, München 1962

N. Merker, Die Aufklärung in Deutschland, München 1982

S. Merkle, Die katholische Beurteilung des Aufklärungszeitalters, in: Ausgewählte Reden u. Aufsätze, Hg. T. Freudenberger, Würzburg 1965, 361–413

J. Mittelstrass, Neuzeit u. Aufklärung, Berlin 1970

H. Möller, Aufklärung in Preußen, Berlin 1974

Ders., Die Interpretation der Aufklärung in der marxistisch-leninistischen Geschichtswissenschaft, in: ZHF 4. 1977, 438–70

Ders., Königliche u. bürgerliche Aufklärung, in: Preußen – Versuch einer Bilanz, II, Hg. M. Schlenke, Reinbek 1981, 120–35

Ders., Landeskunde u. Zeitkritik im 18. Jahrhundert. Die Bedeutung der Reisebeschreibung F. Nicolais als regional- u. sozialgeschichtliche Quelle, in: Hess. Jb. für Landesgesch. XXVII, 107–134

Ders., Die philosophische Tafelrunde von Sanssouci: Friedrich II. als Aufklärer unter Aufklärern, in: Friedrich der Große – Herrscher zwischen Tradition u. Fortschritt, Gütersloh 1985, 169–74

Ders., Wie aufgeklärt war Preußen?, in: Preußen im Rückblick, Hg. H.-J. Puhle u. H.-U. Wehler, Göttingen 1980, 176–201

S. Moravia, Beobachtende Vernunft. Philosophie u. Anthropologie in der Aufklärung, Frankfurt 1977

D. Mornet, La pensée française au XVIIIᵉ siècle, Paris 1969

D. Mornet, Les origines intellectuelles de la Révolution française (1715–1787), Paris 1967⁶

R. Mortier, Diderot in Deutschland 1750–1850, Stuttgart 1972

H.-J. Müllenbrock Hg., Europäische Aufklärung II, Wiesbaden 1984

R. A. Müller, Die deutschen Fürstenspiegel des 17. Jahrhunderts, in: HZ 240. 1985, 571–97

Ders., Sozialstatus u. Studienchance in Bayern im Zeitalter des Absolutismus, in: Hist. Jahrbuch 90. 1975, 120–41

A. E. Musson Hg., Wissenschaft, Technik u. Wirtschaftswachstum im 18. Jahrhundert, Frankfurt 1977

W. Neugebauer, Absolutistischer Staat u. Schulwirklichkeit in Brandenburg-Preußen, Berlin 1985

H. Nicolson, Das Zeitalter der Vernunft, München 1961

W. Oelmüller, Die unbefriedigte Aufklärung, Frankfurt 1969

Österreich im Europa der Aufklärung, Hg. Bundesministerium für Wissenschaft u. Forschung u. Österreichische Akademie d. Wissenschaften, I–II, Wien 1985

B. Plongeron, Recherches sur l'Aufklärung catholique en Europe occidentale (1770–1830), in: Revue d'Histoire moderne 16. 1969, 555–605.

R. Pomeau, L'Europe des Lumières, Paris 1981

P. Pütz, Die deutsche Aufklärung, Darmstadt 1978

Ders. Hg., Die Erforschung der deutschen Aufklärung, Königstein 1980

P. Raabe u. W. Schmidt-Biggemannn Hg., Auflärung in Deutschland, Bonn 1979

K. v. Raumer u. M. Botzenhart, Deutschland um 1800 (Hb. d. dt. Gesch., Hg. Brandt/Meyer/Just, III/1), Wiesbaden 1980

L. Réau, L'Europe française au siècle des lumières, ND Paris 1971

R. Reichardt, Zu einer Sozialgeschichte der französischen Aufklärung, in: Francia 5. 1977, 231–49.

H. Reinalter Hg., Freimaurer und Geheimbünde im 18. Jahrhundert in Mitteleuropa, Frankfurt 1983

M. Riedel, Aristoteles – Tradition am Ausgang des 18. Jahrhunderts. Zur ersten Übersetzung der »Politik« durch Johann Georg Schlosser, in: Alteuropa und die moderne Gesellschaft. Fs. O. Brunner, Göttingen 1963, 278–317.

P. Rilla, Lessing u. sein Zeitalter, München 1973[2]

D. Roche, Le siècle des lumières en province, 1680–1789, I–II, Paris 1978

R. Rürup, J. J. Moser. Pietismus u. Reform, Wiesbaden 1965

W. Ruppert, Bürgerlicher Wandel. Die Geburt der modernen deutschen Gesellschaft im 18. Jahrhundert, Frankfurt 1984[2]

F. Schalk, Aufklärung, in: Propyläen-Weltgeschichte, Hg. G. Mann u. A. Heuss, VII/2, Frankfurt 1976, 467–512

F. Schalk, Aufklärung, in: Hist. Wb. d. Philosophie, I, Basel 1971

Ders., Studien zur französischen Aufklärung. Frankfurt 1972[2]

R. Schenda, Volk ohne Buch, München 1977

G. Schilfert, Deutschland 1648–1789, Berlin 1975[3]

A. Schlingensiepen-Pogge, Das Sozialethos der lutherischen Aufklärungstheologie am Vorabend der Industriellen Revolution, Göttingen 1967

W. Schneiders Hg., C. Wolff 1679–1754, Hamburg 1983

Ders., Die wahre Aufklärung. Zum Selbstverständnis der deutschen Aufklärung, Freiburg 1974

J. Schober, Die deutsche Spätaufklärung (1770–1790), Frankfurt 1975

H. Schöffler, Deutscher Geist im 18. Jahrhundert, Göttingen 1958

H. J. Schoeps Hg., Zeitgeist der Aufklärung, Paderborn 1972

K. Scholder, Grundzüge der theologischen Aufklärung in Deutschland, in: F. Kopitzsch Hg., Aufklärung, Absolutismus u. Bürgertum, 294–318

S. Skalweit, Der Beginn der Neuzeit. Epochengrenze u. Epochenbegriff, Darmstadt 1982

A. Soboul u. a., Le siècle des lumières, 1715–1750, I–II, Paris 1977

Sonderheft »18. Jahrhundert« der Deutschen Vierteljahrsschrift für Literaturwissenschaft u. Geistesgeschichte, Stuttgart 1975

J. v. Stackelberg Hg., Europäische Aufklärung III, Wiesbaden 1980

M. Stolleis Hg., Staatsdenker im 17. und 18. Jahrhundert, Frankfurt 1977

J. Streisand, Geschichtliches Denken von der deutschen Frühaufklärung bis zur Klassik, Berlin 1965[2]

H. Stuke, Aufklärung, in: Geschichtliche Grundbegriffe. Histor. Lex. zur polit.-sozialen Sprache in Deutschland, Hg. O. Brunner u. a., I, Stuttgart 1972, 243 ff.

E. Troeltsch, Ges. Schriften, IV, Hg. H. Baron, Tübingen 1925

F. Valjavec, Die Entstehung der politischen Strömungen in Deutschland 1770–1815, München 1951 (ND Königstein 1978)

Ders., Geschichte der abendländischen Aufklärung, Wien–München 1961

R. Vierhaus, Deutschland im 18. Jahrhundert: Soziales Gefüge, politische Verfassung, geistige Bewegung, in: Lessing u. die Zeit der Aufklärung, Göttingen 1968

Ders., Kultur u. Gesellschaft im 18. Jahrhundert, in: Studien zum achtzehnten Jahrhundert, I, Nendeln 1978, 71–86

Ders., Politisches Bewußtsein in Deutschland vor 1789, in: Der Staat, VI, 1967, 175–196.

Ders. Hg., Wissenschaften im Zeitalter der Aufklärung, Göttingen 1985

J. Voss, Der Gemeine Mann u. die Volksaufklärung im späten 18. Jahrhundert, in: Vom Elend der Handarbeit, Hg. H. Mommsen u. W. Schulze, Stuttgart 1981, 208–233

Ders., Eine deutsche Lesebibliothek im Paris des späten 18. Jahrhunderts, in: ZHF 6. 1979, 461–70

Ders., Universität, Geschichtswissenschaft u. Diplomatie im Zeitalter der Aufklärung: J. D. Schöpflin (1694–1771), München 1979

Ders. Hg., Deutschland u. die Französische Revolution, München 1983

F. Wagner Hg., Handbuch der europäischen Geschichte, IV, Stuttgart 1968

E. Wangermann, Aufklärung und staatsbürgerliche Erziehung, München 1978

E. Weis, Absolute Monarchie u. Reform im Deutschland des späten 18. und des frühen 19. Jahrhunderts, in: Aufklärung, Absolutismus u. Bürgertum in Deutschland, Hg. F. Kopitzsch, München 1976

Ders., Der Durchbruch des Bürgertums 1776–1847, Berlin 1978

Ders., Geschichtsschreibung u. Staatsauffassung in der französischen Enyzklopädie, Wiesbaden 1956

Ders., Montgelas 1759–1799, München 1971

W. Wenck, Deutschland vor hundert Jahren, I–II, Leipzig 1887/1890

B. v. Wiese Hg., Deutsche Dichter des 18. Jahrhunderts, Berlin 1977

J. Wilke, Literarische Zeitschriften des 18. Jahrhunderts (1688–1789), I–II, Stuttgart 1978

E. N. Williams, The Ancien Regime in Europe, London 1970

E. Winter Hg., Tschirnhaus u. die Frühaufklärung in Mittel- und Osteuropa, Berlin 1960

E. Winter, Frühaufklärung, Berlin 1966

R. Wittmann, Die frühen Buchhändlerzeitschriften als Spiegel des literarischen Lebens, in: AGB XIII, 1973, Sp. 613–932.

Wolfenbütteler Studien zur Aufklärung, Hg. im Auftrag der Lessing-Akademie, bisher I–IX, XII, 1974–1985

H. M. Wolff, Die Weltanschauung der deutschen Aufklärung in geschichtlicher Entwicklung, 1963²

W. P. Wolgin, Die Gesellschaftstheorien der französischen Aufklärung, Berlin 1965

M. Wundt, Die deutsche Schulphilosophie im Zeitalter der Aufklärung, ND Hildesheim 1964

E. W. Zeeden, Europa im Zeitalter des Absolutismus u. der Aufklärung, Stuttgart 1981

Die Zeit der Aufklärung in Nürnberg 1780/1810. Ausstellungskatalog mit Dokumentation, Bearb. Stadtarchiv u. Stadtbibliothek Nürnberg, Nürnberg 1966

Neue Historische Bibliothek
in der edition suhrkamp

»Hans-Ulrich Wehlers fast aus dem Nichts entstandene ›Neue Historische Bibliothek‹ ist (...) nicht nur ein forschungsinternes, sondern auch ein kulturelles Ereignis.«   Frankfurter Allgemeine Zeitung

Neue Historische Bibliothek
in der edition suhrkamp

Kluge, Ulrich: Die deutsche Revolution 1918/1919. Staat, Politik und Gesellschaft zwischen Weltkrieg und Kapp-Putsch. NHB. es 1262

Kluxen, Kurt: Geschichte und Problematik des Parlamentarismus. NHB. es 1243

Kraul, Margret: Das deutsche Gymnasium 1780-1980. NHB. es 1251

Langewiesche, Dieter: Deutscher Liberalismus. NHB. es 1286

Lehnert, Detlef: Sozialdemokratie zwischen Protestbewegung und Regierungspartei 1848-1983. NHB. es 1248

Lenger, Friedrich: Sozialgeschichte der deutschen Handwerker seit 1800. NHB. es 1532

Lönne, Karl-Egon: Politischer Katholizismus im 19. und 20. Jahrhundert. NHB. es 1264

Marschalck, Peter: Bevölkerungsgeschichte Deutschlands im 19. und 20. Jahrhundert. NHB. es 1244

Mitterauer, Michael: Sozialgeschichte der Jugend. NHB. es 1278

Möller, Horst: Vernunft und Kritik. Deutsche Aufklärung im 17. und 18. Jahrhundert. NHB. es 1269

Mooser, Josef: Arbeiterleben in Deutschland 1900-1970. Klassenlagen, Kultur und Politik. NHB. es 1259

Pankoke, Eckart: Die Arbeitsfrage. NHB. es 1538

Peukert, Detlev J.K.: Die Weimarer Republik. NHB. es 1282

Radkau, Joachim: Technik in Deutschland. Vom 18. Jahrhundert bis zur Gegenwart. NHB. es 1536

Reulecke, Jürgen: Geschichte der Urbanisierung in Deutschland. NHB. es 1249

Rohe, Karl: Wahlen und Wählertraditionen in Deutschland. Kulturelle Grundlagen deutscher Parteien und Parteiensysteme im 19. und 20. Jahrhundert. es 1544

Schönhoven, Klaus: Die deutschen Gewerkschaften. NHB. es 1287

Schröder, Hans-Christoph: Die Revolutionen Englands im 17. Jahrhundert. NHB. es 1279

Schulze, Winfried: Deutsche Geschichte im 16. Jahrhundert. NHB. es 1268

Sieder, Reinhard: Sozialgeschichte der Familie. NHB. es 1276

Siemann, Wolfram: Die deutsche Revolution von 1848/49. NHB. es 1266

– Gesellschaft im Aufbruch. Deutschland 1849-1871. NHB. es 1537

Staritz, Dietrich: Geschichte der DDR 1949-1985. NHB. es 1260

Ullmann, Hans-Peter: Interessenverbände in Deutschland. NHB. es 1283

Neue Historische Bibliothek
in der edition suhrkamp

Wehler, Hans-Ulrich: Grundzüge der amerikanischen Außenpolitik 1750-1900. Von den englischen Küstenkolonien zur amerikanischen Weltmacht. NHB. es 1254

Wippermann, Wolfgang: Europäischer Faschismus im Vergleich 1922-1982. NHB. es 1245

Wirz, Albert: Sklaverei und kapitalistisches Weltsystem. NHB. es 1256

Wunder, Bernd: Geschichte der Bürokratie in Deutschland. NHB. es 1281

Ziebura, Gilbert: Weltwirtschaft und Weltpolitik 1922/24-1931. Zwischen Rekonstruktion und Zusammenbruch. NHB. es 1261

314/3/2.92

edition suhrkamp
Eine Auswahl

edition suhrkamp
Eine Auswahl

edition suhrkamp
Eine Auswahl

edition suhrkamp
Eine Auswahl

edition suhrkamp
Eine Auswahl

edition suhrkamp
Eine Auswahl

316/7/6.90

edition suhrkamp
Eine Auswahl

316/8/6.90